Bozzano

ÜBERSINNLICHE ERSCHEINUNGEN BEI NATURVÖLKERN

Ernesto Bozzano

ÜBERSINNLICHE ERSCHEINUNGEN BEI NATURVÖLKERN

Mit einer Einführung von Eberhard Bauer
und einem Nachwort von Gastone De Boni

AURUM VERLAG · FREIBURG IM BREISGAU

Titel der Originalausgabe:
»POPOLI PRIMITIVI E MANIFESTAZIONI SUPERNORMALI«
(Edizione L'Albero, Verona)
Übersetzung aus dem Italienischen von Dr. Ernst Schneider

1. Auflage 1948
(A. Francke AG. Verlag, Bern.)
2. unveränderte Auflage 1975
(Aurum Verlag GmbH & Co KG, Freiburg im Breisgau.)
3. erweiterte Auflage 1989
ISBN 3-591-08018-7

Gesamtherstellung: Benziger AG, Graphisches Unternehmen,
Einsiedeln/Schweiz.
Printed in Switzerland.

EINFÜHRUNG ZUR 3. AUFLAGE

Das Buch des italienischen Privatgelehrten Ernesto Bozzano (1862–1943), 1941 erschienen, stellt eine bis heute bemerkenswerte Materialsammlung zum Thema «Paranormale Erscheinungen bei Naturvölkern» dar. Bozzano, von der spiritistischen Deutung solcher Erscheinungen überzeugt, wollte mit dem Buch seine These erhärten, daß es sich bei den von der heutigen parapsychologischen Forschung untersuchten Vorgängen wie Telepathie, Hellsehen oder Psychokinese um – modern formuliert – «ethnographische Universalien» handelt, also um anthropologische Erlebnisformen und Verhaltensweisen, die sich bei allen Kulturen in unterschiedlichen Ausprägungsformen nachweisen lassen. Dazu hat Bozzano aus unterschiedlichsten Quellen geschöpft, zum größten Teil aus Reiseschilderungen von Kolonialbeamten, anekdotischen Berichten von Missionaren oder gelegentlichen Feldbeobachtungen. Die Natur dieses Quellenmaterials bringt es mit sich, daß sich bei seinen Referaten oftmals ein «ethnozentrischer Imperialismus» bemerkbar macht, eine für den heutigen Leser auffallende ideologische Färbung in der Schilderung der Phänomene, die mit Bozzanos Gewährsleuten zusammenhängt, die naiv die Optik des «weißen Mannes» vertreten.

Wie steht es heutzutage mit Bozzanos These? Inwiefern hat die völkerkundliche Feldarbeit systematisch auf Psi-Phänomene geachtet, oder – umgekehrt gefragt – inwiefern wurden parapsychologische Methoden in die Arbeit des Völkerkundlers und Kulturanthropologen «vor Ort» einbezogen? Über erste Ansätze ist diese interdisziplinäre Zusammenarbeit bisher nicht gediehen. In seinem Aufsatz «Parapsychologie und Ethnologie» (in: Gion Condrau, Hrsg.: *Die Psychologie des 20. Jahrhunderts, Band XV,* Kindler: Zürich 1979, S. 591–597), einer der ganz wenigen deutschen Publikationen zum Thema, berichtet der Ethnologe Jochen Haas von einer 1977 von ihm durchgeführten Umfrage bei 40 ethnologischen Institutionen in der Bundesrepublik, der DDR, in Österreich und der Schweiz, die zwar ein gewisses Interesse an parapsychologischen Aspekten im Rahmen ethnologischer Fachwissenschaft erkennen ließ, «jedoch weder hinlängliche fachliche Vorkenntnisse noch wirklich verbindliche Vorstellungen von einer systematischen interdisziplinären Zusammenarbeit» (S. 594 f.).

Auf diesen Sachverhalt weist auch der früh verstorbene Völkerkundler und Psychologe Werner F. Bonin (1941–1986) hin, der in seinem Buch *Naturvölker und ihre übersinnlichen Fähigkeiten* (Goldmann-Taschenbuch 11766, München 1986), dessen Titel sich offensichtlich bewußt an Bozzano anlehnt, den bisher bedeutendsten Versuch in deutscher Sprache unternommen hat, neues Fallmaterial zu sichten und in parapsychologische Beschreibungsmuster einzuordnen. Aber dies sind Ausnahmen geblieben. Der Ethnologe und Professor für Vergleichende Religionsgeschichte in Stockholm, Åke Hultkrantz, beschreibt in einem Aufsatz, der im Rahmen des von Hans Peter Duerr herausgegebenen wichtigen Sammelwerkes *Der Wissenschaftler und das Irrationale* (2 Bde., Syndikat-Verlag, Frankfurt 1981) erschienen ist, wie er jahrelang denjenigen Erfahrungen auswich, mit denen der Feldforscher mitunter konfrontiert wird, die er aber aus Angst, «eigene» Tabus zu verletzten – nämlich Tabus der «westlichen» Wissenschaft – stillschweigend zu ignorieren vorgibt.

Mit dieser Tabuschranke hat aber auch die Parapsychologie als wissenschaftliche Disziplin zu kämpfen, obwohl sie sich von ihrem methodischen Ansatz her keines «Normverstoßes» schuldig macht. Denn die «härteste Evidenz», daß es «anomale» Phänomene, vorläufig als Psi bezeichnet, überhaupt gibt, verdankt sich einem «normalwissenschaftlichen» Vorgehen experimentell-statistischer Art (vgl. dazu exemplarisch Walter v. Lucadou: *Psyche und Chaos. Neue Ergebnisse der Psychokineseforschung*. Freiburg: Aurum 1989).

Dennoch ist es der Parapsychologie bisher noch nicht gelungen, die von ihr untersuchten «Psi-Anomalien» im Rahmen der wissenschaftlichen Gemeinschaft konsensfähig zu machen, wie die Diskussion in der Zeitschrift *Behavioral and Brain Sciences* (10, 1987, S. 539–643) aufs Neue belegt.

Von dieser Rezeptionsproblematik abgesehen, liegen natürlich auch Welten zwischen statistisch demonstrierten «Mini-Effekten» unter Laborbedingungen und einem spukhaften «Steinregen», wie wir ihn in Bozzanos Buch finden. Wer sich für methodisch reflektierte «Syntheseversuche» zwischen Parapsychologie und Anthropologie interessiert, sei auf den Beitrag von Patric Giesler verwiesen mit dem Titel «Parapsychological anthropology (I/II)», in: *Journal of the American Society for Psychical Research*, 78 (1984), S. 289–330 und 79 (1985), S. 113–166, sowie auf den Sammelband von Joseph K. Long (Hrsg.): *Extrasensory Ecology: Parapsychology and Anthropology*, Metuchen, N. J. & London: Scarecrow Press 1977. Den Reiz des Spektakulären braucht die Nüchternheit der Methode nicht verdrängen.

Eberhard Bauer

VORWORT

Der Verfasser stellt in dieser Monographie eine Reihe wissenschaftlich ausgewerteter und dokumentierter Fälle übernatürlicher Erscheinungen bei den heutigen primitiven Völkern – wilden und nicht wilden – zusammen.

Es handelt sich um eine gewissenhafte Untersuchung von Dokumenten über die Telepathie, das Hellsehen in Gegenwart, Vergangenheit und Zukunft, das Schwebendwerden menschlicher Personen, die Apporte, das Zungenreden, die Materialisationen, die Erscheinungen Lebender und Verstorbener und andere parapsychologische Erscheinungen, die fast alle bei wilden Völkern anzutreffen sind.

Es ist besonders beachtenswert, daß die Erscheinungen, die sich bei diesen Völkern zeigen, den Erscheinungen, die bei uns, den zivilisierten Völkern, auftreten, durchaus entsprechen; dieser Umstand wird besonders deutlich, da der Verfasser sich bemüht, auf ähnlich gelagerte Fälle in Europa und Amerika hinzuweisen oder sie sogar anzuführen.

Die Dokumentation ist so schwerwiegend, daß sie uns dazu bewegt, auch anscheinend nicht einwandfrei erwiesene Erscheinungen, wie zum Beispiel die Verwandlung von Menschen in Tiere (Lykanthropie), in Erwägung zu ziehen.

Durch die Lektüre dieses Buches kann man sich darum eine Vorstellung von einigen wichtigen parapsychologischen Kategorien bilden.

Diese kommentierte, wissenschaftlich einwandfreie und auch mit neuestem Material ausgestattete Darstellung wird zweifellos nicht nur die Parapsychologen, sondern auch die Anthropologen, Ethnologen und Psychologen interessieren.

Die letzteren werden eine vollkommen neue Auffassung vom Ursprung der Vorstellung des Weiterlebens nach dem Tode bei den Wilden vorfinden. Diese Vorstellung wurde bisher, vor allem von Spencer und seiner Gefolgschaft, immer mit bedeutungslosen Erscheinungen, wie den Träumen, dem Echo und dem eigenen Spiegelbild im Wasser, in Zusammenhang gebracht, während sie in Wirklichkeit von kontrollierbaren und absolut erwiesenen Ereignissen, wie sie die parapsychologischen Ereignisse sind, herstammen, die bei den Wilden gerade so auftreten wie bei uns.

Die Wichtigkeit und die Ursprünglichkeit dieser Beweisführung Bozzanos wird niemandem entgehen; sie ist das Kennzeichen des Beginnes einer ganz neuen Auffassung in den Vergleichen der psychologischen Anthropologie.

Dr. Gastone De Boni.

EINLEITUNG

Bei der Durchsicht der Werke der bekanntesten Anthropologen und Soziologen fällt die Übereinstimmung auf, mit der sie anerkennen, daß der Glaube an das Fortleben der menschlichen Seele allgemein verbreitet ist.

E. B. Tylor bemerkt in seiner Arbeit *Primitive Culture:* «Die Mindestformel zur Definition der Religion besteht im Geisterglauben», einem Glauben, der sich «bei den rückständigsten Menschenrassen findet, mit denen es uns gelungen ist, in genügend engen Kontakt zu kommen». Darüber hinaus hebt er hervor: «Der Geisterglaube setzt in seiner vollen Entwicklung den Glauben an die Existenz einer Seele voraus, die den körperlichen Tod übersteht.»

Und er fährt folgendermaßen fort:

«Dieser Glaube ist die Grundlage jeder Religionsphilosophie, von den Religionen der rückständigsten Wilden bis zu denen der zivilisiertesten Völker, und er ist der älteste und allgemeinste in allen Weltanschauungen.»

Grant Allen bemerkt seinerseits:

«In der Religion findet sich ein Element, das viel älter ist als die Religion selbst und viel grundlegender und viel beständiger als irgendein Glaube an Gott oder an Götter; das heißt: ein Element, das älter ist als der Brauch, sich mittels Riten und Opfern die Götter oder die ‚Geister' geneigt zu machen; und dieses Element ist der Glaube an das Fortleben der Toten. Auf diesen ursprünglichen allgemeinen Glauben gründen sich alle Religionen.» (*The Evolution of the Idea of God*, S. 42.)

Brinton bemerkt:

«Ich werde zeigen, daß es Religionen gibt, die so rudimentär sind, daß sie keine Tempel, keine Altäre, keine Gebete kennen; es ist mir aber nicht möglich, eine Religion zu zeigen, bei der es keine Spur eines Glaubens an einen Wechselverkehr zwischen Geistern und Menschen gibt.» (*Religions of Primitive Peoples*, S. 50.)

Goblet d'Alviella hebt hervor:

«Die Entdeckungen der letzten fünfundzwanzig Jahre, besonders in den Höhlen Frankreichs und Belgiens, haben deutlich erwiesen, daß bereits in der Zeit der Mammuts der Mensch Begräbnisriten ausführte, an das Weiterleben der Seele glaubte und ‚Fetische' und vielleicht auch Idole besaß.» (*Hibbert Lectures*, S. 15.)

Powers schreibt über die Kalifornier:

«Ich bin absolut davon überzeugt, daß weitaus die meisten Indianer Kaliforniens keine Vorstellung von einem Höchsten Wesen haben. ... Weiter behaupte ich aus meiner Sachkenntnis heraus, daß es für ‚Gott' kein indianisches Wort gibt. ... Sie glauben jedoch an die Existenz zahlreicher Geister, besonders böser: manche in Menschengestalt, andere in Gestalt von Vierfüßern oder Vögeln...» (*Tribes of California*, S. 413–414.)

Huxley schreibt:

«Es gibt primitive Völker ohne Gott, im wahren Sinne des Wortes, aber es gibt keine ohne ‚Geister'.» (*Lay Sermons and Addresses*, S. 163.)

Herbert Spencer kommt zu dem Schluß:

«Die Idee von dem Fortleben der Seele nach dem Tode läßt sich mitsamt den zahlreichen verwickelten Vorstellungen, die sich daraus ergeben, überall finden. Wir finden sie gleichermaßen in den arktischen wie in den tropischen Gebieten, in den Wäldern Nordamerikas wie in den Wüsten Arabiens, in den Tälern des Himalaya wie auf den Inseln Polynesiens. Diese Idee wird von so verschiedenartigen Rassen mit voller Klarheit ausgedrückt, daß die Fachgelehrten meinen, ihre Ausbildung müsse bereits vor der heutigen Aufteilung der Erdteile und Gewässer erfolgt sein, also sowohl bei den Glatthaarigen wie bei den Kraushaarigen und den Strähnigen, bei den weißen Rassen wie bei den gelben, roten und schwarzen, bei den rückständigsten und wildesten Völkern wie bei den halb zivilisierten Barbaren und den Völkerschaften an der Spitze der Zivilisation.» (*Soziologie*, 2. Bd., S. 689.)

Die angeführten Zitate stellen die Ansicht der bekanntesten Anthropologen und Soziologen dar, so daß es sich erübrigen dürfte, weitere Zeugnisse für die theoretisch bedeutsame Behauptung anzuführen, die Wissenschaftler erkennten übereinstimmend an, daß es einerseits Völker gibt, die nichts von der Existenz Gottes wissen, es aber andererseits erwiesen sein dürfte, daß alle Völker den Glauben des Fortlebens des Geistes nach dem körperlichen Tode teilen. Allerdings sind sich die gleichen Wissenschaftler hinsichtlich der Herkunft dieses allgemeinen Glaubens nicht mehr einig, und gar keiner vermag eine restlos befriedigende Erklärung zu geben.

Herbert Spencer hat die Wahrheit geahnt, da er aber die parapsychologischen Erscheinungen nicht kannte, war er gezwungen, unvollständige und unzureichende Schlüsse zu ziehen und sich mit der Behauptung zufrieden zu geben, der Glaube an das Fortleben der Seele sei von den Träumen herzuleiten, zu denen die Erfahrung des Spiegelbildes im Wasser und die Beobachtung des Schattens als ständigen Begleiters aller Körperbewegungen käme. Wie ersichtlich, zeigen diese Schlüsse, daß der Scharfsinn Herbert Spencers auf dem rechten Wege war, wenngleich er in Ermangelung des Belegmaterials der übernormalen Tatsachen, das für den richtigen Forschungsgang unerläßlich ist, das Ziel nicht erreichen konnte.

Was Herbert Spencer nicht leistete, versuchte mit Erfolg der bekannte Anthropologe Andrew Lang in seinem Buche *The Making of Religion*, in dem er den Glauben der primitiven Völker hinsichtlich der telepathischen, telästhetischen, hellseherischen und der Spukerscheinungen usw. mit den Methoden der vergleichenden Forschung angeht und sie im Hinblick auf die gleichartigen heutigen Erscheinungen betrachtet, die sich spontan oder experimentell bei den zivilisierten Völkern einstellen. Nach seiner Untersuchung bedient er sich der auf wissenschaftlich einwandfreie Weise erhaltenen Ergebnisse, um die notwendigen Abänderungen vorzuschlagen, die an den Theorien der Anthropologen vorzunehmen sind, welche den Erzählungen von solchen Erscheinungen bei den Primitiven jeden Glauben verweigern und sie bei der Formulierung ihrer Erklärung des Entstehens des Glaubens an das Fortleben der Seele und der Entwicklung der Religionen überhaupt nicht in Rechnung setzen.

In der Einleitung zu seinem Werk schreibt Lang:

«Mein Ziel ist, die sogenannten ‚abergläubischen Praktiken' und den entsprechenden ‚Glauben' der Primitiven zu untersuchen und mich dabei der vergleichenden Forschungsweise zu bedienen. Ich werde also die ethnologischen Belege hinsichtlich des Glaubens und der Bräuche der Primitiven mit den besten Belegen von ‚Gedankenübertragung', ‚echten Halluzinationen', ‚Persönlichkeitsdoppelung' und so weiter, die spontan oder experimentell bei zivilisierten Völkern auftreten, vergleichen. All das hebt die Einwendungen gegen die

Gültigkeit der von mir vorgebrachten ethnologischen Belege auf; es sind gewichtige Einwendungen, die ich durch die Feststellung widerlegen werde, daß die diesbezüglichen Berichte der Primitiven zweifellos die gleiche Höhe aufweisen wie viele andere, die zu den besten Belegen gehören, auf welche die Anthropologen ihre Beweisführung stützen; solcherart bleibt den Gegnern nichts anderes übrig, als sämtliche Belege in ihrer Gesamtheit zurückzuweisen und sie als ‚Flausen der Forscher' und der ‚Missionare' zu erklären.

Der beste Beweis ihrer Echtheit liegt indessen in der wunderbaren Übereinstimmung – die keineswegs vorbedacht sein kann – mit allen anderen gleichartigen Berichten, woher sie auch stammen mögen und zu welcher Zeit das Ereignis vorgekommen sein mag. Wenn die Berichte, die uns die antiken und modernen, die gebildeten und die ungebildeten, die mystischen und die skeptischen Forscher geben, derart in ihrer Form übereinstimmen, so verfügen wir damit über den besten Beweisgrund, den die Anthropologie zu geben vermag. Und weiter: wenn wir praktisch feststellen, daß diese Lichtblitze, die das Dunkel der Anthropologie erhellen, nicht nur bereits im Volksaberglauben der europäischen Rassen bestehen, sondern in aber Hunderten von Erlebnissen bezeugt sind, die durchaus ehrenhafte lebende Personen von hoher Bildung und hohem Verantwortungsgefühl hatten, so können wir logischerweise nicht an so bedeutungsvollen Übereinstimmungen vorbeigehen und weiterhin diese Erlebnisse mit der törichten Behauptung abtun, sie seien bei zivilisierten Völkern nur der Überrest des primitiven Aberglaubens und sonst nichts.»

Soweit die Betrachtungen Langs; und wenn ich mich anschicke, eine Arbeit zu liefern, in der die übernormalen Manifestationen bei primitiven und wilden Völkern zusammengestellt werden, so brauche ich zu meiner Entlastung nur die Gründe anzuführen, die der zitierte Anthropologe vorgebracht hat, und Folgendes zu bemerken: wenn es auch nicht möglich ist, die Geschehnisse, die ich berichten will, durch unmittelbare Zeugnisse der Urheber und der Zeugen zu bekräftigen, so muß man doch der Tatsache durchaus Rechnung tragen, daß nicht nur die Berichte der Forscher und der Missionare unter sich hochgradig übereinstimmen, sondern auch in den kleinsten Einzelheiten mit den entsprechenden Geschehnissen gleichlautend sind, die sich heute und immer bei den zivilisierten Völkern ereignen; solcherart wird man nicht umhin können anzuerkennen, daß so starke Übereinstimmungen bei seltsamen und ungewöhnlichen Äußerungen – Übereinstimmungen, die zu häufig sind, als daß man sie mit der bequemen Hypothese der «Zufallserscheinungen» abtun könnte – logischerweise die Echtheit der Tatsachen erweisen.

Und es ist sehr lehrreich darauf hinzuweisen, daß die übernormalen Erscheinungen bei den Primitiven nicht nur in der Art der Äußerung mit den entsprechenden Erscheinungen bei den zivilisierten Völkern übereinstimmen, sondern daß auch hinsichtlich der Art und Weise, wie man die Personen aussucht, die am besten geeignet sind, «Medizinmänner» bzw. «Medien» zu werden, bei den Wilden und bei den Zivilisierten die gleiche vollkommene Übereinstimmung herrscht, ja sogar bei den empirisch herangebildeten Verfahrensweisen, wie das Hochkommen übernormaler unterbewußter Fähigkeiten bei den neuen Adepten gefördert wird.

Wie wir hervorheben, werden bei den Zulu, den Eskimos, den Samojeden die «Medizinmänner» aus dem Personenkreis ausgewählt, der in Europa die besten hypnotischen Subjekte liefert, also unter den psychopathischen, nervösen, hysterischen oder epileptischen Jugendlichen; diese werden dann langen und methodischen «Trainings»-praktiken unterworfen, zu denen langes Fasten, strenge Absonderung in Höhlen, die Einnahme besonderer Drogen, das Einatmen von Dämpfen aus glühenden Becken sowie die tägliche Übung methodischer Autosuggestionen und Autohypnosen vorgeschrieben sind.

Sobald den Eingeweihten eine genügende Vorbereitung zuteil geworden ist, prüft der Stammeshäuptling die übernormalen Fähigkeiten nach einem Verfahren, das demjenigen bei den zivilisierten Völkern entspricht; so ist das beliebteste Verfahren bei den Indianern von Peru, bei den Apachen, bei den Hurons, bei den Iroquois, den Australiern, den Mahoris und den Eingeborenen Polynesiens die «Kristallschau», bei der die Kristallkugel gewöhnlich durch einen mit Wasser gefüllten Becher oder Kürbis ersetzt wird, in den der Prüfling mit unbewegten Pupillen starren muß. Bei anderen Stämmen werden die Eingeweihten geprüft, indem man ohne ihr Wissen verschiedene Gegenstände versteckt und sie dann auffordert, sie wiederzufinden. Diejenigen Prüflinge, die diese Prüfungen bestehen, werden dann als «Zauberer» anerkannt.

Zum Verkehr mit den «Geistern der Verstorbenen» sammeln sich die Verwandten im Kreise um den als Medium fungierenden Zauberer, wobei dafür Sorge getragen wird, daß in der Hütte völlige Dunkelheit herrscht, gerade wie das bei den experimentellen Sitzungen der zivilisierten Völker gehandhabt wird. Wird nicht verdunkelt, so nimmt der Zauberer im Inneren einer kleinen Hütte, die als mediumistisches Kabinett fungiert, Platz, und die Experimentatoren setzen sich um sie herum.

Bei verschiedenen kanadischen Stämmen, bei den Samojeden, den Australiern und den Eskimos besteht der seltsame Brauch, den ganzen Körper des Zauberers mit einem dicken Seil oder anderen Fesseln zu umwickeln, so daß er wie eine ägyptische Mumie aussieht. Lang vermutet, daß dieser Brauch, der gerade bei den Völkern auftritt, die ihre Toten vor der Bestattung auf diese Weise umhüllen, die symbolische Bedeutung hat, den Seher in die Lage der Toten zu versetzen, damit er um so leichter mit ihnen in Verbindung treten könne.

Ich werde mich nicht länger bei diesem Thema aufhalten, denn auf Grund des Gesagten dürfte es genügend erwiesen sein, daß die übernormalen Manifestationen, die bei den Primitiven auftreten, als wirkliche, sichere und unbestreitbare Manifestationen zu gelten haben, genau so wie diejenigen, die sich bei zivilisierten Völkern ereignen; wäre dem nicht so, so würde man kaum die doppelte vollständige Übereinstimmung finden, die wir soeben bei den beiden Gattungen von Manifestationen feststellten, sei es nun vom Standpunkte der Kriterien aus, nach denen die Sensitiven ausgesucht werden, sei es von demjenigen der empirischen Verfahrensweisen aus, mit denen das Hochkommen der unterbewußten Fähigkeiten der Eingeweihten gefördert wird, sei es in bezug auf die Art und Weise, wie die Fähigkeiten selbst zum Ausdruck kommen.

Diesen Feststellungen hätte ich nichts mehr hinzuzufügen, wenn nicht ein irriger Schluß zu berichtigen wäre, den mein parapsychologischer Freund César de Vesme in seiner gelehrten *Histoire du Spiritualisme Expérimental* zieht. Er gibt zwar zu, daß die Anthropologen und Ethnologen übereinstimmend feststellen, es gebe keine primitiven Völker, die nicht an die Existenz von «Geistern» glauben, trotzdem behauptet er aber, entdeckt zu haben, daß es primitive Völker gibt, bei denen dem Glauben an «Geister» eine abstrakte Vorstellung von der

Existenz einer «geheimnisvollen und unpersönlichen Macht» vorausgehe, die von jedem spiritistisch-animistischen Glauben unabhängig sei.

Diese seine Auffassung faßt er in folgenden Worten zusammen:

«Zuerst tiefes Staunen angesichts verschiedener physikalischer, physiologischer, psychologischer Erscheinungen. Der Primitive denkt, es müsse eine ,geheimnisvolle verborgene Macht' geben, die dem Weltall innewohnt, alles durchdringt und die Pflanzen keimen, wachsen und Frucht tragen, die Embryonen in den Tieren sich entwickeln, die Kinder erwachsen werden und die Sonne auf- und untergehen läßt. Es handelt sich nach Meinung des Primitiven um eine sehr geheimnisvolle ,Macht X', die er ,Mana' nennt, eine ursprüngliche, von jeder Lehre unabhängige Macht.»

Soweit Vesme. – Es ist offenkundig, daß diese Vorstellung für die unausgebildete Mentalität der Primitiven zu «abstrakt», zu philosophisch ist; die Wilden sind in Wirklichkeit gar nicht fähig, abstrakt zu denken, sie pflegen im Gegenteil alles zu personifizieren und selbst den Steinen eine Seele zuzuschreiben. Das erweisen auch die anthropologischen Forschungen, die feststellen, daß bei den wilden Stämmen die anthropomorphische Ausdeutung der Naturerscheinungen allein vorkommt, niemals dagegen eine Naturerklärung auf Grund philosophischer Abstraktionen.

Der einzige Anthropologe, der in der Ausdeutung des «Mana» eine ähnliche Lösung andeutet wie Vesme, ist Prof. Goblet d'Alviella. Marcel Habert entgegnete diesem mit der Bemerkung: «Eine Wolke des Zweifels durchzieht meinen Sinn: sind ,Mana', ,Orenda' nicht etwa allzu abstrakte Begriffe, als daß man sie für das ,Prinzip' ansehen könnte, von dem aus die Primitiven zu den ,Geistern' gelangten?» – Ganz richtig, und dieser Einwand ist so grundlegend und psychologisch so berechtigt, daß er schlagend sein dürfte.

Es sei noch darauf hingewiesen, daß es keine Tatbestände gibt, die zum Schluß berechtigten, bei den rückständigen Stämmen der Primitiven ginge der Begriff des «Mana» dem spiritistisch-animistischen Glauben voraus oder sei ihm vorausgegangen. Es trifft dagegen zu, daß die beiden Vorstellungen ständig zusammen auftreten.

Nach dieser Feststellung möchte ich sogleich erklären, daß diese ganze Auseinandersetzung praktisch wertlos ist, da die Behauptung, nach der das «Mana» der Wilden eine «abstrakte Vorstellung des Seins» sei, unzutreffend sein dürfte. In Wirklichkeit ist das Wort «Mana» nichts anderes als ein «Name», mit dem die Primitiven die «geheimnisvolle Macht» bezeichnen, deren sich die Medizinmänner bedienen, um Kranke zu heilen und Wundertaten zu vollbringen, ein Name, der dem Namen «Kryptästhesie» entspricht, den die zivilisierten Völker zur Bezeichnung der gleichen übernormalen Fähigkeiten, die sich in gleicher Form bei allen Menschenrassen, zivilisierten, barbarischen und primitiven, finden, verwenden. Kurz: die erste Bezeichnung wie die zweite sind lediglich «Bezeichnungen», nicht bereits «Erklärungen» oder gar «Abstraktionen».

Der Ethnologe und Mythologe Max Freedom Long, der einzige, welcher dem Begriff des «Mana» auf den Grund ging, indem er jahrelang unter den Stämmen Polynesiens und Hawaiis lebte, definiert diesen Begriff folgendermaßen:

«Die ‚Kahunas' (Medizinmänner Polynesiens) bezeichnen mit dem Worte ‚Mana' (das in der englischen Sprache keine Enstprechung hat) das Bestehen einer ‚Lebenskraft', deren sie sich bedienen und die sich unserer ‚elektrischen Kraft' vergleichen läßt. Diese ‚Lebenskraft' scheint wie unsere ‚Stromstärke' in drei verschiedenen Stärkegraden verwendbar zu sein. Das ‚Mana' der niedrigsten ‚Stromstärke' fände sich demnach in allen Gegenständen der Natur, von den mineralischen Kristallen bis zum menschlichen Organismus. Das ‚Mana' mittlerer ‚Stromstärke' strahlte von den vernunftbegabten Zentren des menschlichen Geistes aus, und das ‚Mana' der höchsten ‚Stromstärke' ginge von den Zentren der übernormalen Fähigkeiten des menschlichen Geistes aus: diejenigen, die den Menschen instandsetzen, die Zukunft zu durchdringen und apportierte und fortbewegte Gegenstände zu materialisieren und zu entmaterialisieren.

Die mediumistische Substanz, welche die westlichen Völker ‚Ektoplasma' nennen, ist auch den Kahunas bekannt, die sie als eine Erscheinungsform des ‚Mana' betrachten. Diese Substanz ist aus jeder physikalischen Materie erhältlich, so auch aus dem Wasser, der Luft und dem Feuer. Die Kahunas sammeln diese Kraft in großen Mengen an, um sich sodann bei ihrer magischen Tätigkeit ihrer zu bedienen. Sie behaupten zudem, ein Geist könne seinerseits so viel von dieser Kraft ansammeln, daß er Gegenstände zu verrücken und fortzubewegen und andere verschiedenartige Unternehmungen auszuführen vermöge. Sobald es den Kahunas gelingt, eine Gruppe von

‚Geistern' niederer Ordnung zu ‚fangen' und sich dienstbar zu machen, setzen sie sie überall ein und zwingen sie, ihre Befehle auszuführen; in diesem Falle *nähren* sie sie zuvor mit ‚Mana', um ihre Kraft zu erhöhen...» (a.a.O., S. 100–101.)

Wie in diesem Zitat deutlich wird, ist der Begriff des «Mana» (der in allen von primitiven Völkern bewohnten Gebieten im wesentlichen gleich ist) unlösbar mit dem Glauben an «Geister» verknüpft; die «Geister» bedienten sich des «Mana» in Übereinstimmung mit dem Menschen und im Dienste des Menschen, während der Manabegriff unmittelbar von der Feststellung übernormaler Erscheinungen abzuleiten ist. Und wenn dem so ist, dann mußten solche Erscheinungen, in denen sich ein wirkkräftiger Wille mit magischen Kräften zeigte, jedem, der ihren Einfluß in Gestalt des Medizinmannes oder eines Teilnehmers verspürte, die Vorstellung von der unsichtbaren Gegenwart geistiger Wirkkräfte einflößen. Das ist der positive und vernunftgemäße Ursprung des Geisterglaubens, eines Glaubens, der sich dem Primitiven von der konkreten Grundlage der Tatsachen aus aufdrängte. Was nun den Ursprung der anderen Vorstellung von der «Lebenskraft» anbetrifft, die in den magischen Handlungen wirksam ist, so scheint sie sich dem Geist der Wilden ebenfalls deutlich durch die gleichen Handlungen aufgedrängt zu haben, und nicht etwa durch die philosophische Meditation über das Geheimnis des Weltalls; und vor allem wird es deutlich, daß diese Vorstellung *nach* dem Auftreten des Geisterglaubens Gestalt annahm; oder, wenn man will, gleichzeitig mit dessen Auftreten, aber *niemals vorher.*

Da im übrigen die vorliegende Arbeit sich gerade die Aufgabe gestellt hat, auf Grund von Tatsachenmaterial diese offenkundigen Wahrheiten nachzuweisen, dürfte es sich hier erübrigen, weitere Betrachtungen anzustellen.

Ich gehe deshalb zur methodischen Darstellung der Fälle über und beginne mit einem kurzen Abstecher in das weite Gebiet der physikalischen oder vorwiegend physikalischen Erscheinungen übernormaler Natur.

I

KLOPFGERÄUSCHE UND DUMPFE SCHLÄGE FERNBEWEGUNG VON GEGENSTÄNDEN (TELEKINESEN) SCHWEBEN MENSCHLICHER KÖRPER

DIE Erscheinungen der oben erwähnten Art haben erhebliche Bedeutung für das Entstehen des «animistischen» Glaubens der primitiven Völker, und Lang hat recht, wenn er behauptet, eine der wichtigsten Ursachen des Entstehens der «fetischistischen» Religion bei den Wilden sei der Beobachtung zu verdanken, wie sich bei Anwesenheit von Zauberern Gegenstände ohne Berührung fortbewegten.

Lang schreibt:

«Wir werden nun nachzuweisen versuchen, wie der ‚Fetischismus' (der Glaube, daß ein Geist unbelebte Gegenstände belebe oder beherrsche oder sich durch sie mitteile) wahrscheinlich von Ereignissen seinen Ursprung nahm, die vielleicht nicht normal sind oder zumindest den Wilden übernormal erscheinen... Wir haben bereits gesehen, aus welchem Grunde ein Wilder annimmt, daß in gewissen unbelebten Reliquien, wie etwa in einem Schädel oder in anderen menschlichen Überresten, ein Geist hause; wie aber kam er je zu der Annahme, daß in einem Holzstück oder einem Steine ein Geist wohne?...

Charles Darwin sah auf der Insel Keeling zwei malaiische Frauen, die einen großen Holzlöffel auf das Grab eines lieben Verstorbenen legten und dann in Puppenkleider steckten. Nun ereignete es sich, daß jedesmal bei Vollmond der Löffel lebendig wurde und konvulsivisch hüpfte und tanzte, wie die Tische bei den modernen spiritistischen Sitzungen...

John Bell zitiert in dem Werke *Journey in Asia* ein Erlebnis mit einem mongolischen Lama, dem einige Stücke Damast gestohlen worden waren. Zur Entdeckung des Schuldigen bediente er sich der folgenden Methode: er setzte sich auf einen Stuhl, und dieser trug ihn gleitend und hüpfend zu dem Zelte des Missetäters. Bei solchen Gelegenheiten glauben die Eingeborenen naiverweise, der Stuhl werde von spontanen Bewegungen beseelt.

Mr. Rowley teilt mit, daß in Mangajah ein Zauberer, der einen Verbrecher entdecken wollte, über zwei Holzstäben magische Zeremonien vollzog und die Stäbe dann einem Jüngling in die Hände gab. Rowley berichtet: ‚Auf einmal begannen die Stäbchen sich in den Händen des Jünglings lebhaft zu bewegen; dann zwangen sie ihn, sich wie ein Verrückter in schwindelerregender Weise zu drehen, und schließlich entglitten sie seinen Händen und rollten vor die Füße einer Häuptlingsfrau, die augenblicklich als die Schuldige angeklagt wurde...'

Duff Macdonald bemerkt in einer Beschreibung der magischen Praktiken bei den Yaos: ‚Die Zauberer übergeben einem Manne einen Stab, der nach einiger Zeit Bewegungen macht, als ob er beseelt wäre, und schließlich den Mann, der ihn hält, mit großer Geschwindigkeit zu der Behausung des Diebes oder Missetäters zerrt...'

Diese Vorkommnisse bei den Wilden erinnern an ähnliche Vorkommnisse bei Europäern, besonders an die Taten des berühmten Jacques Aymar von Lyon, der mit seinem ‚Wahrsagestab' Mörder aufspürte.

Dr. Codrington traf in Melanesien auf einen ähnlichen Brauch; dort ist der ausdrückliche Glaube verbreitet, die Stäbe seien von ‚Geistern' bewegt. Der ‚Magier' hält mit einer anderen Person den Stab, jeder an einem Ende, und fragt, welcher Geist den Kranken quäle. Wenn der Geist, der von dem Kranken Besitz ergriffen hat, genannt wird, bewegt sich der Stab heftig.

Bei den Zulu nehmen ähnliche Erscheinungen merkwürdige Formen an. Wir haben bereits die Anekdote erzählt, wie ein Zulu namens John in den Besitz eines Schillings kam und den ausgeben wollte. Er konsultierte einen Zauberer, weigerte sich aber dann, ihn zu bezahlen, weil seine zögernden Antworten ihn nicht befriedigten und er sein Kapital für eine zufriedenstellendere Vorführung aufbewahren wollte. Er begab sich zu einem Medium namens Unomantschintschi, welches mittels ‚Umabakula' wahrsagte; die ‚Umabakula' sind tanzende Stäbchen, die sich nach der Beschreibung des gleichen Zulukaffern folgendermaßen benehmen: ‚Wenn sie nein sagen, lassen sie sich zu Boden fallen; wenn sie ja sagen, erheben sie sich und tanzen lebhaft herum, dann springen sie auf die Person, die gekommen ist, um sie zu konsultieren, und machen an der Stelle, wo die Krankheit liegt, halt. Ist die Krankheit im Kopf, so springen sie auf den Kopf... Wir haben mehr Vertrauen in die Umabakula als in die Medizinmänner; es gibt aber nur wenige...'

John war also restlos befriedigt; er zahlte seinen Schilling und kehrte zum Lager zurück. Diese Stäbchen sind ein Fuß lang. Man scheint nicht zu glauben, daß sie von Geistern bewegt würden, ebensowenig scheinen sie als ‚Fetische' angesehen zu werden.

Tylor führt eine Art von Experimenten mit dem Pendel an, die den Wilden recht vertraut ist. Bei den Karens wird ein Ring an einem Faden über ein Waschfaß aufgehängt. Die Verwandten des Verstorbenen treten einer nach dem anderen heran und schlagen an das Waschfaß. Wenn derjenige herantritt, der dem Verstorbenen am liebsten ist, manifestiert sich der ‚Geist', indem er an dem Faden zerrt und ihn dreht, bis er reißt und der Ring in das Waschfaß fällt.» (Lang: a.a.O., S. 147–151.)

Das folgende Zitat handelt hauptsächlich von «Geräuschphänomenen». Es stammt aus dem Buch *Occult Science in India* von Louis Jacolliot, dem Gerichtspräsidenten von Chandarnagar (Indien). Jacolliot hatte Gelegenheit, in seinem eigenen Hause ausgedehnte Experimente mit einem berühmten Fakir, Cavindasamy, anzustellen und bei strengster Kontrolle sehr bemerkenswerte Manifestationen zu erleben.

Zu dem hier behandelten Gesichtspunkt hat Jacolliot folgendes zu berichten:

«Der Fakir streckte beide Beine in Richtung auf ein wassergefülltes Bronzegefäß aus. Nach fünf Minuten begann das Gefäß zu schwanken und schließlich ohne Erschütterungen auf den Fakir zuzugleiten. In gleichem Maße, wie die Entfernung abnahm, ertönten auf dem Bronzegefäß immer häufigere und lautere metallische Schläge, als ob es mit einer Stahlrute geschlagen würde. In gewissen Augenblicken erfolgten die Schläge in so schneller Folge, daß man den Eindruck von dem Geräusch des Hagels auf einem metallenen Dache hatte... Es sei noch erwähnt, daß die Schläge einmal auf meine Aufforderung hin in schneller und gleichmäßiger Folge wie das Rollen einer Trommel ertönten und sich dann, wieder auf meine Aufforderung hin, in das regelmäßige Tick-tack einer großen Pendeluhr verwandelten.»

Hereward Carrington, der diesen Vorfall in seinem Buche *The Story of Psychic Science* (S. 235) zitiert, bemerkt dazu:

«Es verlohnt sich, den obigen Bericht mit dem folgenden von William Crookes zu vergleichen, in dem eine analoge Erscheinung beschrieben wird, welche sich mit dem Medium D. D. Home ereignete:

'Plötzlich waren auf dem gespannten Pergament leichte Schläge zu vernehmen, als ob es mit groben Sandkörnern beworfen würde. Und jedesmal, wenn diese Schläge auftraten, hüpfte das Bleistiftstückchen auf dem Pergament deutlich sichtbar umher... Manchmal erfolgten die Schläge so schnell und deutlich wie diejenigen einer 'Induktionsspule', während sie andere Male rhythmisch und langsam waren wie die 'Sekundenschläge' einer Pendeluhr'...»

Den nächsten Fall, der vorwiegend von «telekinetischen» Erscheinungen handelt, entnehme ich dem Buche Dr. Gibier's *Le Spiritisme-Fakirisme Occidental* (S. 67–68); er ist bedeutend komplizierter als die beiden vorangehenden Fälle. Der Oberrichter des Staates Wisconsin schreibt dem Gouverneur dieses Staates, Tallmadge, folgendes:

«In der vergangenen Woche unterhielt ich mich mit L. John du Bay, den ich schon von früher her kannte. Er hat fast sein ganzes Leben bei den Indianern verbracht und war jahrelang der Vertreter der 'Amerikanischen Pelzhandelsgesellschaft'. Er berichtete mir verschiedene Vorfälle, die beweisen, daß der Verkehr mit den Bewohnern der jenseitigen Welt den Indianern sehr vertraut ist. Unter anderem erzählte er mir, daß er zu verschiedenen Malen einen indianischen 'Medizinmann' beobachtete, wie er mit fest in der Erde verankerten Pflökken drei besondere Hütten errichtete, die er mit Hirschfellen bedeckte, so daß sie drei kleine Zelte bildeten, in denen lediglich eine sitzende Person Platz hatte. Diese Zelte standen etwas über einen halben Meter voneinander entfernt. In das eine legte der 'Medizinmann' seine Schuhe, in das andere seine Gamaschen, und in das mittlere setzte er sich selbst.

Hierauf trug ein Indianer, der *mit einem seiner verstorbenen tapferen Vorfahren Verkehr* pflegen wollte, seine Wünsche vor, und augenblicklich begannen die Zelte heftig zu schwanken, als ob sie von einer Person in ihrem Inneren bewegt würden, und Stimmen waren zu vernehmen, die aus dem einen oder dem anderen Zelt, manchmal aus allen dreien gleichzeitig, tönten. Diese Stimmen waren nur dem 'Medizinmann' verständlich, der die Übersetzung übernahm. Du Bay sagte mir, er habe sehr oft die Zelte festzuhalten und mit allen Kräften die Bewegungen zu verhindern versucht, jedoch immer vergeblich; bei dieser Gelegenheit hatte er es nie unterlassen, sofort das Fell, das als Türe diente, hochzuheben und sich zu überzeugen, daß niemand im Zelte war.»

Uns interessiert an diesem Vorfall die Bewegung von Zelten, in denen niemand war, ein sehr beachtliches Phänomen von «Telekinese», das aber in den Berichten der Forschungsreisenden und der Missionare recht häufig vorkommt und das sich den besten Phänomenen der gleichen Art, die man mit europäischen Medien, wie D. D. Home und Eusapia Paladino erhält, an die Seite stellen läßt.

Es empfiehlt sich indessen, bereits hier auf das ebenfalls wichtige Phänomen der «direkten Stimme» hinzuweisen, die ihrerseits bei den Wilden durch Vermittlung der «Medizinmänner» oder «Medien» recht oft vorkommen und von denen wir weiter unten bemerkenswerte Fälle anführen werden. Man braucht nicht besonders zu betonen, daß sich bei den zivilisierten Völkern heute nicht minder wunderbare ähnliche Erscheinungen zeigen.

Was nun die Gesamtheit der angeführten Vorkommnisse betrifft, ist noch zu bemerken, daß Lang zahlreiche Fälle der gleichen Art anführt, die sich alle bei den verstreutesten primitiven Stämmen der Erde ereigneten; man ersieht daraus, daß die Erscheinungen der «Telekinese» bei den primitiven Völkern häufiger vorkommen als bei den zivilisierten Völkern; das ist natürlich der Tatsache zu verdanken, daß sie bei den Primitiven ständig gefördert und mit Sorgfalt entwickelt wurden, während sie bei den Zivilisierten ständig von Gelehrten und von Laien als jämmerlicher Aberglauben der leichtgläubigen Unwissenheit abgetan werden; auf diese Weise wird ein außerordentlich wichtiger Forschungszweig durch wissenschaftlichen Ostrakismus verdammt, obgleich er gleicherweise die Physik, die Physiologie, die Psychologie und die Anthropologie angeht.

*

Für die absolute Echtheit der «telekinetischen» Phänomene, die sich bei primitiven Völkern zeigen, und vor allem derjenigen Erscheinungen, die am meisten angezweifelt werden können, nämlich der Bewegung der Zelte, in deren Inneren sich der Medizinmann befand, dürfte es angebracht sein, das Zeugnis eines solchen Medizinmannes anzuführen, der sich zum Christentum bekehrt hat; es ist ein gewichtiges Zeugnis, da es auf dem Totenbett und auf Ersuchen eines Missionars abgegeben worden ist.

In Emma Hardinge's Buch *Modern American Spiritualism* (S. 485 bis 487) ist folgender Vorfall zu lesen, den der Missionar *William M. Johnson*, der ihn selbst erlebt hat, berichtet.

Er schreibt:

«,*Wau-chus-co*' war ein bekannter ,*Ches-a-kte*' oder ,Wahrsager' gewesen, der im Jahre 1840 auf der Round-Insel bei Macinac verstarb. Seit über zehn Jahren führte er das vorbildliche Leben eines vollkommenen Christen und gehörte der *Presbyterian Church* an. ...Da man mich benachrichtigte, er liege im Sterben, ging ich zu ihm. Er begrüßte mich mit den Worten: ,Komm herein, komm herein, lieber Enkel!' Ich nahm neben ihm Platz und zündete, um ihm ein Vergnügen zu bereiten, die Pfeife an. Hierauf sagte ich ihm: ,Mein lieber *Ne-me-thomis* (Großvater), du bist sehr alt und schwach, und du wirst nicht mehr lange zu leben haben. Willst du mir die Wahrheit über deine einstigen Handlungen sagen, als du noch Wahrsager warst? Wer bewegte das Zelt, in dem du prophezeitest? Und wer war es, der prophezeite?' Er schwieg einen Augenblick und antwortete dann: ,Mein lieber Enkel, du bist fast einer von unserem Volke; ich liege im Sterben. Ich werde dir die ganze Wahrheit sagen. Du mußt wissen, daß ich in meiner Jugend, um Wahrsager zu werden, zehn Tage lang fastete, wie es in unserem Stamme der Brauch ist; und je schwächer mein Körper vom Fasten wurde, desto mächtiger wurde mein Geist, meine Seele. Mit einem einzigen Blick überschaute ich ein weites, weites Landstück. ...Da kam ein höherer Geist zu mir und unterhielt sich mit mir und forderte mich auf, sich an ihn zu wenden, wenn ich es für notwendig erachtete. Kurz darauf kam meine Mutter und brachte mir Essen; da beendete ich mein großes Fasten.

Das erste Mal prophezeite ich bei einer kriegerischen Unternehmung. Wir waren gegen Chicago gezogen, und der Häuptling befürchtete, daß der Feind uns überraschend angreifen könnte. Wir hatten keine Lebensmittel mehr: wir waren in einer bedrängten Lage. Der Häuptling bat mich eindringlich, die Zukunft zu erforschen, und schließlich willigte ich ein. Nach den Vorbereitungen betrat ich das Zelt ,*Ches-a-kee*', und kurz darauf machte die Gegenwart eines Geistes sich durch heftige Vorwärts- und Rückwärtsbewegungen des Zeltes bemerkbar. Da riefen die Kriegerhäuptlinge: ,Oh Geist, sage uns, wo unsere Feinde sich befinden!' Da dehnte sich meine geistige Schau auf weite, mir unbekannte Gebiete aus, und zwar so, daß ich jeden Gegenstand deutlich erkennen konnte. Ich sah, daß unsere Feinde in ihren Dörfern waren und von der Gefahr, in der sie schwebten, nichts wußten. Ich sah ferner eine nahegelegene Gegend, in der es zahlreiches Wild gab. Das alles teilte ich den Kriegern mit, die mich befragt hatten. Am nächsten Tage verschafften wir uns in dem von mir gesehenen Gebiete reichliche Nahrung, und wenige Tage darauf besiegten wir den Feind und kehrten mit den Siegestrophäen in unsere Dörfer zurück.

Von diesem Tage an übte ich meine Fähigkeiten in meinem Stamme öfters aus; und um die Zweifelnden zu überzeugen, ließ ich mich von ihnen fesseln, so gut sie es vermochten. Manchmal stellten sie einen Mann in dem Zelt auf, das trotzdem schwankte und zitterte, sobald ein Geist auftrat, während meine Fesseln sich lösten und ich wieder völlig frei war. Häufig bemerkte ich eine leuchtende Kugel in der Öffnung an der Spitze des Zeltes, und seltsame Geisterstimmen ertönten. Ihre Worte waren für alle hörbar, aber ich allein verstand sie. ...Mein lieber Enkel, ich bin ein begeisterter Christ geworden, und meine Tage sind gezählt; was ich dir erzählt habe, ist die Wahrheit, die reine Wahrheit. Ich kann mir die Macht, die mir zuteil wurde, nicht erklären; aber nicht ich bewegte das Zelt. Ich trat in Verkehr mit übernatürlichen Wesen oder mit denkenden Intelligenzen oder mit Geistern, die auf mein Denken oder auf meine Seele wirkten und mir offenbarten, was ich beschrieb.»

Das ist die lehrreiche Erklärung, die ein indianischer Weissager, der seit über zehn Jahren zum Christentum bekehrt war, auf seinem Totenbette abgab. Sie ist darum von hohem Wert als Bestätigung zugunsten der Echtheit der Erscheinungen der «schwankenden Zelte» auch dann, wenn sich der «Medizinmann» in ihrem Inneren aufhält. Im übrigen haben wir ja im vorangehenden Fall gesehen, daß die Zelte sich auch bewegten, wenn niemand in ihnen war; weiter unten werden uns weitere Fälle von Zelten begegnen, die unter Verhältnissen heftig schwankten, da Betrug völlig ausgeschlossen war, ganz abgesehen davon, daß die Betrugshypothese bei den oben erwähnten Bewegungen der «belebten Stäbchen» völlig unhaltbar ist. Man muß also den Schluß ziehen, daß die Echtheit der «telekinetischen» Phänomene bei den Primitiven in jeder Hinsicht erwiesen ist.

*

Nach dieser Feststellung will ich zwei wichtige Fälle von «schwebenden Menschen» anführen.

Den ersten Bericht entnehme ich einer Schilderung, die der Ethnologe R. W. F. Johnson dem *Journal of the American S.P.R.* (1937, S. 229) einsandte.

Er schickt voraus:

«Seit den ältesten Zeiten berichten die Reisenden, die sich in entfernte und unbekannte Gegenden gewagt hatten, von wundersamen Erfahrungen übernatürlicher Art, die sie gemacht hatten. Immer aber gab es hartnäckige Skeptiker, die die Wahrheit dessen, was die Reisenden übereinstimmend berichteten, anzweifelten. Und auch heute, wo die Reisenden mit Leichtigkeit in jeden beliebigen Teil der Erde gelangen können, berichten die Forschungsreisenden und die Missionare weiterhin von den gleichen Wundern, aber die Pedanten jeden Schlages ergeben sich nicht, sie diskutieren nicht, sie überlegen nicht, sie beeilen sich nur, diese Wunder der allzu hitzigen Phantasie unfähiger Beobachter zuzuschreiben.

Der Schreibende fühlt, auch wenn er weiß, daß er der Verdammung durch die Pedanten nicht entgehen wird, die Pflicht, zwei wichtige Erlebnisse mitzuteilen, die er in Nordindien durch die außergewöhnlichen Fähigkeiten zweier ‚Yogins' hatte, Erlebnisse, die ihn zu dem Schlusse zwangen, das, was eine Anzahl gemeinsam beobachten konnte, müsse sich tatsächlich ereignet haben, wenn unsere fünf Sinne überhaupt noch etwas taugen sollen.

Zuerst sollte ich dem ‚Schwebendwerden einer Person' beiwohnen, das unter Umständen zustandekam, die zweifellos nicht vorbereitet waren. Ich war bei einem Empfang zugegen, den der Zivilgouverneur von Indien den Stammeshäuptlingen der Provinz Peshawar gab. Zu dem Empfang gehörte eine Unterhaltung, bei der ein Yogin Kartenkunststücke aller Art nach der Weise der Wahrsager produzierte. Hierauf ließ er uns am ‚Schwebendwerden' eines Mädchens teilnehmen, das er mitgebracht hatte. Man hatte sich auf einem grasigen Cricketplatz versammelt. Unter diesen Umständen waren Versuchsbedingungen gegeben, die jede Betrugsmöglichkeit mit Sicherheit ausschlossen. Das Mädchen legte sich auf den Boden, den Kopf auf dem rechten Arm, und nahm die Haltung einer in einem Bette ruhenden Person an. Der andere Arm war längs des Körpers ausgestreckt, und die Hand war um ein bleistiftdünnes Bambusstöckchen geschlossen, das nach Art eines Erbsreises in den Boden gesteckt war. Der Yogin machte einige ‚magnetische Streiche' über dem Körper des Mädchens, das alsbald in einen Trancezustand verfiel; da begann sich der Körper des Mädchens langsam zu erheben, bis er in einer Höhe von vier Fuß schweben blieb. Die einzige Berührung, die das Mädchen mit dem Boden hatte, ging über die Hand, die, passiv dem Stöckchen entlanglaufend, dem Hochschweben gefolgt war. Es erübrigt sich, darauf hinzuweisen, daß dieses dünne Stöckchen das Gewicht eines Mädchens nicht tragen konnte, ganz abgesehen davon, daß es dem Mädchen physisch unmöglich gewesen wäre, den Körper in horizontaler Lage zu erhalten. Die Zuschauer durften den schwebenden Körper mit der Hand umgreifen und ihn betasten; so gelangten alle zu der festen Überzeugung, daß nichts den Körper in der Höhe erhalten konnte. Ich wiederhole nochmals, daß der Versuch inmitten eines Grasfeldes stattfand. Wenn man also nicht annehmen will, daß wir alle hypnotisiert wurden, ist das Schwebendwerden eines menschlichen Körpers, den wir beobachten konnten, eine positiv festgestellte Tatsache.

Ich weise noch auf eine lehrreiche Einzelheit des vorliegenden Falles hin: unser Yogin hatte ein Mädchen schweben *lassen*, während gewöhnlich der Körper des Yogin selbst schwebt.

Die Zuschauer diskutierten ausgiebig über das Wunder, das sie miterlebt hatten, und kamen zu dem Schluß, daß alle die gleichen Einzelheiten im Ablauf des Phänomens genau beobachtet hatten. Die Europäer waren sich einig, daß sie an einem Phänomen teilgenommen hatten, das der offiziellen Wissenschaft unerklärlich ist, und manche riefen aus: ‚Nur Gott könnte es erklären!‘ Was die Inder anbetrifft, so zeigten sie keinerlei Überraschung und erklärten nur, die Yogins unterwürfen sich von Jugend an einer strengen körperlichen und geistigen Disziplin, um übernatürliche Fähigkeiten zu erwerben, mittels derer – wie die Inder meinen – einem Yogin nichts unmöglich ist.»

Das ist der lehrreiche Fall, den der Ethnologe Johnson erlebte, und es will mir scheinen, die «Pedanten», auf die er sich bezieht, sollten dieses Mal loyal anerkennen, daß sie einen wirklich objektiven und unzweifelhaft bestätigten Fall von «Schwebendwerden einer menschlichen Person» vor sich haben; und wenn die betreffenden Pedanten einige Kenntnisse von der Hypnose haben, so werden sie wissen, wie schwierig es auch für einen starken Hypnotiseur ist, die Suggestion eines beliebigen Subjektes *gleich beim ersten Mal* durchzuführen, während überhaupt keine experimentellen Fälle bekannt sind, da es einem Hypnotiseur gelungen wäre, nicht nur im Subjekt selbst, sondern gleichzeitig in sämtlichen Teilnehmern des Versuches die «hypnotische Gläubigkeit» hervorzurufen. Nun bestand in unserem Falle die Zuschauerschaft aus zahlreichen intelligenten und gebildeten Menschen. Es ist schwerlich notwendig, dieser Erklärung noch etwas beizufügen.

In bezug auf das bleistiftdünne Stöckchen habe ich zu sagen, daß die Yogins erklären, es sei nicht notwendig, aber sein Gebrauch sei bei solchen Handlungen nützlich, da das Stöckchen das Schweben erleichtere, indem es den Kontakt zwischen dem schwebenden Körper und der Bodenoberfläche, von der unsichtbare zentrifugale Strahlen ausgehen, aufrechterhalte, da diese Strahlen vom magnetisierten Organismus der Versuchsperson aufgenommen würden und dazu beitrügen, ihn schwebend in der Luft zu erhalten.

Wir haben gesehen, daß der Berichterstatter von *zwei* Erlebnissen spricht, die er sich trotz der unvermeidlichen Gegnerschaft der Pedanten mitzuteilen verpflichtet fühlt; und es ist wahrscheinlich, daß er, wenn er Sorge trug, den Kritiken dieser Pedanten mit verdientem Tadel zuvorzukommen, dies nicht wegen des angeführten Erlebnisses tat, das auch für die Pedanten noch einigermaßen hinnehmbar sein dürfte, sondern wegen des anderen Reiseerlebnisses, das er schildert, und das weit wunderbarer erscheint. Ich werde es in der Kategorie, in die es gehört, in derjenigen der «Zauberei», anführen.

*

Den folgenden zweiten Fall von «Schwebendwerden» entnehme ich der Oktobernummer 1904 der *North American Review*, in der der Bericht des Forschungsreisenden A. Kellar veröffentlicht wird, welcher damals von einer langen Reise durch Südafrika (Zululand) zurückgekehrt war.

Er berichtet unter anderem das folgende Erlebnis:

«In Natal sah ich einen Zauberer, der einen jungen Zulu schweben ließ, indem er eine Handvoll Kräuter über seinem Kopfe schwang. Es war Abend, und um die Feuer meines Lagers hatte sich eine Anzahl ‚Fakire' versammelt. Ich führte ihnen einige meiner Zauberkunststücke vor, die sie nur mäßig interessierten. Da entfernte sich einer von ihnen und kam mit einem widerlich aussehenden ‚Doktor' der Zauberei wieder, der Hauptperson des Phänomens wurde, das ich im folgenden berichten will.

Er ließ sich lange bitten, bevor er sich entschloß, mir ein Beispiel seiner Fähigkeiten zu geben; aber schließlich nahm er eine Art Keule und befestigte sie an einem etwa zwei Fuß langen Lederriemen. Nun nahm ein junger, hochgebauter und athletischer Eingeborener, dessen Augen ängstlich auf diejenigen des Zauberers geheftet waren, seinen Knotenstock und befestigte ihn an einem gleichen, auch etwa zwei Fuß langen Lederriemen. Hierauf schwangen die beiden Männer, in einer Entfernung von etwa sechs Fuß voneinander, schweigend diese Werkzeuge um den Kopf. Beide waren von dem lebhaften Feuer hell beleuchtet. Wenn die beiden Stöcke sich berührten, leuchtete ein Funke oder ein Flämmchen auf, das von einem Stock auf den anderen überzuspringen schien; bei dem dritten Funken ereignete sich eine Explosion, bei der der Stock des jungen Zulu in Stücke ging und der junge Mann bewußtlos zu Boden fiel...

Nun sammelte der Zauberer eine Handvoll Kräuter, deren Stengel etwa drei Fuß lang waren, und schwang sie, vom Feuer abgewandt, über dem Kopf des jungen Zulu, der wie ein Toter auf dem Boden lag und vom Feuer hell beleuchtet war. Kurze Zeit darauf sah ich die Kräuter in Flammen, obgleich der Zauberer mehr als zwanzig Fuß vom Feuer entfernt war; sie loderten auf und verbrannten dann langsam unter starkem Knistern. Nun trat der Zauberer näher an den ausgestreckten Körper des Eingeborenen heran und ließ die brennenden Kräuter etwa in ein Fuß Höhe langsam an seinem Gesicht vorbeistreichen. Zu meinem tiefen Erstaunen sah ich hierauf den Körper sich vom Boden erheben und in etwa drei Fuß Höhe über dem Boden schweben. Er hob und senkte sich, je nachdem das Vorbeistreichen der brennenden Garbe schnell oder langsam vollzogen wurde, und als die Garbe vollständig verbrannt war und verkohlt zur Erde fiel, fiel auch der Körper des jungen Zulu auf die Erde zurück. Wenige magnetische ‚Streichungen' des Zauberers über seine Hand genügten, daß er erwachte und sich erhob, ohne im geringsten zu erkennen zu geben, daß er unter dem Experiment, das an ihm vollzogen worden war, zu leiden gehabt hätte.»

Man braucht nicht daraufhinzuweisen, daß die Fälle von «Schwebendwerden» menschlicher Personen sich bei den zivilisierten Völkern schon immer ereigneten und auch heute noch ereignen. Es genügt, auf die berühmten Fälle von Schwebendwerden von San Giuseppe da Copertino, von D. D. Home, von William Stainton Moses und erst neuerdings des berühmten isländischen Mediums Indridi Indridason hinzuweisen.

Was an der geschilderten Begebenheit neu ist, ist die ungewöhnliche Art und Weise, wie der Zuluzauberer zu seinem Ziel gelangte. Es dürfte angebracht sein, daran zu erinnern, daß die Art, wie die «Sensitiven» oder die «Medien» zu übernormalen Phänomenen gelangen, unendlich variiert und von Volk zu Volk weitgehend verschieden ist. Diese Tatsache ist indessen nicht von theoretischem Wert,da es sich lediglich um empirische Verfahren, die übernormalen Fähigkeiten aus dem Unterbewußten hochkommen zu lassen, handelt. Und für diesen Zweck sind alle Verfahren gleichwertig, solange derjenige, der sich ihrer bedient, blind an ihre Wirksamkeit glaubt.

Hier stehen wir indessen vor besonderen Umständen, die sich nicht nach dem Maß der gewohnten empirischen Verfahren, zu einer bestimmten Form übernatürlicher Manifestationen zu kommen, beurteilen lassen, da das Phänomen der «Keule» des Subjektes beweist, daß an den Handlungen des Zauberers irgendwie die Elektrizität teilhatte in Form einer elektromagnetischen Ladung der «Keulen» oder des Nervensystems der Darsteller. Um so mehr, wenn man die Analogie in Betracht zieht, die unser behandeltes Phänomen mit dem Phänomen der «Kugelblitze» aufweist, die wie Bomben explodieren, gerade so wie die «Keule» des Eingeborenen explodierte.

Wenn man diesen aufhellenden Zug des Phänomens weiter verfolgen wollte, könnte man ihn durch eine weitere Analogie von ebenfalls elektromagnetischer Natur erhärten und darauf hinweisen, daß gerade so, wie ein magnetisch gemachtes (das heißt atomisch magnetisiertes) Eisen ein nicht magnetisches Eisenstück anzieht, auch der Zauberer, mit Elektromagnetismus gesättigt, den negativ elektrisierten Körper des Subjektes anzog und schwebend erhielt. Überdies ließe sich mit dieser Hypothese auch die Erscheinung des spontanen Feuerfangens der Kräuter in der Hand des Zauberers leicht erklären, eine Erscheinung, die durch das Zusammentreffen zweier gegensätzlicher elektrischer Ströme verursacht wäre, wie jeder alltäglich bei der elektrischen Beleuchtung beobachten kann.

Ich bemerke indessen, daß mit der Annahme dieser Erklärung – wohlverstanden nur als «Arbeitshypothese» und sonst nichts – das Rätsel der europäischen Medien noch nicht gelöst wäre, die sich aus eigener Kraft in die Luft erheben, das heißt also ohne das Eingreifen eines «Zauberers» oder «Hypnotiseurs», der als menschlicher Magnet wirken könnte.

Damit schließe ich meine Folgerungen ab, da mich deren Weiterführung vom eigentlichen Ziele dieses Buches abbringen würde, das ja unter anderem darin besteht, auf der Grundlage der Tatsachen nachzuweisen, daß die Phänomene, die heute bei den Vertretern der parapsychologischen Disziplinen auftreten, in gleicher Weise und mit den daraus ableitbaren theoretischen Schlüssen auch bei den primitiven Völkern zu finden sind.

II

GEDANKENLESEN – EIGENTLICHE TELEPATHIE TELEPATHISCHES HELLSEHEN

Ich beginne die Darstellung übernormaler Erscheinungen gänzlich oder teilweise geistiger Art mit Fällen von «Gedankenlesen oder -übertragung» auf kurze Entfernung, um sodann länger bei den verschiedenartigen und lehrreichen Fällen von «Übertragung oder Empfang von Nachrichten und Wahrnehmung von Ereignissen über bisweilen gewaltige Entfernungen» zu verweilen, die bei den primitiven Völkern recht gewöhnlich sind.

Ich entnehme das erste Beispiel von «Gedankenlesen» auf kurze Entfernung dem Buche Henri de Monfreids *La Guerra nell'Ogaden* (Mailand 1936).

Kurz die Vorgeschichte: Während der Regierungszeit des Kaisers Menelik arbeitete der Ingenieur Capucci in Abessinien im Dienste Italiens. Er hatte einen jungen Abessinier namens Tadessa bei sich, der für ihn die Weitergabe der geheimen politischen Nachrichten besorgte.

Der Bericht fährt folgendermaßen fort:

«Tadessa hatte keineswegs im Sinn, sein Vaterland zu verraten, indem er diese geheimnisvollen Briefe besorgte; er tat nur seine Pflicht als Diener.

Einmal ruhte er sich auf einem seiner Botengänge bei einem abessinischen Häuptling in der Nähe von Ankober aus. In diesem barbarischen Lande ist die Gastfreundschaft etwas so Natürliches, daß man gar nicht erst um sie nachsuchen muß.

An diesem Tage war ein Diebstahl aufgedeckt worden, und der *lebaschà*, den man eiligst herbeigerufen hatte, versetzte sich gerade in Trance, um den Schuldigen zu entdecken.

Dieses merkwürdige Verfahren ist auch heute noch in Abessinien üblich und besitzt dort Gesetzeskraft. Die Enthüllungen des *lebaschà* sind unanfechtbar, und gegen die Anschuldigungen, die er erhebt, gibt es keinen Einspruch. Der *lebaschà* ist eine Art ‚Medium', das ganz allgemein zu nervösen Erscheinungen neigt und Keuschheit wahren muß. Dieser letztere Umstand ist unerläßlich, damit der göttliche

Geist, der sich ja nur den Reinen zu offenbaren liebt, von ihm Besitz ergreifen kann.

In der Morgendämmerung wird dem Mann ein Trank eingegeben, in dem auch Daturenblätter enthalten sind. Dieses Getränk könnte bei einem normalen Menschen den Tod herbeiführen; der *lebaschà* muß aber wie Mithridates eine teilweise Immunität erworben haben. Er verfällt nun in einen rauschähnlichen Zustand, während dessen er tatsächlich am Leben einer anderen Welt teilzunehmen scheint. Er bewegt sich dann wie ein Schlafwandler durch alle Orte, wo der Diebstahl begangen wurde; er tastet, streift, wittert und findet schließlich das Diebsgut, wenn es versteckt worden ist, oder den Dieb, wenn er anwesend ist.

Tadessa mußte mit den anderen an der Zeremonie teilnehmen, da niemand das Haus verlassen darf, bevor der *lebaschà* gesprochen hat.

Er war wegen seiner ‚Geheimbotschaft' unruhig; sie war in seinem Stock versteckt, und er dachte beständig an sie. Er hatte den Stock in einer Ecke des *tucul* abgestellt und mit dem *schamma* (Mantel) bedeckt. Der ständige Gedanke an seinen Zettel war sicherlich der Grund des Unglücks, das den armen Tadessa traf.

Als der *lebaschà* zu ihm kam, blieb er stehen. Alle Anwesenden hielten voller Spannung den Atem an. Das ‚Medium' entfernte sich von Tadessa und holte, ohne zu zögern, den Stock unter dem Mantel hervor. Ganz gewiß traute der wirkliche Dieb in diesem Augenblick seinen eigenen Augen nicht! Niemand verstand, warum denn der *lebaschà* diesen Stock in die Hand nahm, der doch einem Mann gehörte, welcher unmöglich den Diebstahl begangen haben konnte, da dieser sich ja am Tage zuvor ereignet hatte. Aber der *lebaschà* ist von Gottes Hand geleitet. Keine seiner Handlungen kann sinnlos sein. Auf jeden Fall hatte er den Gegenstand, der seine Aufmerksamkeit einen Augenblick lang gefesselt hatte, wieder zurückgestellt, und seine geheimnisvollen Suchaktionen wieder aufgenommen. Damit war der Wanderer, der Gast einer Nacht, vom Verdacht des Diebstahls befreit. Dem Gastgeber kam jedoch der Gedanke, den Stock, in dessen einem Ende der Zettel in einem Spalt verborgen war, zu untersuchen. Er betrachtete ihn aufmerksam, um festzustellen, warum der *lebaschà* sich einige Sekunden für diesen *gobensa* (Stock) interessiert hatte. Er bemerkte, daß das untere Ende des Stockes mit Wachs verstopft war. Er entfernte mit dem Daumennagel das Wachs und entdeckte das Versteck, in dem ein Papierröllchen verborgen war. Dieses Röllchen erweckte seinen Verdacht, um so mehr, als auf diesem Zettel unbekannte Schriftzeichen, sicherlich italienische, aufgeschrieben waren. Der abessinische Häuptling ließ Tadessa sofort in Ketten legen und schickte das Schriftstück an den *gebì* Meneliks nach Addis-Abeba.

Zwei Tage darauf wurde auch der Ingenieur Capucci verhaftet und in Ketten gelegt. Seine eingeborene Frau, die vor einigen Tagen entbunden hatte, brachte dem italienischen Ingenieur jeden Tag das Essen. Sie mußte ihm beim Essen behilflich sein, da das rechte Handgelenk an einen Eisenring gefesselt war und er sich nur der linken Hand bedienen konnte. Man kann sich leicht vorstellen, welche Qual das Leben einem Menschen bereiten mußte, der gezwungen war, ständig gekrümmt zu stehen, und sich niemals ausstrecken konnte...

... Seine Frau reiste nach Addis-Abeba und erwirkte von der Kaiserin Taitú, die mitunter gut und großmütig war, die Begnadigung... Vom armen Tadessa aber hörte man nichts mehr...» (a. a. O., S. 21–23.)

Der hier vorgeführte Fall bedarf keines Kommentars, da es offenkundig ist, daß es sich um eine Erscheinung des «Gedankenlesens» handelte, in einem Augenblick, da die Gedanken besonders kräftig im Geiste des zitternden Tadessa kreisten, so daß der Trancezustand dem *lebaschà* erlaubte, diesem das Geheimnis abzulisten; das hatte ihn dazu bewogen, ohne zu zögern zu dem Orte zu gehen, wo der Stock mit der verhängnisvollen Botschaft stand. Indessen erhebt sich hier eine Frage: Warum teilte der *lebaschà* nicht mit, was er doch offensichtlich wußte? Warum entschloß er sich, statt dessen den Stock an seinen Platz zurückzustellen, ohne das Geheimnis zu enthüllen? Man möchte sagen, er habe sich durch ein menschliches Mitgefühl mit dem armen Boten dazu bewogen gefühlt, um so mehr, als diese Angelegenheit den Urheber des Diebstahls, den aufzufinden er beauftragt war, nicht berührte.

*

Der nächste Vorfall ist zwar dem vorangehenden analog, zeigt aber bereits einen Fortschritt in der Reichweite der hellseherischen Fähigkeit. Ich entnehme ihn der Zeitschrift *Light* (1929, S. 574).

Mrs. Toye Warner Staples, die jahrelang in Südafrika lebte, behandelt das Thema der übernormalen Erscheinungen bei den primitiven Völkern und bespricht eingehend die bemerkenswerten Fähigkeiten eines Kaffern-«Medizinmannes» aus King-Williams-Town, der die Genehmigung hatte, seine Heilkräfte anzuwenden, da seine besten Kunden Europäer waren. Im übrigen hätte das Gesetz ihn nicht treffen können, da er seine Dienste unentgeltlich leistete und seine Fähigkeiten in wohltätigem Sinne verwandte.

Mrs. Warner Staples berichtet folgende Vorfälle, die zu dem hier behandelten Thema in Beziehung stehen:

«Es ereignete sich einmal, daß ein Bankangestellter den Auftrag erhielt, ein Päckchen mit 500 Pfund Sterling von einer Bank in Alice in eine Bank von Peddie zu überbringen. Er war zu Pferde aufgebrochen und kehrte in bejammernswertem Zustand, mit zerfetzten Kleidern, zurück und erzählte, er sei unterwegs von einer Kaffernbande überfallen und ausgeraubt worden... Da die Nachforschungen der Polizei ergebnislos blieben, wandte sich der Geschädigte an die übernormalen Kräfte Jajulas. Der letztere wurde von dem Vorgefallenen unterrichtet, verblieb einige Zeit in tiefer Konzentration, und teilte dann mit, er *sehe*, daß der Angestellte gar nicht beraubt worden sei, sondern das Geld in der Höhlung eines Ameisenhaufens versteckt habe. Hierauf begab er sich unverzüglich zu dem genannten Ameisenhaufen und zeigte die Stelle, wo das Geld versteckt lag. Natürlich wurde der Angestellte daraufhin verhaftet und verurteilt.

Der Richter von King-Williams-Town, Mr. Dick Moll, wollte jedoch an die übernatürlichen Kräfte, von deren Existenz Jajula Beweis über Beweis ablegte, nicht glauben. Er beschloß deshalb eines Tages, diesem Aberglauben mit einer List ein Ende zu bereiten: er ließ von einem Vertrauten ein Päckchen mit Geld an einem Ort verstecken, der nur ihm und dem Vertrauten bekannt war. Hierauf ließ er Jajula kommen und erklärte ihm, er sei bestohlen worden. Jajula nahm die psychischen Maßnahmen vor, die ihn zum Hellsehen befähigten; mitten drin rief er aber plötzlich aus: ‚Ah, ich merke schon, daß Sie sich über mich lustig machen. Das Geld wurde Ihnen gar nicht gestohlen. Ich werde Sie sogleich zu dem Versteck führen!‘ – Und der Kaffer begab sich, von einer Menge Neugieriger gefolgt, zu dem Ort, wo er die genaue Stelle zeigte, wo das Geld versteckt war. Hierauf suchte er aus der Menge den Mann aus, der mit dem Verbergen beauftragt gewesen war!»

Im ersten der genannten Fälle wird nicht berichtet, ob bei den Praktiken des Kaffers auch der ungetreue Angestellte anwesend war; auf Grund der weiteren Entwicklung des Falles kann man aber annehmen, daß er nicht zugegen war, da der Kaffer sonst sicherlich auf ihn hingedeutet hätte, so wie er den Mann aus der Menge herausfand, der das Geld des vorgetäuschten Diebstahles versteckt hatte.

Und wenn man zugesteht, daß der Schuldige nicht anwesend war, dann handelt es sich um einen Fall von «Empfang des Denkens des Schuldigen auf Entfernung» (telepathisches Hellsehen), da ja der Schuldige nicht umhin konnte, mit lebhafter Besorgnis an die «magischen» Praktiken zu denken, die in diesem Augenblick zu seinem Schaden vorgenommen wurden.

Es dürfte jedoch noch nicht angezeigt sein, die «Telemnese» (Lesen im Unterbewußten anderer Personen über große Entfernung) anzugehen; sie gehört zu den seltensten und noch bestrittenen Erscheinungen; sie setzt voraus, daß die abwesende Person gar nicht an den Vorfall denkt, sondern daß ein Medium diesen den Erinnerungstiefen ihres Unterbewußten entlockt.

*

Der Zeitschrift *Light* (1906, S. 177) entnehme ich den folgenden dritten Fall von «Gedankenlesen»; es handelt sich um ein lehrreiches Beispiel, in dem zwei Vorfälle enthalten sind: der eine sollte nach der Absicht des Medizinmannes zur «Entdeckung eines Schuldigen» führen, der andere sollte aufdecken, was sich in diesem Augenblick in einem weit entfernten Ort abspielte (telepathisches Hellsehen); beide führten nicht zum Ziel, sondern gaben statt dessen ausgezeichnete Beispiele des «Lesens im Denken des Auftraggebers.»

Der Anthropologe Douglas Blackburn berichtet das Folgende:

«Während meines langen Aufenthaltes in Transvaal und Natal hatte ich Gelegenheit, die Medizinmänner der Kaffern zu beobachten und zu prüfen. Ich will hier nicht ihre Behauptungen, in der Heilkunde bewandert zu sein, untersuchen, wenn ich auch einige überraschende Fälle hierzu anführen könnte, die durchaus erweisen, daß neben einem guten Stück Pfuscherei eine wirkliche Fähigkeit zur Behandlung bestimmter Fälle besteht, wie zum Beispiel der Schlangenbisse, der Dysenterie und anderer örtlicher Krankheiten. Es wäre beispielsweise wünschenswert, wenn ein Mediziner die merkwürdigen und zweifelsohne echten Fähigkeiten untersuchte, die einige dieser ‚Doktoren' besitzen, mit denen sie es fertigbringen, das jugendliche Äußere der Mädchen, die ihre Häuplinge sich zur Frau nehmen, zu bewahren, oder vielmehr deren Altern zu verzögern.

Aber genug davon; der vorliegende Aufsatz hat zum Ziel, ein Erlebnis zu berichten, das nach meiner Ansicht geeignet ist, manche Wunder aufzuhellen, die beim ‚Aufspüren' von Schuldigen die daran teilnehmenden Europäer so bestürzen. Hier mein persönlicher Fall:

Ich war damit beschäftigt, eine weite, V-förmige, felsige Fläche nach Bildern und Zeichnungen der wilden Buschmänner zu durchsuchen. Es handelte sich um eine Felsenmasse, die wie ein Regal in Form eines gleichseitigen Dreieckes aus dem Gebirge hervorragte. Während ich mit meinem Auftrag beschäftigt war, entdeckte mein Hund in einem Felsspalt ein Bündel von Tigerfellen; ich stellte bald fest, daß es diejenigen waren, die ich im Stall verwahrt hatte. Mein Verdacht fiel auf einen jungen Kaffern von sehr schlechtem Charakter, der mir die Post zutrug und darum häufig durch die Gegend kam, wo die entwendeten Felle verborgen worden waren.

Einige Tage drauf kam ein reisender Medizinmann in diese Gegend; rein zum Zeitvertreib sagte ich ihm, wenn es ihm möglich sei, den Urheber eines Diebstahles zu entdecken, würde ich ihm eine halbe Krone schenken, Ich erwähnte keine Einzelheiten, sondern gab nur die allgemeine Auskunft, daß ein Diebstahl begangen worden sei. Gegen dreißig Eingeborene kamen, um an dem Schauspiel des ‚Herausspürens' des Schuldigen teilzunehmen, unter ihnen auch der Jüngling, den ich verdächtigte; deshalb verdoppelte ich die Vorsichtsmaßnahmen, um dem Zauberer nicht ungewollt durch Wort oder Blick einen verräterischen Anhaltspunkt zu geben. Der Zauberer begann mit Gestikulieren und Murmeln geheimnisvoller Wörter seine Beschwörung und zeichnete mit dem Stock Zeichen auf die Erde, die aus unregelmäßigen gekrümmten Linien, die sich dann zu Dreiecken entwickelten, bestanden. Eine Zeitlang zeichnete und verwischte er seine Zeichen, wobei er gutturale Laute ausstieß und ständig suggestive Sätze aussprach, auf die einzugehen ich mich wohl hütete. Ich hielt mich beständig hinter ihm auf, damit er nicht aus meinem Gesichtsausdruck Schlüsse ziehen konnte. Nach einigen Minuten ging er entschlossen auf die Zuschauer zu, deutete mit seinem Stock auf verschiedene Personen, zögerte aber immer wieder vor dem Jüngling, den ich verdächtigte, und bezeichnete ihn schließlich als den Schuldigen. Zwei Tage darauf erfuhr ich, daß eine Eingeborene die Felle in dem Felsspalt verborgen hatte und der Jüngling von der ganzen Angelegenheit überhaupt nichts wußte. – Muß man nicht daraus den Schluß ziehen, daß der Zauberer unbewußt in meinen Gedanken den ungerechtfertigten Verdacht, der mich an die Schuld des Jünglings glauben ließ, las?

Ein zweites Beispiel dieser Art: Die Kolonie veranstaltete ein besonderes ‚Rennen', in dessen Verlauf eine vornehme Dame sich über mich lustig machte, weil ich mein Pony nicht recht zu reiten vermochte. Dieses Pony war übrigens recht jung und außerordentlich scheu. Ich ärgerte mich und forderte die Dame heraus, das zu vollbringen, was ich nicht zu vollbringen vermocht hatte. Sie war eine ausgezeichnete Reiterin und nahm an; sie band den rechten Steigbügel hoch und setzte sich so auf den Sattel, wie die Damen in der Kolonie auf Männersätteln zu reiten pflegten. Mein unzähmbares Füllen scheute sofort und raste in wildem Galopp auf die von abschüssigen und gefährlichen Felsen durchsetzte Fläche und ließ mich in schwerer Besorgnis und von Gewissensbissen erfüllt zurück; glücklicherweise lief alles gut ab und die Dame kam unversehrt von dem Ritt zurück.

Einige Monate darauf beabsichtigte die gleiche Dame, mich mit ihrem Gatten aufzusuchen; zu diesem Zweck bat mich der Gatte, für seine Frau ein Pferd zu schicken. Infolge eines unglücklichen Mißverständnisses sandte mein Kaffer gerade das Füllen, welches seinerzeit das Leben der Dame in Gefahr gebracht hatte. Ich war sehr ärgerlich darüber, da ich mit Recht annahm, man werde diese Tat falsch auslegen. Ich verbrachte darum einen recht nervösen Vormittag. Nach dem Mittagessen erschien bei uns der gleiche Medizinmann vom ersten Mal, was übrigens häufig geschah. Ich bat ihn, seine ‚*dol os*' (Wahrsageknöchelchen) zu werfen und mir zu sagen, wer mich an diesem Tage aufsuchen werde. Nach den gewöhnlichen Vorbereitungen verkündigte er mir, ein weißer ‚*inkoos*' (Häuptling) und eine weiße ‚*inkokizan*' (Dame) seien unterwegs; er fügte hinzu, die Dame sei ganz in Weiß gekleidet (bei der Gelegenheit des gefährlichen Rittes war die Dame in ein weißes Reitgewand gekleidet). Hierauf sagte er, sie ritte ein unzähmbares Füllen und beschrieb eine gefährliche und wilde Fluchtszene, ganz gleich derjenigen, die einige Monate zuvor vorgefallen war.

Als die Gäste eintrafen, stellte ich fest, daß die Dame ganz in Braun gekleidet war und daß die Reise ohne jeden Zwischenfall verlaufen war. Es ist offensichtlich, daß auch dieses Mal der Medizinmann in meinen Gedanken gelesen hatte; während er seine Knöchelchen warf, waren meine Gedanken gerade zu der Szene zurückgewandert, die er vor Augen hatte und beschrieb.» (gez. Douglas Blackburn.)

In den dargelegten Fällen scheint außer Zweifel zu stehen, daß der Medizinmann auf Grund einer in solchen Fällen gewöhnlichen Interferenz unwissentlich die Meldungen aufnahm, die ihm das Unterbewußte des Konsultierenden, welcher in diesem Augenblicke an die Ereignisse dachte, an denen der Hellseher sein Können beweisen sollte, lieferte. Beachtenswert die Einzelheit in der Beschreibung des Zauberers, der die Dame als *weißgekleidet* darstellt, wie es unter den Umständen der Fall gewesen war, an die der Konsultierende dachte. Da nun der Konsultierende unmöglich an das Kleid denken konnte, das die Dame an dem betreffenden Tage trug, muß man zu dem Schluß kommen, daß das synthetische Denken des Konsultierenden sich im Geiste des Zauberers in eine entsprechende repräsentative, wenn nicht gar kinematographische Halluzination des gesamten Vorganges verwandelt hatte.

Auf Grund dessen muß man zugeben, daß, wenn das «Aufspüren» des Schuldigen und die «Fernschau» nicht zum rechten Erfolg führten, die Schuld nicht an den mangelnden hellseherischen Fähigkeiten des Kaffernzauberers lag, sondern an der Unerfahrenheit des Konsultierenden, der sich geistig passiv hätte verhalten sollen, statt an die Ereignisse zu denken, über die der Hellseher Bericht zu erstatten hatte. Ich gebe zu, daß es in Anbetracht der Umstände, unter denen die Versuche abliefen, für ihn schwierig war, sich hinsichtlich der Argumente, die ihn in diesem Augenblick besonders beschäftigten, absolut passiv zu verhalten, und ich gebe des weiteren zu, daß auch die Voreingenommenheit seines Geistes, der von schlecht beschwichtigten Besorgnissen vibrierte, genügt hätte, um bei den wahrsagerischen Fähigkeiten des Hellsehers die gleichen Störungserscheinungen hervorzurufen.

All das wurde bereits bei der vergleichenden Besprechung der Tatsachen nachgewiesen; gerade aus diesem Grunde spricht man den Fällen des «telepathischen Hellsehens» oder der «Telästhesie» keine wissenschaftlich gültige Beweiseskraft zu, wenn der Konsultierende über die Ereignisse, an denen sich die Fähigkeiten des Hellsehers erweisen sollen, unterrichtet ist, oder wenn der Hellseher keine zutreffenden näheren Einzelheiten vorbringt, die allen Anwesenden unbekannt sind.

Auf jeden Fall bestätigen die vorgetragenen Fälle auf bündige Weise, daß der Kaffernmedizinmann ohne Zweifel im Besitze übernormaler geistiger Kräfte war; von unserem Gesichtspunkte aus ist damit schon ein wichtiges Ziel erreicht.

Gleichzeitig beweisen diese Fälle auch, daß bei den Wilden die gleichen unterbewußten Interferenzen auftreten, die sich unter gleichen Verhältnissen bei den zivilisierten Völkern bemerkbar machen; diese Übereinstimmung ist für die Theorie von Interesse, da sie in der gegenseitigen Bestätigung auf einen guten Beweis für die Echtheit der Tatsachen hinausläuft.

Es folgt ein weiteres lehrreiches Beispiel unwissentlicher Gedankenübertragung, welches bereits die Form einer rein telepathischen Gefühlsempfindung auf Distanz annimmt.

Ich entnehme es dem Werke *Some experiences of a New Guinea Resident Magistrate* des Zivilrichters von Neuguinea, G. A. W. Mockton. – In diesem Buche finden sich einige interessante Fälle übernormaler Manifestationen bei Eingeborenen; der folgende Vorfall stieß dem Berichtenden selbst zu, während er an einer bewaffneten Expedition an die Grenzen der Kolonie teilnahm.

Er schreibt:

«Die Nacht war sternklar, und die übermüdeten Leute schliefen fest im Lager. Bushimai hatte sich unter meiner Hängematte niedergelassen. Eine Stunde vor Sonnenaufgang schreckte ich aus dem Schlaf auf und fand mich in einem Zustand unerklärlicher nervöser Überreiztheit. Ich rief Bushimai, erhielt jedoch keine Antwort. Erregter denn je sprang ich aus der Hängematte, gürtete mir den Revolver um, nahm das Gewehr, durchquerte das Lager, in dem alle tief schliefen und begab mich zu den Wachen, um mich von deren Aufmerksamkeit zu überzeugen. Der erste, dem ich begegnete, war Bushimai, der am Rande des Lagers auf und ab ging, das Beil auf der Schulter. Ich fragte ihn: ‚Warum schläfst du nicht?‘ – Er antwortete: ‚Ich habe während des Schlafes eine Gefahr gespürt.‘ Und er setzte hinzu: ‚Auch Sie haben die Gefahr bemerkt?‘ – ‚Ja‘, entgegnete ich, ‚aber ich könnte nicht sagen, welche Gefahr uns droht.‘ – Wir gingen zusammen zu der Postenkette und trafen dort den Sergeanten, der ebenso unruhig und erregt zu sein schien wie wir. Ich fragte ihn: ‚Wie kommt es, Sergeant, daß Sie hier sind, statt zu schlafen?‘ Er antwortete: ‚Ich bin erwacht, weil ich eine Gefahr spürte; ich wollte Sammeln befehlen, aber jetzt kann ich keinen Grund erkennen.‘ – Wir warteten zusammen den Sonnenaufgang ab; nach der Wachablösung entschlossen wir uns, noch etwas zu ruhen.

Im Laufe des Tages erfuhr ich, daß der feindliche Häuptling Maisina gewußt hatte, daß meine Kolonne am Tage zuvor an der Mündung des Laku Lager aufgeschlagen hatte; gegen Tagesanbruch der gleichen Nacht, da wir die Gefahr gespürt hatten, hatte er drei Kolonnen bewaffneter Männer aus drei verschiedenen Ortschaften gegen uns ausgesandt, um uns überraschend zu überfallen und umzubringen. Die Männer waren aber erst zur Stelle gewesen, als wir bereits seit einigen Stunden aufgebrochen waren, und hatten nur noch einige teilweise noch brennende Feuer gefunden. Wenn sie uns dort vorgefunden hätten, so hätten sie uns infolge ihres überraschenden und unerwarteten Vorgehens zweifellos allesamt massakriert. – Das die Tatsache; ich überlasse es den Psychologen, zu erklären, wie ein geplanter Angriff auf ein seit wenigen Stunden aufgegebenes Lager auf eine Entfernung von vier Meilen auf die Nerven dreier Männer wirken konnte, und wie es kam, daß nur diese drei Männer unter hundert, die im Lager schliefen, aus dem Schlafe geschreckt wurden.»

Die Aufgaben, die der Richter in seinem Bericht der Kompetenz der Psychologen unterstellt, sind für die Theorie leicht zu lösen; bei der ersten läßt sich darauf hinweisen, daß die Erscheinungen der telepathischen Gedankenübertragung, welche je nach den besonderen Idiosynkrasien der Empfänger in Verbindung mit den Umweltsverhältnissen die Form eines Gesichts-, Gehörs-, Geruchs-, Tast- oder Gefühlseindruckes annehmen kann, für die Wissenschaft schon lange feststehende Tatsachen sind, wenn sie auch das Geheimnis ihres Wirkens nicht zu durchdringen vermag, während man im zweiten Falle darauf verweisen kann, daß, wenn unter hundert Männern, die gleicherweise an einem schwerwiegenden Ereignis, das sie bedroht, interessiert sind, nur drei telepathisch die Vorahnung empfangen, diese drei Männer eben «empfindsam» sind, die anderen aber nicht.

*

Ich gehe nun dazu über, einige kurze Beispiele «eigentlicher Telepathie» anzuführen und möchte zunächst die Aufmerksamkeit auf den bemerkenswerten Umstand lenken, daß bei den Wilden im allgemeinen der Glaube besteht, das Erscheinen des Geistes eines Lebenden bedeute, daß dieser im Sterben liege oder bereits gestorben sei. Da nun aus der vergleichenden Untersuchung der telepathischen Erscheinungen bei den zivilisierten Völkern hervorgeht, daß fünfundneunzig Prozent derselben auftreten, wenn die Person, deren Geist in der Entfernung erscheint, auf dem Totenbette liegt, ist man zu dem Schluß berechtigt, daß der analoge Glaube bei den Wilden das Ergebnis der Erfahrung ist. Hinsichtlich der wenigen Ausnahmen von dieser Regel (bei denen der Erscheinende meistens ein Lebender im Tiefschlaf ist) bemerke ich, daß sie auch bei den Wilden zu beobachten sind; diese versichern indessen, sie könnten den Geist eines Lebenden von dem eines Sterbenden oder eines Gestorbenen unterscheiden, und zwar deswegen, weil der Geist eines Lebenden, der noch von Lebensfluiden gesättigt ist, deutlich dichter als der eines Sterbenden und erheblich dichter als der eines Verstorbenen erscheint.

Genau dasselbe behaupten die Seher bei den zivilisierten Völkern.

Hinsichtlich des festen Glaubens der Wilden an die Vorankündigung des Todes, die im Erscheinen Lebender enthalten ist, berichtet Lang folgenden merkwürdigen Vorfall, den er dem Buche *Manners of the New-Zealanders* (S. 268) von Pollack entnimmt:

«Ein Maorihäuptling war seit einiger Zeit auf einer Stammesfehde fern von seiner Familie. Eines Tages sah seine Gattin seinen Geist, der stumm und gedankenvoll in die Hütte eintrat und sich am Herd niederzusetzen anschickte. Sie lief sofort, um Zeugen herbeizurufen, als sie aber mit diesen zurückkehrte, war der Geist verschwunden. Nach einiger Zeit verheiratete sich die Frau aufs neue, da sie infolge der erlebten Erscheinung vom Tode ihres Mannes überzeugt war. Dieser kehrte aber bald darauf lebend und gesund zurück. Als er jedoch von dem Vorfall erfuhr, verzieh er seiner Frau, da er der Ansicht war, sie habe auf Grund eines Ereignisses gehandelt, das nach der Überlieferung der Maori als gültiger Beweis des Todes galt.»

E. B. Tylor berichtet in *Primitive Culture* (Bd. I, S. 450) folgenden Fall von Telepathie:

«Eine Gruppe von Eingeborenen hatte ihr Dorf auf längere Zeit verlassen, um an einer Saujagd teilzunehmen. Eines Nachts, als alle im Freien um ein großes Feuer versammelt waren, erschien die Gestalt eines Kameraden, den sie krank im Dorf zurückgelassen hatten. Die Erscheinung wurde nur von zweien der Gruppe bemerkt, und verschwand auf deren Schreckensrufe hin. Als die Jäger in das Dorf zurückkehrten, erfuhren sie, daß der Kamerad, der ihnen im Walde erschienen war, an dem gleichen Tage gestorben war.»

Lang berichtet einen anderen Fall, der ihm unmittelbar von Herrn Tregear, dem Verfasser des *Maori Comparative Dictionary*, mitgeteilt worden war:

«Ein sehr intelligenter Maorihäuptling erzählte mir das Folgende: ‚Ich habe in meinem Leben nur zwei Geister gesehen. Als ich ein Knabe war, schickte man mich nach Auckland in die Schule der Weißen. Eines Morgens, als ich schlafend im Bette lag, schreckte ich auf, weil jemand mich an den Schultern packte und mich schüttelte. Ich blickte auf und sah meinen Onkel über mich gebeugt. Ich war sehr überrascht, da ich ihn weit entfernt, in Bay of Island, wußte; darum richtete ich eine entsprechende Frage an ihn; er aber wurde durchsichtig und löste sich auf. Die nächste Post brachte mir die Nachricht von seinem Tode.

Es vergingen viele Jahre, und ich sah keine Geister mehr, auch nicht, als mein Vater und meine Mutter starben, obgleich ich zu dieser Zeit von zu Hause abwesend war. Schließlich sah ich eines Tages, als ich in Lesen vertieft war, auf dem Buche einen dunklen Schatten. Ich sah hoch und sah zwischen mir und dem Fenster einen Mann, der mir den Rücken zukehrte. Ich erkannte aber doch, daß es ein Maori war und rief ihn an. Er drehte sich um, und nun erkannte ich in ihm meinen Onkel Ihaka. Kaum hatte ich ihn aber erkannt, so wurde er auch schon durchscheinend und verschwand, genau wie der erste Geist. Ich war weit davon entfernt, an den Tod meines Onkels zu denken, da ich ihn erst vor wenigen Stunden gesund und kräftig verlassen hatte. Bald darauf bekam ich die Nachricht, daß er zu einem Missionar gegangen war und bei diesem zusammen mit den Weißen Fleisch aus einer Büchse gegessen hatte, die bereits seit vierundzwanzig Stunden offen war; alle waren an Fleischvergiftung gestorben. Das ist es, was ich über Geistererscheinungen persönlich bezeugen kann!» (Lang, op. cit. S. 113–114.)

Ich führe einen letzten Fall von Telepathie an, den ich dem gleichen Werke entnehme (S. 114–115).

Mr. Francis Dart Fenton berichtet:

«Zwei Holzfäller – Frank Philip und Jack Mulholland – waren in der Mission des Rev. R. Maunsell in der Nähe der Bucht von Awarod, einem völlig einsamen und sumpfigen Ort, mit dem Fällen von Bäumen beschäftigt. Sie hatten als Helfer einen Maori bei sich, der aus Tihorewan, einem etwa sechs Meilen entfernten Dorfe auf der anderen Seite des Flusses, stammte. Während Frank und der Eingeborene an einem Baume sägten, hielt der Eingeborene plötzlich an und rief: ‚Warum bist du gekommen?‘ wobei er in Richtung auf Frank blickte. Dieser fragte: ‚Was willst du damit sagen?‘ – Der Eingeborene antwortete: ‚Ich spreche nicht mit dir, ich unterhalte mich mit meinem Bruder.‘ Frank fragte: ‚Wo ist er denn?‘ – Hierauf der Eingeborene: ‚Hinter dir!‘ und, sich erneut dem Bruder zuwendend: ‚Was willst du?‘ – Frank wandte sich um, sah aber niemanden. Auch der andere sah niemanden mehr, sondern legte die Säge nieder und sagte: ‚Ich gehe heim. Mein Bruder ist tot.‘ – Frank lachte und erinnerte ihn daran, daß er ihn vor fünf Tagen in bester Gesundheit zurückgelassen habe; der Maori antwortete nichts. Er bestieg sofort sein Kanu und begab sich auf die andere Seite des Flusses. Als er am Landeplatz ankam, stieß er auf Leute, die mit der Botschaft vom Tode seines Bruders gekommen waren.»

Die angeführten Fälle von Telepathie sind denjenigen, die sich bei zivilisierten Völkern ereignen, vollkommen gleich, und die oben angeführten Bemerkungen über die Schlüsse, die die Wilden daraus ziehen, Schlüsse, die ihrerseits denjenigen der zivilisierten Völker vollkommen gleich sind, genügen als Beweis, daß übernatürliche Erscheinungen dieser Art mit den daraus ableitbaren Folgerungen für die Theorie bei jedem Volke der Erde anzutreffen sind. Ich unterlasse es deshalb, weitere Beispiele dieser Art anzuführen.

*

Ich gehe zur Behandlung von Fällen «telepathischen Hellsehens» (Lesen aus der Ferne im Unterbewußtsein von Fremdpersonen) über und mache darauf aufmerksam, daß diese Fälle häufig mit dem «Hellsehen im Gegenwärtigen» verwechselt werden, obgleich diese Bezeichnung nur da gebraucht werden sollte, wo das Hellsehen die Form der «Telästhesie» annimmt (Telästhesie ist die unmittelbare Wahrnehmung von Gegenständen, Gegenden, Landschaften aus der Ferne, wobei es ausgeschlossen ist, daß der «Seher» das von ihm Beschriebene den Gedächtnisschlupfwinkeln des Unterbewußtseins anderer Personen entnimmt).

Ich bemerke des weiteren, daß die meisten Fälle «telepathischen Hellsehens» bei den primitiven Völkern von «Weissagern» erzeugt werden, die sich mit der «Verbrechersuche» befassen, das heißt, daß sie im Tatbestand den vorerwähnten Beispielen analog sind, wenn ich diese gleich in die Erscheinungsgruppe der «Telekinese» und des «Gedankenlesens» eingereiht habe, und zwar deswegen, weil der lehrreichste besondere Umstand im einen Falle in der «Fortbewegung von Gegenständen ohne Berührung», im anderen Falle im «Lesen in den Gedanken der Anwesenden» bestand.

In den folgenden Fällen indessen besteht der interessanteste besondere Umstand in der Tatsache, daß der gesuchte Schuldige stets weit entfernt ist, während die Anwesenden nicht wissen, wer er ist und keinen besonderen Verdacht hegen, so daß jede Störung in Form des «Gedankenlesens» ausgeschaltet ist.

Ich entnehme das erste Beispiel der *Rivista di Studi Psichici»* (1903, S. 309):

«Der Ingenieur Ilg, Außenminister des Kaisers Menelik, hat in einer Unterredung mit dem Direktor der *Neuen Zürcher Zeitung* äußerst aufschlußreiche Aufklärungen über die ‚Weissager', die *Lobasha* oder Aufspürer von Verbrechern in Abessinien, gegeben.

Es sind Knaben von höchstens zwölf Jahren, die in hypnotischen Zustand versetzt werden, der ihnen die Entdeckung unbestraft verbliebener Verbrecher gestattet.

Der Ingenieur Ilg zitiert mehrere schier unglaubliche Fälle von der Entdeckung Schuldiger, die er persönlich festgestellt hat.

Bei einem Falle von Brandstiftung in Addis-Abeba wurde ein ‚*Lobasha*' an die Brandstätte gerufen; er erhielt einen Napf Milch, in den man ein grünes Pulver geschüttet hatte, zu trinken; hierauf gab man ihm Tabak mit einem schwarzen Pulver in einer Pfeife zu rauchen. Der Knabe fiel in hypnotischen Zustand. Nach wenigen Minuten sprang er wieder auf und lief in Richtung auf Harrar davon. Er lief ununterbrochen sechzehn Stunden lang. In der Nähe von Harrar verließ der *Lobasha* plötzlich die Straße, betrat ein Feld und berührte einen dort arbeitenden Galla mit der Hand. Dieser bekannte sich als Schuldiger.

Ein zweiter Fall, der von Kaiser Menelik und Ingenieur Ilg persönlich überprüft wurde, war derjenige eines Raubmordes, der in der Nähe von Addis-Abeba begangen worden war. Der *Lobasha* wurde auf den Tatort geführt und in besondere psychische Bedingungen versetzt. Eine Zeitlang irrte er in der Ortschaft, wo er sich befand, herum, wandte sich dann nach Addis-Abeba, betrat dort eine Kirche und küßte deren Fußboden; hierauf tat er in einer anderen Kirche dasselbe.

Als er an eine Stelle kam, an der sich Wasser befand – das Wasser hob den Zauber auf – erwachte der Knabe. Man hypnotisierte ihn erneut, und nun zog er weiter, streifte durch einige Hütten, erreichte die Schwelle einer dieser Hütten, blieb dort stehen und erwachte wiederum. Der Besitzer der Hütte war abwesend; bei der Rückkehr wurde er sofort verhaftet. Anfänglich leugnete er, das Verbrechen begangen zu haben, als man aber in der Hütte einige der geraubten Gegenstände wiederfand, mußte er ein Geständnis ablegen.

Der Mörder wurde vor Menelik geführt, der ihm befahl, genau zu berichten, was er nach der Tat getan hatte. Es stellte sich heraus, daß seine Taten genau den Wanderungen des *Lobasha* entsprachen. Er berichtete, er habe sich, von Gewissensbissen geplagt, in zwei Kirchen begeben, sich dort niedergeworfen und den Boden geküßt.

Menelik, der einen neuen Beweis von den Fähigkeiten des *Lobasha* haben wollte, bemächtigte sich einiger Schmuckstücke der Kaiserin. Hierauf ließ er den *Lobasha* kommen, welcher zunächst durch die Gemächer der Kaiserin lief, dann in diejenigen Meneliks eintrat; er durchstreifte hierauf andere Zimmer und fiel schließlich auf das Bett Meneliks nieder.

Ingenieur Ilg vermag sich diese geheimnisvolle Gabe, die sich auf einen bestimmten Stamm oder vielmehr eine besondere Rasse, deren Glieder durch ganz Abessinien verstreut sind, zu beschränken scheint, nicht zu erklären.

Es sei darauf hingewiesen, daß den Ägyptern vor vierzig Jahrhunderten ein gleiches Verfahren zur Entdeckung von Verbrechern zugeschrieben wurde.»

Hinsichtlich der dargelegten Fälle dürfte es angebracht sein, darauf hinzuweisen, daß ich mit meiner Behauptung, sie seien mittels der Hypothese des «telepathischen Hellsehens» erklärbar, nur sagen wollte, diese Hypothese sei die naheliegendste, die sich auf Gegebenheiten dieser Art anwenden lasse; das will aber nicht heißen, daß sie immer die zuverlässigste sei. Und in unserem Falle zeigen sich bei der Behandlung der in Frage stehenden Erscheinungen Einzelheiten, die sich schlecht mit ihr vereinbaren lassen. Wenn die Hypothese beispielsweise im ersten Falle, wo der *Lobasha* in hypnotischem Zustande schnurstracks zum Schuldigen läuft und ihn durch Berührung anzeigt, wahrscheinlich die richtige ist, so läßt der zweite Fall eine andere Erklärung zu. Dort verfolgt der *Lobasha* automatisch alle Handlungen, die der Mörder nach der Tat beging, bis die Abfolge der von ihm wahrgenommenen Ereignisse ihn an die Hütte des Schuldigen führt; in diesem Falle ist es vernünftiger anzunehmen, der Hellseher habe sein Ziel erreicht, indem er die Spur des Verbrechers automatisch *in der Vergangenheit* verfolgt habe; in diesem Falle hätte es sich um «Hellsehen in der Vergangenheit» gehandelt, das auf *psychometrische* Weise erreicht wurde, das heißt als Folge der Tatsache, daß der Hellseher an den Tatort geführt worden war; dieses hätte ihm zur Herstellung des «psychischen Rapportes» zwischen dem Unterbewußten des Hellsehers und dem Tatorte, der noch von den «spezifischen Schwingungen» des dort begangenen Verbrechens erfüllt war, gedient.

*

Auch bei dem folgenden, dem vorhergehenden analogen Falle könnte man behaupten, die Erscheinung des «telepathischen Hellsehens» grenze an das «Hellsehen im Gegenwärtigen».

Ich entnehme ihn dem *Journal of the American S. P. R.* (1937, S. 61). Er wurde zuerst in der Zeitschrift der «Afrikanischen Mission», *East Africa*, veröffentlicht, und der Berichterstatter ist Pater Luseur.

Es handelt sich auch dieses Mal um einen beträchtlichen Diebstahl von Vorräten; er wurde im Juli 1918 zum Schaden der Mission von Mwembe in Portugiesisch Ostafrika begangen. Die drei Eingeborenen, die mit der Bewachung der Vorräte beauftragt waren, bestritten jede Täterschaft; sie waren es, die vorschlugen, einen «Zauberer» kommen zu lassen, um den Dieb ausfindig zu machen.

Pater Luseur fährt folgendermaßen fort:

«Der ‚Zauberer' war ein sehr magerer Mann mittlerer Größe. Er schien recht intelligent zu sein, und das einzige, was die Besonderheit seines Wesens bezeigte, war der Schimmer seiner Augen, die zweifellos eine magische Macht ausstrahlten. Sein Aussehen entsprach seinen Funktionen, und man konnte sich leicht vorstellen, daß er wirklich fähig war, die Eingeborenen zu hypnotisieren und ihnen Angst einzuflößen.

Er begab sich an die Stelle, wo der Diebstahl begangen worden war und band sich ein Gazellenhorn vor die Stirn. An die Hornspitze hatte er Flaumfedern befestigt. Aus seinem Sack entnahm er einen Kranz aus verflochtenen Schnüren, von dem die verschiedensten Tierklauen herabhingen. Im Inneren des Kranzes befand sich ein zweiter, viel kleinerer, der mit Tierzähnen geschmückt war. Das Ganze verknüpfte er mit einer Schnur, um es sich dann über die rechte Schulter zu werfen. Hierauf nahm er einen etwa viereinhalb Fuß langen Bambusstock von zwei Zoll Durchmesser, in dessen Mitte ein Loch gebohrt war; in dieses Loch fügte er ein Fläschchen mit einem Gebräu eigener Machart ein. Mit der Rechten ergriff er einen Kürbis, in dem sich Steine befanden, und indem er diesen Kürbis heftig schüttelte, erzeugte er ein Geräusch, das dem Schwingen einer Glocke gleich war, wobei er gleichzeitig einen eintönigen Sang von sich gab: ‚*Kalondola, katandiza; Kalondola, katandiza; Kalondola Meiza.*' (Führer, hilf mir; Führer, hilf mir; Führer, hilf Meiza.) Meiza war sein Name.

Der Zauberer hatte zwei Gehilfen mitgebracht, die den Bambusstock an einem Ende ergriffen, während das andere Ende den Boden berührte. Sofort begann der Stock mit heftigen Schlägen den Boden zu schlagen; darauf drehte er sich plötzlich um und zog buchstäblich die beiden Männer rings um die Hütte hinter sich her. Der Zauberer folgte unverzüglich dem Stock und sang dazu lauter als zuvor: ‚*Kalondola, katandiza.*' Nachdem der Bambus die Gruppe um die Hütte herumgeführt hatte, kehrte er zum Ausgangspunkt zurück. Auf Grund dessen verkündete der Zauberer, der Dieb wohne nicht an diesem Orte, er sei ein Ortsfremder. Darum nahm er seinen eintönigen Gesang wieder auf. Plötzlich verhielt der Stock, den die beiden Gehilfen hielten, und begann Linien und Kreise in den Staub zu ziehen. Der Zauberer untersuchte die Linien und Kreise und bemerkte: ‚Der Dieb ist nach Westen geflohen. Bevor man an sein Dorf kommt, sind zwei Bäche zu überschreiten.' Hierauf ließ er seine Glocke kraftvoll ertönen, wobei er ständig seinen Gesang wiederholte. Da machte der Bambus sich auf den Weg, wobei er eine Furche im Straßenstaub hinterließ. Von Zeit zu Zeit hielt er an und blieb aufrecht stehen. Man kam an einen Bach, dann an einen zweiten. Danach kam man an eine Stelle, wo zwei Pfade abzweigten. Der Bambus hielt an und machte heftige Schläge auf den Boden. Der Zauberer erklärte: ‚Der Bambus ist stehen geblieben. Wahrscheinlich hat der Dieb an dieser Stelle irgendeinen Gegenzauber vergraben.' Man grub nach und fand tatsächlich ein Gazellenhorn. Der Zauberer bemerkte, daß er an dieser Stelle einen viel wirksameren Gegenzauber vergraben hätte, und entnahm seinem Sack einen kleinen flaschenförmigen Kürbis, in den er eine geheimnisvolle Flüssigkeit schüttete, und vergrub das Ganze an der gleichen Stelle. Hierauf sagte er: ‚Jetzt können wir weitergehen'. Und der Bambus nahm seinen Lauf wieder auf, bis er an ein Dorf kam. Dort begab sich der Stock unverzüglich zu einer Hütte, vor der ein Mann kauerte. ‚Das ist der Dieb', verkündete der Zauberer. Der Bambus drang in die Hütte ein und lief geradewegs an ein Lager aus verknüpften Lianen. Das Lager wurde beiseitegeschoben, und nun schlug der Bambus heftig auf den Boden. – ‚Grabt an dieser Stelle', befahl der Zauberer. Man grub, und in ein Fuß Tiefe fand man das Bündel mit dem Diebsgut. Man brachte es mir sofort nach Mwembe, und ich erkannte, daß es sich tatsächlich um die gestohlenen Vorräte handelte. – Der Dieb, den man so überführt hatte, gestand seine Schuld.» Wozu gibt es bei uns Gerichte?

Der Herausgeber des *Journal* gibt folgenden Kommentar:

«Das vorliegende Beispiel erscheint sehr einfach, insofern als darin alle Elemente der spiritistischen Praxis vorkommen. Der Zauberer ruft die eigene ‚Führung' an, und der Bambusstock beträgt sich genau so, wie die mediumistischen Tische unter den Händen der Experimentatoren... Das berechtigt zu dem Schluß: wenn man zugibt, daß der Zauberer ein Medium war, dann erscheint der Vorfall nicht mehr und nicht weniger außergewöhnlich als die analogen Vorfälle bei zivilisierten Völkern, abgesehen natürlich von den magischen Praktiken des Zauberers. Es ist aber offenkundig, daß das Wesentliche in dem Auftreten von ‚Hilfsgeistern' bei gleichzeitigen physischen Erscheinungen, die auf ein bestimmtes Ziel gerichtet sind, besteht; und das entspricht dem, was bei den zivilisierten Völkern vor sich geht.»

So weit die Betrachtungen des Kommentators. – Was die magischen Praktiken anbetrifft, die an und für sich grotesk und absurd sind, verweise ich auf das zuvor darüber Gesagte, daß sie nämlich keine andere Bedeutung haben, als die, das Auftauchen der übernormalen Fähigkeiten aus dem Unterbewußten zu erleichtern; und wenn dem so ist, dann kommen sich alle Verfahrensweisen gleich, solange nur derjenige, der sie anwendet, blind an ihre Wirksamkeit glaubt. Und die Praktiken, die unser Zauberer anwandte, waren recht kompliziert und absurd, aber wenn der Zauberer überlieferungsgemäß blind an sie glaubte, dann erlangten sie für ihn praktische Gültigkeit.

Was jedoch von unserem Gesichtspunkte aus wichtig ist, ist der Umstand, daß keiner der Anwesenden wußte, wer den Diebstahl begangen hatte, und der Zauberer das Diebsgut trotzdem aus der Ferne zu erkennen vermochte. Wie ich bereits zum vorangehenden Fall zu bemerken hatte, müßte man auch in diesem Falle folgern, daß das möglich war, weil der Zauberer sich an den Ort begab, wo der Diebstahl begangen worden war, das heißt an den Ort, an dem der Dieb dem Raumäther unauslöschlich seine «Lebensschwingungen» übertragen hatte; das brachte den «psychischen Rapport» zwischen dem Unterbewußten des Zauberers und demjenigen des Schuldigen zustande, so wie in den Fällen von «Psychometrie» der «Einfluß», den die ausübende, nunmehr entfernte Person auf den Gegenstand (d. h. auf den interatomischen Äther in dem Gegenstand) ausgeübt hatte, den «psychischen Rapport» zwischen dem Hellseher und dem Unterbewußten der betreffenden Person hervorbringt und die wunderbaren Enthüllungen bewirkt, die mittels der «Psychometrie» erreicht werden. Auch in unserem Falle führt alles zu dem Nachweis, daß es sich bei solchen Fällen um einen psychometrischen Vorgang in verschleierter Form handelt, bei dem der *Gegenstand* der zu identifizierenden entfernten Person durch den *Tatort* ersetzt ist.

Wir stehen infolgedessen hier vor einem authentischen Falle «telepathischen Hellsehens», der in allem den bei zivilisierten Völkern vorkommenden Fällen gleichartig ist, seien sie nun durch «hellseherischen Mediumismus» oder durch die «Psychometrie des Tatortes» zustande gekommen.

Es ist ersichtlich, daß man im vorliegenden Falle auch die spiritistische Erklärung der Tatsachen anwenden könnte, und zwar in Übereinstimmung mit dem Postulat Aksakofs, nach dem alle parapsychologischen Erscheinungen, die kleinsten wie die größten, je nach den Umständen bald «animistisch», bald «spiritistisch» sein können, nur daß in unserem Falle keine Begleitumstände ersichtlich sind, die diese Erklärung bewiesen, so daß es nicht angebracht erscheint, sie anzuwenden.

*

Es verbleibt mir noch ein anderes wichtiges Teilgebiet des gleichen Themas zu entwickeln, nämlich das «telepathische Hellsehen» in seinen verschiedenen Ausdrucksformen als «Übertragung und Empfang von Nachrichten über große Entfernungen», wie es bei den wilden Völkern und bei den halbzivilisierten und zivilisierten Völkern Asiens vorherrscht.

Die Anthropologen wie die Berichterstatter der kolonialen Eroberungen der Europäer in Asien, Afrika und Amerika bezeugten stets eine berechtigte Scheu vor solchen Erscheinungen, die sie nicht zu widerlegen, geschweige denn mit den Kenntnissen der offiziellen Psychologie zu erklären vermochten. Und es liegt wirklich auf der Hand, daß man diesen Erscheinungen nur beikommt, wenn man das Bestehen übernormaler unterbewußter Fähigkeiten im Menschen, insbesondere die Existenz «sensitiver» Personen, die von Natur aus dazu prädisponiert sind, sie unter besonderen Verhältnissen hervorzurufen, annimmt.

Im *Journal of the American S. P. R.* (1919, S. 584–589) veröffentlicht Mrs. Bloch einen interessanten Aufsatz zu diesem Thema.

Sie schreibt:

«Vor einigen Jahren wurde meine Aufmerksamkeit von dem Problem der Nachrichtenübermittlung bei nichteuropäischen Völkern gefesselt. Es ist mit absoluter Sicherheit erwiesen, daß sich zur Zeit des großen indischen Aufstandes die Nachricht von diesem Ereignis im Zeitraum von weniger denn zwei Stunden von einem Ende Indiens zum anderen ausbreitete. Und zu dieser Zeit gab es weder Telegraphen noch Telephone, und die Postsachen wurden durch die Dschungeln und Gebirgsstationen von Läufern getragen, die am ganzen Körper Glöckchen trugen, deren Schellen die wilden Tiere vertreiben sollten.

Es gibt keine naturwissenschaftliche Erklärung für diese blitzschnelle Verbreitung von Nachrichten von einem Stamme zum anderen über riesige Entfernungen, wie sie in Afrika, Amerika und Asien anzutreffen ist; es bleibt nichts anderes übrig, als sie mit Telepathie, Hellsehen oder etwas Ähnlichem zu erklären.

Erst in letzter Zeit habe ich übereinstimmende und lehrreiche mündliche Berichte über eine solche Nachrichtenübermittlung gesammelt; sie stammen von Personen, die in Japan und unter den Indianern Mexikos lebten, insbesondere von einem Ingenieur, der lange in Nigeria wohnte. Dadurch lebte mein Interesse für dieses Thema erneut auf, und ich schrieb dem Forschungsreisenden und Großwildjäger Cyrill Campbell, dem ehemaligen Kriegskorrespondenten der *Times*, der seit vielen Jahren in Afrika lebt. Er sandte mir einen langen und lehrreichen Bericht zu dieser Frage...»

Im Text folgt der erwähnte Bericht, der einige Beispiele echten «Hellsehens» im Gegenwärtigen enthält; sie werden zu ihrer Zeit angeführt werden. Was die hier behandelten Fälle der «drahtlosen Telegraphie» betrifft, führt Campbell einen selbsterlebten Fall an: während einer Expedition in das Gebiet der Ashantes trennte er sich von seinem Kameraden und begab sich in Eilmärschen an die Küste; dort erhielt er von einem Eingeborenen die Nachricht vom Tode seines Kameraden.

Diese Nachricht stellte sich als richtig heraus, und es gab für den Eingeborenen keinen Weg, sie auf normale Weise erhalten zu haben, da ja Campbell besonders schnell an die Küste gekommen war.

Campbell fährt folgendermaßen fort:

«Das Massaker einer weißen Expedition im Gebiete der ‚Benin' war den Eingeborenen der Goldküste zwei Stunden nach der Tragödie bekannt.

Der Untergang des Kreuzers ‚Victoria' gelangte zur Kenntnis der Eingeborenen, lange bevor uns die Nachricht telegraphisch übermittelt wurde.

Ein Richter von King-Williams-Town erzählte mir, daß zur Zeit eines Grenzgeplänkels der Sohn eines Häuptlings, der an den Kämpfen teilnahm, mit glattrasiertem Kopf am Gerichtshof erschien (er war am Büro angestellt). Der Richter, der wußte, daß das bei den Eingeborenen ein Zeichen der Trauer ist, fragte ihn, wer denn gestorben sei. Der junge Mann antwortete, sein Vater sei bei den letzten Grenzkämpfen gefallen, und gab die Stelle an, wo der Leichnam lag. Der Richter konnte seinen Worten nicht glauben, da ja von der Front noch keine Telegramme eingelaufen waren; es dauerte aber nicht lange, bis diese eintrafen; und in ihnen waren Einzelheiten über den Zusammenstoß angegeben, die alle Behauptungen des jungen Eingeborenen bestätigten.

Ein weiterer rezenter Fall. – Um 9 Uhr abends an einem der vergangenen Montage wurde ein junger Hirt auf dem Feld von einem wütenden Stier angefallen. Er verteidigte sich mit einer eisernen Gabel; bei dem tragischen Kampfe erhielten der Stier und der Jüngling tödliche Verwundungen, und vor zehn Uhr morgens waren beide tot. Um 12 Uhr mittags des gleichen Tages schrieb der Pächter B., der 48 Meilen weit entfernt wohnte, an den Besitzer A. einen Geschäftsbrief, der folgendes Postskriptum enthielt: ‚Soeben teilen mir meine Kaffern mit, daß Ihr Hirt mit einem langen Messer den roten Stier von Devon getroffen hat und daß beide tot sind. Ich hoffe sehr, daß es nur ein Firlefanz der Kaffern ist!' – Dieser Brief war dem Besitzer um 12.30 Uhr durch einen reitenden Boten übersandt worden.»

Campbell hebt hervor, daß in den beiden letzten Fällen die Nachricht in weniger als der Hälfte der Zeit übermittelt wurde, die ein schnelles Pferd zur Übermittlung gebraucht hätte, ganz abgesehen davon, daß es sich um fast wegelose Urwaldgegenden handelte. Hierauf berichtet er, auf eine andere Fähigkeit der Eingeborenen, den Orientierungssinn, anspielend:

«Man nehme einen Buschmann, verbinde ihm gründlich die Augen und führe ihn durch Felder und Wälder und über Gewässer in eine beliebige Entfernung; dann lasse man ihn frei, und er wird schnurstracks an den Ausgangspunkt zurückkehren. Die Eingeborenen haben den gleichen Orientierungssinn wie die Brieftauben. Gleiches berichtete mir Mr. Lerche (ein Forscher mit reicher Erfahrung in Südamerika); als er die Urwälder Innerbrasiliens durchforschte, stellte er zu seinem Erstaunen fest, daß seine Indianer stets den kürzesten Weg zu dem Lager, das als Ausgangspunkt diente, fanden, ganz gleich, wie lang, gewunden und abwegig die Strecken gewesen waren, die sie am Tage durch die Wälder zurückgelegt hatten, gerade so wie eine Magnetnadel, die sich unweigerlich nach dem magnetischen Pol ausrichtet.»

Hinsichtlich dieser letzten Fähigkeit der Wilden möchte ich daran erinnern, daß ich in der Monographie über die *Rätsel der Psychometrie* (Fall IV, *Luce e Ombra*, 1920, S. 239–242) einen sehr lehrreichen Fall dargelegt habe, aus dem in gleich eindringlicher Weise zu folgern war, daß der Orientierungssinn der Brieftauben in einem Phänomen *sui generis* des «Fernsehens» besteht; mit noch größerer Berechtigung dürfte man einen entsprechenden Schluß hinsichtlich des Orientierungssinnes der Wilden ziehen.

Zugleich möchte ich wiederholen, daß ein Verständnis des ersten Problems, das der blitzschnellen Nachrichtenübermittlung bei den wilden Völkern oder auch nur bei den nichteuropäischen Rassen, nicht möglich ist, ohne daß man auf entsprechende Weise die Erklärung in einer Abart *sui generis* von Telepathie oder Hellhören oder Hellsehen (je nach dem Falle) sucht; dies wird auf schlagende Weise aus den verschiedenartigen und höchst eindrucksvollen Fällen deutlich werden, die ich gleich anführen werde.

*

Der folgende Vorfall bezieht sich auf die Gefechte, die 1914 im Zusammenhang mit dem Weltkrieg in den deutschen Kolonien stattfanden.

Ich entnehme ihn der Zeitschrift *Light* (1930, S. 437); er wurde zuerst in der Missionszeitschrift *East Africa* abgedruckt. Der englische Korrespondent dieser Zeitschrift befand sich zu dieser Zeit in deutscher Gefangenschaft in Kilimatinde in Deutsch-Ostafrika; er hat folgendes zu berichten:

«Die Eingeborenenkompanie von Kilimatinde war an die Front nach Moschi-Ashura gesandt worden. Eines Abends ertönten aus dem Eingeborenenviertel jammervolle Schreie und Klagen, die so sehr in die Nacht andauerten, daß der Kommandant verzweifelte und befahl, damit aufzuhören. Es waren die Frauen der Frontsoldaten, die so jammerten; trotz des Verbotes brachen sie immer wieder in Klagen und Jammern aus. Sie erklärten, sie beweinten den Tod ihrer Männer, die in einem Kampf an der Front gefallen seien. Als der Kommandant das erfuhr, unternahm er es, sie zu beruhigen, indem er ihnen erklärte, die Klagen seien vollkommen unbegründet; wenn ein Kampf stattgefunden hätte, so wäre er vom Kompanieführer telegraphisch benachrichtigt worden; dieser habe aber an diesem Tage nur die Nachricht durchgegeben, es sei nichts Besonderes zu berichten. Trotz dieser beruhigenden Nachricht brachen die Eingeborenenfrauen immer wieder in Klagen aus.

Am dritten Tage lief schließlich ein verspätetes Telegramm mit der Meldung ein, daß der Kampf tatsächlich stattgefunden hatte. Es folgte die Liste der Gefallenen. – Die ‚drahtlose Telegraphie' der Neger hatte die ‚Drahttelegraphie' der Weißen geschlagen.»

In dem dargelegten Falle verhindert das Fehlen genauer Einzelheiten die angemessene theoretische Auswertung. Es wird nicht angegeben, ob alle Frauen der an die Front geschickten Krieger gemeinsam die Totenklage für die Gefallenen abhielten, oder ob nur die Frauen der Gefallenen sich so verhielten. Im letzteren Falle wäre die Erscheinung «telepathischen Hellsehens» wirklich verblüffend. Im ersten Falle entbehrt sie auch nicht der Wichtigkeit, hält sich aber in den Grenzen anderer Fälle dieser Art.

*

Die folgenden Fälle – deren erster dem vorangehenden analog ist – sind wegen der Genauigkeit der Angaben und wegen der großen Entfernung, über die die Ereignisse gesehen wurden, noch bemerkenswerter.

Ich entnehme sie dem Buche des englischen Entdeckungsreisenden Calvert Wells *Light on the Dark Continent* (S. 177). Er schickt voraus:

«Von allen interessanten Tatsachen, die ich bei den Eingeborenen Zentralafrikas beobachtete, kann keine wunderbarer und verblüffender sein als ihr System der ‚drahtlosen Telegraphie'. Während die zivilisierten Völker erst seit kurzer Zeit mit Verblüffung das Wunder des Radio betrachten, waren die primitiven Völker seit unerdenklichen Zeiten stets fähig, Botschaften über Hunderte von Meilen zu senden und zu empfangen, und das so gut wie unmittelbar. ...

Während des Krieges gegen die Buren, in deren Gebiet keine Hilfsmittel der Nachrichtenübermittlung existierten, war man in Bulawayo stets darüber unterrichtet, was in Ladysmith in 500 Meilen Entfernung geschah, und zwar bereits wenige Stunden nach den Ereignissen.

Im Jahre 1903 waren alle kräftigen Männer von Zomba (Nyassaland) zu einer Strafexpedition nach Somaliland geschickt worden. Ein einziger Offizier war zur Bewachung des Quartiers zurückgeblieben. Eines Nachmittags gegen drei Uhr waren aus dem Quartier der verheirateten Eingeborenen Schreie und Klagen zu vernehmen. Er schickte einen Wachthabenden hin, um sich über das Vorgefallene zu erkundigen, und dieser kam mit der Nachricht zurück, die Expedition in Somaliland habe eine schwere Niederlage erlitten, bei der sechs eingeborene Unteroffiziere gefallen seien.

Später erfuhr man, daß das Gefecht um 2.30 nachmittags in Berbera, also 2000 Meilen von Zomba entfernt, stattgefunden hatte. Außer den erwähnten Eingeborenenunteroffizieren waren der Oberst und viele weiße Offiziere gefallen, während die Kampfgruppe fast vollständig aufgerieben worden war. Und die Nachricht von der Katastrophe war in Zomba eine halbe Stunde nach dem Ereignis bekannt! Es dauerte dagegen mehrere Wochen, bis die Nachricht auf dem gewöhnlichen Kurierwege eintraf.

Den nächsten Vorfall erlebte ein Freund des Berichtenden. Er war auf einer großen Kaffeeplantage in Afrika angestellt. Der Besitzer der Plantage, ein Oberst, begab sich eines Tages auf die Elefantenjagd, und einige Tage darauf berichtete ein zur Plantage gehörender Eingeborenenhäuptling, der Oberst habe um neun Uhr dieses Morgens einen Elefanten erlegt. Es war 10.30 Uhr. Natürlich fragte der Freund des Berichtenden den Eingeborenen, woher er das wisse, dieser setzte aber nur ein geheimnisvolles Lächeln auf und begnügte sich mit der Bemerkung: ‚Ich habe die Nachricht erhalten.' Weitere Erklärungen wollte er nicht geben.

Nach einigen Tagen kehrte der Oberst zurück und bestätigte, daß er an dem betreffenden Tage um neun Uhr morgens einen Elefanten erlegt hatte.

Es stellte sich heraus, daß dieser Eingeborenenhäuptling in seinem Stamme ein hohes Ansehen wegen seiner Fähigkeiten, in Gegenwart, Vergangenheit und Zukunft ‚hellzusehen', genoß. Er nahm keine Drogen zu sich, aber nach der zweiten Mahlzeit fiel er oft in Schlaf und empfing dann während des Schlafes hellseherische Nachrichten durch den Raum und die Zeit.»

Da nun die Tatsache unbestreitbar ist, muß man folgern, daß die Analogie mit dem Radio nicht nur als Analogieerscheinung, sondern als vollgültige Erklärung des Phänomens aufzufassen sein dürfte.

Im Mechanismus des Radio werden die stimmlichen und musikalischen Tonschwingungen in die elektrischen Schwingungen des Sendeapparates übertragen und reisen in dieser Form in kreisförmigen Wellen augenblicklich durch den Raum, so daß sie unbedingt von jedem auf die gleiche «Wellenlänge» eingestellten Apparat aufgefangen und dort in die gleichen stimmlichen oder musikalischen Tonschwingungen zurückverwandelt werden, die das genannte System der reisenden elektrischen Wellen erzeugt hatte.

Daraus ist zu folgern, daß, wenn dies die Vorgänge im Mechanismus des Radio sind, im so geheimnisvollen psychischen Mechanismus des menschlichen Unterbewußtseins etwas Ähnliches vorgeht; wenn also abwesende Personen, die mit dem «Sensiblen» (dem «Hellseher») bereits in «psychischem Rapport» stehen, eine schwere Gefühlskrise durchzumachen haben und dies der «Syntonisierung der gleichen Wellenlänge» der Radioapparate entspricht, es das gleiche Phänomen der «Umkehr» hervorrufen müßte, bei dem der menschliche Empfangsapparat die psychischen Schwingungen, die durch die Gefühlskrise hervorgerufen werden, auffängt (wobei die abwesende Person, die die Gefühlskrise durchmacht, unwissentlich als «Sender» wirkt) und diese dann in Gesichts- und Gehörsempfindungen zurückverwandelt, welche in seinem Gefühlsapparat die Ereignisse, denen sie entstammten, wieder erstehen läßt.

Es sei hier darauf hingewiesen, daß das Gesagte bereits aus den Erscheinungen der «eigentlichen Telepathie» ersichtlich wird.

*

Die folgenden Fälle entstammen einem Vortrag, den Dr. G. B. Kirkland, Regierungsarzt in Rhodesien, in London über die *Magie der Afrikaner* hielt. Es ist ein sehr lehrreicher Vortrag, der von den bedeutenderen englischen Zeitungen abgedruckt und von der Zeitschrift *Light*, deren ich mich hier bediene, vollständig wiedergegeben wurde (1935, S. 54).

Dr. Kirkland bemerkt:

«Es ist ein seltsames Paradoxon, daß die westlichen Völker in dem gleichen Maße, wie sie in der Zivilisation Fortschritte machen, in ihrem Wissen um die wahre Natur der menschlichen Seele, oder, so man will, um das, was sie für authentisches Wissen in diesem Sinne halten, ständig im Rückschritt begriffen sind...»

Nach dieser Präambel berichtet er zahlreiche von ihm gesammelte und teilweise persönlich erlebte Vorfälle übernatürlicher Art. Zu dem hier behandelten Thema bemerkt er:

«Man nimmt im Westen gemeinhin an, die Erscheinung der wunderbaren Nachrichtenübermittlung unter den Eingeborenen sei durch die Tatsache zu erklären, daß sie sich der ‚Tom-tom-Trommeln' bedienten und auf diesen eine Art ‚Morsealphabet' schlügen. Das ist reine Phantasie. Es gibt Stämme, die sich der ‚Tom-toms' bei kriegerischen Zusammenkünften oder anderen bedeutenden Gelegenheiten bedienen, das ist aber auch alles... – In Wirklichkeit besitzen die Eingeborenen ganz andere Systeme der Nachrichtenübermittlung. Ich werde zwei Beispiele berichten, die ich selbst erlebt habe.

In das Spital wurde ein Eingeborener eingeliefert, dem ein anderer Eingeborener unter Alkoholeinfluß ohne irgendeinen Grund mit einem Messerstich die Leber durchbohrt hatte.

Er fragte: ‚Werde ich morgen noch leben?'

Diese Frage brachte er durchaus ruhig vor, da die Eingeborenen sich nicht vor dem Tode fürchten. Wir Zivilisierten fürchten uns vor dem Tode; die Todesfurcht ist einer der vielen Nachteile des zivilisierten Lebens.

Ich antwortete offen, das sei unwahrscheinlich.

Er bemerkte hierauf: ‚Glauben Sie, daß ich noch durchhalte, bis ich meine Angehörigen nochmals gesehen habe?-Auf alle Fälle werde ich sie benachrichtigen, damit sie sofort kommen.‘

Nun geschah es, daß die Familie ihn bei ihrem Eintreffen noch lebend vorfand, obgleich sie in einem 28 Meilen entfernten Dorfe wohnte. Ich bemerke, daß, wie ich in diesem Falle garantieren kann, keine ‚Tom-toms‘ in Tätigkeit traten.

Nun wollen wir einige Überlegungen anstellen.

1. Um achtundzwanzig Meilen (etwa 50 Kilometer) durch Wälder und auf unbenutzbaren Pfaden zurückzulegen, braucht man in diesem Lande neun Stunden.

2. Es gab also keinerlei Möglichkeit, die Angehörigen zu benachrichtigen, damit sie noch an das Sterbebett kämen.

3. Daraus ist zu schließen, daß der Sterbende in sich selbst einen SOS-Apparat besitzen mußte, mit dem er das Geschehnis unmittelbar übermitteln und die Familie sofort zu sich rufen konnte. Es sei noch bemerkt, daß das oben wiedergegebene Gespräch zwischen dem Sterbenden und mir bei Sonnenuntergang stattfand, und vor Sonnenaufgang seine Familie bereits um sein Lager versammelt war.

Nun ein noch verblüffenderer Vorfall. Eines Abends, als ich in meinem Büro arbeitete, kam ein eingeborener Unteroffizier, um den ‚Militärrapport‘ der Kompanie zu überreichen. Plötzlich fing er an zu zittern, und voller Erregung verkündete er mir: ‚Inkoos, der ‚Athletenmensch‘, ist tot. Ein Elefant hat ihm mit dem Rüssel die Brust eingeschlagen!‘

Nun befand sich ‚Marefu‘, der ‚Athletenmensch‘, in hundert Meilen Entfernung auf der Elefantenjagd. Ich fragte ihn, ob er mir sagen könne, wann das vorgefallen sei.

Er sagte: ‚Gegen Sonnenuntergang.‘ – In diesem Augenblicke war die Sonne eben erst untergegangen...

Ich beeilte mich, seine Angehörigen zu benachrichtigen, und keinem von ihnen kam es in den Sinn, die Tatsache zu bestreiten, da Erscheinungen dieser Art dortzulande ganz gebräuchlich sind.

Und das Ereignis erwies sich als in allen Einzelheiten richtig wiedergegeben.

Ich erkläre, daß diese Fähigkeit der Eingeborenen ebenso verblüffend wie beunruhigend erscheint. Sie können, wenn sie wollen, eines jeden Geheimnisse lesen, natürlich auch die der Weißen. Von diesen kennen sie alle Qualitäten, sie kennen aber auch alle verbrecherischen Handlungen, deren sie sich gegenüber den unterworfenen

Völkern schuldig machen, und das Ganze fassen sie zu einer für die Moralität der Weißen verheerenden Synthese zusammen.»

Der erste der dargelegten Fälle erscheint von besonderem theoretischem Werte, da darin nicht die *Wahrnehmung* von Ereignissen über große Entfernungen, sondern die absichtliche Gedanken*übermittlung*, also eine echte Erscheinung von «eigentlicher Telepathie», vorkommt, womit uns die wahre psychische Natur der geheimnisvollen Erscheinung der «Nachrichtenübermittlung bei primitiven Völkern» enthüllt wird.

Und der zweite Fall ergänzt den ersten, da in ihm die unmittelbare telepathische *Wahrnehmung* eines in weiter Entfernung stattfindenden dramatischen Ereignisses auftritt, eine Wahrnehmung, die dem «psychischen Rapport», der in der Form von Kameradschaft und Freundschaft den «Sendenden» und den Wahrnehmenden bereits verband, zu verdanken war.

Der erste Fall erinnert an verschiedene analoge Fälle absichtlicher telepathischer Gedankenübertragung zwischen Lebenden, die ich in meiner Monographie über diese Fälle angeführt habe, und der zweite erinnert an einige charakteristische Fälle von Telepathie, bei denen dem Wahrnehmenden die kinematographische Schau der Ereignisse, die sich in der Entfernung abspielen und bei denen der Bewirkende eine mit ihm durch Gefühlsbande verbundene Person ist, vor Augen tritt. So hat in einem Fall, der von den *Phantasms of the Living* der *Society F. P. R.* zitiert wird, der Wahrnehmende plötzlich das Schauspiel vor Augen, wie ein Blitz vor dem Pferde, auf dem sein Vater reitet, einschlägt, so daß Funken stieben. Einige Stunden darauf trifft der Vater zu Pferd ein und berichtet den gleichen erschreckenden Vorfall, den er in dem Augenblicke erlebte, da ihn sein Sohn vor Augen hatte.

In gleicher Weise trat in unserem Falle dem Wahrnehmenden unerwartet die Vision eines Elefanten vor Augen, der mit dem Rüssel die Brust seines Freundes eindrückte.

Daraus ist zu schließen, daß auf Grund solcher entsprechender Beispiele «telepathischer Verbindung zwischen Lebenden» sowohl im Sinne der *Übertragung* als auch im Sinne der *Wahrnehmung* von Ereignissen, die sich in der Entfernung abspielen, die wahre Natur der «Nachrichtenübermittlung bei primitiven Völkern» mit Sicherheit festzustellen ist: sie sind im Grunde nicht mehr und nicht minder geheimnisvoll als die gewöhnlichen Fälle «eigentlicher Telepathie», wobei noch dieses hervorzuheben ist: daß die primitiven Völker, die seit Jahrhunderten diese dem menschlichen Unterbewußtsein innewohnenden Fähigkeiten empirisch gepflegt haben, sie besser den eigenen Zwecken dienstbar zu machen wissen als die zivilisierten Völker.

Dr. Kirkland hatte also recht.

*

Auch in folgendem Fall handelt es sich um ein Ereignis der «Großwildjagd», das über eine Entfernung wahrgenommen wird, dieses Mal aber mit Besonderheiten, die übernormale Manifestationen einer anderen Art voraussetzen.

Ich entnehme ihn dem Buche *In Africa, dal Capo al Cairo* des Anthropologen und Ethnologen Lidio Cipriani (S. 440–445).

Cipriani berichtet, er habe, als er sich im Dorfe Mangbettu (Bezirk Ituri-Nellé, Belgisch Kongo) befand, beschlossen, mit Herrn Fontaine, der schon seit längerer Zeit in Mangbettu wohnte, auf die Büffeljagd zu gehen. In Begleitung von drei eingeborenen Führern kamen sie nach einem langen Marsch im Morgengrauen auf eine Lichtung, in der etwa vierzig Büffel weideten. Sie feuerten auf die Herde neun Gewehrschüsse ab und erlegten dabei vier Büffel.

Cipriani fährt folgendermaßen fort:

«Es ist ein seltenes Ereignis, daß vier Büffel in wenigen Augenblicken erlegt werden, auch dann, wenn man neun Schüsse abgibt, wie wir es taten. Die Eingeborenen, die uns als Führer dienten, bezeigten eine unbändige Freude, um so mehr, als sie wußten, daß ihnen ein guter Teil dieses Fleisches zufallen würde; freudetrunken und wollüstig warfen sie – vorsichtshalber aus einer sicheren Entfernung – ihre Speere auf die Tiere, um sich zu vergewissern, daß sie wirklich tot waren...

Da die Hitze unerträglich wurde, zog Herr Fontaine sich in den Schatten eines Baumes zurück, und ich begann Insekten zu sammeln, die von der Gegenwart der vier toten Büffel in großer Zahl angezogen worden waren. Inzwischen waren zwei unserer Leute aufgebrochen, um aus ihrem Dorfe Leute zu holen, die beim Abtransport des Fleisches behilflich sein konnten; wir warteten mit dem dritten Mann an

Ort und Stelle. Die Stunden vergingen, und unter der glühenden Sonne schwollen unsere Büffel in kurzer Zeit so sehr auf, daß sie wie Schläuche aussahen, von denen die Beine, Köpfe und Schwänze abstanden. Dieser Umstand sowie die Schußzahl ist für das Folgende von Wichtigkeit. Im hohen Grase waren die vier Tiere trotz ihrer Aufblähung nur aus unmittelbarer Nähe sichtbar, und um sie miteinander zu photographieren, mußte ich einen großen Teil der dazwischenliegenden Vegetation niederhauen lassen. Das Dorf, von dem die Leute kommen sollten, war sehr weit entfernt, so daß wir uns auf eine lange Wartezeit gefaßt machten.

Es waren schon fast fünf Stunden vergangen, als wir aus einer ganz anderen Richtung als der erwarteten etwa vierzig Eingeborene kommen sahen... Nicht gering war unsere Überraschung, als wir ihren Bericht hörten, der mir von Herrn Fontaine getreulich übersetzt wurde. Es waren nicht unsere Leute, sondern andere, die in weiter Entfernung die Schüsse gehört hatten. Um den Grund des Schießens zu erfahren, so erzählten sie, hätten sie sich an ihren Zauberer gewandt, einen Mann, den man für außerordentlicher Dinge fähig hielt. Sie behaupteten, sie hätten von ihm von der Erlegung der vier Büffel gehört und von unserer Absicht, das Fleisch den Eingeborenen zu schenken. Die Geschichte erschien mir wenig glaubhaft, wenn sie auch mit vielerlei Einzelheiten ausgeschmückt war, darunter derjenigen, daß er sie mit voller Sicherheit an die richtige Stelle, wo die Büffel lagen, geführt habe. Mir schien es wahrscheinlicher, daß sie sich von vorneherein mit unseren beiden Leuten verabredet hatten und nun mit dieser Geschichte ihr ungebetenes Erscheinen rechtfertigten. Ich verbarg ihnen – in scherzhaftem Tone – meine Überzeugung nicht; sie aber beharrten mit der Treuherzigkeit, die allen Negern eigen ist, auf der Richtigkeit ihrer Behauptungen und versicherten, sie hätten von unseren Leuten, die ja in eine ganz andere Gegend gezogen seien, nicht das geringste erfahren... Der Fall erwies sich also als recht rätselhaft.

Ich hörte, daß der angebliche Zauberer oder Wahrsager unter den Neuankömmlingen war und ließ ihn mir zeigen. Ich bemerkte nun, daß er irgend etwas vor das linke Ohr hielt. Neugierig ging ich zu ihm und kam noch rechtzeitig, um zu bemerken, daß er in der linken Hand einen kleinen hölzernen Gegenstand von unscheinbarem Aussehen hielt. Auf Aufforderung von Herrn Fontaine rechtfertigte er den Besitz des Gegenstandes, indem er eine neue Geschichte auftischte, die er mit der größten Natürlichkeit wie etwas allgemein Anerkanntes vortrug. Dieser Gegenstand diente ihm zur Verbindung mit den Geistern, deren Stimme er hören konnte, wenn er die beiden Teile, aus denen der Gegenstand zusammengesetzt war, aneinander rieb und dem Ohre näherte. Der Gegenstand war in eine Scheide aus Baumrinde oder besser in ein Stück Stoff aus dem Bast gewisser Pflanzen, wie er seit unerdenklichen Zeiten von den Eingeborenen von Uelé hergestellt wird, gehüllt und wurde durch frische Blätter unter dem Stoff feucht gehalten; er ließ ein Knirschen vernehmen, das von der Reibung eines in einer ziemlich genau passenden Bohrung im Kreise gedrehten konischen Holzstückchens stammte. Der Zauberer behauptete, das Knirschen übersetze sich ihm in verständliche Worte, und so erhalte er Botschaften aus dem Jenseits! Ich forderte ihn auf, eine Probe seiner... Fähigkeiten zu geben. Er ließ sich nicht lange bitten, sondern beeilte sich, einer alten Gewohnheit der afrikanischen Eingeborenen folgend, in deren Augen die Weißen die freigebigsten Menschen der Welt sind, eine Gegengabe zu verlangen. Er zeigte auf die vier Büffel, die immer noch in dem Grase lagen, und denen weder er, noch einer seiner Genossen sich genähert hatte, und bezeichnete sie mir aus der Entfernung korrekt als zwei Büffelstiere und zwei Büffelkühe. Die beiden letzteren waren, wie er sagte, trächtig; das Kälbchen der einen sei kaum faustgroß, das der anderen dagegen bereits recht groß, und dieses erbat er sich von mir, da sein Fleisch besonders zart sei.

Ich widersetzte mich seinem Wunsche nicht, verschob aber das Schlachten der beiden Tiere zur Feststellung der Richtigkeit seiner Behauptungen auf den Zeitpunkt, da die von uns gerufenen Leute eingetroffen sein würden. In der Zwischenzeit wollte ich mir eine Erklärung suchen, wie der Wahrsager ins Schwarze getroffen haben könnte. Es bestand kein Zweifel, daß die heftige Aufblähung, die von der gewaltigen Hitze verursacht worden war, jedem eine solche Diagnose verunmöglicht hätte; diese wurde jedoch mit absoluter Sicherheit vorgetragen, während niemand von uns an diese Möglichkeit gedacht hätte.

Die Sachlage wurde interessant und erregte in mir eine heftige Neugierde. Dem Herrn Fontaine erschien dagegen die Erzählung durchaus glaubhaft, da er aus eigener Erfahrung wußte, daß die Eingeborenen der Gegend solcher Wahrsagereien und noch ganz anderer Dinge fähig waren! In früherer Zeit waren sie wilde Kannibalen gewesen und auch heute noch waren sie unbezwungen, und es gab Leute unter ihnen, die an den Gebrauch solcher Wahrsagereien sogar zum Ausfindigmachen ihrer Menschenopfer für den Kochkessel glaubten. Um die Wartezeit totzuschlagen, photographierte ich den Wahrsager und einige seiner Genossen und zeichnete auch das Wahrsageinstrument ab. Der ganze Büffel und nicht nur der Fötus sollte dem Wahrsager gehören, wenn er den wahren Sachverhalt getroffen hatte. Dagegen wollte ich den Gegenstand behalten, um meinerseits Wahrsager zu werden; und um Überraschungen vorzubeugen, setzte ich mich sofort in dessen Besitz. Trotz des ungleichen Handels zeigte sich sein Besitzer keineswegs begeistert.

Unnötig, das Weitere zu sagen. Der Wahrsager hatte in jeder Einzelheit recht, und ich hatte ein großes ungelöstes Problem vor mir...

In Paris, wo ich den Wahrsagegegenstand dem *Institut Métapsychique International* (das dort auf italienische Anregung gegründet worden war und von einer Leuchte der französischen Wissenschaft wie Charles Richet geführt wurde) überbrachte und schenkte, wurden mir manche Dinge vorgetragen, die zu meinen Zweifeln in Beziehung standen...»

Mit diesen Worten schließt der Anthropologe Lidio Cipriani seinen Bericht. – Dr. Osty in Paris wird ihm vermutlich erklärt haben, daß der Gegenstand, dessen sich der Zauberer für seine «Wahrsagungen» bediente, seine Daseinsberechtigung hatte, nicht an und für sich, sondern weil der Zauberer blind an seine zauberische Wirkung im gewünschten Sinne glaubte, und zwar deswegen, weil die Autosuggestion das Emporkommen der übernormalen unterbewußten Fähigkeiten des Zauberer-Wahrsagers förderte. Und da er in psychologischer Hinsicht zu der Gruppe der «Auditiven» gehörte, äußerte sich das Emporkommen seiner wahrsagerischen Fähigkeiten in Gestalt einer subjektiven Stimme, die sich mit dem Kreischen des von ihm verwandten Gegenstandes zu vermischen schien; hieraus hatte er geschlossen, daß die übrigen deswegen nichts anderes als Kreischen vernahmen, weil er allein die Umsetzung des Kreischens in die Sprache der Geister zu hören vermochte.

Wie dem auch sei – er nahm nicht nur aus der Ferne wahr, was die Schüsse bedeuteten, worauf er sich in der Hoffnung auf Beute mit den anderen an den Jagdort begab, sondern er vermochte an Ort und Stelle das Geschlecht der Büffel anzugeben, ohne sie gesehen zu haben, und, was bedeutungsvoller ist, genauestens anzugeben, daß die Weibchen trächtig waren, wobei er sogar den Entwicklungszustand der beiden Fötusse zu bestimmen vermochte. Nun überschreiten diese letzteren Umstände die Grenzen des «telepathischen Hellsehens», um sich in echte Fälle der «Schau durch feste Gegenstände» zu verwandeln, welche ihrerseits der Kategorie der «Telästhesie» (der Wahrnehmung unbelebter Dinge über weite Entfernungen unter Umständen, die ausschließen, daß der «Hellseher» das von ihm Beschriebene den Gedächtnisrücklagen des Unterbewußtseins anderer Personen entnimmt) zugehören.

*

Den folgenden Fall entnehme ich der *Revue Spirite* (1932, S. 476).

Mr. Stephane Faugier, der von der holländischen Regierung beauftragt war, eine Untersuchung über die «Kopfjäger» Borneos durchzuführen, legt eine meisterliche Arbeit über die Sitten und Gebräuche dieser Stämme vor, in der sich folgender Vorfall findet:

«Das Dorf ist in Aufruhr, das alte Blut, das in Tatenlosigkeit zu erstarren schien, erwachte wieder. Eine gewagte und gefährliche Expedition wird vorbereitet. Der Stammeskrieg ist wieder am Auflodern, und der Stamm, dessen Häuptling Tundo ist, hat sich, zur Tat bereit, auf dem Dorfplatz versammelt. Tundo spricht und feuert die Phantasie der Jugend an. Man wird bald in den Krieg ziehen und man wird noch viele Köpfe abschneiden. Tundo braucht nur noch den Marschbefehl zu erteilen, da erscheint keuchend eine Frau und schreit: ‚Die Trommel spricht!'

Die Krieger bleiben erschreckt stehen und Tundo stürzt in die Hütte, in der sich die ‚sprechende Trommel' befindet. Er kauert auf der Strohmatte nieder und beobachtet aufmerksam das Instrument, das mit einer Palmschnur an der Decke aufgehängt ist. Die ausgehöhlten hölzernen Flächen der Trommel vibrieren offensichtlich. Kein Geräusch ist zu vernehmen, aber die Trommel und ihre gespannten Felle schwingen leise und ununterbrochen, wie ein gewaltiger kochender Kessel. Mit der linken Hand berührt Tundo leise das Instrument, wobei er es langsam um sich selbst dreht, wie man es bei der Ausrichtung einer Rahmenantenne zu tun pflegt. In ostwestlicher Richtung hören die Schwingungen plötzlich auf, um hierauf bei der Annäherung an die nördliche Richtung wieder zuzunehmen. Tundo verkündet:

‚Die Botschaft kommt aus Kolam.'

‚Und was haben die in Kolam uns zu sagen?'

‚Ich verstehe es nicht ganz. Unsere Alten wußten die Schwingungen der Trommel gut auszulegen, aber sie sind alle gestorben. Auf alle Fälle spricht der Stammesälteste. Die Botschaft ist lang und verwickelt, aber im wesentlichen empfiehlt er uns klar und deutlich, unseren Marsch aufzugeben.'

Am Spätnachmittag kamen die Boten des genannten Stammes, um zu melden, daß die holländischen Soldaten aufgebrochen seien, um die Invasoren zu vernichten; das hatte den eingedrungenen Stamm der ‚Olo-ott' veranlaßt, wieder nach Norden zurückzukehren. Wieder einmal hatten die Weißen die Ordnung im Lande wiederhergestellt.»

Der Herausgeber der *Revue Spirite* gibt folgenden Kommentar:

«Ist dieser Vorfall in seiner Einfachheit nicht aufregend? Das Denken wirkt auf eine verhältnismäßig gewaltige Entfernung auf das gespannte Fell einer Trommel und versetzt es in Schwingungen. Es ist offensichtlich, daß in diesem Falle die Trommel-Antenne als einfacher Empfänger einer ‚drahtlosen Telegraphie' diente, die noch viel wunderbarer ist als die uns bekannte; diese andere Form der Telegraphie, die in der zivilisierten Welt noch nicht verwendet wird, heißt ‚Telepathie'... Da gibt es viel Erstaunliches und Phantasieanregendes... Die Natur hat uns mit wunderbaren Werkzeugen ausgestattet, die Schwierigkeit besteht aber in ihrer rechten Anwendung...»

Die Überlegungen des Herausgebers der Zeitschrift sind durchaus richtig; was den Vorfall besonders interessant macht, besteht in der Tatsache, daß dieses Mal der telepathische Impuls nicht nur subjektiver Art ist, das heißt in einer reinen Übertragung von Gehirn zu Gehirn besteht, sondern physisch auf die Materie einwirkt und das gespannte Fell einer Trommel in Schwingungen versetzt. Die Telepathie wird noch zahlreiche ähnliche Fälle aufzuweisen haben, wenn sie auch stets zu den seltensten dieses Gebietes zählen werden.

Myers hat ihnen eine besondere Untersuchung gewidmet und ist zum Schlusse gekommen, daß man, da es sich unter diesen Umständen offensichtlich nicht um eine rein telepathische Gedankenübertragung handeln kann, annehmen muß, der Bewirkende müsse in Verbindung mit der Übertragung des eigenen Denkens unwissentlich irgend etwas Substantielles im ätherischen Sinne aussenden, das an dem Ort, auf den das Denken gerichtet ist, eine «psychische Invasion» hervorruft und damit entweder das Phantom allen Anwesenden in der Gesamtheit in einer Vision sichtbar werden läßt oder aber irgendeinen physischen Einfluß auf die Materie bewirkt; letzteres wäre bei unserem Ereignis der Fall.

Erscheinungen dieser Art werden von Myers mit «Psychorrhagie» bezeichnet.

III

HELLSEHEN IN GEGENWART, VERGANGENHEIT UND ZUKUNFT

Es scheint ein gewagtes Unternehmen, die diesem Unterabschnitt zugehörigen Fälle gehörig klassifizieren zu wollen, da die meisten verschiedene Vorkommnisse enthalten, welche den drei genannten Erscheinungsgruppen zuzuteilen oder gar teilweise mit mehr oder weniger Berechtigung der Gruppe des «telepathischen Hellsehens» zuzuweisen wären; bei dem einen oder anderen verwickelten Fall, den ich weiter unten zitieren werde, könnte die letztere Ausdeutung als die angebrachteste erscheinen.

Diese Schwierigkeiten der Klassifikation scheinen jedoch unüberwindbar zu sein; und da es im Grunde genommen die Tatsachen sind, die zählen (so sehr auch deren geordnete Einteilung zur Erleichterung der Untersuchung unerläßlich ist), werden die Leser sie selbst derjenigen Kategorie zuteilen, die ihnen am angebrachtesten erscheint.

Ich beginne mit zwei Fällen von «Schau durch feste Körper», einer Erscheinung, die bereits zum «Hellsehen im Gegenwärtigen» (Telästhesie) gehört.

Ich entnehme den folgenden Fall dem Buch *Cieli di Etiopia* von Prof. Beonio-Brocchieri (S. 114–115). Der Verfasser war von dem *Corriere della Sera* in das Gebiet von Dancalia geschickt worden, um über die militärischen Operationen in diesem Sektor Bericht zu erstatten.

Er schreibt:

«In dem Dorfe, in dem ich mich aufhielt, lebte eine Art eingeborener Heiliger, der manchmal half, die Verbindung herzustellen. Er ist auch in Franchettis Buch flüchtig genannt: der Neger Abdalla-Issa. Ein Mann, den man vom ersten Tage an mit besonderer Aufmerksamkeit im Auge behalten mußte. Abdalla-Issa lebte in einer runden, nach dem örtlichen Brauch mit Strohmatten ausgelegten Hütte... Er kam niemals aus seiner Hütte heraus... Seit Menschengedenken hatte man ihn immer da gesehen, links vom Eingang, den Kopf auf einen Stein gelegt, die Arme locker am Körper herabhängend, die Augen geschlossen, den Mund geschlossen, absolut bewegungslos. Ich selbst wurde eines Tages zu ihm hingeführt; er machte einen düsteren Eindruck auf mich. Eine Art vertrocknete Mumie. War er seit zwanzig, fünfzig oder hundert Jahren da? Niemand wußte es. War er tot, lebendig, einbalsamiert? Niemandem war es klar. Unter den Eingeborenen war jedoch die Meinung weit verbreitet, der ‚Tote' springe in der Nacht auf und verlasse die Hütte in Tiergestalt: heute als Schakal, morgen als Hyäne, dann als Viper usw. – Dieses Gerücht erhöhte den geheimnisvollen Zauber Abdalla-Issas, eines sehr schlauen und intelligenten Mannes.

An dem Tage, da er neben Franchetti den jungen Litta erscheinen sah, begrüßte er ihn mit vielen schönen Gesten und sprach jenes Italienisch mit dem Verbum im Infinitiv, das die typische Sprache der Eingeborenen darstellt. Hierauf sagte er ihm lässig:

‚Dein Haus, im Land wo du wohnst, so und so gemacht sein', und beschrieb den Grundriß des Hauses Via Pantano I in Milano ganz genau: den Hof, die Säulen, die große Treppe und anderes mehr. Konnte es ein Trick sein? Der Gauner hatte vielleicht alles auf Grund eines erlauschten Gespräches zusammengestellt. Das wäre aber seltsam gewesen. Wenige Tage darauf kam aus Assab ein Bote mit einem versiegelten Brief für den ‚Herrn Leutnant'. Abdalla-Issa war zugegen und stand mit dem Rücken gegen die Wand gelehnt, das Auge verschleiert und unbeweglich, die Hände in den Gürtel vergraben. Als Litta den Umschlag aufreißen wollte, fuhr der Neger auf, wie wenn er ihn zurückhalten wollte, und sagte:

‚Dies sein Brief von deiner Mutter. Deine Mutter sagen, daß dein Sohn ein wenig krank gewesen, aber jetzt alles vorbei. Alles gut.'

Der Brief wurde geöffnet und das Blatt gelesen, und es stellte sich heraus, daß genau das darauf stand, was der Wahrsager einen Augenblick zuvor gesagt hatte.»

Ich weise darauf hin, daß der erste Fall durchaus als «Lesen im Unterbewußten des Leutnants Litta» ausgelegt werden kann, der zweite dagegen eine solche Erklärung absolut ausschließt, da ja der Leutnant Litta den Inhalt des Briefes, der ihn in diesem Augenblicke aus Italien erreichte, gar nicht kannte.

Es würde sich deshalb um «Lesen in einem verschlossenen Umschlag», also um eine «telästhetische» Erscheinung handeln. Indessen ist aber nicht gesagt, ob der Negerhellseher italienisch lesen konnte. Er konnte auf seine Art italienisch sprechen, aber es ist nicht wahrscheinlich, daß er es zu schreiben gelernt hatte. Unter diesen Umständen würde der Vorfall als eine Erscheinung gelten, die durch die «Psychometrie» erklärbar wäre, bei der der Brief, den Leutnant Litta erhielt, zur Herstellung des «psychischen Rapportes» zwischen dem Negerhellseher und derjenigen, die den Brief geschrieben hatte, gedient hätte; in diesem Falle wäre auch dem ersten Fall die gleiche Herkunft zuzuschreiben, wobei dann die Gegenwart des Leutnants Litta den «psychischen Rapport» zwischen dem Hellseher und der Behausung des Leutnants in Mailand hergestellt hätte.

Diese Art von Wahrsagen ist bei psychometrischen Versuchen gang und gäbe; ich habe sie in der Monographie *Enigmi della Psicometria* beleuchtet.

*

Der folgende Fall, den ich der Zeitschrift *La Ricerca Psichica* (1936, S. 234) entnehme, ist dem vorangehenden durchaus analog, und es ist der gleiche Professor Beonio-Brocchieri, der ihn nach der Veröffentlichung seines Buches in einer Korrespondenz dem *Corriere della Sera* mitteilt. Die Korrespondenz ist vom «Campo di Aba» in Dancalia datiert und in einem Augenblick geschrieben, da die Expedition ihr Ziel erreicht hatte und die Eingeborenen, die als Träger und Führer der Marschkolonne gedient hatten, entlassen worden waren.

Beonio-Brocchieri bemerkt:

«Aber einige dieser Wilden wollten unter allen Umständen als Experten oder Führer bei der Kolonne bleiben. Da ist zum Beispiel ein gewaltiger Bursche, den bisher noch niemand hat verstehen können, der sich aber sehr nützlich macht, weil er einen fabelhaften Spürsinn für Wasser hat und Quellen entdeckt. Ein anderes Großmaul, das aus dem Krater eines Vulkans hervorgekommen ist, will mit uns kommen. Er gilt als Heiliger; er heilt, man weiß nicht recht wie, mit einem Blick die Tropenkrankheiten der Askari und bringt die Fieberschauer zum Abklingen. Es wird behauptet, er erwecke Tote und unterhalte sich, wenn er des Nachts in den Wäldern herumstreife, mit den Pflanzen... Du siehst ihn vor dir: ein krummer, einäugiger, stotternder Kerl von einem Freibeuter. Vorgestern brachte ein Flugzeug die Post von Italien, und der Pilot trug sofort einen Brief zu dem stellvertretenden Kommandanten. Als dieser sich anschickte, den Umschlag aufzureißen, sagte der Heilige in aller Ruhe: ‚Der Brief, den du da aufmachst, meldet dir die Erkrankung eines Bruders; er berichtet aber, daß es ihm jetzt besser geht und daß er bald wieder gesund ist.' – Der Kommandant begann zu lesen und riß die Augen auf. Alles stimmte! Wir waren fünf Weiße im Zelt, uns stockte der Atem...

Da ist der erste Bursche des Chefs, ein Schlemihl von sechzehn Jahren, der das Kommen des Dreimotors S. 81 neun oder zehn Minuten vor dessen Erscheinen am Horizont ankündigt, also auf eine Entfernung von fast fünfzig Kilometer. Rätselhafte, magische Leute. Es ist schön, unter ihnen zu leben.»

Auch für diesen Fall sind die gleichen Schlüsse wie für den vorangehenden angezeigt; für diese rätselhaften Erscheinungen, die bei den primitiven Völkern zu beobachten sind, dürfte keine Erklärung zutreffender sein als die «psychometrische». Um so mehr, als in diesem Falle mehr denn je anzunehmen ist, daß der krumme, einäugige, stotternde Kerl von einem Freibeuter nicht Italienisch zu lesen versteht; diese Annahme ist mehr als berechtigt, wenn man bedenkt, daß die afrikanischen Stämme sich für ihre Sprachen niemals der Schrift bedienten.

Ich betone des weiteren, daß der Aufsatz von Brocchieri auch zu zeigen geeignet ist, welche Vielfalt von wunderbaren psychologischen Rätseln die Mentalität der primitiven Völker aufweist; es wäre daher zu wünschen, daß mit unserem zivilisierenden Vordringen in Abessinien auch die Forschungen über die Psyche der primitiven Völker Fortschritte machte, Forschungen, die fruchtbare Erkenntnisse einbringen würden und die Wissenschaft und die Kenntnis vom menschlichen Geiste in seiner Ganzheit, im Bewußten und im Unterbewußten, vertieften.

Bis jetzt hat die offizielle Wissenschaft sich jedoch damit begnügt, den bewußten Teil der menschlichen Seele zu erforschen; die Existenz eines unterbewußten Teiles, der viel, viel ausgedehnter und wunderbarer ist, hat sie gänzlich übersehen. Das ist ein bedauerlicher Irrtum, aus dem die Herrschaft der materialistischen Weltanschauung erwuchs. Es besteht keinerlei Zweifel, daß für jeden, der die Funktionen der Psyche ausschließlich im engen Kreise der bewußten Persönlichkeit sucht, der also die Existenz einer Wissenschaft, welche statt dessen die unterbewußten Fähigkeiten der menschlichen Seele erforscht, leugnet, alles darauf hinausläuft, im «Denken eine Funktion des Hirnes» zu sehen. Auch ich war dieser Ansicht, als ich in den

Reihen des materialistischen Positivismus kämpfte, und auch heute noch erkenne ich an, daß ich recht hatte, so zu denken, da ja die materialistische Theorie in der Beschränkung auf diesen engen Forschungskreis äußerst stark und geradezu unerschütterlich ist.

Nur daß jetzt am Horizonte des menschlichen Wissens die strahlende Morgenröte einer neuen Wissenschaft von der Seele erschienen ist, die den Namen «Parapsychologie» erhielt und der die glorreiche Aufgabe zufällt, die Schlüsse der Vorkämpfer der materialistischen Theorie vollständig umzustoßen und auf Grund der Tatsachen nachzuweisen, daß der Mensch auch in der Inkarnation ein Geist ist, und daß die materialistische Theorie lediglich die bittere Frucht voreiliger Schlußfolgerungen aus kleinen, ja kleinsten Teilgebieten der Forschung ist.

*

Den folgenden Fall entnehme ich der Zeitschrift *Light* (1933, S. 241). – Mrs. Glen Hamilton aus Winnipeg (Kanada) berichtet von einem interessanten Fall von Hellsehen bei einer Indianerin.

Der Bericht ist sehr lang; ich werde ihn daher in den wesentlichen Teilen zusammenfassen müssen.

«Sie berichtet, daß zu Beginn des Sommers 1903 der Bischof Newnham der Diözese von Moosonce seinen Sitz Moose Factory verließ, um einige weit entfernte Orte seiner sehr ausgedehnten Diözese aufzusuchen. Man hatte vereinbart, daß er sich Ende August an einem bestimmten Punkt einer entfernten Bucht einfinden würde, wo ihn eine Begleitmannschaft von Indianern erwarten sollte. Zur vereinbarten Zeit waren die Indianer zur Stelle; sie warteten aber vergeblich auf seine Rückkehr. Als die Vorräte erschöpft waren, mußten sie nach Moose Factory zurückkehren.

Der August verging, der September, und der Bischof kehrte nicht zurück. Seine Angehörigen waren in großer Sorge, um so mehr, als mit dem Oktober der Winter einsetzen würde, so daß der Bischof auf Monate hinaus nicht mehr per Boot über die Bucht würde setzen können.

An einem Montagabend im Oktober war die Familie im Speisezimmer versammelt. Da stürmte eine Dienstmagd herein und rief:

,Kommen Sie, kommen Sie, die Indianerin Charlotte ist in der Küche, sie ist *moshainy* (in hellseherischem Zustande)!' Alle liefen in die Küche, um sich den Bericht der Hellseherin anzuhören. Dort kauerte die Alte auf dem Boden, schwankte mit dem Körper hin und her und murmelte: ,Ein Kanu, ein großes Kanu ist in diesem Augenblick von Rupert's House Bay abgefahren. Fünf Männer im Kanu. Ein Weißer unter ihnen, er hat den Hut in die Augen gedrückt, er ist in einen schweren Mantel gehüllt. Eine Fahne flattert am Bug. Es ist ein großer Häuptling; ein großer Häuptling.'

Rupert's House Bay war 120 Meilen von Moose Factory entfernt. Um die Bucht im Kanu zu überqueren, waren drei Tage nötig, und es gab keinen anderen Weg als diesen... In diesem Augenblicke war es sechs Uhr abends, und niemand mit gesundem Verstande hätte es gewagt, im Oktober um diese Zeit die Überfahrt zu beginnen. Die Familie bemerkte darum zu der Hellseherin, sie müsse sich irren. ,Nein, nein', antwortete sie, ,das Kanu fährt wirklich gerade jetzt ab. Der weiße Mann hat sich ganz in seine Gewänder eingemummt, den Hut hat er auf die Augen gedrückt. Ich kann nicht erkennen, was für Kleider er trägt. Vielleicht ist es unser Bischof, vielleicht ein anderer großer weißer Häuptling. Ich bin aber ganz sicher, daß es ein großer weißer Häuptling ist.'

Man entschloß sich also, dem großen weißen Häuptling ans Meer entgegenzugehen; man wartete aber vergeblich, und die enttäuschte und verzweifelte Familie wollte gerade wieder umkehren, als man den Ruf der Indianer vernahm: ,Chiman! Chiman!' – Alles stürzte ins Freie, die Nacht war jedoch undurchdringlich. Aber durch die Stille der Natur kam von ferne das Geräusch von Rudern im Wasser, das immer deutlicher wurde. Bald darauf erkannte man die Umrisse eines großen Kanus, das sich dem Land näherte. Am Bug flatterte eine Fahne, vier Indianer ruderten, und in der Mitte des Bootes saß, den Hut auf die Augen gedrückt, in einen weiten Mantel gehüllt, der Bischof. – Es war genau das Bild, das Charlotte vor Augen gehabt hatte!

Nach der ersten Wiedersehensfreude fragte seine Gattin den Bischof: ,Wann bist du von Rupert's House abgefahren?' – Der Bischof entgegnete: ,Montag abend, gegen sechs Uhr. Ich hatte den ganzen Tag heftige Kopfschmerzen, so daß ich die Fahrt nicht aufnehmen konnte; ich war aber entschlossen, unter allen Umständen zu euch zurückzukehren. Darum erklärte ich meinen Indianern, daß ich unverzüglich abfahren wollte.' – Charlotte hatte also auch in diesem Punkte recht gehabt!»

Diesen interessanten Fall berichtet Mrs. Glen Hamilton, die Gattin des Doktor Hamilton, der allen durch die ausgezeichneten Materialisationsversuche im eigenen Familienkreise bekannt ist; er vermochte die Materialisationen viele Male und von verschiedenen Gesichtswinkeln aus mit fünf gleichzeitig ausgelösten Photoapparaten zu photographieren.

Handelt es sich in vorliegendem Falle um «Hellsehen im Gegenwärtigen» oder um «telepathisches Hellsehen»? Wir stehen hier vor der gleichen Schwierigkeit wie immer. Indessen spricht der Umstand, daß die alte «Hellseherin» den Bischof der eigenen Diözese nicht erkannte und im Zweifel war, ob es sich um ihn oder um einen anderen großen weißen Häuptling handelte, zu Gunsten der «telästhetischen» Auslegung des Vorfalles, denn wenn es sich um «Lesen im Unterbewußten des Bischofs aus der Ferne» gehandelt hätte, hätte sie ohne das geringste Zögern denjenigen erkennen müssen, mit dem sie in unmittelbarem «psychischem Rapport» stand; und, umgekehrt, wenn sie das beschriebene Bild tatsächlich durch Hellsehen aufgenommen hatte, war es ganz natürlich, daß sie bei der am geschauten Orte herrschenden Dunkelheit den gesichteten Weißen nicht deutlich zu erkennen vermochte.

*

Den folgenden Fall entnehme ich den *Proceedings of the S.P.R.* (Band XIV, S. 345). Dr. J. Shepley, der als Truppenarzt an einer englischen Strafexpedition gegen den Eingeborenenhäuptling Samory teilnahm, veröffentlicht einen langen Bericht über «Okkultismus in Westafrika», dem ich den folgenden Ausschnitt entnehme. Der Hauptdarsteller ist ein Eingeborener namens Ferguson, der als Dolmetscher an der Expedition teilnahm und die Gabe hatte, «seinen Verstand in die Ferne zu schicken, um Auskünfte einzuholen» (wie er sich selbst ausdrückte).

Zu einer kritischen Zeit, als die Expedition sehnsüchtig auf angekündigte, aber nicht eingetroffene Verstärkungen wartete, erbot sich Ferguson, Auskünfte einzuholen. Dr. Shepley fährt folgendermaßen fort:

«Wir machten in Wa halt und warteten sehnsüchtig auf Verstärkungen und Vorräte, die uns schon längst hätten erreichen sollen.

Wir wußten nicht, was der uns zu Hilfe gesandten Abteilung zugestoßen war. In dieser Ungewißheit erbot sich Ferguson, den Standort der so heiß erwarteten Abteilung aufzufinden. Als er seine Praktiken beendet hatte, erklärte er, er habe eine bewaffnete Expedition entdeckt, die in einer gewissen Region, die aus politischen Gründen besser ungenannt bleibt, von Osten nach Westen ziehe. Bei dieser Expedition sei nur ein einziger Weißer; bei der von uns erwarteten hätten drei sein müssen. Er fügte hinzu, er kenne niemanden von der Expedition; hätte es sich um unsere Kolonne gehandelt, so hätte er zwei Offiziere kennen müssen; und schließlich bemerkte er, er habe die Uniform dieser Soldaten bisher noch nicht gesehen. Das alles war uns unerklärlich, da wir wußten, daß es keine Abteilungen geben konnte, die durch die von Ferguson beschriebene Gegend zogen. Aber zwei Monate später fand sich die Lösung des Geheimnisses, als wir Wa aufgaben und an die Küste zurückkehrten; unterwegs stießen wir auf unsere Verstärkungen, die unter dem Befehl von Hauptmann Donald Stewart standen. Dieser meldete uns, es sei beim Durchmarsch durch ein gewisses Dorf geraten, Erkundigungen einzuziehen, ob an der Nachricht, die unter den Eingeborenen umging, nicht etwas Wahres sei, an der Nachricht nämlich, daß vor zweieinhalb Monaten eine Militärabteilung einer anderen Nation in ost-westlicher Richtung durch dieses Dorf gezogen sei.

Es läßt sich denken, wie sehr mich diese Nachricht interessierte. Als wir in das betreffende Dorf kamen, stellte es sich heraus, daß die ausländische Militärabteilung tatsächlich in ost-westlicher Richtung durch dieses Dorf gekommen war, und daß deren Mitglieder in jeder Beziehung der Beschreibung entsprachen, die Ferguson vor drei Monaten aus einer Entfernung von 130 Meilen gegeben hatte.»

Auch in diesem Falle scheint die Hypothese des «telepathischen Hellsehens» den Tatsachen nicht gerecht zu werden, da ja Ferguson aus der Entfernung eine Militärabteilung geschaut hatte, die einer anderen Nation (Deutschland) zugehörte, so daß er, der ja niemanden von der Abteilung kannte, mit niemandem in unterbewußten Rapport treten konnte. Eine parapsychologische Grundregel, die sich aus der vergleichenden Analyse des Tatsachenmateriales ergibt, lautet bekanntlich, daß ein «psychischer Rapport» zwischen einem «Sensitiven» und einer ihm unbekannten fernen Person nur durch Vermittlung eines anwesenden Dritten oder eines Gegenstandes, der lange im Besitz der fernen Person war (Psychometrie), entstehen kann.

Da in unserem Falle keine dieser Bedingungen erfüllt ist, ergibt sich die Folgerung, daß man für die theoretische Erklärung zur Hypothese einer übernormalen Wahrnehmung des Eingeborenen Ferguson greifen muß, oder, um seine eigenen Worte zu gebrauchen, zur Hypothese, er habe «seinen Verstand in die Ferne geschickt, um Auskünfte einzuholen». Es würde sich also um «Telästhesie» (also um Hellsehen im Gegenwärtigen) und nicht um «telepathisches Hellsehen» handeln. Und zur Bekräftigung dieser Auslegung dürfte der Hinweis angebracht sein, daß die Wahrnehmungen des Hellsehers sich ausschließlich auf das Äußere der Mitglieder der entdeckten Militärabteilung erstreckten; er sah, daß nur ein einziger Weißer dabei war; er sah, daß die Männer eine ihm unbekannte Uniform trugen, und er sah, daß sie von Osten nach Westen marschierten; aber er vermochte nicht anzugeben, wer sie waren, welcher Nation sie angehörten und wohin sie gingen; all das hätte er wissen müssen, wenn er seine Nachrichten aus dem Unterbewußten der Mitglieder der geschauten Militärabteilung gezogen hätte.

*

Den folgenden Fall entnehme ich dem *Journal of the S.P.R.* (Band IX, S. 60). Doktor R. W. Falkins, der Begleiter Emin Paschas in Khartum, veröffentlicht unter dem Titel «Von Khartum an die Nilquellen» einen Bericht, der einige Vorfälle übernormaler Art enthält, darunter einen Fall von «Hellsehen im Gegenwärtigen».

Falkins schreibt:

«Ich hatte seit über einem Jahr keine Briefe aus Europa erhalten und wartete darum sehnsüchtig auf Post. Ich fügte mich aber, da es mir klar war, daß viele an mich gerichtete Briefe irgendwo liegen mußten und mich nicht erreichen konnten, weil der Nil zu dieser Zeit wegen der schwimmenden Pflanzen unschiffbar war.

Eines Morgens betrat ein Eingeborener in höchster Aufregung unser Zelt. Er sagte mir, der *m'logo*, der ‚Wahrsager', habe sich in der Nacht in einen Schakal verwandelt, um eine Ortschaft namens Meschera-er-Rek (welche von Lado, unserem damaligen Lager, 550 Meilen entfernt war) aufzusuchen. Dort habe er zwei kleine Dampfer gesehen, deren einer die Post für uns mit sich führe. Er fügte hinzu, die Dampfer seien von einem weißen Pascha geführt, dessen genaue Beschreibung er gab. Unnötig zu sagen, daß unter normalen Verhältnissen kein Mensch 550 Meilen in einer Nacht durcheilen kann, nicht einmal in zwanzig Nächten. Ich spottete über die Botschaft und über den Boten und bemerkte zu diesem, was er mir da gesagt habe, sei lächerlich.

Während ich mit Emin den Kaffee schlürfte, zeigte sich dieser geneigt, dem Gemeldeten Glauben zu schenken; er ließ darum den Wahrsager in Person zu sich kommen. Bald darauf trat dieser in unser Zelt ein, und Emin richtete eine erste Frage auf Arabisch an ihn. Der Wahrsager antwortete:

‚Ja, ich war in der vergangenen Nacht in Meschera-er-Rek.'

‚Warum bist du dorthin gegangen?'

‚Ich wollte einige Freunde besuchen!'

‚Was hast du gesehen?'

‚Zwei kleine Dampfer, die von Khartum kamen.'

‚Ich glaube, du phantasierst. Du kannst doch unmöglich in einer Nacht nach Meschera-er-Rek gehen und wieder zurückkehren!'

‚Ich *bin* dort gewesen', antwortete ernsthaft der Wahrsager. ‚Ich kann euch sagen, daß auf dem Dampfer ein Engländer war. Er war klein, dick, und hatte einen dichten Bart.'

‚Gut. Aber was macht dieser Mann? Was ist sein Auftrag?'

‚Er sagte, er sei vom großen Pascha von Khartum geschickt; dieser habe ihm viele Briefe für euch gegeben. Morgen wird er auf dem Landwege weiterziehen und in etwa dreißig Tagen hier eintreffen.'

Die Nachrichten, die uns der *m'logo* zugetragen hatte, erwiesen sich als vollkommen richtig. Nach zweiunddreißig Tagen traf ein englischer Kurier in unserem Lager ein und brachte uns Briefe von Khartum. Nicht nur das, sondern auf Grund der Beschreibung des Wahrsagers waren wir zu dem Schluß gekommen, daß es sich nur um Lupton Pascha handeln konnte; und tatsächlich, es war Lupton Pascha, der ankam. ... Was den Wahrsager anbetrifft, kann ich ohne weiteres behaupten, daß er in seinem Leben nie weit aus seinem Dorfe herausgekommen war.»

Es dürfte bei diesem Fall sehr schwierig sein, zu entscheiden, ob es sich um «telepathisches Hellsehen» oder um «Telästhesie» handelt. Der Wahrsager behauptete, er habe sich geistig an den fernen Ort begeben, um dort einige Freunde zu begrüßen (wobei wir der angeblichen «Lykanthropie» nicht Rechnung tragen wollen); dort habe er zwei kleine Dampfer aus Khartum ankommen sehen. Es könnte sein, daß dies zutrifft, es könnte aber auch sein, daß ihm die Nachrichten, die er wiedergibt, bei einer unterbewußten Unterhaltung mit einem entfernten Freunde, mit dem er sich in «psychischem Rapport» befand, zugekommen sind.

Diese Unterhaltungen über eine große Entfernung zwischen zwei unterbewußten Persönlichkeiten sind bei zivilisierten Völkern unzweifelhaft zu finden, lassen sich experimentell hervorrufen, und werden «mediumistischer Verkehr zwischen Lebenden» genannt; es gibt keinen Grund, nicht auch derartige Manifestationen bei «Wahrsagern» primitiver Völker in diese Kategorie einzureihen.

Hieraus wäre der Schluß zu ziehen: wenn man die Kenntnisse, die der Wahrsager in vorliegendem Falle erworben hat, nicht einer Erscheinung des «Hellsehens im Gegenwärtigen» zuschreiben will, so darf man sie auch nicht als eine Erscheinung «telepathischen Hellsehens» betrachten, sondern wahrscheinlich als einen Fall von «mediumistischer Unterhaltung zwischen Lebenden», bei dem die unterbewußte Persönlichkeit des schlafenden Wahrsagers in «psychischen Rapport» mit der unterbewußten Persönlichkeit des weit entfernten, ebenfalls schlafenden Freundes getreten war und sich mit dieser unterhalten hatte.

Ich erinnere daran, daß ich in meiner Monographie *Über mediumistischen Verkehr zwischen Lebenden* die bedeutsamen und entscheidenden persönlichen Erlebnisse, die William Stead in dieser Hinsicht hatte, und die unserem Falle vollständig entsprechen, zitiert habe.[1]

*

Der Hauptmann Jonathan Carver (von Lang in *The Making of Religion*, S. 142–145, zitiert), der unter den Rothäuten Nordamerikas Entdeckungsfahrten machte, wartete einmal ungeduldig auf die Ankunft einer Expedition, die ihn wieder mit Lebensmitteln versorgen sollte. Ein «Jossakeed», d. h. ein Eingeborenenpriester, erbot sich, den Großen Geist um Aufklärungen zu befragen.

Das die Vorgeschichte. Hauptmann Carver fährt fort:

---

[1] Die Monographie Ernesto Bozzanos *Delle comunicazioni medianiche fra viventi* ist unter dem Titel *Da mente a mente* in der *Collana di studi metapsichici* veröffentlicht worden. (G. D. B.)

«Sofort wurde ein Zelt aufgestellt, das jedoch – eine ungewöhnliche Sache – oben offen belassen wurde, so daß jeder in das Innere sehen konnte. In der Mitte wurde eine Art Korb aus Holzstäbchen, die weit genug auseinanderstanden, so daß man sehen konnte, wer darin stand, aufgestellt. Das Zelt wurde mit Fackeln erleuchtet, der Körper des Priesters wurde in Hirschfelle gewickelt und dann mit einem vierzig Meter langen Seil aus Hirschfellen verschnürt, so daß er wie eine ägyptische Mumie aussah; hierauf wurde er in den Korb hineingelegt. Ich konnte ihn ausgezeichnet beobachten und trug Sorge, ihn niemals aus den Augen zu verlieren.

Der Priester begann unverständliche Worte zu murmeln, dann ein kaum verstehbares Kauderwelsch zu sprechen; hierauf schrie und betete er mit schäumendem Mund; schließlich, nach einer Dreiviertelstunde, schien er vollständig erschöpft zu sein und wurde still. Den Augenblick darauf aber schnellte er auf die Füße – was man wegen der Verschnürung mit den Stricken nicht für möglich gehalten hätte – und begann zu prophezeien. Er verkündete: ‚Der Große Geist hat mir nicht gesagt, wann die Händler ankommen werden, aber morgen, kurz nach Mittag, wird ein Kanu anlegen; darin werden Leute sein, die dir sagen werden, wann die Kaufleute ankommen.'

Am Tage darauf, wirklich kurz nach Mittag, legte in etwa einer halben Meile Entfernung ein Boot an, und die Männer, die darin gefahren waren, kamen, uns zu sagen, daß sie die Expedition der Händler getroffen hätten; diese hätten sie beauftragt, uns zu melden, daß sie in zwei Tagen eintreffen würden, was dann auch wirklich geschah.»

Bei der Untersuchung der Fälle von «Hellsehen an und für sich» ist festzustellen, daß sie fast immer in der Art ihres Auftretens voneinander abweichen, so daß die theoretische Auslegung, die sich für den einen Fall aufdrängt, bei einem anderen nicht anwendbar ist.

Im vorliegenden Fall dürfte vor allem hervorzuheben sein, daß der eingeborene Priester nicht mit der von ihm gesuchten Expedition der Kaufleute in Rapport trat, sondern mit der Bemannung eines Kanus, die die Kaufleute getroffen hatte, so daß er nicht die Ankunft der ersteren, sondern die Ankunft der letzteren ankündigte, wobei er allerdings beifügte, diese brächten Nachrichten über die ersteren mit. Und diese zutreffende Auskunft zeigt an, daß der Wahrsager-Priester nicht nur aus weiter Ferne ein Kanu auf dem See geschaut hatte (Telästhesie), das sich auf das Lager zubewegte, sondern daß er auch im wesentlichen die Botschaft geweissagt hatte, welche die Männer im Kanu zu überbringen hatten. – Also «telepathisches Hellsehen»? Wahrscheinlich wohl, wenn auch nur teilweise und mittelbar.

*

Im folgenden Falle treffen alle drei hier behandelten Abarten des «Hellsehens» zusammen: «telepathisches Hellsehen», «Telästhesie» und «Vorahnung».

Ich entnehme ihn dem Buch *Fra i Pigmei della foresta equatoriale* des Paters Trilles von der Santo-Spirito-Mission. Dieser Missionar vermochte die Lebensart und die Sitten und Gebräuche der Pygmäenstämme bis ins Innerste zu durchdringen, indem er zunächst ihre Sprache erlernte, womit er sich das Zutrauen dieses mißtrauischen Volkes erwarb, welches bisher der psychologischen Forschung der Europäer nicht zugänglich gewesen war. Die hier abgedruckte Erzählung trägt den Titel «Der magische Spiegel».

Pater Trilles bemerkt:

«Bei den Pygmäen gelten die Krankheiten, soweit sie nicht von den ‚Geistern' stammen, als das Werk der Feinde des Kranken, die das ‚Unheil' über ihn gebracht haben...

Früher bestanden die ‚magischen Spiegel' des Pygmäenwahrsagers aus einem glattpolierten Kupferstück. Oft aber bediente er sich in Ermangelung des Kupfers einer Quelle im Wald, wo ein stilles Wasser einen Spiegel abgab... Heute sind der alte Kupferspiegel und das Quellwasser fast vergessen. Die Zivilisation ist auch dort eingedrungen, und der Pygmäenwahrsager bedient sich für seine Zwecke unserer kleinen runden Taschenspiegel, wie man sie auf den europäischen Märkten billig erstehen kann.

Indessen genügt es noch nicht, einen Spiegel zu besitzen; um Magier zu werden, muß man ihn ‚weihen'.»

Es folgt hier die Beschreibung der Weihe eines solchen Spiegels, den Pater Trilles dem Wahrsager geschenkt hatte.

Hierauf fährt der Erzähler folgendermaßen fort:

«Einige Tage nach der ‚Weihe' des magischen Spiegels traf es sich, daß ich mich bei dem Wahrsager wegen des Diebstahles einer Büchse Fleischkonserven zu beklagen hatte. Es war an sich ein ganz geringfügiger Diebstahl, der mir aber in diesem Augenblicke höchst unwillkommen war, da ich nur noch wenige Lebensmittelreserven hatte. Der Wahrsager holte seinen magischen Spiegel; nachdem er besondere Zauberriten ausgeführt hatte, erklärte er mir ausdrücklich: ‚ich sehe den Dieb. Es ist der und der.' – Und er nannte den Namen eines Pygmäen aus meiner Begleitung. Hierauf sagte er: ‚Du kannst ihn übrigens selbst in dem Spiegel ansehen.' – Ich schaute in den Spiegel und sah zu meiner ungeheuren Verblüffung in dem Spiegel ganz deutlich das Spiegelbild des mutmaßlichen Diebes!

Ich ging sofort zu ihm hin, und indem ich ihn ohne Schärfe ausfragte, brachte ich ihn zu einem Geständnis: er war wirklich der Schuldige!

Natürlich können wir Europäer den letzten Vorfall als Suggestion erklären, aber ... es ist immer noch verblüffend.

Noch ein anderer Fall dieser Art.

Auf einer meiner Reisen mit Monseigneur Le Roy durch den Wald beschrieb mir der Wahrsager des Dorfes, in dem wir übernachteten, in unglaublich zutreffender Weise den gewundenen Weg, den wir im Wald zurückgelegt hatten, die Pausen, die wir eingeschaltet, die Art der Speisen, die wir genossen, und vor allem die Unterhaltungen, die wir geführt hatten; eine dieser Unterhaltungen war ziemlich ungewöhnlich gewesen. Wir waren auf eine kleine Schildkröte gestoßen, und Monseigneur bemerkte: ‚Für das Abendessen wird das wohl genügen.' – Wir hatten beide einen wilden Hunger; darum antwortete ich scherzend: ‚Falls es nicht genügt, nehmen wir den Kopf unseres Führers dazu.' – Wir sprachen Französisch, eine Sprache, die der Wahrsager nicht verstand. Ohne auch nur das Dorf zu verlassen, hatte er uns in seinem magischen Spiegel gesehen und verfolgt, hatte unsere Gespräche in einer ihm unbekannten Sprache gehört und verstanden, einschließlich des von mir ausgesprochenen Satzes!

Bei einer anderen Gelegenheit unterhielt ich mich mit einem Pygmäenwahrsager. Ich erwartete gerade meine Leute, die mir mit der Piroge Lebensmittel und vielleicht auch Jagdbeute bringen sollten. Es kam mir in den Sinn, dem Wahrsager davon zu erzählen, wobei ich bemerkte: ‚Wer weiß, ob sie noch weit weg sind und ob sie unterwegs gejagt haben?' – Er entgegnete: ‚Nichts leichter, als dir das zu sagen!' – Er nimmt seinen magischen Spiegel, konzentriert sich einen Augenblick lang, spricht einige Zauberformeln aus und teilt mir dann mit:

‚In diesem Augenblick sind deine Leute am Flußknie (eine Tagesreise mit der Piroge). Der größte von ihnen hat in diesem Augenblick einen Schuß abgegeben und einen großen Vogel getroffen. Der ist angeschossen und ins Wasser gefallen. Alle Ruderer beeilen sich, um ihn zu erreichen und aufzunehmen. Sie werden dir die erwarteten Lebensmittel bringen.'

Als meine Leute eintrafen, erwies es sich, daß alles, was der Wahrsager gesagt hatte, so vor sich gegangen war: der Schuß am Flußknie, der große Vogel angeschossen im Wasser aufgelesen; die erwarteten Lebensmittel. Und das hatte sich, ich wiederhole es, eine Tagesreise von uns entfernt ereignet...»

Eine andere Art des «Wahrsagens» bei den Pygmäen ist das in ganz Afrika verbreitete «Knöchelchenauswerfen». Pater Trilles erzählt folgendes persönliche Erlebnis, bei dem sich das Hellsehen auf die Zukunft erstreckt:

«Langsam wird der Wahrsager erregt; er singt, dreht sich in schwindelerregender Geschwindigkeit; dann macht er die Brücke, schlägt heftig mit dem Kopf auf den Boden; dann schnellt er auf und hüpft. Dadurch verfällt er in einen Zustand halber Trance. Nun kommen seine hellseherischen Fähigkeiten hoch, und man sieht ihn die Bewegungen des Jägers, der das Wild in der bevorstehenden großen Elefantenjagd aufgespürt hat, nachahmen. Es folgt eine ausdrucksvolle, realistische, einprägsame Mimik des Kampfes mit dem Dickhäuter, der eingesetzt hat: der Wahrsager hat sich in den Jäger und den Ort eingefühlt. Hierauf wirft er die ‚Knöchelchen des Schicksals' für jeden Jäger, bezeichnet ihn mit seinem Namen, hierauf wirft er sie für die daheimgebliebenen Frauen, wobei er einer jeden prophezeit, was ihr bevorsteht: Freude, Unannehmlichkeit oder Leid. Dann kommen die Söhne an die Reihe, denen er voraussagt, ob sie noch ihre Väter wiedersehen oder Waisen sein werden. Die realistische Ausdruckskraft, mit der der Wahrsager die kommenden Ereignisse der Jagd mimisch ausdrückt, ist so groß, daß man den Eindruck hat, die zukünftigen Ereignisse spielten sich wirklich vor seinen Augen ab. Wie der Augenblick kommt, da jeder seinen Assagai auf die Beute wirft, beschreibt der Wahrsager die Taten eines jeden und nennt die Namen der Fliehenden und der Angreifenden; hierauf nimmt er an dem grauenhaften Schauspiel eines Jägers teil, der von dem sterbenden Dickhäuter gepackt, zerquetscht und zerschmettert wird; man kann nichts für ihn tun. – Schließlich lobt er die Sieger und bezeichnet die Besiegten dieser stets gefährlichen Jagdpartie.»

Nach dieser realistischen Schau noch nicht geschehener Ereignisse bemerkt Pater Trilles:

«Und nun komme ich zu dem eindrucksvollsten Umstand: diese Darstellung bewahrheitete sich bis in die kleinsten Einzelheiten, sowohl hinsichtlich des Ortes, als auch hinsichtlich der Männer, die im Kampfe fallen sollten, hinsichtlich der Verwundeten, der Zahl der erlegten Elefanten, der Elefanten, die zu fliehen vermochten, der Zahl der erbeuteten Elfenbeinzähne. Alles richtig vorausgesagt! Alles genau so eingetroffen!»

Damit schließt die Erzählung des Missionars, der es nicht unternimmt, das große Geheimnis zu durchdringen, welches die beschriebenen, von ihm selbst erlebten Geschehnisse umhüllt. Er beschränkt sich klugerweise auf die Wiedergabe der Tatsachen und überläßt die harte Aufgabe, deren Entstehung aufzuklären, den Fachleuten.

Ich meinerseits werde keineswegs versuchen, die Entstehung der interessanten, von ihm selbst beobachteten Erscheinungen zu durchdringen; ich werde nur versuchen, deren Entwicklungsweise mit Hilfe der wissenschaftlichen Forschungsmethode der vergleichenden Analyse und der Konvergenz der Beweise aufzuhellen.

Ich bemerke zunächst, daß der Fall des Wahrsagers, der in dem «magischen Spiegel» das Bild des Schelmes, der dem Missionar einen Gegenstand gestohlen hatte, erblickt, ein schöner Fall «telepathischen Hellsehens» und sonst nichts ist. Indessen kommt in dem gleichen Falle ein die Theorie störender Umstand vor, nämlich, daß der Missionar seinerseits in dem Spiegel sehr deutlich das Bild des Schelmes erblickt. Wie soll man sich das erklären? Wir haben gesehen, daß Pater Trilles hierzu bemerkt, in Europa würde man eine solche Erscheinung mit «Suggestion» erklären, um zweifelnd hinzuzufügen: «Aber ... es ist immer noch verblüffend!» – Und die Verblüffung des Erzählers erscheint gerechtfertigt. In erster Linie, weil die Übertragung einer Halluzination auf eine normale Person unglaubhaft und ein solches Unternehmen schwierig ist, weil keine Beispiele dieser Art in der ganzen Geschichte der Hypnose vorkommen. Die Erscheinung ließe sich ausschließlich mittels eines kräftigen Hypnotiseurs hervorrufen, der seine hypnotische Kraft auf eine ganz besonders sensitive Person wirken ließe; aber nicht einmal hiervon gibt es Beispiele. Dagegen gibt es zahlreiche Beispiele, daß eine Halluzination durch *mündliche Suggestion* an Personen übertragen wird, die lange Zeit hypnotischen Versuchen ausgesetzt worden und daher geneigt waren, deren Folgen auch im Wachzustande zu erleiden. Zweitens erscheint die Suggestionshypothese um so anfechtbarer, als bei den entsprechenden Erlebnissen mit der «Kristallschau» bei zivilisierten Völkern oft genug die gleiche Erscheinung der Bilder, die dem «Sensitiven» erscheinen und manchmal allen Anwesenden sichtbar sind, vorkommen.

Was soll man davon halten? Es ist nicht möglich, die Erscheinung zu erklären, es sei denn, man gebe zu, daß die Visionen im Kristall, wenn sie kollektiv vom «Sensitiven» und allen Anwesenden beobachtet werden, in irgendeiner Weise objektiv sein müssen; in diesem Falle wäre der Übertrager der hallizunatorisch-wahrhaftigen Vision nicht der «Sensitive», und zwar, weil das Bild im Kristall auch dann sichtbar bleibt, wenn der Sensitive sich zurückzieht, um den Anwesenden zu gestatten, es ihrerseits zu betrachten.

Gerade dies hebt auch Dr. Nandor Fedor in seiner monumentalen *Encyclopedia of Psychical Science* hervor, um dann zu folgendem Schluß zu kommen:

«Das Problem, das es zu lösen gilt, wird dadurch so heikel, daß manchmal die Visionen auch in irgendeiner Weise objektiv sein müssen. In manchen Fällen scheint das tatsächlich zuzutreffen. Es sind Beispiele bekannt, da die Bilder im Kristall sich mit einem Vergrößerungsglas vergrößern ließen; andere Male zeigte sich im Spiegel ihr Spiegelbild, oder sie wurden von mehreren Personen beobachtet. Schließlich gelang es sogar, sie zu photographieren. Im Kristall vibrierte also etwas Ätherisches. In diesen Fällen dürfte man zum Schluß kommen, die Bewirker der ‚Kristallvisionen' seien entkörperte Wesenheiten. Dann wäre die Projektion solcher Bilder im Kristall eine der vielen Methoden, deren sich die Verstorbenen bedienen, um mit den Lebenden in Verbindung zu treten. Das wird noch dadurch bewiesen, daß in dem Kristall häufig ‚geschriebene Botschaften' erscheinen, nicht immer nur Bilder, und daß diese Botschaften offensichtlich von Verstorbenen herrühren.» (a.a.O., S. 74.)

Die anderen Fälle, die Pater Trilles berichtet, werde ich in kurzen Kommentaren behandeln.

Im zweiten Falle, bei dem der Wahrsager mit dem «magischen Spiegel» den Marsch der beiden Missionare durch den Wald verfolgt und sogar ihre Gespräche belauscht, läuft alles auf den Nachweis hinaus, daß das «telepathische Hellsehen» oft die Grenzen der «Telästhesie» überschreitet, während der Umstand, daß der Wahrsager eine in einer fremden Sprache geführte Unterhaltung versteht, nichts Außergewöhnliches darstellt, da sich dieselbe Erscheinung in der Tiefhypnose nach Belieben hervorrufen läßt, und zwar deswegen, weil die Versuchsperson in somnambulischem Zustande die Gedankenschwingungen und nicht die Worte aufnimmt; und die Gedankenschwingungen sind bei allen Hirnen die gleichen und von der Sprache, in denen die Gedanken ausgedrückt werden, unabhängig.

Auch der dritte Fall, bei dem der Wahrsager die Wechselfälle der Männer, die in einer Piroge auf dem Fluß rudern, beschreibt, ist ein Gemisch aus telepathischem Hellsehen und Telästhesie.

Bei dem letzten Falle steht man vor einem der vielen Fälle, da die Sensitiven, die Somnambulen und die Medien zukünftige Ereignisse bis in die kleinsten Einzelheiten voraussehen; es sind Fälle, denen die Theorie nur schwer beikommt, und zwar nicht wegen der bedeutenderen prophezeiten Ereignisse, sondern wegen der zweitrangigen, unwesentlicheren, manchmal vollkommen bedeutungslosen, die zusammen mit den bedeutenderen vorausgesagt werden, gerade so, als ob die Zukunft jedes einzelnen Wesens unausweichlich in jeder kleinsten Einzelheit vorausbestimmt wäre. Dagegen sträubt sich aber die menschliche Vernunft.

Es ist indessen nicht schwer, eine andere Lösung für diese unbedeutenden vorahnenden Schaubilder zu finden; diese Lösung ließe sich aber nicht kurz zusammenfassen, ohne daß man ihren Wert verminderte; deshalb verweise ich auf die beiden Monographien, die ich über die Erscheinungen der Vorahnung veröffentlicht habe und in denen dieses gewaltige Rätsel auf Grund des Tatsachenmateriales besprochen ist.

*

Noch ein Fall von «Hellsehen im Gegenwärtigen», in dem Elemente von «Hellsehen im Zukünftigen» enthalten sind.

Ich entnehme ihn dem Buche *Le Spiritisme, Fakirisme Occidental* von Dr. Gibier. Der Oberrichter von Wisconsin schreibt dem Gouverneur dieses Staates, Talmadge, folgendes:

«In der vergangenen Woche hatte ich die Gelegenheit, mich des längeren mit L. John du Bay zu unterhalten, der fast sein ganzes Leben unter den Indianern zugebracht hat und viele Jahre der Agent der amerikanischen Gesellschaft für den Fellhandel war... Er hat mir beachtenswerte Beispiele der ‚hellseherischen' Kraft der indianischen ‚Doktoren' erzählt.

Vor einigen Jahren hielt er sich in der Gegend der Fälle (Wisconsin) auf, wo er einen Freund, einen anderen Fellhändler, erwartete, der aus einer Gegend nördlich des Obersees kommen mußte. Er wartete mehrere Tage vergeblich und wußte nicht, was er davon halten sollte, als ein indianischer ‚Medizinmann' ihm anbot, den genauen Augenblick der Ankunft seines Freundes vorauszusagen. Du Bay nahm den Vorschlag an, wenn er auch nicht an den Erfolg glaubte.

Der ‚Medizinmann' setzte sich auf das Gras und hüllte den Kopf in seine Gewänder. Nach einigen Minuten innerer Sammlung stand er wieder auf und sagte: ‚Morgen werden die Wolken den Himmel bedecken; aber gegen Sonnenuntergang wird die Sonne durchbrechen, du wirst im Westen ein wolkenfreies Stück sehen und in der Mitte dieses Raumes wird die Sonne scheinen. Schau in diese Richtung, auf die Landzunge, die sich in den See hinaus erstreckt, und du wirst deinen Freund ankommen sehen.'

Am anderen Tag bedeckte sich der Himmel, wie er vorausgesagt hatte, und blieb bis zum Sonnenuntergang bedeckt; dann aber zerrissen die Wolken im Westen und die Sonne trat hervor. Du Bay sah in die Richtung, die der Wahrsager angegeben hatte, aber er sah niemanden kommen. Er wandte sich an den Medizinmann und begann ihn zu verspotten. Dieser antwortete einfach: ‚Wir wollen sehen,' – Er setzte sich wiederum, wie das erste Mal, blieb einen Augenblick gesammelt sitzen, stand dann auf und verkündete: ‚In drei Minuten wirst du ihn sehen.' – Nach fünf Minuten erschien sein Freund am Horizont und war nach kurzer Zeit bei ihm.»

Wie bereits betont, werden auch in diesem Fall die Hypothesen des «telepathischen Hellsehens» und der «Telästhesie» allein dem Sachverhalt nicht gerecht, da ja ein Element der Vorahnung in Form einer meteorologischen Voraussage für den folgenden Tag mit der bemerkenswerten Einzelheit, daß gegen Sonnenuntergang die Wolken im Westen zerreißen würden und die Sonne an dieser Stelle erscheinen würde, dazutritt.

Unter diesen Umständen ist die Bemerkung angezeigt, daß sich uns, da ja die Fälle von «Hellsehen im Gegenwärtigen», die mit telepathischen, telästhetischen und auf Vergangenheit und Zukunft bezüglichen Ahnungen vermischt sind, in der hier behandelten Kategorie fast die Regel bilden, der Schluß aufdrängt, es sei zwar notwendig, zur Klassifikation die betreffenden Erscheinungen in Unterabteilungen zu gliedern, es laufe aber alles auf den Nachweis hinaus, es handle sich in Wirklichkeit um eine einzige übernormale Fähigkeit des Geistes, die in den von uns dargestellten und noch vielen anderen Formen zum Ausdruck kommen kann.

*

Der folgende Fall stammt aus längstvergangener Zeit; ich führe ihn an, um die Gleichartigkeit der parapsychologischen Erscheinungen zu allen Zeiten augenfälliger werden zu lassen.

Emma Hardinge berichtet in ihrem wertvollen Werk *Modern American Spiritualism* (S. 483–484) einige interessante übernormale Vorfälle aus dem französisch-englischen Kleinkrieg gegen die Rothäute.

Hier der erste Fall:

«Alexandre Henri, der im Kriege von 1759 gegen die Engländer von den Indianern gefangengenommen wurde, erzählt, daß Sir William Johnson den Rothäuten eines Tages einen Boten schickte und ihre Häuptlinge, die in der Nähe der Santamaria-Fälle Lager bezogen hatten, einlud, sich zum Friedensschluß in das Niagarafort zu begeben.

Es handelte sich um einen zu schwerwiegenden Entschluß, als daß man ihn hätte der Weisheit der Menschen überlassen können. Man traf deswegen die nötigen Vorbereitungen, um den Geist der ‚Großen Schildkröte' zu befragen. Man erbaute eine Art Haus, ein ‚Wigwam', in dessen Mitte man ein besonderes Zelt für den Priester und zum Empfang des Geistes aufstellte. Das Zelt hatte einen Durchmesser von etwa vier Fuß; es bestand aus Hirschfellen, die man über ein Stabwerk aus festen Stäben, welche über zwei Fuß weit in die Erde getrieben worden waren, gespannt hatte. Es war zehn Fuß hoch und acht Zoll dick und mit starken Querhölzern versteift. Die Felle waren fest mit Lederriemen an die Stäbe gebunden und bedeckten das Stabwerk vollständig, mit Ausnahme einer kleinen Öffnung, durch die der Priester eintreten sollte. Dieser erschien bald darauf, völlig nackt. Er kroch auf allen Vieren in das Zelt, und als sein Kopf durch die Öffnung verschwand, begann der feste und massige Bau heftig zu schwanken, und kaum war das Fellstück, das als Türverschluß diente, hinter ihm zugefallen, als sich aus dem Inneren des Zeltes Menschen-

und Tierstimmen aller Art vernehmen ließen; es waren wilde Schreie, Hundegebell, Wolfsgeheul, jämmerliche Klagelaute, verzweifeltes Schluchzen, heftige Schmerzensschreie. Auch artikulierte Worte waren zu vernehmen, aber in einer Sprache, die allen Anwesenden fremd war.

Bald darauf folgte dem schrecklichen Konzert ein Grabesschweigen. Hierauf ließ sich erneut eine Stimme vernehmen, diesmal eine schwache und heisere, wie das Winseln eines Schoßhündchens. Kaum war das geschehen, als die Indianer begeistert Beifall klatschten, und ausriefen, daß das Haupt der Geister, die ‚Große Schildkröte', die niemals lüge, nun endlich gekommen sei. Zuvor hatten sie gepfiffen und gegen die anderen Stimmen Schmährufe ausgestoßen, da sie an ihnen jeweils die Gegenwart ihnen wohlbekannter böser, lügnerischer, trügerischer Geister erkannt hatten.

Anderthalb Stunden lang waren ununterbrochen Stimmen und Gesänge aus dem Zelt zu vernehmen; nie dagegen war die Stimme des Priesters zu hören. Erst als diese Stimmen schwiegen, sprach der Priester: er verkündete die Anwesenheit des Geistes der ‚Großen Schildkröte', welcher bereit war, auf die Fragen, die man ihm so gerne vorlegen wollte, zu antworten. Auf diese gute Nachricht hin schob der Stammeshäuptling eine große Menge Tabak in das Zelt. Es war ein Opfer, das den Geist günstig stimmen sollte, da ja die Indianer der Meinung sind, die Geister liebten den Tabak ebensosehr wie sie selbst. Das Opfer wurde gnädig angenommen, und daraufhin forderte der Häuptling den Priester auf, zu fragen, ob die Engländer sich auf den Krieg mit den Indianern vorbereiteten oder nicht, und ob im Niagarafort viele Soldaten seien.

Kaum hatte der Priester die Frage wiederholt, als das Zelt heftig erschüttert wurde und sich weiterhin mit solcher Gewalt schüttelte, daß ich erwartete, es würde einstürzen. Ich glaubte, das alles sei das Vorspiel zur Antwort der ‚Großen Schildkröte'; aber der Priester stieß einen schrecklichen Schrei aus und rief, die ‚Große Schildkröte' sei ohne zu antworten verschwunden. Es verging eine Viertelstunde tragischen Schweigens. Ich fragte mich voller Ungeduld, wie denn die weitere Entwicklung dieser dramatischen Szene vor sich gehen werde. Die Entwicklung war die, daß der Geist zurückkehrte und eine lange Rede hielt, in der gleichen Stimme, die wir schon zuvor vernommen hatten und die uns unverständlich war. Als der Geist geendet hatte, übersetzte der Priester den Inhalt der denkwürdigen Worte. Man erfuhr, daß der Geist in der kurzen Zeit seiner Abwesenheit den Huronsee überquert, sich in das Niagarafort und von dort nach Montreal begeben hatte; daß im Niagarafort nur wenige Soldaten waren; daß er aber, wie er den St. Lawrence bis nach Montreal hinabgezogen sei, den Fluß von Booten übersät gefunden habe, und diese hätten von Soldaten, so zahlreich wie die Blätter der Bäume, gestrotzt, die hätten sich alle angeschickt, die Indianer zu bekämpfen.

Bei dieser erschütternden Nachricht wollte der Häuptling wissen, wie sie von Sir William Johnson empfangen würden, im Falle sie sich entschlössen, ihn aufzusuchen. Der Geist antwortete, Sir William Johnson würde ihre Kanus mit Geschenken füllen, mit Decken, Kesseln, Gewehren, Pulver und Kugeln, sogar mit so großen Rumfässern, daß selbst die stärksten Indianer sie nicht tragen könnten. Schließlich sagte er noch, jeder würde heil und gesund in sein Dorf zurückkehren.

Diese glückverheißende Prophezeiung wurde mit überströmender Freude aufgenommen. Jeder schrie: ‚Ich gehe auch hin! Wir gehen alle hin!'

Während dieser großen Befragung paßte ich die ganze Zeit auf, um ganz sicher zu gehen, daß kein verabredeter Betrug vorkäme; ich mußte mich aber von der vollkommenen Echtheit der Tatsachen überzeugen.

Die Expedition der Häuptlinge zum Niagarafort fand statt; und der Bericht von dem Ereignis, der in der Erzählung Drakes enthalten ist, bestätigt, daß sich die Prophezeiung des Geistes, ‚der nie log', bis in alle Einzelheiten bewahrheitete.»

Es ist zu beachten, daß dieses Mal die Erscheinung die Gestalt einer eigentlichen mediumistischen Sitzung annimmt, bei der ein Medium in einem verfinsterten Kabinett und sogar die üblichen «Täuschgeister» vorkommen.

Und es ist wirklich interessant zu vernehmen, daß die Indianer aus der Zeit vor 170 Jahren bereits vollständig über das häufige Auftreten von «Täuschgeistern» bei mediumistischen Sitzungen unterrichtet waren, das heißt, daß sie diese Erfahrung bereits ein Jahrhundert vor dem ersten Auftreten der Parapsychologie bei den zivilisierten Völkern gemacht hatten.

Was die Tiernamen anbetrifft, mit denen die Indianer die mit ihnen in Verkehr stehenden Geister bezeichnen, sei darauf verwiesen, daß das von dem Brauche kommt, sich selbst mit Tiernamen zu benennen; wenn darum von dem Geiste einer «Großen Schildkröte» gesprochen wird, so will das nur heißen, daß der Geist eines verstorbenen Häuptlings, der den Namen «Große Schildkröte» trug, anwesend ist.

Es erscheint überdies für die Theorie höchst bedeutsam, daß auf die Frage des Häuptlings nach den feindlichen Streitkräften das Medium auf dramatische Weise enttäuscht und entmutigt ist, wie es bemerken muß, daß der Geist ohne zu antworten wegzieht. Dieser Umstand berechtigt zur Annahme, daß das hier angeführte hellseherische Phänomen nicht in der unterbewußten Persönlichkeit des Mediums seinen Ursprung hat, sondern das Werk einer außenstehenden, geisthaften Wesenheit ist. Diese Annahme ist nicht überraschend, da es ja vernünftig erscheint, daß, wenn in dem menschlichen Unterbewußtsein übernormale Fähigkeiten vorhanden sind, die die Gegenwart, die Vergangenheit und die Zukunft zu durchschauen vermögen, diese Fähigkeiten sich um so freier im geisthaften Bereich, nach der Krisis des Todes, entfalten können; wenn dem so ist, gibt es keinen Grund zu leugnen, daß die geistigen Persönlichkeiten der mit Lebenden in Verkehr stehenden Verstorbenen sich ihrer zum Vorteil der lebenden Verwandten und Freunde bedienen. In anderen Worten: die Annahme ist vernünftig, daß das, was ein *verkörperter* Geist im transzendentalen Bereich vollbringen kann, für einen *entkörperten* Geist noch viel leichter zu vollbringen ist. Das bedeutet, daß die animistischen Erscheinungen und die spiritistischen Erscheinungen nur zwei verschiedene Aspekte einer einzigen funktionellen Tätigkeit sind, die den transzendentalen Kräften des Geistes inhärent sind; diese Tätigkeit kann je nach der Besonderheit der Medien oder nach deren persönlichen Idiosynkrasien in Verbindung mit den Umweltsverhältnissen schwanken.

All das sei als Entgegnung auf gewisse Kritiker gesagt, die vorgeben könnten, wenn man die unterbewußte Erklärung für einen Teil der hellseherischen Phänomene annehme, es überflüssig und töricht sei, bei einem anderen Teile die Geister der Verstorbenen eingreifen zu lassen. Im Gegenteil: gerade diese Annahme erscheint vernünftig, unerläßlich und mit den Regeln der wissenschaftlichen Forschung in Einklang, da ja die Methoden der vergleichenden Analyse in ihrer Anwendung auf die parapsychologischen Erscheinungen erwiesen haben, daß jede mediumistische Erscheinung, von der einfachsten bis zur erhabensten, gleicherweise animistisch oder spiritistisch sein kann und daß man infolgedessen bei der theoretischen Erklärung der parapsychologischen Erscheinungen von Fall zu Fall entscheiden muß, je nach dem Ort, der Zeit und den Umständen, nach denen der einzelne Vorfall sich abwickelt.

*

Der folgende Fall wurde vollständig in der Zeitschrift *Borderland* von William Stead veröffentlicht (1895, S. 154). Da ich diese Veröffentlichung nicht besitze, muß ich mich hier mit der ausführlichen Wiedergabe Dr. Ermacoras in der Zeitschrift *Rivista di Studi Psichici* (1895, S. 286–287) begnügen.

Ermacora schreibt:

«In ‚Borderland' (April, S. 154) wird der Fall von zwei in Transvaal wohnhaften Engländern berichtet, die auf der Jagd – etwa 400 Meilen nördlich Pretorias – einen Zauberer, einen Kaffernmedizinmann, trafen, den sie, rein zum Zeitvertreib, baten, ihnen die Zukunft zu sagen.

Der Medizinmann leerte nun ein Säckchen mit Glassplittern, Eisenstückchen, Geschirrscherben, kleinen Knochen und Steinchen auf die Erde aus. Er betrachtete diese Dinge, wandte sich dann zu einem der Konsultierenden und sagte ihm, er habe vor zwei oder drei Jahren das große Wasser überquert, um in das Land der Weißen zu gehen; dort habe er um die Hand eines Fräuleins angehalten, das dann gestorben sei, und jetzt sei er mit einem anderen Fräulein in Pretoria verlobt, aber trotz ihrer Liebe würden sie nicht heiraten, da ihr Vater das gegebene Wort wegen der geringen Geldmittel des Verlobten zurückziehen werde.

Was er über die Vergangenheit und die Gegenwart sagte, stimmte vollkommen, und was er über die Zukunft sagte, traf vier Monate später ein.

Hierauf warf der Zauberer die Steinchen für den anderen Konsultierenden, tat sie aber sofort wieder in den Sack zurück und weigerte sich, seine Antwort zu geben. Auf Drängen des Interessierten warf er sie nochmals, um sie von neuem zurückzunehmen. Von Fragen bedrängt, antwortete er, er sehe schlimme Nachrichten und wolle ihm nicht ein Leid bereiten. Der Reisende, hauptsächlich von Neugierde getrieben, forderte ihn auf, nochmals die Steinchen zu werfen und ihm mitzuteilen, was er sehe.

Der Zauberer gehorchte, und nachdem er einige Minuten zögernd seine Gegenstände betrachtet hatte, sagte er: ‚Du wohnst eine halbe Stunde auf der anderen Seite von ‚Proot-Dorp‘, bist verheiratet und hast zwei Töchterchen; die kleinere ist so schwer krank, daß die Ärzte sagen, sie werde nicht am Leben bleiben, und ihre Mutter hält sie im Arm und geht voller Erregung auf und ab und sagt immer: ‚Sie wird sterben, bevor ihr Vater zurückkehrt, um sie noch einmal zu sehen!‘

Die beiden Jäger kehrten erst nach sieben Wochen zurück, und der Erzähler dieses Falles hatte die traurige Prophezeiung des Kaffern bereits wieder vergessen. Als er aber heimkehrte, kam ihm seine Frau mit den beiden Töchtern entgegen und empfing ihn mit den Worten: ‚O Tom, wie froh bin ich, daß du wieder da bist! Unsere kleine Violet war so krank, daß die Ärzte sie aufgaben!‘

Nun erinnerte er sich an den Zauberer, holte das Notizbuch hervor, in dem er das Gespräch aufgezeichnet hatte, und fragte seine Frau, wann die Kleine so krank gewesen sei. Es erwies sich, daß die beiden Daten genau übereinstimmten.

Hierauf fragte er seine Frau, ob sie zur Zeit der höchsten Gefahr irgend etwas Besonderes gesagt habe, und sie antwortete, sie habe das Kind in die Arme genommen und sei im Zimmer auf und ab gegangen und habe nichts anderes denken und sagen können als: ‚O mein Liebes, ich fürchte, der Pappi wird dich nicht wiedersehen!‘ »

In vorliegendem Falle erstreckt sich die «Hellsichtigkeit» des Kaffernzauberers gleichzeitig über einen Bereich übernormaler Erkenntnisse in der Gegenwart, der Vergangenheit und der Zukunft der Konsultierenden. Das beweist nochmals, daß die dreifache Form, wie die betreffenden Erscheinungen zum Ausdruck kommen, einer einzigen unterbewußten übernormalen Fähigkeit entstammen, während der Fall hinsichtlich unseres Gesichtspunktes abermals erweist, daß auch solche komplizierten und verblüffenden Manifestationen in gleicher Weise bei jedem beliebigen Volke, sei es zivilisiert, barbarisch oder wild, auftreten können.

Es dürfte angebracht sein, daran zu erinnern, daß die *magische Handlung* des «Knöchelchen- und Steinchenwerfens» weiter nichts als eine empirische Methode ist, die allen anderen, dem «Kartenlegen», der «Kristallschau», dem «Wahrsagen aus dem Eiweiß» oder dem «Kaffeesatz» analog ist; es sind alles Methoden, die in Wirklichkeit keinen anderen Wert haben als den, daß sie den «Hellseher», der blindlings an die magische Kraft seiner Methode glaubt, befähigen, in einen Zustand mehr oder weniger verhüllter Autosuggestion zu gelangen, der dem Hochkommen der unterbewußten übernormalen Fähigkeiten förderlich ist.

*

Der Fall, den ich im folgenden vorführe, umfaßt wie die vorangehenden die Gegenwart, die Vergangenheit und die Zukunft der Konsultierenden.

Ich entnehme ihn dem *Journal of the American S.P.R.* (1919, S. 585). Mrs. Bloch veröffentlicht in dieser Zeitschrift einen interessanten Aufsatz, aus dem ich bereits einige Berichte über die schnelle Nachrichtenübermittlung bei primitiven Völkern ausziehen konnte. In diesem Aufsatz gibt Mrs. Bloch einen langen Bericht wieder, den der Forschungsreisende und große afrikanische Jäger David Leslie an sie persönlich gerichtet hatte.

David Leslie schreibt:

«Ich hatte meine eingeborenen Helfer zur Elefantenjagd vorausgeschickt und ihnen genaue Anweisungen gegeben, daß sie sich an einem festgelegten Tage an einem bestimmten Orte einfinden sollten. Ich war zur angegebenen Zeit zur Stelle, fand aber dort keinen meiner Jäger. Da ich nichts zu tun hatte, ging ich zu einem ‚Wahrsager' oder ‚Medizinmann', der sich in seinem Beruf guter Erfolge erfreute; ich ging rein zum Zeitvertreib hin, um mich persönlich zu überzeugen, ob er etwas erraten würde. Zunächst weigerte sich der ‚Medizinmann', für mich zu arbeiten, da er keine Beziehungen zu den Angelegenheiten der Weißen habe; schließlich aber ließ er sich überreden und sagte, er ‚werde die Tore des Raumes öffnen und durch den Raum schweifen', auch wenn es ihm das Leben kosten sollte. Hierauf erkundigte er sich nach der Zahl und den Namen der Jäger. Er zündete acht kleine Feuer an – eines für jeden Jäger – und warf Wurzeln in sie, die beim Verbrennen einen schwindelerregenden Duft ausströmten. Hierauf schluckte er verschiedene Pulver und fiel in einen etwa zehn Minuten währenden tiefen Schlaf, wobei alle seine Glieder konvulsivisch zuckten. Als er wieder erwachte, zerstreute er die Asche des ersten Feuers, betrachtete sie und beschrieb das Äußere des Mannes, der von diesem Feuer dargestellt wurde, wobei er bemerkte: ‚Dieser Mann ist am Fieber gestorben, und sein Gewehr ist verlorengegangen.' – Hierauf ging er zum zweiten Feuer über, meldete, dieser zweite Jäger habe vier Elefanten erlegt und beschrieb die Form und die Ausmaße der

Stoßzähne. Beim dritten Feuer verkündete er, dieser Jäger sei von einem Elefanten getötet worden, man habe aber sein Gewehr retten können. Hierauf beschrieb er der Reihe nach die persönlichen Charakteristiken und die Jagdergebnisse der anderen, und fügte hinzu, sie würden erst in drei Monaten heimkehren und einen ganz anderen Reiseweg als den vorgeschriebenen einschlagen.

Kurz: die Worte des ,Medizinmannes' erwiesen sich in jeder Einzelheit als zutreffend.

Wenn man sich nun vorstellt, daß die genannten Jäger in zweihundert Meilen Entfernung über ein weites Gebiet verstreut waren, und daß der ,Medizinmann' nicht wissen konnte, daß ich ihn konsultieren würde, wird man sich klar sein, daß er sein Wissen nicht auf normalem Wege erlangt haben konnte.»

Wie man sieht, bedient sich der «Medizinmann» in diesem Falle einer ganz anderen Methode als derjenige des vorangehenden Falles, um in sich die Voraussetzungen zur Hellsichtigkeit zu schaffen. Er zündet Feuer an, wirft aromatische Wurzeln hinein, schluckt Pulver, die ihn in Schlaf und Zuckungen verfallen lassen, um hierauf wieder zu erwachen und aus der Asche der Feuer die Auskünfte herauszulesen, die der Konsultierende von ihm haben will. Der Methoden dieser Art gibt es unzählige, bei den wilden Völkern wie bei den zivilisierten, antiken wie modernen, da es sich ja, wie bereits erwähnt, lediglich um rein empirische Methoden handelt, die ausschließlich autosuggestiven Wert haben.

Von einem anderen Gesichtspunkt aus ist hervorzuheben, daß der Kaffern-Wahrsager, der sich zunächst weigert zu arbeiten, weil er nicht in Verbindung mit den Angelegenheiten der Weißen stehe, sich doch überreden läßt und erklärt, er werde den Versuch unternehmen, *auch wenn es ihm das Leben koste.* – Wie ist diese letztere Behauptung zu erklären?

Bei analogen Experimenten bei zivilisierten Völkern ist eine Todesgefahr absolut ausgeschlossen. Also dürfte die Erklärung in unserem Falle in den empirischen Methoden des Kaffers, in sich selbst zum Hellsehen günstige Bedingungen zu schaffen, zu suchen sein. Da er sich nicht vorbereitet fühlte, mit der unterbewußten Persönlichkeit von Weißen in Rapport zu treten, wird er wohl gemeint haben, zur Erlangung dieses Rapportes die Vorbereitungen zum Schlafe bedeutend verstärken und mehr von dem Pulver, das den lethargischen Schlaf und die Zuckungen hervorrief, nehmen zu müssen, wobei die Gefahr bestand, daß er gar nicht mehr aufwachen würde.

*

Zum Schluß möchte ich noch einen Fall von «Hellsehen» zitieren, bei dem sich dieses ausschließlich auf die Zukunft bezieht. Der Fall ist des höchsten Vertrauens würdig, da er von dem berühmten Afrikareisenden und Missionar Dr. David Livingstone berichtet wird.

Er schreibt in dem Buche *Missionary Travels* (S. 86):

«Der Abenteurer Sebituane war vom Stamme der Matabele gedrängt worden, nach seiner Wahl neue Gebiete auszusuchen, um sich dort mit dem Stamme niederzulassen; er hatte im Sinne, dem Zambesifluß entlang flußabwärts zu ziehen, bis er mit den Weißen in Berührung kommen würde. Aber Tlapane, der Zauberer, der ‚mit den Schutzgottheiten des Stammes in Beziehung stand', zeigte nach Westen, indem er das Gesicht in diese Richtung kehrte.

Wenn Tlapane ‚prophezeien' wollte, so bereitete er sich vor, indem er sich bis zum Vollmonde den Blicken aller entzog. Wahrscheinlich verbarg er sich in irgendeiner Höhle, wo er vielleicht des öfteren in einen mesmerischen oder hypnotischen Schlaf verfiel, so daß er zum Wahrsagen reif war, wenn er sie verließ. War er so weit, dann erzeugte er, mit den Füßen stampfend, hüpfend, eigenartige heftige Schreie ausstoßend und den Boden mit der Keule schlagend (um die unterirdischen Geister aufzurütteln), in sich eine Art Krisis oder Ekstase, während derer er vorgab, nicht zu wissen, was seine Lippen vorbrächten; und wenn der Zustand echt war, traf seine Behauptung wahrscheinlich zu.

Tlapane erzeugte in sich also den Zustand der ‚Besessenheit', wandte sich hierauf gegen Osten und sagte: ‚In dieser Richtung sehe ich, o Sebituane, ein flammendes Feuer, das du meiden mußt, um nicht zu verbrennen. Die Götter raten dir: ‚gehe nicht in diese Richtung'. – Hierauf wandte er sich gegen Westen und sagte: ‚Ich sehe eine Stadt und eine Nation von Schwarzen. Es sind die Männer der Wässer; ihre Waffen sind rot... Ich sehe deinen Stamm untergehen; hüte dich davor, die schwarzen Männer auszurotten; schone deinen zukünftigen Stamm, denn du wirst ihn beherrschen.'

Bislang gute Ratschläge, sonst nichts. Aber jetzt wendet er sich an einen der beiden Häuptlinge und ruft aus: ‚Du, Ramosini, wirst mit deinem ganzen Dorfe umkommen; und wenn Mokari zuerst aufbricht, wird er zuerst sterben. Du, Ramosini, wirst als letzter sterben.' – Hierauf deutete er sich selbst die Zukunft: ‚Die Götter werden den anderen erlauben, sich den Durst mit reinen und guten Wassern zu löschen, und mich werden sie mit bitteren Wassern tränken. Sie werden mich rufen, und ich werde mit ihnen gehen.'

Nun geschah es, daß kurze Zeit darauf ihre Dörfer zerstört wurden; Mokari starb, Ramosini starb, und Tlapane, der Zauberer, starb; Sebituane zog, der Prophezeiung gemäß, nach Westen, wo er vom Stamme Boleiana angegriffen wurde; er siegte, schonte und herrschte.» (Zitiert von Andrew Lang in *The Making of Religion*, S. 136.)

Soweit der durchaus bemerkenswerte Vorfall, den Dr. Livingstone berichtet; die prophetische Aufrichtigkeit des armen Wahrsagers Tlapane erhellt aus der Tatsache, daß er sich selbst Unglück voraussagt. Für die Theorie ist das eines der schwierigsten Rätsel an den Vorahnungen. Da ist ein Hellseher, der eine klare und richtige Schau von den Schicksalen hat, die einen Abenteurerhäuptling erwarten, und von der Art und Weise, wie er sich verhalten muß, um zum Erfolg zu kommen, eine Schau, die wirksam dazu beiträgt, das prophezeite gute Ende herbeizuführen; gleichzeitig aber hat der gleiche Hellsehende eine Schau, die ihn selbst betrifft, die ihn aber nicht leitet und schützt, sondern unerklärliche Lücken aufweist, so daß sie ihn wohl über das traurige Geschick, das ihn erwartet, aufklärt, ihn aber nicht über die Art, wie er ihm entgehen könnte, unterrichtet; obgleich zu diesem Zwecke eine flüchtige Vision vom Bevorstehen eines feindlichen Angriffes auf das eigene Dorf genügt hätte.

Wenn man nun erwägt, daß hinsichtlich dieses schwierigen Rätsels der vorliegende Fall von vielen anderen Fällen, die ich in meinem Buche *Fenomeni Premonitori* behandelt habe, übertroffen wird, auf Grund deren einwandfrei feststeht, daß diese Lücken und Verschweigungen in den vorahnenden Erscheinungen durchaus nicht auf mangelnde hellseherische Fähigkeiten der Sensitiven zurückzuführen, sondern im Gegenteil beabsichtigt, vorbestimmt, gewollt sind, gerade so, als ob man sich dem Verlaufe des menschlichen Schicksals nicht entgegenstellen dürfte, wenn man all das erwägt, dann kann es gar nicht anders sein, als daß vor unserem Geiste ein großes Fragezeichen auftaucht:

«Wenn diese Lücken, diese Verschweigungen, beabsichtigt, vorbestimmt, gewollt sind, wie ist es dann mit dem Willen bestellt, der in vielen Vorahnungen deutlich wird?»

In dem erwähnten Buche habe ich mich zu einem dem obigen gleichartigen Falle folgendermaßen geäußert:

«Vom Gesichtspunkte des materialistischen Positivismus aus ist das besprochene Kennzeichen unerklärbar: wenn es keine geistige Welt und kein Leben nach dem Tode gäbe und die Fähigkeiten der Vorahnung nur das Erbe eines *autonomen* Unterbewußtseins und nach den Gesetzen der Psychophysiologie bestimmt wären, dann hätte die unterbewußte Persönlichkeit nicht nur keinen Grund, die wesentlichen Umstände eines zukünftigen Ereignisses der bewußten Persönlichkeit vorzuenthalten, sondern in der großen Mehrzahl der Fälle hätte sie sogar ein höchstes Interesse, es zu enthüllen, da sie damit die bewußte Persönlichkeit (und damit sich selbst) vor einem schweren Unfall oder dem Tode erretten würde. Wie soll man sich denn ein allwissendes, unabhängiges Unterbewußtsein vorstellen, das absolut Herr seiner selbst ist und das zwar die Mittel besitzt, den bewußten Teil seiner selbst vor dem Tode zu erretten, das sie ihm aber vorenthält oder hinter undurchdringlichen Symbolen verbirgt, *bis das Ereignis eingetreten ist*, mit der ausdrücklichen Absicht, ihn und sich sterben zu lassen? Für ein *autonomes* Unterbewußtsein, das mit dem Tode des Körpers dahinscheiden würde, wäre ein solches Verfahren unsagbar töricht und närrisch; und wenn das Verfahren trotzdem eingeschlagen wird, so bedeutet das, daß diese beabsichtigten Verschweigungen, die mit der körperhaften Existenz der menschlichen Persönlichkeit unvereinbar sind, im Hinblick auf ein *außerweltliches Ziel* geschehen, und damit sind wir zwangsweise wieder bei der spiritistischen Hypothese angelangt.

Wie bereits erwähnt: wenn man ihr ausweichen will, so kommt man doch nicht darum herum, sie in seine Gedankengänge mit einzuschließen.»

Natürlich führen diese Schlußfolgerungen auf eine andere gewaltige Frage, der nach der Existenz eines unausweichlichen Schicksals im Gegensatz zur menschlichen Freiheit, es ist aber nicht möglich, in einem kurzen Kommentar ein derartiges Problem zu behandeln. Ich begnüge mich mit der Feststellung, daß auf Grund der vergleichenden

Untersuchung der Vorahnungen erwiesen werden kann, daß die Lösung des großen Rätsels in der Formel zu suchen ist: «Nicht willkürliche Selbstbestimmung, nicht absoluter Determinismus während der körperlichen Existenz des Geistes, sondern ‚bedingte Freiheit'.»

Zu unserem Thema zurückkehrend wollen wir feststellen, daß die Vorahnungen verwickelter und rätselhafter Art in dem hier besprochenen Sinne, die bei den zivilisierten Völkern vorkommen, eine genaue Entsprechung in den analogen Erscheinungen finden, die bei den primitiven Völkern anzutreffen sind.

IV

SPUKERSCHEINUNGEN

SPÄRLICH fällt die Ernte bei der Sammlung und Klassifizierung der Tatsachen in der Kategorie der Spukerscheinungen bei den primitiven Völkern aus, weil die Anthropologen, Ethnologen und Soziologen zwar häufig auf sie anspielen, sie aber fast immer nur ganz flüchtig behandeln, ohne bei der ausführlichen Darstellung eines Falles zu verweilen. Indessen enthalten die wenigen Fälle, die ich in meiner Sammlung besitze, die häufigsten und charakteristischsten Abarten, wie zum Beispiel den unfehlbaren «Steinregen», der in der zivilisierten Welt so häufig anzutreffen ist, das Pochen, die Klopfgeräusche, das auf Geister zurückzuführende Rumoren, der Schall schwerer Schritte an Spukorten, sowie die Gespenstererscheinungen an Orten, wo Verbrechen, Morde oder Menschenopferungen begangen wurden.

Ich beginne mit dem Zitat einiger Stücke, die sich summarisch und allgemein auf Spukerscheinungen bei primitiven und wilden Völkern beziehen, ohne Näheres auszusagen.

Lang bemerkt auf Seite 128 seines Buches *The Making of Religion* zu einem Zitat von David Leslie:

«Er schildert uns ‚aus erster Hand' einige Fälle von Spukorten bei den Zulu. Die ‚Esemkofu', das heißt die Geister von Personen, die von irgendeinem Tyrannen getötet worden waren, waren von den Eingeborenen, die Leslie davon unterrichteten, selbst gesehen und gehört worden. Die Eingeborenen sagten weiter, sie seien an den von ‚Esemkofu' heimgesuchten Orten manchmal von einem Steinhagel getroffen worden, gerade wie es auch bei den Erscheinungen von europäischen ‚Poltergeistern' vorkommt. Man muß zwischen den ‚Esemkofu', die bösartige und wandernde Geister sind und darum an dem Orte, wo sie leben, spuken, und den ‚Ihlozi', die dagegen die Geister der normal Verstorbenen sind und von den Zulus Ritualopfer erhalten, unterscheiden.»

Auch Dr. J. Shepley, den ich bereits zuvor zitiert habe, erwähnt die gleichen Erscheinungen in seinem wertvollen Aufsatze über den Okkultismus in Westafrika (*Proceedings of the S.P.R.* (Band XIV, S. 343). Er schreibt:

«Die Eingeborenen haben vielerlei von spukbehafteten Orten zu berichten, aber ich will mich nicht damit befassen, da ich nie die Gelegenheit hatte, diese Erzählungen nachzuprüfen... Die Gespenstererscheinungen auf Begräbnisstätten gelten bei den Eingeborenen als etwas Normales, und natürlich werden sie den Geistern der neu beerdigten Verstorbenen zugeschrieben. Diese Erscheinungen treten gewöhnlich des Nachts auf und kommen auf vielerlei Weise zum Ausdruck, wobei sie manchmal in greifbarer oder gespensterhafter Form die persönlichen Kennzeichen annehmen, die sie im Leben trugen; am häufigsten aber nehmen sie unbestimmte Formen von schattenhaften Erscheinungen, leuchtenden oder undurchsichtigen Wölkchen, an, je nach dem Fall.

Diese Erscheinungen flößen den Eingeborenen Schrecken ein, da sie es für gefährlich halten, mit ihnen in Gegensatz zu geraten; dieses Vorurteil hat manchmal zu Fällen falscher Personifizierungen von Gespenstern zu eigensüchtigen Zwecken geführt. Weiter glauben die Eingeborenen, man tue dem Gespenst weh, wenn man ihm entgegentrete; es ist mir aber nicht gelungen, die Gründe dieser Annahme zu erfahren. Ich wollte die Erzählungen von Gespenstern, die die Begräbnisstätten bevölkern, erwähnen, um zu zeigen, in welcher Richtung sich die Gedanken der Eingeborenen hinsichtlich dieses Themas bewegen, um so mehr, als ich behaupten kann, daß ich Gelegenheit hatte, mich persönlich von der Erscheinung leuchtender Wölkchen auf Friedhöfen zu überzeugen, Erscheinungen, die ich selbst sah und die mir als diejenigen bezeichnet wurden, welche die Eingeborenen als die Seelen der Verstorbenen ansehen.»

Die Wölkchen, von denen Dr. Leslie spricht, sind vermutlich mit den wohlbekannten «Irrlichtern» unserer Friedhöfe identisch, was übrigens der Ansicht der Wilden, die «Irrlichter» seien Seelen der Verstorbenen, keineswegs widerspricht; diese Ansicht wird von den einfachen Leuten bei uns geteilt.

Ich weiß sehr wohl, daß unter den Menschen, die sich für gebildet und vorurteilsfrei halten, die Meinung weit verbreitet ist, die «Irrlichter» seien nichts anderes als Flämmchen von Wasserstoffgas oder Gemischen anderer Gase, die den frisch begrabenen Leichen entströmten; diese Meinung ist aber rein phantastisch, da die Chemie keine Gase kennt, die den Anschein von Flammen erwecken, geschweige denn von beständigen Flämmchen, die hin und her wandern, auch gegen den Wind, als ob der Wind für sie gar nicht existierte, und die sich manchmal damit vergnügen, einen Vorübergehenden ein langes Stück Wegs zu begleiten.

Lombroso erwähnt in seinem Buche *Ricerche sui fenomeni ipnotici e spiritici* (S. 295) die «Irrlichter» in folgenden Feststellungen:

«Auf Friedhöfen und an Orten, wo sich gewaltsame Todesfälle ereignet hatten, bemerkte Stainton Moses zahlreiche Gespenster, die beim Durchgang des Mediums herbeieilten. Das erklärt (was die Chemie nicht zu erklären vermocht hat) das häufige Auftreten von ‚Irrlichtern' auf den Friedhöfen, die viele Male einen wirklichen Willen zum Ausdruck gebracht haben, indem sie zu bestimmten Zeiten wiederkehrten oder sich an einen bestimmten, stets gleichen Punkt begaben...»

Wie ersichtlich, neigt Lombroso entschieden zur spiritistischen Erklärung der «Irrlichter».

*

Der folgende Vorfall betrifft einen Fall von spukhaftem «Steinregen».

Dr. Gerstacker ist der Verfasser eines Buches über eigene Forschungsreisen im Inneren Javas, das in der Zeitschrift *Light* (1908, S. 219) kurz inhaltlich wiedergegeben ist und in dem sich folgender Absatz findet:

«Der Steinregen von unsichtbarer Hand ist eine so gewöhnliche Erscheinung, daß die Eingeborenen Javas in ihrer Sprache ein eigenes Wort für ihn besitzen. Der Gouverneur der Insel hatte keine Nachkommenschaft und adoptierte darum ein zehnjähriges Eingeborenenmädchen. Als das Mädchen eines Tages im Garten spazieren ging, begann es um es herum Steine zu regnen, die aus dem Himmel zu fallen schienen. Es flüchtete schnell ins Haus, welches sofort von Soldaten der Wache umstellt wurde; aber der Steinregen dauerte an, dieses Mal im Inneren des Hauses, offenbar durch das Dach hindurch. Es fielen so viele Steine, daß man mehrere Körbe damit füllte. Wie gesagt, schienen die Steine vom Himmel zu fallen; sie hatten die Größe einer Zitrone, und zwischen ihnen fielen mehrere ganz frische Mangofrüchte. Man schickte sofort Soldaten aus, die im Garten den Baum suchen sollten, von dem die Früchte gebrochen waren; man fand abgebrochene Stiele, von deren Ende noch der Saft träufelte.»

An dem vorliegenden Falle ist nichts Außergewöhnliches. Ich beschränke mich deshalb auf den Hinweis, daß die verschiedenen darin beschriebenen Vorfälle genau ebensolchen Vorfällen entsprechen, die sich beim Wirken von «Poltergeistern» bei den zivilisierten Völkern ereignen. Das Eingeborenenmädchen war vermutlich das Medium, welches das sporadische Auftreten des Phänomens ermöglichte.

*

Bei dem folgenden Fall handelt es sich ebenfalls um «spukhaften Steinfall», er ist aber für die Theorie wichtiger als der vorangehende.

Ich habe ihn bereits in meinem Buche *Fenomeni d'Infestazione* zitiert, ich kann aber nicht umhin, ihn in diesem Abschnitt über den «Poltergeist» bei den primitiven Völkern erneut abzudrucken. Zu meiner Rechtfertigung kann ich anführen, daß ich hier neue und gewichtige Kommentare folgen lasse.

Ich entnehme den Fall dem *Journal of the S.P.R.* (Bd. XII, S. 250); Berichterstatter ist W. G. Grottendrieck, ein Mitglied dieser Gesellschaft.

Er sendet unter dem Datum des 27. Januar 1906 folgenden Bericht ein:

«... Im September 1903 war ich Zeuge einer anormalen Erscheinung, die ich mit größter Genauigkeit und in jeder Einzelheit beobachten konnte. Ich hatte mit 50 javanischen Eingeborenen zu Forschungszwecken die Dschungel von Palembang und Dschambi (Sumatra) durchquert; bei meiner Rückkehr fand ich meine vorherige Wohnstätte besetzt; deshalb mußte ich meinen Schlafsack in eine andere, noch nicht ganz fertiggestellte Hütte tragen, die aus zusammenhängenden Balken gebaut und mit großen getrockneten und übereinandergelegten ‚Kadschang'-Blättern gedeckt war. Die Hütte lag in beträchtlicher Entfernung von der anderen Wohnung, die der Ölgesellschaft, in deren Dienst ich stand, gehörte.

Ich legte den Schlafsack auf den Holzboden, schlug das Moskitonetz rings herum auf und war bald eingeschlafen. Gegen ein Uhr nachts erwachte ich halb von dem Geräusch eines Gegenstandes, der außerhalb des Moskitonetzes bei meinem Kopfkissen niedergefallen war. Zwei Minuten später war ich vollständig wach und sah mich um, um festzustellen, was denn da ständig aus der Höhe fiel; ich bemerkte schwarze Steinchen von etwa zwei Zentimeter Länge. Ich stand auf, ergriff die am Bettende aufgestellte Lampe und hielt Ausschau. Dabei entdeckte ich, daß die Steine in einer parabolischen Kurve von der Zimmerdecke kamen und in der Nähe meines Kopfkissens aufschlugen.

Ich ging in das andere Zimmer, um den malaiischen Burschen aufzuwecken, den ich bei mir hatte. Ich befahl ihm, die Dschungel rings um die Hütte zu durchsuchen; und während er das tat, half ich ihm, indem ich das Blätterwerk mit einer elektrischen Laterne ableuchtete. In der Zwischenzeit hatten die Steine im Inneren ihren Fall fortgesetzt. Als der Bursche zurückkam, ließ ich ihn in der Küche Wache halten; ich selbst kniete mich, um den Steinfall besser beobachten zu können, neben das Kopfkissen und versuchte, die Steine im Flug aufzufangen; das war aber unmöglich, *da die Steine auszuweichen schienen, sobald ich zugriff*. Nun kletterte ich auf die Scheidewand, die mein Zimmer von dem des Burschen trennte, und untersuchte die Zimmerdecke, von der die Steine kamen. Ich stellte fest, daß sie aus der Schicht von ‚Kadschang'-Blättern kamen, *ohne daß diese irgendwo durchlöchert wurde*. Ich versuchte erneut, sie beim Durchgang an dieser Stelle zu erhaschen, wiederum vergeblich.

Als ich hinabstieg, kam der Bursche aus der Küche mit der Meldung, dort sei niemand. Ich war aber überzeugt, daß sich irgendwo einer verborgen halten müsse, der mich foppen wollte; darum nahm ich mein Mausergewehr und schoß fünfmal durch das Fenster in die Dschungel; damit erreichte ich nur den gegenteiligen Zweck, denn im Inneren fielen die Steine mit größerer Häufigkeit.

Ich hatte aber den Erfolg, daß *mein Bursche, der zuvor schwerfällig und schläfrig gewesen war, vollständig aufwachte*. Kaum sah er die Steine, als er schrie, die seien vom Dämon geworfen, und sich mitten in der Nacht durch die Dschungel flüchtete. *Kaum war er verschwunden, da hörte der Steinfall auf;* der Bursche kehrte aber nicht mehr zurück, und ich verlor ihn für immer. Die Steine wiesen nichts Ungewöhnliches auf, nur daß sie bei der Berührung *wärmer* als normal erschienen.

Bei Tagesanbruch fand ich die Steine auf dem Boden, und am Fenster lagen die fünf Patronenhülsen. Ich untersuchte die Decke an der Stelle, wo die Steine durchgedrungen waren, nochmals, konnte aber nichts entdecken, nicht einmal den Schatten eines Risses in der ‚Kadschang'-Blätterschicht. In der kurzen Zeit der Erscheinung waren 18 bis 22 Steine gefallen. Ich steckte einige in die Tasche und bewahrte sie lange Zeit auf; bei der letzten Reise gingen sie jedoch verloren. Zunächst glaubte ich, es handle sich um Meteorsteine, *da sie bei der Berührung ziemlich warm waren;* wie sollte man sich aber dann erklären, *daß sie die Decke durchschlugen, ohne sie zu durchlöchern*?

Alles in allem: das Schlimmste, was mir durch das Abenteuer zustieß, war der Umstand, daß ich mir infolge der Flucht des Burschen das Frühstück selbst zubereiten und auf Röstbrot und die gewohnte Tasse Kaffee verzichten mußte.»

In Entgegnung auf Fragen, die der Führungsrat der «Society F.P.R.» an ihn richtete, gab Herr Grottendrieck weitere Aufklärungen, von denen ich die folgenden anführe:

«Ich war mit dem Burschen allein im Hause, welches völlig von der Dschungel umgeben war.

Von seiten des Burschen ist eine Betrugsmöglichkeit völlig ausgeschlossen, da zwei Steine fielen, während ich mich über ihn beugte, um ihn zu wecken (er schlief auf dem Fußboden bei der Türe); die beiden Steine fielen nacheinander, und ich *sah und hörte sie fallen*, da die Türe offenstand.

Die Steine fielen mit bemerkenswerter Langsamkeit, so daß, selbst wenn man einen Betrug annehmen wollte, etwas Rätselhaftes übrigbliebe. Sie *verhielten* sozusagen *in der Luft*, wobei sie eine parabolische Kurve beschrieben und mit Gewalt auf den Boden aufschlugen. Auch das Geräusch, das sie dabei verursachten, war nicht normal, da es im Verhältnis zur Langsamkeit des Falles viel zu stark war.

Wie bereits erwähnt, war mein Bursche bis zu dem Augenblicke, da die Schüsse ihn aufweckten, schlaftrunken; dieser Zustand wurde aus der ungewöhnlichen Langsamkeit deutlich, mit der er alle Bewegungen ausführte. Er hatte sich erhoben, war in die Dschungel gegangen und wieder zurückgekehrt, alles in außergewöhnlich träger Weise. Und die Langsamkeit seiner Handlungen hatte auf mich denselben seltsamen Eindruck gemacht, den ich bereits von der Langsamkeit, mit der die Steine fielen, erhalten hatte.»

So weit die wesentlichen Stücke des Berichtes, den Herr Grottendrieck einsandte. Bemerkenswert ist, daß der Steinfall aufhörte, als der Bursche floh, und daß dieser in einem schläfrigen Zustand zu sein schien (vermutlich in Trance); unter diesen Umständen besteht kein Zweifel über die Beziehungen von Ursache und Wirkung zwischen der Anwesenheit des Burschen und dem Auftreten des Phänomens.

Wie dem auch sei, in dem vorliegenden Falle treten nicht wenige Modalitäten wunderbarer Phänomene auf, zu denen Anzeichen einer okkulten Absicht und eines Willens kommen. Darauf weist der Umstand hin, daß die Steine auf einen ganz bestimmten Raum fielen, und daß sie in der Luft auswichen, um sich nicht fangen zu lassen. Nicht weniger außergewöhnlich ist es, daß die Steine in der Luft *verhielten*, daß sie eine dichte Blätterschicht durchdrangen, *ohne sie zu durchlöchern*, und daß sie sich bei der Berührung als *warm* erwiesen.

Wenn die Erscheinungen gut beobachtet wurden (und es liegt kein Grund vor, dies zu bezweifeln), so folgt daraus, daß in unserem Falle ausreichend rätselhafte Vorfälle vorliegen, um denjenigen zu denken zu geben, die alle «Poltergeist»-Erscheinungen ausschließlich «animistischen» oder unterbewußten Gründen zuschreiben wollen.

Es ist zu bemerken, daß die Art und Weise, wie in vorliegendem Falle die Erscheinungen zum Ausdruck kamen, keineswegs eine Ausnahme bilden, sondern bei allen anderen Fällen dieser Art zu finden sind, so daß sie sich gegenseitig bestätigen. Das seltenste Phänomen dürfte dasjenige des Abweichens der Geschosse in der Luft sein; es kommt aber doch dreimal bei den Fällen vor, die ich in meinem Buche *Fenomeni d'Infestazione* angeführt habe.

Weniger selten, aber immer noch nicht sehr häufig trifft man auf die *verhältnismäßige Langsamkeit*, mit der die Steine ihre Parabel in der Luft beschreiben (eine Bestätigung dieser Langsamkeit ist in dem Umstande zu erblicken, daß der Berichtende sie sonst nicht aufzufangen versucht hätte); indessen kommt auch sie fünfmal bei den im obenerwähnten Buche aufgeführten Fällen vor.

Hinsichtlich des Umstandes, daß die Geschosse eine Stelle durchdrangen, an der keine Löcher zu ihrem Durchlaß bestanden, weise ich darauf hin, daß er trotz seiner Rätselhaftigkeit bei den «Poltergeist»-Erscheinungen verhältnismäßig häufig vorkommt; und in dem erwähnten Buche habe ich verschiedene Beispiele angeführt, wobei ich daran erinnerte, daß dieselbe Erscheinung sich bei den «Apporten» zeigt, bei denen die als Medien wirkenden Personen stets erklären, sie ereigne sich durch einen Akt ihres Willens, durch den die apportierten Gegenstände sich fast augenblicklich auflösten, um sich hierauf ebenso augenblicklich wieder neu zu bilden; nur gelegentlich trat eine Variante des Vorganges auf, insofern als die Medien ihn umkehrten und in den Türen, den Fenstern, den Wänden durch Desintegration ein Loch schufen und dieses nach dem Durchtritt des Gegenstandes wieder reintegrierten, so daß der Gegenstand an einen hermetisch verschlossenen Ort gelangen konnte, ohne den Verschluß zu durchbrechen.

Ich betone nochmals, daß alle Medien sich stets darin einig waren, daß diese Erscheinung auf diese Weise zu erklären sei, angefangen mit den «Leitgeistern» von Moses und der d'Esperance bis zu den Medien unserer zehnjährigen Sitzungen im *Circolo Scientifico Minerva* in Genua.

Nun wird niemand verkennen, daß diese Einmütigkeit der Erklärung hohe Beweiseskraft hat, da man ja zu dem Schlusse gelangen muß, wenn die Medien alle die gleiche Erklärung abgeben, sie auch alle die gleiche Erfahrung gemacht haben müssen, ganz abgesehen davon, daß sie ja wissen müssen, wie sie die «Apporte» zustandebringen, wenn sie sie herbeiführen; dieser Schluß gilt, ob man die mediumistische Persönlichkeit nun als unterbewußt oder als geisthaft ansieht.

Nun wohl; trotz der hier dargelegten und allen bekannten Erwägungen wird es auch in den Reihen der gebildetsten und bedeutendsten Spiritisten Leute geben, die anderer Ansicht sind. So setzen zum Beispiel Sir Oliver Lodge und der Ingenieur Stanley de Brath, die als Physiker nicht an die Desintegration und Reintegration der Materie glauben können, Zweifel in die Existenz des «Apportes», ebenso wie sie «Poltergeist»-Erscheinungen anzweifeln, bei denen dieser Umstand auftritt.

All das auf Grund von aprioristischen Erwägungen wissenschaftlicher Art, die von der Tatsache ausgehen, daß das Wunder der augenblicklichen Disintegration der Materie eine so überaus gewaltige Energiemenge beanspruchen würde, daß für jeden, der sich in der angewandten Physik auskennt, diese Erwägung zu einem fast unüberwindbaren Einwand wird. Und diesen Einwand erheben der Ingenieur de Brath und Sir Oliver Lodge, denen sich seit kurzem ein italienischer Physiker angeschlossen hat: mein Freund Professor Tito Alippi. Er kommt aus den gleichen Gründen zu folgendem Schluß:

«Wo kommt die überaus große Energiemenge her, die zur Entmaterialisierung des Körpers notwendig ist, und wo bleibt diejenige, die bei der Materialisation wieder erscheinen müßte?» (*La Ricerca Psichica*, 1939, S. 332.)

Natürlich werde ich mir nicht anmaßen, mit drei bestbekannten Spezialisten der Physik über physikalische Fragen zu diskutieren; ich erkläre sogar, daß ich die ganze Kraft ihres Einwandes bezüglich der gewaltigen Energieentfaltung, die zur sofortigen Auflösung und Wiederbildung eines Gegenstandes notwendig wäre, durchaus verstehe; aber ... Tatsachen sind Tatsachen, darum muß man sich vor ihnen beugen, sich in das Unverständliche fügen.

Da ich jedoch nicht eine Diskussion gegen die betreffenden berühmten Spezialisten aufnehmen will und kann, bleibt mir nichts anderes übrig, als zu Analogien zu greifen, die auf dem Boden der Tatsachen auch einem Laien in der Physik logisch beweisen, daß trotz allem die mediumistischen Persönlichkeiten recht haben und nicht unsere Naturwissenschaft, die ja immer noch in den Kinderschuhen steckt.

Hier ein Beispiel dieser Art, das mir soeben in den Sinn kommt:

Schlägt man mit einem Hammer auf eine Dynamitpatrone, so werden deren Bestandteile augenblicklich frei und entfesseln eine gewaltige, in ihnen latente Energie; wenn man dagegen ein Zündholz an die Dynamitpatrone anlegt, so fängt sie Feuer und verbrennt harmlos nach Art der «chemischen Kerzen» bei einem Feuerwerk; das heißt also, daß die Bestandteile ebenfalls frei werden, ohne jedoch die in ihnen enthaltene Energie zu entfesseln.

Professor Alippi fragt sich: «Wo bleibt die überaus große Energiemenge, die bei der Materialisation wieder erscheinen müßte?» Ich stelle die Gegenfrage: «Wo bleibt die überaus große Energiemenge, die im Dynamit latent ist und die nicht entfesselt wird, wenn man ein Zündholz benutzt, um seine Bestandteile zu desintegrieren?»

Beides unerforschliche Geheimnisse; der Schluß liegt aber nahe, daß das, was mit der im Dynamit latenten Energie geschieht, auch mit der im apportierten Gegenstand latenten Energie geschehen könne und daß man sich infolgedessen mit der Bemerkung zufrieden geben muß, die in der Materie latente Energie könne je nach den Verfahrensweisen, deren man sich bedient, in Erscheinung treten oder auch nicht. Und in unserem Falle seien die Verfahrensweisen *psychischer Natur* und nicht *physischer;* daher der grundlegende Unterschied in den Auswirkungen.

Und dies will mir als wissenschaftlich berechtigte Lösung des fraglichen Problemes erscheinen; da es fraglos zutrifft, daß auf Grund des Inhaltes meiner Monographie über die *Fenomeni di Apporto* (in der hauptsächlich solche Fälle gesammelt wurden, die *auf Verlangen* oder *bei hellem Tageslicht* stattfanden) kein Zweifel über die Existenz der Tatsachen mehr hochkommen kann, ebenso wie man aus dem gleichen Grunde an der Echtheit des «spukhaften Steinfalles», bei dem die besprochenen Besonderheiten auftreten, nicht mehr zweifeln darf, sind die Tatsachen Tatsachen, und es ist ein vergebliches Bemühen, ihnen auf Grund von aprioristischen Meinungen entgegentreten zu wollen; diese beweisen nur, daß wir oft vergessen, wie lückenhaft, wie unvollkommen unser Wissen stets ist; wir dürfen darum durchaus annehmen, daß es für das besprochene Problem eine wissenschaftliche Lösung geben muß, während das oben angeführte praktische Beispiel höchst geeignet scheint, den Weg zu dieser Lösung zu zeigen.

Zur Bestätigung des Gesagten will ich noch darauf hinweisen, daß sowohl bei den «Apporten» als auch bei den «Steinfällen in geschlossenen Räumen» die Erscheinung zu bemerken ist, von dem auch der Berichterstatter spricht, daß nämlich bei der Berührung der gefallenen Steine oder der apportierten Gegenstände eine manchmal spürbare, manchmal starke, manchmal glühende Hitze zu bemerken ist.

Nun müßte auf Grund des physikalischen Gesetzes über die Umwandlung der Kräfte gerade das eintreten, wenn die Steine und die metallischen Gegenstände einen äußerst schnellen Desintegrations- und Reintegrationsprozeß durchmachten; das heißt, daß in diesem Falle eine je nach der molekularen Beschaffenheit der Steine und der Gegenstände mehr oder weniger merkbare thermische Reaktion eintreten müßte.

Wie mir scheinen will, müßte der letzte, streng wissenschaftliche Beweis zugunsten der vorgebrachten These in Verbindung mit dem vorangehenden die obengenannten Forscher, die anderer Ansicht sind, davon überzeugen, daß der von ihnen für fast unüberwindlich gehaltene Einwand bereits als überwunden gelten dürfte.

*

Den folgenden Vorfall entnehme ich einer Unterredung, die der Redaktor des *Daily Express* mit dem Bischof von Zanzibar, Rev.

Weston, hatte, als dieser im Frühling 1923 nach London zurückkehrte, um dem Anglikanischen Kongreß vorzusitzen.

Der Bischof berichtete bezüglich der übernormalen Erscheinungen bei den wilden Völkern folgendes persönliche Erlebnis:

«Ich war einmal in einer Hütte, die wie alle Hütten meiner Diözese mit Ziegeln aus gepreßter Erde erbaut war, und sah, wie große Stücke der Tünche sich von den Mauern loslösten und mit Heftigkeit in die Luft sprangen. Wie man wohl verstehen wird, ging ich voller Skepsis an den Ort des Ereignisses; darum ließ ich das Haus von allen Personen räumen und von einer Postenkette umstellen. Trotzdem sprangen immer noch große Stücke der Tünche von den Mauern ab, um von selbst gegen die Decke zu schnellen. Mehrere Stücke wurden sogar durch die Türe hinausgeschleudert, und eines traf mich am Kopfe.

Da trat ich wieder in das Haus ein und begann die Exorzismen mit den rituellen Gebeten; die Erscheinungen hörten augenblicklich auf. Das Haus wurde repariert und diese Spukerscheinungen zeigten sich nie mehr...

Mir scheint, es wäre für einen, der solche Erscheinungen erlebt hat, unvernünftig und töricht, weiter zu behaupten, es gäbe keine Geister unter uns. Hier in England mag man das wohl behaupten, aber in einem Land wie Zanzibar, wo alle an die Existenz von Geistern glauben und wo die Atmosphäre von diesem Glauben wie gesättigt ist, liegen die Dinge ganz anders...»

An dem angeführten Fall, so interessant er auch sein mag, ist nichts Außergewöhnliches zu bemerken, da ja die beschriebenen Umstände denjenigen vollkommen analog sind, die sich bei zivilisierten Völkern zeigen, einschließlich der Exorzismen, die sich gegen den Spuk als wirksam erweisen; diese Wirksamkeit ist aber mit den nötigen Vorbehalten aufzunehmen, da in der großen Mehrzahl der Fälle die Exorzismen unwirksam bleiben.

*

Ich gehe zu einem Fall über, bei dem die Erscheinungen im Geräusch schwerer Schritte bestehen, die am Spukort auf und ab gehen, in Verbindung mit dem physikalischen Phänomen von Türen, die ohne ersichtlichen Grund aufgehen oder zuschlagen.

Ich entnehme ihn dem lehrreichen Werke *Some experiences of a New Guinea Resident Magistrate* von G. A. W. Mockton, das ich bereits anläßlich eines wichtigen Falles telepathischer Gedankenübertragung, der dem Verfasser während einer militärischen Expedition in Afrika persönlich widerfuhr, zu zitieren Gelegenheit hatte. Auch der im folgenden zitierte Vorfall ist persönliches Erlebnis des Verfassers.

Mockton schreibt:

«Ich saß am Tisch und war damit beschäftigt, ein langes Telegramm abzufassen, das meine Aufmerksamkeit vollständig in Anspruch nahm. Der Tisch stand in der Mitte des Zimmers, und rechts und links von mir war eine Türe, die auf die rechte bzw. die linke Veranda führten. Die Türen waren mit hölzernen Türklinken verschlossen, die sich nicht wie die gewöhnlichen Handgriffe mit Sprungfedern von selbst hätten öffnen können, wie das gelegentlich bei den gewöhnlichen Klinken mit Federn vorkommt. Der Boden des Zimmers bestand aus dicken vernagelten Teakholzbrettern, und der Fußboden der Veranden bestand aus dünnen Palmbrettchen, die mit einheimischen Schnüren verknüpft waren.

Während ich schrieb, kam mir zum Bewußtsein, daß die Türen offenstanden, und ohne weiter über das Ereignis nachzudenken stand ich auf, schloß sie und nahm meine Schreibarbeit wieder auf. Einige Minuten später vernahm ich dröhnende Schritte auf dem hölzernen Steg, der zu den Veranden führte; dann hörte ich dieselben Schritte auf dem Fußboden der einen Veranda knarren; hierauf öffnete sich eine Tür, und wie ich aufsah, sah ich die andere Tür sich öffnen, während das Geräusch der geheimnisvollen Schritte das Zimmer durchquerte, auf die andere Veranda hinaus- und über den anderen Steg hinabging. Ich war dermaßen in das äußerst wichtige Telegramm vertieft, das ich abzufassen hatte, daß ich keine Zeit fand, über das seltsame Ereignis nachzudenken; ich nahm nur in einer unbestimmten Weise an, einer meiner eingeborenen Diener – Poruma oder Giorgi –, die in der Küche waren, hätte das Zimmer durchquert. Darum stand ich automatisch auf und schloß die Türen zum zweiten Male.

Da ertönen kurz darauf die gleichen kadenzierten Schritte auf dem Steg zur linken Veranda; darauf knarren sie auf dem Fußboden der Veranda; die Tür öffnet sich, und der knarrende Schritt verwandelt sich in den dröhnenden Schritt schwer gestiefelter Füße. Während ich verblüfft lausche, geht der Schritt ganz nahe an meinem Stuhl vorbei, in Richtung auf die andere Türe, welche sich von selbst öffnet. Und das Geräusch der Schritte wird wiederum knarrend auf dem Fußboden der anderen Veranda und hallend auf dem rechten Steg. Ich war wirklich verblüfft; aber nach kurzer Überlegung kam ich zum Schluß, ich müsse das alles meiner Einbildungskraft zuschreiben, und ich hätte die Türen in Wirklichkeit gar nicht geschlossen, sondern sie nur schließen wollen. Diesmal war ich aber ganz gewiß, daß ich sie schloß. Ich setzte mich wieder an die Arbeit; und zum dritten Male ereignete sich das gleiche unerklärliche Phänomen. Ich stand auf, ergriff die Lampe und untersuchte aufmerksam die verschiedenen Stellen des Fußbodens, auf denen die Schritte ertönten, konnte aber nichts entdecken.

Ich ging auf die Veranda und rief Giorgi und Poruma zu: ‚Wer von euch erlaubt sich einen Witz hinter meinem Rücken?‘ – Ich war wirklich erbost; aber bevor Poruma herbeieilte, ertönten die Schritte im Zimmer aufs neue. Poruma, der gerade zu mir kam, war erstaunt, sie zu hören, und bemerkte: ‚Ich wußte nicht, daß Besuch beim Herrn ist.‘ – Ich antwortete: ‚Bei mir ist niemand; aber irgend jemand macht sich das Vergnügen, die Türen zu öffnen und um mich herum zu spazieren. Geht und schaut nach, wer es ist!‘ – Poruma bemerkte bescheiden: ‚O Herr, niemand würde es wagen, in den Regierungsbezirk einzudringen und sich mit dem Vertreter der Regierung Scherze zu erlauben, wenn er nicht verrückt geworden ist.‘ – Ich war trotzdem sehr wütend, da für mich die einzige Lösung des Rätsels der Gedanke an einen üblen Scherz war; darum sagte ich Giorgi: ‚Geht zur Wache und schickt mir alle Leute mitsamt dem Kommandanten. Dann geht zu den Gefängnissen und holt Manigugu (den Gefangenenwärter) und alle verfügbaren Wachen. Dann geht zum Hafen und holt alle Matrosen der Siai (eines Regierungsschiffes). Ich will diesem blöden Scherz auf den Grund gehen.‘

Der Wachkommandant kam und schwor, er habe um zehn Uhr das Gatter geschlossen und zuvor sei niemand eingetreten, der nicht zum Hause gehöre; er sei bis zu dem Augenblick, da Giorgi ihn holte, in Gesellschaft von Freunden auf der Veranda gewesen, so daß niemand ungesehen hätte eintreten können.

Als der Gefangenenwärter und die Matrosen der Siai eintrafen, sagte ich ihnen, ein dummer Wicht erlaube sich einen blöden Witz mit mir, und ich beabsichtigte ihn zu fassen und zu bestrafen.

Sie begannen, das Haus eingehendst zu durchsuchen; das war recht leicht, da es sich nur um drei mit spartanischer Einfachheit möblierte Zimmer handelte. Hierauf stellte ich vier Männer mit Laternen unter dem Hause auf, das auf einem vier Fuß hohen Pfahlwerk errichtet war; andere Männer stellte ich auf den Seiten, vorne und hinten auf, so daß es einer Maus unmöglich gewesen wäre, ungesehen in das Haus einzudringen. Als ich dann nochmals selbst das Haus durchsucht hatte, schloß ich mich mit Poruma und Giorgi in mein Arbeitszimmer ein.

Und wieder begann die gleiche Geschichte. Trotz der Wachkette und der Vorsichtsmaßregeln kamen die Schritte in der gleichen Reihenfolge wie zuvor zum Zimmer: zunächst das Geräusch der Schritte eines schwer gestiefelten Mannes auf dem Steg, dann das Geräusch derselben Schritte knarrend in der Veranda. Da aber die Veranda diesmal hell erleuchtet war, konnten wir den Eindruck der Schritte auf dem Brettchenboden verfolgen, und zwar jeweils genau an der Stelle, von der das Geräusch zu vernehmen war, als ob der Fuß eines Menschen wirklich auf dieser Stelle niederträte. Ich wandte mich an die Eingeborenen mit der Frage: ‚Nun, was haltet ihr davon?' – Sie antworteten zögernd, da es sich nicht um einen Menschen handeln könne, der der Aufmerksamkeit aller Wachen entgangen war, könne es sich nur um den Geist eines Verstorbenen oder um den Teufel in Person handeln. – Worauf ich entgegnete: ‚Ob es der Geist eines Verstorbenen oder der Teufel in Person ist, ist mir ganz gleich; wenn er sich aber hinter meinem Rücken einen Scherz erlauben will, wird er diese Nacht allein scherzen; ich werde auf der Siai schlafen.'

Am anderen Tage suchte ich Armit auf und fragte ihn: ‚Könnten Sie mich über Spukerscheinungen in Häusern unterrichten? Etwas Ähnliches ist mir gestern abend im Hause von Moreton zugestoßen.' – Armit bemerkte: ‚Moreton spielte manchmal auf solche Geschehnisse an, aber immer sehr unbestimmt und zögernd. Heute nacht werde ich Ihnen Gesellschaft leisten, und wir werden das Geheimnis miteinander untersuchen.' – Er kam tatsächlich, aber in dieser Nacht ereignete sich nichts, und das Phänomen trat nie mehr auf. Ein Jahr später wurde das Haus niedergerissen...

Als Moreton zurückkehrte, unterrichtete ich ihn von dem Erlebten, und er bemerkte, er sei eines Nachts, als er in der Hängematte schlief, von den gleichen Schritten geweckt worden; er habe zornig gefragt, wer sich erlaube, auf solche Weise um ihn herum zu wandern; statt einer Antwort sei aber seine Hängematte heftig gegen die Wand gestoßen worden. Er fügte hinzu: ‚Ich hütete mich wohl, davon zu sprechen; ich hatte es allein erlebt und wollte mich nicht der Lächerlichkeit aussetzen.'

Soweit die Tatsachen. Ich hielt es für meine Pflicht, sie zu berichten, was sie auch wert sein mögen. Ich überlasse es den Lesern, die an okkulten Erscheinungen oder spiritistischen Forschungen Interesse haben, die Schlüsse zu ziehen, die ihnen am besten passen. Was mich selbst betrifft, so will ich nur feierlich erklären, daß ich die reine Wahrheit geschrieben habe.»

Das ist der Bericht eines hohen Regierungsbeamten Neuguineas. Wer mit den Spukerscheinungen vertraut ist, wird bemerken, daß das Erlebnis, welches der Berichtende im Urwald hatte, in jeder Hinsicht so vielen anderen in zivilisierten Ländern gleich ist. Trotzdem erscheint der Fall verschiedener Umstände wegen bemerkenswert: vor allem wegen der sofortigen und strengen Kontrolle der Tatsachen, die er infolge der Autorität seines Amtes vorzunehmen imstande war; sodann wegen der Tatsache, daß mehrere Zeugen gemeinsam das Geräusch der Schritte und das Aufgehen verriegelter Türen sehen und hören konnten; und schließlich wegen des Umstandes, daß drei Menschen bei vollem Lichte das Geräusch der Schritte verfolgen konnten, und zwar von solcher Nähe, daß sie den Eindruck der Schritte auf dem weichen Boden der Veranda zugleich mit den Schritten wahrnehmen konnten, als ob es sich um einen realen Fuß handelte, der auf diesem Punkt des Fußbodens aufträte.

Das ist sehr interessant, und ich kann mich nicht entsinnen, je von einem Fall dieser Erscheinung gelesen zu haben, der so reich mit Einzelheiten ausgestattet gewesen wäre.

Hinsichtlich der Entstehungsgeschichte der Tatsachen kann man nichts Gültiges sagen, da ja die Vorgeschichte des Spukhauses nicht bekannt ist, es sieht aber ganz so aus, als ob die kadenzierten und dröhnenden Schritte, die immer wieder um den Berichtenden kreisten, die Türen, die immer wieder aufgingen, die Hängematte, die als Antwort auf eine Frage, wer denn da sei, heftig gegen die Wand gestoßen wird, die Gegenwart eines Willens, der im Gegenwärtigen wirkte, bezeugten, und daß dieser Wille vermutlich dem neuen Besitzer die eigene Gegenwart anzeigen wollte, wobei er sich der Mittel bediente, über die er verfügte; das will heißen: da er es nicht so machen konnte, wie er wollte, machte er es so, wie er eben konnte.

Nach dieser allgemein gehaltenen Erklärung können wir uns nicht weiter über diesen Gegenstand auslassen, da ja das Ziel der vorliegenden Arbeit der auf Grund des Tatsachenmaterials erbrachte Beweis ist, daß bei den primitiven Völkern alle Abarten und Abstufungen der übernormalen Erscheinungen vorkommen, die auch bei den zivilisierten Völkern anzutreffen sind; wobei auch die Folgerungen, die daraus für die Theorie erwachsen, behandelt werden sollen.

*

Bei dem folgenden Vorfalle handelt es sich um die Schau von Spukgespenstern. Ich entnehme ihn dem Buche *Glimpses into Infinity* von Frank Hives. Der Verfasser war lange Zeit Regierungskommissar in Australien, sodann in Neuseeland, später in Afrika (an der Sklavenküste und im Inneren Nigerias), schließlich auf Jamaika. Er hatte also Gelegenheit genug, eine ungewöhnlich reiche Erfahrung hinsichtlich der übernormalen Erscheinungen bei primitiven Völkern zu sammeln, und zwar um so mehr, als er ein geborener « Sensitiver » war, der bereits in frühester Kindheit Empfindungen und Visionen hatte, die er sich nicht erklären konnte; dieser Umstand erklärt die Häufigkeit seiner diesbezüglichen Erlebnisse bei primitiven Völkern. Er findet hierüber eine wichtige Formulierung, die besagt, daß die Häufigkeit bzw. das Fehlen von Erscheinungen dieser Art stets in direkter Beziehung zur moralischen Höhe der Völker, unter denen er weilte, stand.

Er schreibt:

«Während vieler Jahre, die ich in Australien verbrachte, hatte ich keinerlei übernormale Empfindungen und erlebte ich keinerlei Spukerscheinungen, wenn man von einigen Fällen von ‚Hellsehen im Gegenwärtigen' während des Schlafes absehen will. Der Grund war vermutlich, daß ich mich in zivilisierten Gegenden befand, denen deshalb die Dramen der Barbarei unbekannt waren, und in neuen Wohnstätten, die deshalb keinerlei Geschichte hatten. In Neuseeland erging es mir gleicherweise, abgesehen von einem einzigen Erlebnis dieser Art. Als ich aber nach Westafrika und nach Jamaika geschickt wurde, wo die einstürmende Barbarei so viele Verbrechen und Massaker beging, häuften sich in meinen Erlebnissen die Manifestationen aller Art. Zweifellos büßten die ‚verbannten Geister', die ich sah, ihre Sünden an dem Orte ab, an dem sie gelebt hatten, und wahrscheinlich zeigten sie sich mir in der Absicht, auf diese Weise ihre Erlösung zu beschleunigen, oder aber um mich ihren Zwecken dienstbar zu machen.» (a.a.O., S. 12.)

Der Bericht des Falles umfaßt zwanzig Buchseiten, so daß ich mich damit begnügen muß, die wichtigsten Stücke auszuziehen.

Hives berichtet:

«Ich erhielt den Befehl, das Kommissariat des *Warri District* (Sklavenküste) zu übernehmen... Bei meiner Ankunft erfuhr ich, daß der Kommissar, den ich ablösen sollte, noch etwa zehn Tage dableiben würde, um sein Schiff abzuwarten. Wir beschlossen, diese Zeit zu einer Inspektionsreise durch die wichtigsten Dörfer des Bezirkes zu verwenden; auf diese Weise konnte ich die Häuptlinge der Dörfer gleich selbst kennenlernen... Ich hatte Lebensmittel und Hausgerät mitgenommen, die ich vorläufig in einem verfügbaren ‚Bungalow' abgestellt hatte, bis ich nach dem Wegzug des bisherigen Kommissars die Regierungswohnung beziehen könnte. Und da wir am folgenden Tage zu unserer Inspektionsreise aufbrechen wollten, beschloß ich, erst nach meiner Rückkehr auszupacken.

Das ‚Bungalow' bestand aus zwei großen Zimmern mit Veranda; im rückwärtigen Teile waren die Küche, die Speisekammer, das Bad und die Dienerschaftszimmer untergebracht... Es war eine Wohnung, von der niemand gedacht hätte, daß es in ihr spuke.

Nach meiner geschäftlichen Unterredung mit dem Kommissar kehrte ich in mein ‚Bungalow' zurück, um zu sehen, ob meine Befehle ausgeführt worden waren; kaum betrat ich aber die Schwelle, als mich der gewohnte ‚Schauer vor dem Unbekannten' durchrieselte, ein sicheres Zeichen, daß an diesem Ort irgend etwas nicht Menschliches hauste: es wurde mir klar, daß es an diesem Orte spukte. Und dieser ‚Schauer' durchrieselte mich erneut im Schlafzimmer, im Speisezimmer, auf den Veranden, überall in diesem Hause...

Trotzdem bedrückte mich der Gedanke, daß ich in diesem Hause schlafen müßte, keineswegs, da ich seit langem an solche Vorkommnisse gewöhnt war und wußte, daß ich keinerlei Gefahr lief. Nach dem Essen beurlaubte ich die Eingeborenen meines Gefolges und behielt nur meinen Diener bei mir zurück. Als ich mich anschickte, zu Bett zu gehen, fiel es mir auf, daß dieser Diener, der seit vielen Jahren in meinen Diensten stand, mich mit einem Gesichtsausdruck ansah, der durchblicken ließ, daß er mir etwas zu sagen habe, es aber nicht wagte. Ich bemerkte zu ihm, wenn er mir etwas zu sagen habe, so solle er es nur tun.

Und er stammelte: ‚O Herr, lieber nicht schlafen in diesem Haus. Haben schlechte Ruf.'

Hier verhielt er und erwartete, daß ich spreche. Ich bemerkte aber nichts, und er fuhr fort: ‚Sie wissen, o Herr, wenn ich spreche zu Ihnen von Haus mit schlechtem Ruf, ich immer recht gehabt habe. Und auch jetzt ich Ihnen sage, dieses Haus nicht sein gut.‘

Ich fragte, wie er zu diesem Urteil komme; hierauf entgegnete er: ‚Ich fühlen in meinem Inneren etwas, was es mir sagt.‘

Eine solche Antwort von ihm war für mich von einer unübertrefflichen Beredsamkeit, und ich hätte es kaum besser ausdrücken können. Auch ich fühlte etwas in meinem Inneren, das mich von der Gegenwart eines ‚Geistes im Leiden‘ in Kenntnis setzte. Sein Wissen war eher auf eine ‚Intuition‘ denn auf eine ‚Empfindung‘ zurückzuführen, aber ich verstand sofort, was er sagen wollte. Indessen wollte ich ihm nicht beipflichten, da ich befürchtete, er würde mit den anderen Eingeborenen des Gefolges davon sprechen, und sie würden sich weigern, in diesem Hause zu bleiben. Darum sagte ich ihm, er spinne unbegründete Phantasien aus..., aber er könne zu den anderen schlafen gehen; was er auch sofort tat.

Kaum war er weg, nahm ich die Lampe und untersuchte gründlich die Zimmer und alle Schlupfwinkel. Nichts Bemerkenswertes... Nun schloß ich die Türen und legte mich hin... Längere Zeit wartete ich vergeblich auf den Schlaf... Der Ort bedrückte mich... Ich stand wieder auf, zündete die Lampe an, setzte mich an den Schreibtisch und begann, die Dokumente des Kommissariates durchzusehen. Plötzlich überfiel mich der ‚Schauer vor dem Unbekannten‘, und ich wußte, daß sich eine Manifestation ereignen würde. Ich sah mich um, es war aber nichts zu sehen... Aber vor mir begann ein eiskalter Hauch zu wehen, der einen wenig angenehmen Geruch verbreitete... Ich konnte mich nicht entschließen, den Blick von dem Dokument, das ich gerade las, zu erheben, als aber der Hauch stärker wurde, vernahm ich zugleich einen schweren Atemzug und einen tiefen Seufzer. Ich schaute auf und sah das Gesicht und die Schultern eines Negers, der durch das eiserne Mückengitter des offenen Fensters hineinsah. Er war von der nahestehenden Lampe hell erleuchtet. Zwei aufgerissene leblose Augen schienen in dem Zimmer etwas zu suchen, und unter den Augen waren zwei aufgeworfene, gespreizte, blutlose Lippen zu sehen. Die Augen sahen nicht mich an, sondern waren durch mich hindurch in das Leere gerichtet; sie waren glasig wie die eines Toten. Ich wußte, daß ich ein lebloses Wesen vor mir hatte, aber ich wußte auch, daß es mir nichts Böses antun konnte. Es war also nicht ein Angstgefühl, das ich empfand, sondern ein Gefühl des Abscheus und des Entsetzens. Mir entfuhr unwillkürlich der Ausruf:

,Was geschieht denn da!' – Keine Antwort. Der leere Blick dieses Gesichtes ohne Leben starrte weiter durch mich hindurch in das Leere: dieses Wesen wußte nichts von meiner Gegenwart. Die Entfernung zwischen uns beiden war weniger als drei Fuß. Ich konnte den Blick von diesem Gespenst nicht abwenden: es war der Zauber der Schlange über das hilflose Vöglein...

Plötzlich begann die Lampe, die bisher hell gebrannt hatte, rasch niederzubrennen, als ob ihr das Öl entzogen würde. Ich wollte den Docht hochschrauben, aber ich war in meinen Bewegungen gelähmt; das geschieht mir unter ähnlichen Umständen häufig. Mit großer Willensanstrengung gelang es mir, den Arm zu bewegen und das Kreuzeszeichen vor dem Gespenst zu machen. Ich wüßte nicht zu sagen, warum ich es tat, aber das Gespenst verschwand... Ich erhob mich, durchleuchtete nochmals den ganzen Ort – alles war in Ordnung. Als ich aber meinen Platz wieder einnehmen wollte, bemerkte ich hinter mir das Geräusch eines flüchtigen Schrittes, wie wenn ein Mensch mit bloßen Füßen auf dem Fußboden ginge. Diesmal glaubte ich, ein Dieb sei eingedrungen, und drehte mich rasch um. Ich sah die Gestalt eines fast völlig nackten Eingeborenen, der sich von mir entfernte und auf das Schlafzimmer zuging. Ich zögerte einige Augenblicke, da ich unbewaffnet war, als ich ihn aber in mein Zimmer eintreten sah, ging ich ihm entschlossen nach.

Dort sah ich niemanden, während ich aus dem anderen Zimmer das Geräusch von klirrendem Geschirr hörte. Ich lief sofort hin und sah dort das gleiche Gespenst, das voller Schrecken in die Höhe zu starren schien. Ich fragte: ,Was wollt ihr?' – Keine Antwort, kein Zeichen, daß jemand etwas gehört hätte. Plötzlich hob die Gestalt in einer verzweifelten Bewegung die Arme hoch und krümmte sich, als ob sie sich gegen etwas, was von oben auf sie herabstürzte, schützen wollte. Hierauf stürzte sie zu Boden, wo sie als eine leblose Masse liegen blieb. Ich trat mit der Lampe näher, um diese bewegungslose Gestalt näher zu betrachten; wie ich das tat, löste sich die Gestalt schnell auf, beginnend von den Extremitäten; als letztes verschwand der Kopf...»

Anschließend berichtet Hives, daß er am folgenden Tage mit seinem Diener die Inspektionsreise durch sein Gebiet antrat und seinem Eingeborenengefolge den Befehl hinterließ, der Reihe nach je zu zweit in dem «Bungalow» zu schlafen, um auf das Hausgerät aufzupassen.

Bei der Rückkehr fand er seine Leute in Aufruhr, weil die Männer, die jeweils an jenem Orte geschlafen hatten, das ständige Geräusch flüchtiger Schritte, die durch die Zimmer streiften, und das Geklirr von Geschirr und den Lärm von gewaltsam zu Boden geworfenen Tischen und Stühlen vernommen hatten.

Glücklicherweise schiffte sich der scheidende Kommissar am folgenden Tage ein, und der Berichtende konnte von den Regierungsräumen Besitz ergreifen.

Er zog Erkundigungen über die Vorgeschichte des Spukhauses ein und schreibt folgendes darüber:

«Ein alter Dolmetscher von uns, der aus dem Ort stammte, erzählte mir, dieses ‚Bungalow' sei auf dem Boden eines alten Friedhofes erbaut worden, der den Ruf hatte, ‚böse Geister' zu beherbergen. Weiter berichtete er, daß beim Bau des ‚Bungalows' ein schwerer Deckbalken den Händen der Arbeiter entglitten sei und einen Fremden, der an dieser Stelle gar nichts zu suchen gehabt hätte, erschlagen habe...

Es ist mir nie gelungen, mir einen rechten Begriff von der Entstehungsgeschichte des angeführten Falles zu machen. Wenn das zweite Gespenst, das mir erschien, und das ich zu Boden stürzen sah, als ob es von etwas Schwerem, das aus der Höhe stürzte, zu Boden geschlagen würde, der Geist des Mannes war, der von dem erwähnten Balken getroffen und erschlagen wurde, warum sollte sich dann das Opfer eines Unglückes in einen ‚gebannten Geist' verwandeln, der dazu verdammt war, ständig die schmerzhafte Szene des eigenen Todes zu wiederholen? – Wahrscheinlich war aber das, was man mir sagte, nur ein Teil des ganzen Vorfalles, der noch Geschehnisse enthalten konnte, die meinem Auskunftgeber unbekannt waren.» (a.a. O., S. 143–163.)

Hives' Unschlüssigkeit hinsichtlich der theoretischen Erklärung ist mehr als berechtigt, und in dem dritten Bande meiner *Indagini sulle manifestazioni supernormali* habe ich mich bemüht, sie gründlich von allen Seiten her anzugehen.

In den Fällen, die dem vorliegenden entsprechen, bei denen also der «Geist» ständig die gleiche automatische Handlung ausführt, wodurch er beweist, daß er ein Schatten ohne Leben ist, der die Gegenwart des Beobachtenden nicht bemerkt, wäre die passendste Hypothese jene der «Psychometrie des Ortes»; bei der Psychometrie tritt ein «Sensitiver» durch die Berührung eines Gegenstandes, der von dem «vitalen Einfluß» einer fernen Person gesättigt ist, mit dieser Person in psychischen Rapport, so daß er deren Erscheinung subjektiv vor Augen hat und ihr Aussehen, ihren Charakter und die Wechselfälle ihres Lebens beschreiben kann, analog dürfte sich der Vorgang in unserem Falle abgespielt haben: wenn an einem bestimmten Orte eine dramatische Szene vor sich geht, so werden die Schwingungen, die sich von den darstellenden Personen loslösen, von dem umgebenden Äther absorbiert und in latentem Zustande behalten; wenn nun ein «Sensitiver» an diese Stelle kommt, wird er diese Schwingungen aufnehmen und diese werden sich in seinem Sinnesapparat in die dramatischen Ereignisse umwandeln, aus denen sie stammten; der Sensitive wird daher vor sich die kinematographische Szene des Dramas ablaufen sehen, gerade so wie sich im Mechanismus des Phonographen die Tonschwingungen, die von der Platte aufgenommen worden waren, in die Stimme oder die Musik, die sie erzeugt hatten, zurückverwandeln.

Dieser Erklärung möchte ich sogleich folgendes beifügen: wenn es zutrifft, daß das Gesagte auf Grund des Tatsachenmaterials als gesichert gelten kann, das heißt, wenn es sicher ist, daß die wundersamen Kräfte des Raumäthers die Fähigkeit haben, die «Schatten» der Personen, die an einem Orte lebten, zu *bewahren* und sodann vor dem Auge der «Sensitiven» zu *reproduzieren*, so trifft es nicht minder zu und ist nicht minder erwiesen, daß die Schwingungen keineswegs die Fähigkeit haben, die «Schatten» selbst *zu neuem Leben zu erwecken* und sie *in der Gegenwart wirken zu lassen*.

Dies sei betont, um den Vorkämpfern einer «Psychometrie, die alles erklärt», vor Augen zu führen, daß diese nicht mit der Gesamtheit der untersuchten Phänomene in Einklang zu bringen ist, da ja jedesmal, wenn die Spukgeister sich als intelligent erweisen, insbesondere als des Ortes bewußt, an dem sie sich befinden, wenn sie den Anwesenden ins Gesicht sehen, ihnen Zeichen zum Nähertreten geben oder geradewegs das Wort an sie richten, ganz andere Hypothesen anzuwenden sind, die zwar verschiedenartiger Natur sind, aber alle die wirkliche Gegenwart des Verstorbenen, der sich manifestiert, oder doch zumindest eine telepathische Aktion des Verstorbenen aus der Entfernung voraussetzen.

Ich weise ferner darauf hin, daß auch an dem vorerwähnten Fall ein episodischer Rest bleibt, der mit der psychometrischen Hypothese nicht zu erklären ist: wenn es stimmt, was zweifellos der Fall ist, daß die Psychometrie *reproduziert*, aber nicht *schafft*, wie soll man sich dann das Geräusch der durch das Haus schweifenden Schritte und das Geklirr des Geschirrs und den Lärm umgeworfener Tische und Stühle erklären? Derartige Vorkommnisse lassen sich nicht mit latenten Schwingungen im Äther erklären, die wieder aufleben; sie erweisen vielmehr die Gegenwart irgendeines Willens, der *im Gegenwärtigen* zu eigenen Zwecken *wirkt*, vermutlich, um den Lebenden seine Gegenwart anzuzeigen; häufig ist es offensichtlich, daß er mit diesem Verhalten nicht so handelt, wie er möchte, sondern nur so, wie er eben kann.

Unter diesen Umständen trifft die Aussage nicht zu, die «gebannten Geister» wiederholten ständig eine dramatische Szene aus ihrem Leben; sie kehren vielmehr an den Ort, da sie lebten, zurück, um diese Szene telepathisch zu projizieren, sobald der seltene Fall eintritt, daß sie sich bewußt werden, daß die Projektion von einer dort weilenden sensitiven Person wahrgenommen würde, und zwar zum Zwecke der persönlichen Kenntlichmachung oder zu anderen, verschiedenartigen Zwecken.

Es sei noch bemerkt, daß die Hypothese einer telepathisch-spiritistischen Projektion den Zustand der Unbewußtheit so vieler Spukgeister erklären würde.

Mit dieser Erklärung schließe ich; es ist ganz gewiß in einem bloßen Kommentar zu einem Fall nicht möglich, das verwickelte Thema gründlich zu behandeln, um so mehr, als das Thema selbst die Ziele der vorliegenden Arbeit überschreitet. Hier soll das angeführte Beispiel lediglich dem Nachweis dienen, daß auch bei den primitiven Völkern Spukgeister erscheinen, die mit denjenigen, die man bei den zivilisierten Völkern beobachtet, identisch sind.

V

APPORTE

IM vorangehenden Abschnitt zitierte ich den Fall Grottendrieck, bei dem die spukenden Steine durch eine vollkommen intakte und undurchdringliche dichte Schicht großer ‚Kadschang'-Blätter in die Hütte fielen; das hatte mir die Gelegenheit verschafft, diesen Tatbestand mit dem analogen, welcher die «Apporte» charakterisiert, zu vergleichen.

Ich hatte mir daraufhin vorgenommen, Beispiele von «Apporten» bei primitiven Völkern folgen zu lassen, mußte aber zu meinem Erstaunen feststellen, daß in meinen Sammlungen, in denen alle Erscheinungen übernatürlicher Art, die während eines fünfzigjährigen Studiums zu meiner Kenntnis kamen, enthalten sind, keine Fälle von «Apporten» bei den wilden Völkern Afrikas und Nordamerikas (Rothäute) verzeichnet sind, sondern nur solche bei den halbzivilisierten Völkern Asiens und Polynesiens.

Aber auch hier hatte ich festzustellen, daß die Forschungsreisenden und die Missionare, die solche Fälle erwähnten, dies in allgemeiner, sogar anekdotischer Form taten, ohne ihnen irgendeine Wichtigkeit beizumessen oder das Thema zu vertiefen, so daß die von ihnen zitierten Erlebnisse für eine wissenschaftliche Klassifikation unbrauchbar waren. Und das ist schade, da es sich fast immer um Vorfälle handelt, die einen echten übernormalen Anschein haben. Nur zwei von diesen Fällen ließen sich auch für eine wissenschaftliche Klassifikation verwenden, teils wegen der Verhältnisse an dem Ort, an dem sie zum Ausdruck kamen, teils weil sie mit der nötigen Sorgfalt beobachtet und beschrieben sind, teils wegen der bekannten und geachteten Persönlichkeit der Berichter. Indessen sind zu allem Unglück diese Fälle bereits in meiner Monographie *Fenomeni di Apporto* veröffentlicht.

Ich kann indessen nicht umhin, sie abermals zu zitieren, da die vorliegende Klassifikation sonst eine empfindliche Lücke aufweisen würde.

Hinsichtlich des erwähnten überraschenden Umstandes, auf Grund dessen man annehmen sollte, daß bei den Wilden Afrikas und Nordamerikas die «Apporte» unbekannt seien, habe ich vor allem zu bemerken, daß er nicht der Unaufmerksamkeit der Forschungsreisenden und Missionare zuzuschreiben ist; da diese alle Abarten der übernormalen Erscheinungen in ihrer Gesamtheit anführen, ist es doch sehr unwahrscheinlich, daß sie alle ein einziges solches Phänomen (oder angebliches Phänomen) anzuführen vergessen hätten. Andererseits ist es ebenso unwahrscheinlich, daß diese Lücke geringeren übernormalen Fähigkeiten der afrikanischen und nordamerikanischen Medizinmänner zuzuschreiben wäre.

Bei diesem Sachverhalt ist man zu der Annahme geneigt, es hänge von den Umweltsbedingungen ab, unter denen die betreffenden Wilden ihr Leben verbringen, ein primitives Leben, das auf seine allereinfachste Ausdrucksform zurückgeführt ist, dem die anregenden materiellen und Luxusgüter fehlen, so daß sie nicht auf den Gedanken kommen konnten, von ihren «Fetischen» zu verlangen, andernorts weggenommene Gegenstände zu bringen; wogegen es vernünftig erscheint, daß ihnen in den Sinn kam, von den «Fetischen» Medizinen gegen ihre Krankheiten und gegen die Schlangenbisse zu verlangen, Auskünfte über die Bewegungen der feindlichen Stämme, über die besten Jagd- und Fischgründe, über die künftigen Ereignisse, die ihrem Stamm bevorstehen, und so weiter.

Ich schließe mit dem Zitat eines Stückes aus *Recovering the Ancient Magic* von Max Freedom Long (S. 230), in dem dieser ganz allgemein die hier behandelten Phänomene, wie sie bei den halbzivilisierten Völkern Asiens und Polynesiens erscheinen, bespricht.

Er bemerkt:

«Zur Materialisation von Gegenständen, die ‚sich in der Luft konkretisieren', trete der ‚Kahuna' eine Verbindung mit den ‚*Aumakua*geistern' (Ahnengottheiten) ein, welche in einer geistigen Umgebung hausten, die von einer fein abgestuften Menge von ‚Mana' (Lebensfluidum, vitalisiertem Äther) gesättigt sei und den Stoff jedes beliebigen Gegenstandes in seinen elektronischen Elementen aufzulösen und wieder zusammenzusetzen vermöchte, während die *Aumakua*geister allein die hierzu notwendige Schöpferkraft besäßen... Jeder beliebige Gegenstand könne ebenso wie der Körper eines lebenden Wesens auf diese Weise desintegriert und in fluidischer Form in das Innere eines hermetisch verschlossenen Raumes verbracht werden, um sich dort ebenso unverzüglich wieder zu reintegrieren; gleicherweise könnten sie desintegriert und aus einem hermetisch verschlossenen Raume «weggetragen» und anderswohin verbracht werden, um später erneut an den Ort, dem sie entnommen worden waren, zurückgebracht zu werden. Und dieses alles ereignete sich deswegen, weil die Materie aus dem gleichen spezialisierten ‚Mana' bestehe, das auch auf der geistigen Ebene der *Aumakua* existiere; hieraus folge, daß irgendein Gegenstand auch auf der geistigen Ebene des betreffenden ‚Mana' erschaffen werden könne, um hierauf in die physische Ebene übertragen zu werden. In anderen Worten: all das geschieht, insofern als die Materie nichts anderes als eine kondensierte Kraft ist, die in der transzendenten Ebene des sublimierten ‚Mana' ihren Ursprung hat.»

Wie aus den dargelegten Erscheinungen ersichtlich, handelt es sich nicht nur um «Apporte» bereits existierender Dinge, sondern manchmal auch um nicht existierende, eigens auf der Astralebene geschaffene und auf die physische Ebene «apportierte» Dinge; man wird unwillkürlich an die berühmten Fälle erinnert, wo Rev. William Stainton Moses Knospen produzierte, während die von seinem «Führergeist» *Imperator* vorgebrachten Erklärungen denen der «Kahuna» entsprechen. Dieser hatte gesagt: «Wir haben die Fähigkeit, die Knospen zu bilden, indem wir ihre Elemente der Atmosphäre entnehmen, während in eurer Welt die Knospen sich auf Grund der Naturvorgänge heranbilden.»

Wie man sieht, spricht *Imperator* von *der Atmosphäre entnommenen Elementen*, während im Falle der «Kahuna» von *Elementen, die dem sublimierten «Mana» entnommen sind*, die Rede ist, welches, da es ja dem Raumäther entspricht, in der Atmosphäre immanent ist.

Von einem anderen Gesichtspunkt aus möchte ich bemerken, man sollte auf Grund der Erklärungen der «Kahuna» anerkennen, daß deren Intuitionen den heutigen wissenschaftlichen Erkenntnissen über den Urgrund der Materie und über die Ureigenschaften des Raumäthers, der, wie bereits gesagt, dem «Mana» der primitiven Völker entsprechen würde, bemerkenswert ähnlich sehen.

Ich will nunmehr die beiden Fälle von «Apporten» bei halbzivilisierten Völkern anführen, über die ich verfüge.

Mrs. Annie Besant, die bekannte Präsidentin der Theosophischen Gesellschaft, bespricht in einem langen Aufsatz in den *Annales des*

Sciences Psychiques (1906, S. 657–673) die indischen «Yogin» und ihre Verfahren, übernormale Fähigkeiten zu erwerben; hierbei führt sie ein Erlebnis der besprochenen Art mit einem dieser «Yogin» an.

Sie berichtet:

«Er war fast völlig nackt, ein Umstand, der bei ‚Apporten' von äußerster Wichtigkeit ist. Er hatte keine Ärmel, in denen er etwas hätte verstecken können, und seine ganze Kleidung bestand aus einem Lendentuch. Die Beine und der ganze Oberkörper vom Gürtel bis zum Kopf waren nackt... Die verwendeten Hilfsmittel bestanden lediglich aus einem von uns gelieferten Tischchen, aus einer kleinen zweiteiligen Schachtel, die er uns in die Hände gab und die wir auf das sorgfältigste untersuchten, wenngleich das eine schnell erledigte Aufgabe war, und aus einer gewöhnlichen Flasche mit einer klaren Flüssigkeit, die ganz wie Wasser aussah, aber meines Erachtens kein reines Wasser war.

Wir nahmen rings um ihn Platz... – Einen Augenblick lang sah er die Gäste, einen nach dem anderen, mit einem durchdringenden Blick an, und als die Reihe an mich kam, betrachtete er mich mit größtem Interesse, um hierauf zu mir zu bemerken: ‚Bitte unterbrechen Sie mich nicht; setzen Sie vor allem meiner Arbeit keinen Widerstand entgegen.' – Ich versprach, mich absolut passiv zu verhalten; ich muß hierzu bemerken, daß auch ich mich mit den ‚Yogapraktiken' befaßt hatte, und das hatte dieser Mann erfühlt; er erkannte, daß ich ihm hätte Widerstand entgegensetzen können, wenn ich gewollt hätte.

Nun sagte er: ‚Nennen Sie mir die Gegenstände, die ich herbeischaffen soll. Mein ‚Elementargeist' wird sie in diese Schachtel verbringen.' – Irgend jemand fragte, ob auch Gegenstände aus weit entfernten Ländern beschafft werden könnten. Er antwortete: ‚Ich kann es, wenn es sich um Indien handelt; bei überseeischen Ländern wäre es mir nicht möglich.' – Seiner Macht waren also Grenzen gesetzt. Nun sagte einer von uns: ‚Hundert Meilen von hier ist ein Städtchen, wo Süßigkeiten hergestellt werden, die es in ganz Indien nur dort gibt. Verschaffen Sie uns solche Süßigkeiten!'

Der Vormittag war vorgerückt, und dieser Mann saß in vollem Tageslicht unter uns. Nach kurzer Zeit öffnete er die Schachtel und leerte mit beiden Händen die verlangten Süßigkeiten auf den Tisch, wobei bald ein Haufen entstand, der größer war als die Schachtel selbst. Man fragte ihn, woher er diese Schleckereien habe, und er antwortete, sein ‚Elementargeist' habe sie ihm gebracht. – Es handelte sich tatsächlich um die von uns verlangten Süßigkeiten. Wir verteilten sie an die Dorfjugend, die sie sich wohl schmecken ließ.

Diese Vorkommnisse, die für den westlichen Geist so schwer verständlich sind, sind für einen Inder dagegen sehr leicht zu erklären; er wird von dem eigenen Unterbewußten sprechen, das mit den ‚Elementargeistern' in Beziehung getreten sei...»

*

Den zweiten Fall entnehme ich der englischen Zeitschrift *The Occult Review* (1923, S. 339); er ist dem ersten ähnlich, jedoch verwickelter.

Mrs. Josephine Ranson, die wohlbekannte Pflegerin der spiritistischen Forschung, berichtet, bei einem kurzen Aufenthalt in einem größeren Flecken an den Hängen des Himalaja habe sie einen jungen «Yogin» kennengelernt, welcher schon in frühester Jugend mit den strengsten Riten in die Mysterien des «Yoga» eingeweiht worden war. Sie fährt folgendermaßen fort:

«Dieser junge Yogin weigerte sich entschieden, mit seinen magischen Kräften zu prunken; es gelang uns aber, ihn zu überreden, uns etwas vorzuführen, da wir an diesen geheimnisvollen Dingen ernstlich interessiert waren...

Er wählte sich den Abend eines Dienstags aus, eines Tages, an dem er seinen ‚Gottheiten' Verehrung darbrachte und darum besonders mit übernormalen Fähigkeiten geladen war... Er kam unmittelbar von der Zeremonie der Verehrung her. Er war allein, und seine Kleidung war auf das Mindestmaß beschränkt. Er setzte sich in unserer Mitte nieder; die Beleuchtung des Raumes blieb unverändert, und wir nahmen alle rings um ihn auf dem Boden Platz.

Der junge Yogin fragte, was er tun solle. Irgend jemand verlangte, er solle heiße Milch herbeischaffen. Nun bat er sich einen Kupferkessel mit Wasser und einen Schal aus. Er setzte den Kessel vor sich auf den Boden und bedeckte ihn mit dem Schal. Hierauf steckte er die rechte Hand in das Wasser, und als er sie wieder herauszog, hob er den Arm hoch und verspritzte das Wasser mit einer energischen Bewegung der fünf Finger, die er einen Augenblick gespreizt hielt, in die Luft. Während er diese schnelle Bewegung ausführte, deklamierte er eine Sanskritbeschwörungsformel (*mantra*). Unter ständigem Anrufen seiner Gottheit streckte er die Hand etwa einen Fuß über dem

Kessel, der immer noch mit dem Schal bedeckt war, aus, wobei er die Finger waagerecht ausspreizte. Da vernahmen wir das Geräusch einer Flüssigkeit, die im Kessel rauschte; kurz darauf nahm er den Schal weg. Wir stellten verblüfft fest, daß der Kessel zu zwei Dritteln mit gekochter und noch sehr heißer Milch gefüllt war.

Nach einiger Zeit wurde der Apport von Dörrobst verlangt. Der Yogin verlangte einen Kupferteller, den er vor sich hinstellte, ohne ihn mit dem Schal zu bedecken. Er wiederholte die schnelle elegante Beschwörungsgeste, und in dem Augenblicke, da er seine Hand über dem Teller ausstreckte, erschienen auf ihm getrocknete Weintrauben und ‚Sultanas'.

Kurz darauf verlangte einer von uns den Apport einer Melone, obschon es in dieser Gegend zu dieser Zeit keine Melonen gab. Nach der üblichen Beschwörung und der begleitenden Handbewegung materialisierte sich aber doch unter der Hand des Yogin eine große grüne Melone. Sie schien so frisch gepflückt zu sein, daß vom Stiel noch der Saft träufelte!

Eine Dame aus der Gruppe, der die indischen Süßigkeiten nicht zusagten, verlangte europäische Süßwaren, wenn möglich Schokolade. Unser Yogin kannte die Schokolade nicht, auch verstand er kein Wort Englisch, da er vor unserer Ankunft noch nie mit Europäern zusammengekommen war. Darum sagte er, er würde sein Bestes versuchen, um sie zufriedenzustellen, wenn sie ihm nur erklärte, was Schokolade sei. Sie versuchte, es ihm zu erklären, aber offensichtlich gelang ihr das nur bis zu einem gewissen Punkte, denn nach der Beschwörung und den entsprechenden Handbewegungen materialisierte sich in dem Teller ein ansehnlicher Haufen Süßigkeiten, die nicht aus Schokolade waren. Außerdem schienen sie schon alt zu sein und sie waren wenig sauber, so daß sie keinen sehr appetitlichen Anblick boten und die Damen sie nicht kosten wollten. Unser Yogin entschuldigte sich angesichts ihres Zögerns wegen seiner Unfähigkeit, ihre Wünsche zu erfüllen.

Schließlich wurden noch frische Früchte verlangt, und es dauerte nicht lange, da erschienen unter dem Zauber der Hand des Magiers auf dem Teller viele Äpfel, Orangen und Granatäpfel, von denen wir reichlich aßen. Es blieben einige übrig, die wir aufbewahrten, bis sie verfaulten.

Natürlich richteten wir an den Yogin viele Fragen über die Art und die Ausdehnung seiner magischen Kräfte. Er antwortete freimütig auf einige unserer Fragen; auf andere antwortete er nicht und konnte er nicht antworten. Da er uns ernstlich interessiert fand, bemerkte er, er hätte uns instandsetzen können zu sehen, was vor sich ging, währenddes die Erscheinungen zum Ausdruck kamen. Er erklärte, die ‚Initiation' mit ihren großen Opfern und dem entbehrungsvollen Leben, das sie verlangte, habe ihm die Macht über eine gewisse Gruppe von ‚Elementargeistern', Geschöpfen der Ätherwelt, verschafft; diese Geschöpfe gehorchten ihm augenblicklich und blindlings.

Er fügte noch hinzu, wenn wir uns einer vorbereitenden Initiation, die er uns erklären würde, unterzögen, könnte er uns sichtbar machen, was sich während der Manifestationen wirklich vollziehe. Und die vorbereitende Initiation bestehe in Fasten, in der Aufnahme besonderer Speisen, in konzentrierter Meditation, wobei jede Verbindung mit anderen Personen aufgegeben werden müßte. All das hätte unsere Sehkraft so weit verfeinert, daß wir die ‚ätherischen Geschöpfe', die sich für ihn abmühten, hätten sehen können...»

Zu diesen Fällen bemerke ich vor allem, daß sie nicht nur *auf Verlangen* zustandekamen, sondern in dem einen Falle im vollen Tageslicht und im anderen in einem normal beleuchteten Zimmer, während die beiden «Yogin» fast nackt waren: drei Vorbedingungen, die in ihrem Zusammenwirken jede Betrugsmöglichkeit ausschließen.

Was die Berichterstatterin anbetrifft, betone ich, daß die feinsinnige Persönlichkeit der Präsidentin der Theosophischen Gesellschaft in kategorischer Weise über jeden Zweifel über die Wahrhaftigkeit dessen, was sie selbst beobachtet zu haben angibt, erhaben ist, während Frau Josephine Ranson, die bekannte spiritistische Forscherin, die Gattin eines Generals der indischen Armee ist und das von ihr Berichtete mit dem von Mrs. Annie Besant Erzählten genau übereinstimmt.

Zu den «Apporterscheinungen» selbst bemerke ich, daß sie zweifellos wunderbar erscheinen, aber keineswegs wunderbarer als die im Westen experimentell erhaltenen. Besonders lehrreich scheint der auch bei uns nicht seltene Umstand zu sein, daß die Medien, die «Yogin» und die «Kahuna» Polynesiens, falls die «Apporte» bei vollem Licht erfolgen sollen, oft, aber nicht immer, dieselben Vorsichtsmaßnahmen ergreifen, indem sie das Gefäß oder den Raum, in dem sich die Erscheinung vollziehen soll, mit einem Tuch bedecken, oder indem sie sich einer Schachtel bedienen, in der das Phänomen zum Ausdruck kommt. Unter gewissen Umständen dürfte also die Dunkelheit zur Rematerialisation des in fluidischem Zustande herbeigeschafften Gegenstandes unerläßlich sein.

Bei den berühmten Versuchen mit dem Medium Frau d'Esperance, die ebenfalls bei genügendem Lichte unternommen wurden, bedeckte die mediumistische Persönlichkeit «Yolanda» das Gefäß, in dem sich die apportierten Pflanzen reintegrieren sollten, ebenfalls mit einem Tuche. Dagegen scheint für viele andere apportierte Gegenstände diese Vorsichtsmaßnahme nicht notwendig zu sein, und wir haben gesehen, daß der zweite «Yogin» wohl das Gefäß bedeckte, in dem sich das Phänomen der apportierten «heißen Milch» ereignen sollte, das aber bei den anderen, nicht minder wunderbaren Apporten nicht getan hatte. Warum? Niemand vermöchte es zu sagen; es wäre eine vergebliche Mühe, das Geheimnis des Unterschiedes zwischen den Gegenständen, die bei vollem Lichte materialisierbar sind, und denjenigen, die dazu der Dunkelheit bedürfen, ergründen zu wollen. Die Lösung des Rätsels muß der Nachwelt überlassen bleiben.

Bei den angeführten Fällen ist der Umstand merkwürdig, daß der Yogin, der nicht weiß, was Schokolade ist, sich nach besten Kräften bemüht, den ausdrücklichen Wunsch einer Dame zu erfüllen, es aber nur dem Schein nach vermag; deswegen ist diese «Apporterscheinung» aber doch interessant, vom theoretischen Gesichtspunkt aus vielleicht sogar besonders lehrreich, da ihr zu entnehmen ist, daß das Medium – oder, wenn man will, seine Hilfskraft – über eine wunderbare übernormale Suchfähigkeit verfügt, die aber zugleich durch die praktischen Kenntnisse der bewußten Persönlichkeit des Mediums begrenzt ist.

Ich bemerke noch, daß sowohl bei Annie Besant als auch bei Mrs. Ranson die Yogin behaupten, die «Apporte» erfolgten mit Hilfe von «Elementargeistern», die ihrem Willen unterstünden; hierzu kommt noch, daß sie behaupten, diese beim Werke sehen zu können; auch die anderen Anwesenden vermöchten sie zu erblicken, sie müßten sich nur den nötigen Praktiken unterwerfen. Es könnte sich hierbei um rein subjektive, halluzinatorische Bilder handeln, aber... es könnte auch anders sein.

Ich erinnere daran, daß auch die «Kahuna» Polynesiens das gleiche behaupten, wenn sie auch von «Ahnengeistern» sprechen; diese Variante ist aber nicht von Bedeutung, und es könnte auch sein, daß alle beide recht haben. Von Wichtigkeit ist hier die Behauptung beider, die «Apporte» kämen durch äußere Einwirkung zustande, eine Behauptung, die den Schreiber dieses Buches besonders interessiert, da er in seiner Monographie *Fenomeni di Apporto* zum gleichen Schlusse gelangte, und zwar auf Grund der sehr wichtigen Tatsache, die für die «Apporterscheinungen» kennzeichnend ist, daß man nämlich ohne weiteres zum Ziele kommt, wenn man von der Wesenheit, die sich manifestiert, den «Apport» eines wertlosen Gegenstandes, beispielsweise einer Visitenkarte, verlangt, daß man aber auf das Verlangen, eine Banknote aus dem Geldschrank eines anderen herbeizuschaffen, die Antwort erhält, das sei unmöglich, da das Diebstahl sei, oder aber, da es der wirkenden Wesenheit verboten sei, dies zu tun. In dem erwähnten Buche führe ich sprechende Beispiele hierzu an. Hieraus ist der Schluß zu ziehen, daß die «Apporterscheinungen» nicht das Werk unterbewußter übernormaler Kräfte sind, da ja sonst die Schätze aus den Geldschränken der anderen zu Füßen der Experimentatoren, die es wünschten, liegen würden.

Da sich dieses aber niemals ereignete und sich in der Praxis niemals ereignen wird, wird man zugeben müssen, daß aus diesen strengen moralischen Einschränkungen der «Apporterscheinungen» notwendigerweise auf die Wirksamkeit einer geistigen Wesenheit höheren Grades zu schließen ist, die strengstens die Gesetze der Ethik beachtet, oder aber auf die Wirksamkeit einer geistigen Wesenheit gleich welcher Art, die einem höheren richtungweisenden Willen unterworfen ist, welcher die Stillung schuldhafter Begierden der Lebenden unterbindet.

Zur weiteren Diskussion dieses für die Theorie höchst wichtigen Themas verweise ich auf die oben erwähnte Monographie.

VI

HYPNOTISCHE FASZINATION

Unter «hypnotischer Faszination» kann man den Faktor verstehen, um den sich die Praktiken der «Schwarzen Magie» bei den primitiven Völkern drehen, Praktiken, mit deren Hilfe Schlangen und wilde Tiere gebändigt und Zaubereien aller Art verübt werden, während die «Autosuggestion» desjenigen, der blindlings an die Praktiken glaubt, als zweite unerläßliche Wirkkraft zu gelten hat, mit deren Hilfe die Untaten der «Schwarzen Magie» nur allzuoft ihr Ziel erreichen. Hieraus ist zu folgern, daß diese Praktiken keineswegs auf die leichte Schulter genommen werden dürfen, und zwar wegen der obenerwähnten Faktoren.

Alles weist darauf hin, daß auch für die Praktiken der «Schwarzen Magie» gilt, was bei den übernormalen Erscheinungen überhaupt zu bemerken ist, daß sie nämlich bald als «animistisch», bald als «spiritistisch» anzusehen sind; auch die Praktiken der «Schwarzen Magie» sind nicht immer das Ergebnis der «hypnotischen Faszination» und der «Autosuggestion», da unter besonderen Umständen ihre außerhalb des Subjektes liegende Herkunft unzweifelhaft deutlich wird.

Tatsache ist indessen, daß weitaus die meisten Fälle auf die außerordentliche Macht zurückzuführen sind, welche die «hypnotische Faszination» in einigen hierzu besonders begabten Personen erreichen kann, eine Macht, die durch deren beständigen Einsatz in übeltäterischem Sinne verstärkt wird.

Ich beginne darum mit der Betrachtung der Praktiken der «Schwarzen Magie» in ihren Beziehungen zur «hypnotischen Faszination», wobei ich mich auf die primitiven Völker beschränke.

Das folgende Beispiel ist einer der einfachsten Fälle «hypnotischer Faszination» von Menschen auf Tiere.

Paul Brunton berichtet in seinem Buche *A Search in Secret India* (S. 108), er habe in dem Städtchen Berhampur einen «Fakir» kennengelernt, der ihm schreckliche Selbstverwundungen vorführte; hierauf habe er ein Körbchen hervorgeholt und diesem mit Hilfe einer langen hölzernen Zange einen großen, äußerst giftigen Skorpion entnommen und diesen auf den Boden gesetzt.

Der Verfasser fährt fort:

«Natürlich wollte der Skorpion sofort entfliehen, aber der Fakir zog sogleich auf dem Boden mit dem Zeigefinger einen Kreis um das Tier herum. Kaum kam der Skorpion an diese Grenzlinie, als er jäh stehen blieb und in die entgegengesetzte Richtung entwich, aber wiederum jäh anhielt, als er das Hindernis auf der anderen Seite erreichte, um hierauf sein Heil in einer neuen Richtung zu suchen, aber immer vergeblich. Ich betrachtete verblüfft diese Szene; ich brauche nicht besonders zu betonen, daß ich den Mann im Mittagslicht einer tropischen Sonne aufmerksam beobachtete. Es gab aber keinen Einwand: das Phänomen war echt und dauerte ohne Unterbrechung vier oder fünf Minuten an, bis ich dem Fakir ein Zeichen machte, daß ich vollständig befriedigt sei. Er nahm seinen Skorpion wieder und setzte ihn in das Körbchen zurück.»

Wie ersichtlich, handelt es sich um ein anscheinend sehr einfaches Phänomen. In Wirklichkeit enthält es aber ein großes Problem hinsichtlich der okkulten Kräfte des menschlichen Willens. Hierüber besteht kein Zweifel; wie aber wirkt unter diesen Umständen die «hypnotische Faszination», die der Fakir ausübt? Vielleicht wirkt er auf telepathische Weise auf den Skorpion ein, indem er ihn beobachtet und ihn jedesmal am Überschreiten der gezogenen Grenzlinie hindert, sobald er ihn an diese Grenze herankommen sieht, oder aber der Finger des Fakirs hat ein «hinderndes Fluidum» hinterlassen, das stark genug ist, um sich dem Skorpion bemerkbar zu machen und diesen aufzuhalten? – Niemand weiß es! Es lassen sich aber keine anderen Erklärungen für dieses seltsame Phänomen denken; die eine oder die andere muß die richtige sein; auf alle Fälle ist es ein höchst fesselndes Problem, das es zu lösen gilt.

Ich veröffentlichte diesen Fall in einer Arbeit in der Zeitschrift *La Ricerca Psichica* (1938, S. 253), und ein Abonnent der Zeitschrift, Herr A. Minghetti, übersandte mir kurz darauf den Bericht von einem anderen, analogen Fall, in dem von einem «Ameisenmännchen» genannten Menschen aus Ispra am Lago Maggiore die Rede ist, der in dieser Gegend wegen seiner Fähigkeit, die Häuser von Ameiseninvasionen zu befreien, sehr bekannt ist. Er macht mit einer Münze, die man für geweiht ansieht, ein Zeichen um die Schwelle und die Fenster der von Ameisen verseuchten Zimmer, und von diesem Augenblicke an dringt keine Ameise mehr in die Zimmer ein.

Der Berichterstatter schreibt:

«Nach drei Tagen war in meinem Hause keine einzige Ameise mehr. Ich sah sie in langen Reihen durch die Wege kommen und gehen, die Mauern hinaufklettern, an den Türschwellen und Fensterbrettern vorbeikrabbeln, ohne daß sie je die Grenzen überschritten hätten. Sagen Sie, was Sie wollen: das ‚Ameisenmännchen' hatte sein Versprechen gehalten.» (a.a.O., S. 428.)

Ich habe den letzten Fall angeführt, weil er einen Umstand besonders hervortreten läßt, welcher die «fluidische» Erklärung des Phänomens nahelegt. Diesmal blieb die Hemmung auch nach dem Fortgang des «Ameisenmännchens» erhalten, so daß die Hypothese der «hypnotischen Faszination» ausgeschlossen ist und dagegen die andere, die mit der Fortdauer eines für die Ameisen wahrnehmbaren «hemmenden Fluidums» in den von dem «Sensitiven» gezogenen Rillen rechnet, bestätigt wird. Das scheint erstaunlich. Warum sollten denn ein Heer von Ameisen und ein großer außerordentlich giftiger Skorpion auf einmal unfähig sein, eine vom Finger eines Menschen gezogene imaginäre Linie zu überschreiten? Was löst sich von diesem Finger? Warum ist die Hemmung von solcher Dauer? «Fluida» oder «Schwingungen»? – Mit größerer Wahrscheinlichkeit handelt es sich um «Schwingungen», die vom umgebenden Äther aufgenommen werden und nicht von der Luft (weil die Luft beweglich ist, der Äther dagegen unverrückbar).

Wieviele Rätsel gibt doch ein kleiner, anscheinend so unbedeutender übernormaler Vorfall auf!

*

Bei den wilden afrikanischen Stämmen wird die «hypnotische Faszination» hauptsächlich dazu angewandt, um die Giftschlangen unschädlich zu machen; und dies ist auch die entscheidende Probe, die derjenige bestehen muß, der als echter «Medizinmann» gelten will.

Im Buche *In Africa dal Capo al Cairo* des Anthropologen und Ethnologen Lidio Cipriani ist über die afrikanischen Medizinmänner folgendes zu lesen:

«Niemand hat das Recht, sich Zauberer zu nennen, der nicht besonders vorgeschriebene Praktiken vollzogen hat. In der Regel ist jeder Zauberer ein Neuropath, der zu Halluzinationen neigt, welche er für objektiv ansieht. So beginnt er beispielsweise häufig im Traume die ‚Amatonga', die Ahnengeister, zu sehen, die ihn als Vermittler zu den Lebenden verwenden wollen. Nun hat er vor einem bereits erprobten Zauberer eine Prüfung abzulegen, und wenn er für geeignet gilt, erhält er Medizinen, die seine Symptome noch verschärfen, und wird in die Mysterien eingeweiht, die nur den Zauberern bekannt sind. Inzwischen magert der Neophyt stark ab, und das ist auch gut so, denn die Eingeborenen haben in dicke Zauberer kein Vertrauen. Eines Tages kehrt er nun aus dem Wald zurück, eine Pythonschlange um den Hals oder die Brust, die durch seine Zaubersprüche unschädlich gemacht ist. Nun zweifelt niemand mehr an seinen magischen Kräften, und er beginnt mit der Ausübung seines Berufes.»

Major Attilio Gatti erzählt in seinem Buche *Hidden Africa* eine solche Initiationszeremonie, an der er teilnahm. Da ich das Buch nicht besitze, muß ich nach der ausführlichen Besprechung zitieren, die die Zeitschrift *Light* dem Buche widmet (1934, S. 4).

Major Gatti hatte sich bei seinem langen Aufenthalt bei den Zulukaffern die Freundschaft der Zauberin Twadekili errungen. Die Zauberinnen nehmen in der Hierarchie der «Medizinmänner» die höchste Stellung ein und sind bei ihrer Wirksamkeit stets von gewaltigen Pythonschlangen begleitet; sie vollbringen Wunderkuren, von denen wir zu gegebener Zeit noch berichten werden.

Der Major konnte nicht erklären, wie die Zauberinnen sich so riesige Pythonschlangen verschaffen konnten, und schon gar nicht, wie sie es fertig brachten, sie so zu zähmen, daß sie sich wie folgsame Hündchen benahmen. Eines Nachts aber, als der Vollmond am Himmel stand, durfte er im Walde an der Initiation eines jungen Mädchens namens Ramini teilnehmen, die eines Tages Twadekilis Nachfolgerin werden sollte.

Gatti schreibt:

«In der Lichtung erschien die Gestalt eines hochaufgerichteten Mädchens, das steif, die Arme vor sich ausgestreckt. auf dem Boden eher zu gleiten als zu schreiten schien. Es überquerte die vom Monde hell erleuchtete Lichtung, so daß ich bemerken konnte, daß es vollständig nackt und offensichtlich in einem tief somnambulischen Zustande war... Als mein Hund es auf unseren Bau zukommen sah, stieß er ein langes, vom Schrecken gepreßtes Winseln aus, klemmte den Schwanz zwischen die Beine und suchte sich unter das Zelt zu verkriechen. Das Mädchen kam ganz nah an mir vorbei; ich hätte es gerne angerufen und mit ihm gesprochen, aber irgend etwas, das stärker war als mein Wille, erstickte mir das Wort in der Kehle. Ich wollte ihm folgen, aber ein Schrecken durchschauderte mich, als ich sah, daß es auf eine Schlucht zuging, in der sich die allergiftigsten Schlangen aufhielten. Ich näherte mich dem Mädchen, um es zu warnen, aber ich fand nicht mehr die Zeit, da eine gewaltige Pythonschlange vor ihm auftauchte. Hochaufgerichtet schaukelte die Schlange ihren bösartigen Kopf vor dem Gesicht des Mädchens hin und her, nur wenige Schritte entfernt, und die kleinen Äuglein funkelten wie Rubinen im Mondenlicht. Das Mädchen blieb stehen und stand einen Augenblick unbeweglich; dann stieß es einen krampfhaften Seufzer aus und wandte sich automatisch um, um in langsamen und gemessenen Schritten auf die Tabernakelhütte zuzugehen, die Arme stets vor sich ausgestreckt, die Augen weit aufgerissen und ins Leere gerichtet... Die Pythonschlange folgte ihm, ein achtzehn Fuß langes Monstrum; aber dieses schreckliche Ungeheuer folgte zahm und sanftmütig wie ein wohlerzogenes Hündchen...

Am nächsten Morgen weckte mich mein Eingeborenendiener aus einem tiefen Schlaf und brachte mir zugleich mit dem Kaffee die folgende Botschaft: ‚Twadekili beauftragt mich, Ihnen zu sagen, daß der weise und umsichtige Mann auch diskret und vorsichtig ist.' – Ich verstand.»

An diesem interessanten Fall ist für die Theorie besonders hervorzuheben, daß das Mädchen in seinem somnambulen Zustande gar nicht in die Schlucht hinabzusteigen brauchte, um sich dort eine Pythonschlange zur Gefolgschaft zu suchen, daß es vielmehr die Schlange war, die aus der Ferne durch den hypnotischen Zauber, der von dem somnambulen Mädchen ausging, angezogen wurde und unterwürfig herbeieilte, um gehorsam seinen Winken zu folgen.

Es sei noch erwähnt, daß es offenbar nicht nur die Schlangen sind, die den hypnotisierenden Zauber der Zauberer und Zauberinnen aus der Ferne verspüren, sondern daß auch die Raubtiere auf eine noch viel größere Entfernung nach Art der erwähnten Pythonschlange angezogen werden.

*

Ein Beispiel hierzu. Ich entnehme es dem Buche *Africa Dances* von Geoffrey Gorer. Gorer durchstreifte in Begleitung eines Negers, eines Berufstänzers, die französischen und englischen Kolonien in Afrika nach allen Richtungen, um die religiösen und die Hochzeitstänze der Neger zu studieren. Das Buch ist das Ergebnis dieser Untersuchungen; es liegt aber auf der Hand, daß er neben dem Gegenstand seiner Forschungen noch andere Manifestationen aller Art erlebte, darunter auch Fälle von «hypnotischer Faszination» in die Ferne. Die beiden folgenden Fälle sind die außergewöhnlichsten ihrer Art.

Gorer befand sich mit dem Neger Benga in Abomey, etwa tausend Meilen von der Küste von Dakar entfernt, als er an einer der gewohnten magischen Praktiken zur Entdeckung eines Diebes teilnehmen durfte. Nach halbstündigem Warten, währenddes der Zauberer unaufhörlich mit leiser Stimme die geheimnisvollen Ritualformeln ausgesprochen hatte, «sah man einen zitternden und keuchenden Mann herbeieilen, der sich vor den Füßen des Zauberers zu Boden warf und gestand, der Schuldige zu sein». – Aho, der Stammeshäuptling, hatte erklärt, daß der Dieb durch die magischen Praktiken gezwungen werde, sich zu stellen; er fügte allerdings hinzu, daß nur wenige Medizinmänner imstande seien, dieses Wunder herbeizuführen.

Dieser Fall ist bereits ein schönes Beispiel von «hypnotischer Faszination» über eine Entfernung, aber am folgenden Tage sollte Gorer noch etwas ganz anderes erleben.

Er schreibt:

«Am folgenden Tage entdeckte man, daß in mir und vielleicht auch in Benga der Geist eines Zauberers aus dem ‚Fetischat von Agassou' (dessen Fetisch der Panther war) inkarniert war; aus diesem Grunde wurden wir sozusagen zu Ehrenmitgliedern dieser Sekte ernannt. Nachdem wir eine Nacht in der Klosterhütte verbracht hatten, sagte man uns, wir seien nun Mitglieder der Sekte geworden, wir müßten aber noch in die Mysterien des ‚Pantherfetischates' eingeweiht werden; zunächst müßten wir feierlich versprechen, niemals mit jemandem über das Geschehene und Erlebte zu sprechen. Ich mußte mich meines Photoapparates entledigen und Bleistift und Notizbuch fortlegen...

Leider muß ich mein Wort halten; ich hätte seltsame Erlebnisse zu berichten; ... ich kann mich aber nicht enthalten, das letzte

Schauspiel, das den ‚Ehrenzauberern des Pantherfetischates' dargeboten wurde, zu schildern.

Früh am Morgen begaben wir uns mit dem Zauberer und anderen Anhängern der Sekte auf das offene Feld, in eine Maisplantage. Man opferte den ‚Manen' der Panther ein Huhn, und der Zauberer stimmte alsbald mit leiser Stimme ein eintöniges Lied an, in dem ständig die gleichen rituellen Sprüche wiederholt wurden. Wir zwei standen abseits und kauten Kolablätter und beobachteten. Nach etwa einer halben Stunde kam aus einem Maisfeld ein prachtvoller ausgewachsener Panther geschlichen; er ging immer weiter, bis er die Gruppe der Anhänger um den Zauberer erreicht hatte. Kurz darauf erschien ein anderer und noch einer, bis wir schließlich fünfzehn Panther in unserer Mitte zählten! Sie kamen aus allen Richtungen. Zuvor hatte man uns feierlich ermahnt, unter keinen Umständen einen Panther anzurühren oder zu erschrecken, die Tiere würden niemandem außer einem Bösewicht etwas zuleide tun. Trotz dieser guten Worte war ich voller Schrecken; und meine Beine zitterten heftig; ich blieb aber ruhig und unbeweglich auf meinem Platz.

Was sich schließlich ereignete, ist erstaunlich. Kaum hörte der Zauberer mit seinen leisen monotonen Beschwörungsformeln auf, als die Panther, einer nach dem anderen, sich schnell in alle Richtungen zerstreuten.

Es ist noch zu sagen, daß der erste Panther das geopferte Huhn gefressen hatte.

Es war das erste Mal, daß ich diese Tiere in Afrika in Freiheit erblickte. – Das Ereignis fand in etwa fünfzehn Meilen Entfernung von Abomey statt...» (a. a. O., S. 230–232).

Bei dem ersten Fall haben wir die erstaunliche Tatsache vor uns, daß die Beschwörung eines Zauberers, das heißt die «hypnotische Faszination», die von dem mächtigen Willen eines Menschen ausgeht, bewirkt, daß der Schuldige zitternd und keuchend herbeieilt, um sich dem Zauberer zu Füßen zu werfen und seine Schuld zu bekennen; ein solches Vorkommnis ist an sich schon so erstaunlich, daß der zweite Fall, bei dem es sich nicht mehr um Menschen, sondern um Tiere handelt, die der gleichen «hypnotischen Faszination» über eine Entfernung erliegen, schon bedeutend weniger unwahrscheinlich wirkt.

Der Unterschied zwischen den beiden Phänomenen dürfte allein in der folgenden Feststellung beruhen: was den Willen des Menschen unterwirft, vermag auch den Instinkt des Tieres zu unterwerfen; wenn dem so ist, dann kann man wohl behaupten, daß der Fall des Schuldigen, der doch mit Vernunft und einem eigenen Willen begabt ist, aber doch nicht dem Impuls widerstehen kann, welcher ihn aus der Ferne trifft und ihn zwingt, sich zu stellen, wobei er des Nutzens aus seiner Tat verlustig geht, dafür aber die Folgen zu tragen hat, viel erstaunlicher erscheint als der Fall der Pythonschlangen und der Raubtiere, die unwissentlich dem gleichen unterwerfenden Zauber unterliegen.

Mit anderen Worten: Das eigentliche unerhörte Wunder, das sich in solchen Fällen enthüllt, liegt in der ungeahnten Fähigkeit des menschlichen Willens, in die Ferne zu wirken und Menschen und Tiere den eigenen Wünschen zu unterwerfen. Und diese Erkenntnis, die bei den zivilisierten Völkern noch so unentwickelt ist, müssen wir erst noch in ihrer ganzen Wirkkraft von den primitiven Völkern erlernen.

*

Zum Schluß führe ich einen Fall an, den ich – vielleicht irrtümlicherweise – der Kategorie der «hypnotischen Faszination» zuweise, obgleich es mir klar ist, daß man dieser Auslegung mit ernsthaften Einwendungen entgegentreten kann; aber ... der Fall ist so unglaublich (während der Berichtende absolut vertrauenswürdig ist), daß ich es lieber den Lesern überlassen möchte, ihn nach ihren persönlichen Kriterien einzuordnen.

Ich entnehme ihn dem Buche *Jungle Ways* von W. B. Seabrook. Der Verfasser vermochte wertvolle Beobachtungen über die Riten und Gebräuche, die Psychologie und die Weltanschauung der primitiven Völker zu gewinnen, indem er zuerst die Sprache der «Dschungel» erlernte und hierauf eine berühmte junge «Zauberin» namens «Wamba» dazu bewog, sich ihm anzuschließen und sich in einer bequemen Hängematte auf seinen Reisen mittragen zu lassen. Die Anwesenheit der Zauberin im Gefolge des weißen Mannes vermochte jedes Mißtrauen bei den Stammeshäuptlingen zu zerstreuen, und der weiße Mann durfte alles sehen und alles wissen.

Eines Tages kam er in das Dorf eines großen Häuptlings namens San Dei, als dieser gerade die Heldentaten seines Bruders, dem er als

Befehlshaber des Stammes nachgefolgt war, feierte. Der Häuptling hatte aus diesem Anlaß alle Zauberer seines Machtbereiches um sich versammelt; diese Zauberer vollbrachten in Gegenwart des Verfassers Wundertaten der «schwarzen Magie», unter anderem die nachstehende, die der Verfasser mit den folgenden Worten einleitet:

«Am Abend dieses Tages hatte ich das merkwürdigste und verblüffendste Erlebnis meines ganzen Aufenthaltes in Afrika. Fast möchte ich es verschweigen... Ich hatte lebhaft gewünscht, an dem Schauspiel teilzunehmen, aber hernach war ich in keinem guten Zustand, ich war unschlüssig und verwirrt, da kein Erklärungsversuch des Geschehenen mich zu befriedigen vermochte.

Es war ein entsetzliches Schauspiel ‚schwarzer Magie', bei dem zwei Kinder mit scharfen Degen durchbohrt wurden. Der Zauberin Wamba war es gelungen, zwei kleine Mädchen zu finden, die sich durchbohren lassen wollten. Die Mädchen wurden den Zauberern übergeben, und diese schlossen sich mit ihnen im geweihten Bezirk ein und blieben dort den ganzen Tag. Nach Einbruch der Nacht versammelten wir uns alle auf dem weiten Dorfplatz, der von Fackeln hell erleuchtet war.

Selbst die Eingeborenen erschienen großenteils sehr nervös, wie von Schrecken über das, was geschehen sollte, erfüllt. Die Alten murrten, man hätte das Experiment nicht zulassen sollen. San Dei hatte mir gesagt: ‚Es ist ein Fall höherer Magie, aber er ist sehr gefährlich, denn nicht immer erholen sich die Kinder von den erlittenen Verletzungen wieder.'

Die beiden Mädchen kamen mit den Priestern an. Sie wirkten passiv, als ob sie unter dem Einfluß kräftiger Drogen stünden; sie gingen aber aufrecht und hatten die Augen weit offen und einen leeren Blick, wie wenn sie somnambul wären. Ich betastete sie; es waren Mädchen, die ich kannte, in Fleisch und Blut. Neben mir standen die Priester, die ich ebenfalls betastete; auch die Degen, die sie schwangen, betastete und untersuchte ich. Es waren sehr scharfe und sehr spitze Stahldegen. Die Leser werden nun wohl verstehen, warum ich nur mit Widerwillen berichte, was ich nun zu sehen bekam, was ich wie auch die Eingeborenenmenge mit eigenen Augen sah.

Die beiden Zauberer erhoben die Degen und hielten sie fest in senkrechter Richtung in der linken Hand; hierauf warfen sie mit der rechten Hand die kleinen Mädchen in die Höhe und fingen sie mit den Degen wieder auf, wobei sie sie wie Schmetterlinge aufspießten. Die Mädchen waren deutlich sichtbar vor mir, von den Zauberern in die Höhe gehalten; die Degenspitzen staken auf der anderen Seite der Körper heraus. Die Menge schrie entsetzt auf; alle fielen in die Knie. Viele bedeckten sich die Augen mit den Händen, und mehrere Frauen fielen in Ohnmacht. Die beiden Zauberer trugen ihre schrecklichen Trophäen rings um den Platz herum, wobei sie die beiden aufgespießten, regungslosen und wie toten Körperchen mit gestrecktem Arm in die Höhe hielten; aus den Wunden kam aber kein Blut! – Hierauf kehrten sie zum geweihten Bezirk zurück und verschwanden dort mitsamt den Mädchen...

Man sagte mir, wenn alles gut ginge, würden wir nach ein paar Stunden die beiden Mädchen lebend und normal wiedersehen. Und so war es dann auch: nach etwa zwei Stunden standen die beiden Mädchen vollkommen wiederhergestellt und in alter Lebhaftigkeit wieder vor mir...» (a. a. O., S, 113–118).

Seabrook gibt dazu folgenden Kommentar:

«Diese wilden Praktiken geben ein großes Rätsel auf, ein Rätsel, das ich bislang beharrlich durch Schweigen zu umgehen gesucht habe; aber ich habe jetzt das Gefühl, daß ich ihm nicht länger ausweichen darf, so schwierig auch seine Behandlung zu sein scheint... Für mich bedeuten die Praktiken der ‚schwarzen Magie' der afrikanischen Zauberer ein unüberwindliches Dilemma, da ich einerseits nicht an Wunder glaube und nicht zugestehe, daß auf magische Weise lebende Materialisationen und wunderbare physische Erscheinungen hervorgerufen werden können; andererseits aber bin ich mir ganz gewiß, daß angesichts gewisser Phänomene, die ich selbst beobachtete, keinerlei Hypothese, die sich auf Scharlatanerei und Taschenspielerei gründet, gelten kann... Man gestatte mir, daß ich mit einem Paradoxon abschließe: Es könnte der Fall eintreten, daß ich eines Tages von der Vernunft an die Augenscheinlichkeit der von mir angeführten Tatsachen zu glauben gezwungen würde... Auch daran, daß ein Mensch sich in ein Raubtier verwandeln kann..., aber auch an dem Tage, da ich dies zugeben müßte, würde ich mich zu glauben weigern, an einem Wunder teilgehabt zu haben. Und in diesem Punkte werde ich niemals nachgeben...

Die Zauberin Wamba sagt, ich hätte nicht recht, aber mit ihrer ganzen Weisheit vermag sie mir nicht zum Verstehen zu verhelfen. Sie behauptet aber, wenn ich bei ihnen bleiben wollte und auf alles, auch auf die Manie, alle mit der Bitte um Erklärungen zu bestürmen, verzichten würde, sie sich verpflichte, mir das Verständnis beizubringen; sie warnt mich aber davor, daß ich in diesem Falle einen Weg beträte, von dem es kein Zurück gäbe...»

Soweit die Kommentare Seabrooks. Es läßt sich aus ihnen entnehmen, daß er unschlüssig und verwirrt vor der Tatsache steht, daß keine Auslegung des Ereignisses ihn befriedigt. – Genau so ergeht es dem Schreiber dieses Buches.

Ich will darum nur diejenigen parapsychologischen Erklärungen anführen, die, soweit überhaupt möglich, das Rätsel aufzuhellen vermögen; auf diese Weise möchte ich das Denken auf seiner Suche in die richtige Bahn lenken.

Da ich den Fall in den Abschnitt über «hypnotische Faszination» eingegliedert habe, fühle ich mich in erster Linie verpflichtet, die theoretischen Einwände anzuführen, die dieser Eingliederung entgegenstehen.

Wenn das Phänomen zu der Kategorie der «hypnotischen Faszination» gehörte, dann müßte man daraus folgern, daß es dem Willen der Zauberer gelungen sei, aus der Ferne die ganze Zuschauermenge zu hypnotisieren und ihr durch Suggestion eine kinematographische kollektive Halluzination aufzuzwingen, die dieser Menge den Glauben eingeflößt hätte, sie habe an einem wunderbaren und schrecklichen Schauspiel schwarzer Magie teilgenommen, während sich in Wirklichkeit nichts dergleichen ereignet hätte.

Nun wäre nichts grundloser und unwissenschaftlicher als eine solche Erklärung, da es in der ganzen Geschichte der Hypnose keine Fälle von kollektiven Halluzinationen gibt, die aus der Ferne durch *telepathische Gedankenübertragung* ausgelöst worden wären. Prof. Enrico Morselli und Prof. Richet verurteilen ausdrücklich diese grundlose Ausdeutung der kollektiven Wahrnehmungen bei übernormalen Manifestationen; sie sind es, die in ihren Werken erklären, daß es weder in der Geschichte der Hypnose noch in der Geschichte der Psychopathologie Beispiele von Kollektivhalluzinationen vermittels *telepathischer Gedankenübertragung* gebe, sondern nur seltene Fälle von «Kollektivhalluzinationen» vermittels *mündlicher Suggestion*, besonders bei Massen, die einer mystischen Psychose verfallen sind. Das ist aber etwas ganz anderes; wobei man sogar davon absehen kann, daß zur *mündlichen Suggestion* die Anwesenheit neuropathischer Personen notwendig ist, so daß bei den einer mystischen Psychose verfallenen Massen nur drei oder vier Einzelpersonen kollektiv die psychische Ansteckung erleiden, niemals aber die ganze Masse.

Prof. Charles Richet schließt in seinem *Grundriß der Parapsychologie und Parapsychophysik* diese Hypothese aus der Zahl der berechtigten Hypothesen aus, und zwar in folgenden Worten:

«Man redet von Halluzinationen, um sich durch ein bequemes Wort einer ungewöhnlichen, unsere Ruhe störenden Sache zu entledigen. Dieses Vorgehen ist wirklich zu einfach. Man redet auch von kollektiven Halluzinationen. Die Irrenärzte kennen diese Erscheinung nicht.» (S. 452.)

All das ist vom theoretischen Gesichtspunkt aus zu sagen; es bedeutet schon viel, da es hinreichen sollte, die Halluzinationshypothese aus der Zahl der in unserem Falle anwendbaren Hypothesen auszuschließen; wenn man aber den Fall selbst untersucht, so zeigen sich Einzelheiten, die die Echtheit des Geschehenen erweisen. So berichtet Seabrook zum Beispiel voller Verwunderung, daß die schrecklichen Wunden *gar nicht bluteten.* Nun ist dasselbe bei den Selbstverletzungen der indischen Fakire der Fall, die sich die Backen mit einer Nadel durchstechen, sich die Armmuskeln mit einem Dolch durchbohren, sich den Bauch aufschlitzen, ohne daß aus den Wunden auch nur ein Tropfen Blut quillt, während die Spuren der Verletzungen bei den Nadelstichen in den Backen fast augenblicklich verschwinden, die Spuren der Dolchwunden im Arm in weniger als einer Viertelstunde, die Spuren des Bauchaufschlitzens in wenigen Stunden absoluter Ruhe und Unbeweglichkeit.

Man sollte also daraus den Schluß ziehen, daß die kleinen Mädchen tatsächlich unter der Einwirkung einer kräftigen posthypnotischen Suggestion standen, die ihnen von den Zauberern übertragen worden war. Wenn dem so ist, so war das beobachtete Phänomen authentisch. Überdies hätte die Halluzination bei einer «kollektiven Halluzination» in allen Einzelheiten normal verlaufen müssen, und da Wunden normalerweise mehr oder weniger stark bluten, hätten die Zuschauer aus den imaginären Wunden Blut fließen sehen müssen.

Schließlich ist auch die Erklärung des Häuptlings San Dei in Rechnung zu setzen, welcher sagte, es handle sich um hohe Magie, die jedoch sehr gefährlich sei, da *die Kinder nicht immer von den erlittenen*

Verletzungen wieder gesundeten. Das heißt also, daß die Kinder manchmal daran starben; und wenn das hin und wieder vorkam, dann mußte es sich um authentische Fälle schwarzer Magie handeln, da ja Halluzinationen nicht zum Tode führen.

VII

SCHWARZE MAGIE UND ZAUBEREIEN

DIESER Abschnitt unserer Klassifikation verspricht recht lang zu werden, da ja die primitiven Völker die okkulten Praktiken der Medizinmänner hauptsächlich wegen den «Zaubereien» in Anspruch nehmen, von den «Liebestränken» bis zur Vernichtung der Feinde.

Wie erinnerlich, hatte ich zu Beginn des vorangehenden Abschnittes zu bemerken, daß die «hypnotische Faszination» im Sinne einer «Fernsuggestion» unerläßlich ist, damit die Übeltaten der schwarzen Magie ihr Ziel erreichen; das ist häufig genug festzustellen.

Prof. Toye-Warner schreibt:

«Die psychische Kraft der Suggestion wirft einiges Licht auf die Praktiken der schwarzen Magie. Erfolg und Mißerfolg der Magie sind ebenfalls erklärbar, wenn man annimmt, daß nicht alle Opfer, die der Zauberer aufs Korn genommen hat, gleicherweise der zerstörerischen psychischen Kraft, die vom Willen des Zauberers ausgeht, zugänglich sind. Besonders zu beachten ist der Umstand, daß der Zauberer, wenn er eine Beschwörung vollführt, selbst teilweise hypnotisiert ist, was ihn instand setzt, mit dem Opfer in *psychischen Rapport* zu treten...

Meines Erachtens vermag die schwarze Magie deswegen Übeltaten zu vollbringen, weil bei dem Zauberer, der seinen Willen zur Durchdringung und Beherrschung des Unterbewußten des Opfers konzentriert, eine psychische Kraft frei wird. Wenn meine Theorie richtig ist, dann wäre das beste Gegenmittel gegen die bösartige Suggestion eine ihr entgegengestellt neutralisierende Suggestion; und wirklich lassen sich bei den Wilden Beispiele dieser Gegensuggestion finden, wobei es oft vorkommt, daß ein Zauberer, der stärker ist, als der gegnerische, die schädigende Wirkung einer Beschwörung aufzuheben vermag...» (*Psychic Research*, 1930, S. 472).

Die letzte Bemerkung ist meines Erachtens dahingehend zu berichtigen, daß bei der Aufhebung der schädigenden Wirkung einer Beschwörung sehr oft nicht die größere Kraft des neutralisierenden Zauberers wirkt, sondern der «Glaube», den der Klient an seine Behauptungen hegt. Glaubt er blindlings, dann ist er gerettet; in diesem

Falle hat aber die Autosuggestion das Wunder vollbracht, und nicht die größere Kraft des zu Hilfe gezogenen Zauberers.

Hinsichtlich der Methoden, die die Zauberer und die primitiven Völker anwenden, um mit in der Ferne weilenden Personen in «psychischen Rapport» zu treten, scheint das folgende Zitat, das ich dem bereits erwähnten Buche *In Africa dal Capo al Cairo* von Lidio Cipriani entnehme, lehrreich zu sein (S. 73):

> «Wie man an die übernatürlichen Kräfte der Zauberer glaubt, so glaubt man auch, daß jeder mittels gewisser magischer Handlungen im guten und im bösen Sinne auf andere Personen wirken könne. Ich führe als Beispiel an, wie ein Zulu einen Feind krankmachen zu können glaubt. Er verschafft sich von diesem Haare und Fingernägel und kocht sie in einem Gefäß mit etwas Wasser, dem kräftige Medizinen und besonders Raubtierblut, etwa Löwen- oder Leopardenblut, beigefügt sind. Sobald das Gebräu kocht, beginnt er um das Gefäß herumzutanzen und mit einer Lanze heftig auf die Mischung einzuschlagen, wobei er bei jedem Schlag einen anderen Körperteil des Opfers nennt. Der Feind erkrankt augenblicklich an *Ama Nseba*, das heißt an Verletzungen, und leidet, als ob er unter die Klauen der Raubtiere geraten wäre...»

Ich habe dazu zu bemerken, daß in diesen Praktiken der primitiven Völker ein Körnchen von den Wilden empirisch entdeckter psychometrischer Wahrheit steckt. Gerade so, wie bei der Psychometrie ein Gegenstand, den die ferne Person, mit der man in psychischen Rapport treten will, dem Sensitiven in die Hand gegeben wird, so vermitteln bei den primitiven Völkern die Haare und die Fingernägel den psychischen Rapport zwischen dem Unterbewußten des Einwirkenden und dem Unterbewußten des Opfers.

*

In dem folgenden ersten Beispiel erleben wir die plötzliche Erkrankung eines Weißen infolge der rächerischen magischen Praktiken eines Zauberers.

Ich entnehme es dem in Deutschland sehr geschätzten Buche *Was Afrika mir gab und nahm* von Frau Margarete von Eckenbrecher (Berlin 1907). Die Verfasserin hat mit ihrem Gatten viele Jahre in Westafrika verbracht, wo sie eine große Pflanzung besaßen. Sie war in ständiger Berührung mit den wilden Stämmen der Hottentotten, der Buschmänner und der Herreros. Als die Herreros sich gegen die deutsche Herrschaft erhoben, kehrte sie nach Deutschland zurück, wo sie das erwähnte äußerst interessante Buch veröffentlichte.

Es folgt der Bericht über die hier behandelten Praktiken. Frau von Eckenbrecher schreibt:

«Da kam zufällig einmal ein Offizier in der Kalahari an ein größeres Buschmanndorf. Nach Austausch der üblichen Geschenke zog er sich in sein dort ganz in der Nähe aufgeschlagenes Zelt zurück. Nicht lange dauerte es, so erschien auch unter vielen Verbeugungen, mit Amuletten und anderem Zauberkram behängt, der Allgewaltige des Dorfes, der Medizinmann. ‚Ich bin gekommen, um mir ein Geschenk von dir zu holen, Herr!' – ‚Scher dich raus, du gelbes Scheusal, kriegst nichts!' – ‚Ich sage dir, daß ich mir ein Geschenk holen will.' – ‚Ich gebe keins. Mach daß du fortkommst.' – ‚Du willst mir nichts geben?' – ‚Nein, habe ich gesagt, du bist nicht der Häuptling.' – ‚Das ist wahr, ich bin mächtiger wie er.' – ‚Hier hast du Tabak, nun raus.' – ‚Das ist mir nicht genug.' – ‚Raus, sage ich, ich will schlafen.' – Da grinste der Kerl über das ganze Gesicht: ‚Gut, schlafe nur. Ich gehe. Es wird nicht lange dauern, da wirst du mich rufen lassen. Ich werde dir willkommen sein. Mit Geschenken wirst du mich überhäufen. Du wirst mich bitten, dazubleiben!' – ‚Das müßte mit dem Teufel zugehen!' – ‚Wird es auch, hih, hih, wird es auch. Ich werde dir Steine in den Bauch geben, die dich drücken sollen, o so schwer, hih, hih. Du wirst dich krümmen vor Schmerzen und dich sehr krank fühlen. Ich gehe jetzt, aber nicht auf lange. Hih, hih!'

Mit eigenartig nach vorn gestreckten, spindeldürren Armen und gespreizten Fingern verließ das Scheusal das Zelt des Offiziers. Dieser legte sich nieder, da er sich müde fühlte und schlief ein. Nach kurzer Zeit schon wachte er auf. Ein unbehagliches Gefühl überkam ihn; er stand auf. In den Gliedern lag es ihm wie Blei, und er hatte Magenschmerzen, daß es kaum zum Aushalten war. Erst war er ärgerlich, dann mußte er lachen: ‚Sollte mir dies gelbe Scheusal Magendrücken anempfohlen haben?', und mit einem mächtigen Kognak versuchte er, der Sache Herr zu werden. Aber es half nichts. Immer schlimmer wurde es, alles Auf- und Abrennen nützte nichts, es war zum Verzweifeln. Schon war die Kognakflasche geleert und noch keine Besserung. Da rief er seinen Bambusen, um sich nicht vor dem Medizinmann eine Blöße zu geben. Dieser schmierte darauf los, d. h. er massierte seinen Herrn, daß ihm der Schweiß in dicken Tropfen herniederrann, aber vergeblich.

Nach einiger Zeit sagte der Bambuse: ‚Baas (Herr), es hilft nicht, willst du die Sickte (Krankheit) loswerden, laß den Medizinmann kommen.' Aber er sträubte sich dagegen. Da steckte das Scheusal seinen bemalten Schädel zum Zelt herein: ‚Nun, wie ist es, brauchst du mich?' – ‚Raus, du Lump.' – ‚Na, ich bleibe in der Nähe, du kannst mich rufen', und verschwand.

Als die Qualen ihren Höhepunkt erreicht hatten, befahl der Leutnant dem Diener: ‚Geh, ruf den Zauberer.' Doch das war gar nicht nötig. Schlangengleich wand er sich ins Zelt und grinste. ‚Jetzt ist meine Zeit, du rufst mich. Da bin ich. Ich werde dir die Schmerzen fortnehmen, wenn du mir gibst, was du mir vorhin verweigertest.' Und stöhnend antwortete der Geplagte: ‚Such dir aus, nimm so viel du willst, nur hilf mir von meinen Schmerzen!' – ‚Warte nur, soll geschehen, hih, hih. Du fühlst dich sehr krank, ich weiß es, aber warte noch ein bißchen.'

Gemächlich suchte er sich aus, was er gebrauchte. Dann huschte er im Zelt umher. Aus dünnen Stäbchen schichtete er einen kleinen Haufen auf und steckte diesen unter Gemurmel und Beschwörungen in Brand. Allerlei Essenzen und Kräuter warf er hinein, und bald erfüllte das Zelt ein Rauch und Dampf, daß man zu ersticken vermeinte. Der Medizinmann tanzte um das Feuer herum, schrie und tobte und war wie in Schweiß gebadet. Plötzlich blieb er stehen: ‚Geht es ein wenig besser?' – ‚Ja.'

Dann ging's wieder von neuem los, diesmal noch toller. Wie in Raserei waren die Sprünge und Verrenkungen: ‚Du fühlst noch die Krankheit, aber sie ist wie in weiter Ferne?' – ‚Ja, es geht besser.' Neue Zauberhölzchen schwelten, frische Dämpfe wallten auf: ‚Du bist noch ein bißchen krank jetzt?' – ‚Ja, noch ein wenig.' – ‚Gib mir, was du den Häuptlingen geschenkt!' – ‚Nimm dir noch, was du nur irgend willst.' Wieder rasende Beschwörungen, dann plötzlich hielt er inne: ‚Nun sage, daß du gesund bist.' – ‚Ich bin es.' – ‚Siehst du nun meine Macht? Sie reicht weit, weiter wie du denkst. Sie reicht bis auf den weißen Mann, der sich ihr auch fügen muß.' Ganz erschöpft und ermattet bis zur Entkräftung raffte er seine Geschenke zusammen und verließ das Zelt.»

Soweit der interessante Bericht der Frau von Eckenbrecher; er entspricht vollkommen zahlreichen anderen Berichten von Forschungsreisenden und Missionaren aus allen unzivilisierten Gebieten Afrikas,

Asiens, Australiens und Amerikas. Was soll man also davon halten? Offensichtlich muß man zu folgendem Schlusse kommen: wenn die fraglichen Phänomene bei den wilden Völkern gerade so auftreten wie bei den zivilisierten, wenn sie sich im Verlaufe der Jahrhunderte bei allen Völkern mit einer Geschichte ereigneten, dann können sie doch nicht reine Phantasieprodukte sein, sondern es muß inmitten der unechten Elemente, mit denen die Phantasie des Volkes sie umhüllt und erstickt hat, ein wesenhaftes Element der Wahrheit stecken.

Diese Schlußfolgerungen sind logisch unanfechtbar; es bleibt also nur übrig, dieses Element der Wahrheit aufzuspüren und herauszuschälen; zu diesem Zwecke muß man vor allem das Versuchsfeld von dem Wust episodischer Einzelheiten ohne jeglichen wirklichen Wert freimachen. Ich wiederhole darum, was ich bereits zuvor betonte, daß nämlich die absurden und grotesken Praktiken, mit denen die Zauberer der Wilden (ähnlich den «Wahrsagern» bei den Zivilisierten) sich auf ihre magischen Unternehmungen vorbereiten, nichts anderes als empirische Verfahrensweisen sind, um in sich selbst das Hochkommen der übernormalen unterbewußten Fähigkeiten zu bewirken, so daß zur Erreichung dieses Zweckes alle die verschiedenartigen Praktiken sich gleichkommen, solange nur derjenige, der sie anwendet, blindlings an ihre Wirksamkeit glaubt.

Darum verlohnt es sich nicht, sich länger bei den angeblichen Geheimnissen aufzuhalten, die die Kräuter oder die vom Zauberer gesammelten und dann verbrannten Körperabfälle beinhalten; oder bei seinen wahnsinnigen Tänzen um das Feuer oder bei den Beschwörungsformeln, die er ausspricht oder bei den aromatischen Kräutern, die er ins Feuer wirft und so weiter. Das gilt aber nicht für die Geste, die der Zauberer bei der ersten Begegnung mit dem Offizier machte; der Zauberer begleitete, als er beim Hinausgehen aus dem Zelt die Arme vorstreckte und dem Offizier in die Augen sah, diese Geste zweifellos mit einer starken Willensanspannung auf den Zweck, den er im Sinne hatte, um so einen «psychischen Rapport» oder einen «fluidischen Rapport» zwischen sich und seinem Opfer herzustellen; beachtenswert ist der Umstand, daß die früheren Magnetiseure sich gegenüber der Person, die sie magnetisieren oder, wie man sich jetzt ausdrückt, hypnotisieren wollten, gleich verhielten.

Mit diesen Erklärungen haben wir das Versuchsfeld von episodischen Einzelheiten ohne wirklichen Wert gesäubert; nun wird deutlich, daß das Rätsel bei den Fällen von «schwarzer Magie», die dem unseren analog sind, in der Frage besteht, ob es in dem menschlichen Unterbewußtsein übernormale Fähigkeiten, die Krankheiten hervorrufen oder heilen können, gibt oder nicht. Es wäre nun keineswegs verwunderlich, wenn diese Fähigkeiten existierten, da ja die anderen unterbewußten übernormalen Fähigkeiten, deren Existenz zugegeben wird, so wunderbar sind, daß mit der Annahme dieser neuen Möglichkeit das undurchdringliche Geheimnis, das die geistige Persönlichkeit des Menschen umhüllt, keinen neuen Zuwachs erhielte.

Nun erweist die vergleichende Analyse des Tatsachenmaterials die Richtigkeit dieser Annahme, da es ja weder logisch noch wissenschaftlich wäre, sich der Beweiskraft der Gesamtheit der Tatsachen zu widersetzen, die zeigen, daß es tatsächlich «Sensitive» gibt, die den Geistes- und den Gesundheitszustand von Personen beeinflussen können, mit denen sie einen «psychischen Rapport» (zumeist durch «Psychometrie» mittels Gegenständen, die der entfernten Person, die es zu beeinflussen gilt, gehören) einzugehen vermochten. Und die Annahme ist statthaft, daß dieser Einfluß in Form einer telepathischen Übertragung eines wohltätigen oder übeltätigen Geisteszustandes erfolge, oder aber in Form einer Fernübertragung von «Fluiden» oder «vitalen Energien», welche über das Unterbewußtsein auf das Nervensystem der Personen einwirkt. Der hier behandelte Fall dürfte die letztere Hypothese bekräftigen, da ja der Zauberer nach seinem Wirken so erschöpft war, daß er krank schien.

Das also dürfte der Wahrheitsgehalt der allgemeinen Praktiken der «schwarzen Magie» und der «weißen Magie» sein. Nach dieser Feststellung möchte ich schleunigst die Erklärungen zu diesem Thema vervollständigen, indem ich darauf hinweise, daß allem Anschein nach die unterbewußten Fähigkeiten bei Manifestationen dieser Art begrenzt sind; dieser Schluß drängt sich bei der vergleichenden Analyse der Tatsachen auf, die in ihrer Gesamtheit bezeugen, daß der Aktionsradius dieser Fähigkeiten den engen Kreis der Heilung von Krankheiten, die vorwiegend von Störungen des Nervensystems abhängen, bedingt; umgekehrt wird deutlich, daß bei der Erzeugung von Krankheiten aus der Ferne stets von vorübergehenden Unwohlseinszuständen die Rede ist, die Krankheiten vortäuschen, welche es gar nicht gibt, wenngleich sie manchmal sehr lästig und schmerzhaft sein können, da das Nervensystem des Opfers in Mitleidenschaft gezogen werden kann und äußerst schmerzhafte Krämpfe und Migränen und ganz besonders allgemeine Störungen des Verdauungssystems hervorruft.

Es bleibt noch die Behandlung eines heiklen Punktes, der anscheinend zu den soeben formulierten Beobachtungen in offenem Widerspruch steht: das Tatsachenmaterial erweist, daß nicht selten die Zauberer mit Beschwörungen, die den Tod des Opfers herbeiführen sollen, Erfolg haben. Indessen möchte ich auch hierzu sofort bemerken, daß es sich in diesen Fällen nicht um magische Kräfte der Zauberer handelt, sondern um Phänomene von «Autosuggestion mit tödlichem Ausgang», die dem Opfer aufgezwungen wurde, welches absolut sicher ist, daß es zu der bestimmten Zeit sterben muß, und dann tatsächlich stirbt. Und daß dieser «blinde Glaube» an die Unfehlbarkeit der Todesbeschwörungen tatsächlich der eigentliche Grund für das wirkliche Eintreten des Ereignisses ist, dürfte durch die Tatsache bewiesen sein, daß der Tod niemals eintritt, wenn das Opfer nicht weiß, daß es zum Tode verurteilt worden ist.

Und darum sorgen die Zauberer dafür, daß in der Nacht an der Hüttentüre des Opfers das Zeichen erscheint, welches den Tod verkündet.

Es erscheint nunmehr offensichtlich, daß diese Todesfälle nichts mit den übernormalen Fähigkeiten des menschlichen Unterbewußtseins zu tun haben, sondern zum klassischen Kreise der «akademischen Psychopathologie» gehören.

*

Der nächste Fall ist dem vorangehenden gleich. Ich entnehme ihn der *Revue Spirite* (1931, S. 553).

Mr. René Clavel veröffentlichte nach seiner Rückkehr aus Polynesien, wo er viele Jahre zugebracht hatte, einen langen Bericht über den Glauben und die Bräuche der Eingeborenen dieses Inselreiches.

Der Verfasser hatte in dem wuchernden Gestrüpp unter einem großen, mit einem Tabu belegten Baume ein menschliches Skelett neben einem verrosteten Eisenkessel gefunden. Ein Eingeborener lieferte ihm die folgenden Aufklärungen:

«Mein Vater hatte einen Bruder namens Karrére. Dieser Onkel hatte eine Tochter namens Tahiehao, die mit Fahunni verlobt war. Die Hochzeit sollte nach der Herstellung des ‚Popoi' (einer bestimmten Speise) stattfinden. In dem Tale lebte aber ein anderer Jüngling, namens Tunui, der meine Base ebenfalls gerne geheiratet hätte. Er hatte um ihre Hand nachgesucht, mein Onkel hatte ihm aber seine Tochter verweigert, da er als träger, bösartiger und arbeitsscheuer Bursche bekannt war, den alle fürchteten.

Nach dem abschlägigen Bescheid hatte Tunui geschworen, man würde bald merken, wessen er fähig sei, die Sache werde nicht glatt ablaufen... – Worte eines Verliebten, denen niemand Beachtung schenkte.

Es vergingen einige Tage ohne Zwischenfall... Etwa einen Monat vor dem Datum, das für die Hochzeit meiner Base festgesetzt worden war, schickte uns mein Onkel eine Meldung, daß seine Tochter Tahiehao plötzlich erkrankt sei. Ich war dabei und hörte von dem Boten, daß meine Base heftig unter Magenkrämpfen und Eingeweidekoliken litt. Bei dieser Nachricht fuhr mein Vater auf und rief: ‚Das ist Tunui, der sich rächt, ich habe schon immer gewußt, daß er ein ‚Nanikaha' (Zauberer) ist!' Er nahm sein Gewehr und lief zu Tunuis Haus, das er vorsichtig betrat, um nicht bemerkt zu werden. Er überraschte Tunui, wie er vor einem Kessel, in dem er die verschiedensten Dinge aufgehäuft hatte – Sand, geschliffene Steine, giftige Kräuter, Hühnerköpfe usw. –, Beschwörungsformeln murmelte. Er befahl ihm, er solle die Leiden Tahiehaos sofort zum Stillstand bringen, wenn er nicht sterben wolle, und Tunui mußte sich fügen. Nun begab sich mein Vater zu seinem Bruder und konnte dort feststellen, daß seine Nichte in wenigen Stunden wieder gesundete.

Unglücklicherweise wurde aber Tunui derart von der Eifersucht geplagt, daß er Tahiehao umbringen wollte... Nach zwei Tagen traten die Schmerzen und die Krämpfe wieder auf. Man benachrichtigte sofort meinen Vater, der zu dem Zauberer hinging; der Zauberer war aber nicht da. Nach langem Suchen fand ihn mein Vater unter dem großen heiligen Baume, unter dem die Opfer stattfanden und in dessen Schatten sich kein anderer als ein Zauberer zu setzen gewagt hätte. Kaltblütig und ohne weitere Diskussion schoß ihn mein Vater nieder... – Das war das Ende des letzten Zauberers unserer Insel... Nach wenigen Tagen war Tahiehao vollständig wiederhergestellt und hielt mit Fahunni Hochzeit.

Aus dieser Erzählung erfuhr ich, daß das von mir entdeckte Skelett Tunui gehörte. Ich fand es vollständig von einem undurchdringlichen Gestrüpp unter dem heiligen Baume, dem sich niemand zu nähern gewagt hätte, verborgen. Neben dem Skelette stand noch der Beschwörungskessel, völlig von Rost zerfressen...»

An diesem Falle ist nichts besonderes zu bemerken, es sei denn die lehrreiche Beobachtung, daß alle Fälle übelwollenden Wirkens auf die Ferne das gleiche, beiden Fällen charakteristische Kennzeichen haben: daß es beständig die gleichen Symptome hervorruft, nämlich Magenkrämpfe und Eingeweidekoliken, wie sie etwa bei dem Genuß giftiger Pilze auftreten würden.

*

Der folgende Fall, den ich dem bereits erwähnten Buche *Cieli di Etiopia* von Beonio-Brocchieri entnehme, ist sehr merkwürdig, weil man sagen möchte, der Zauberer habe den Mann, der ihn verhaftet hatte, zu töten versucht, indem er ihn veranlaßte, unwissentlich einen Revolverschuß gegen sich selbst abzugeben.

Brocchieri berichtet:

«Da ich vernommen hatte, daß Leutnant Litta verwundet sei, suchte ich ihn auf... – ‚Gehen wir hinein', sagte Litta, ‚hier ist es heiß...' – Als er innen war und sich auf dem *angareb* aus Stroh ausgestreckt hatte, zog er die Krempe des rechten Hosenbeines hoch. Der Schenkel war verbunden und der Verband blutdurchtränkt.

‚Hier hinein und hier hinaus.' – Glattes Loch, saubere Wunde. Zerstreutheit? Er wird es nie erklären können. Er reinigte gerade die Waffe; Ardia, der Carabinierileutnant, saß neben ihm, De Martini vor ihm. Sie unterhielten sich über die Karawane, über Maschinengewehre, über den Nachschub für die erste Linie, und plötzlich: ‚Bumm!'...

‚Wer war es? Ist jemand getroffen?' fragte Litta seine Kameraden. Da schaut er auf den Boden: da ist das Loch des Geschosses in den Holzplanken. Er will aufstehen und findet sich blutig; jetzt erst bemerkt er, daß seine Hosen auf zwei Seiten durchlöchert sind. Einen Augenblick später empfindet er einen scharfen, heftigen Stich, der ihn fast ohnmächtig werden läßt. Der Muskel ist durchschossen... (S. 133–134).

...Litta ist ein lieber Kamerad, ein lustiger Bursche. Gestern fragte ich ihn, ob er den Zauberer Abdalla-Issa, der den Inhalt der Briefe erriet und die Ereignisse voraussagte, wiedergesehen habe. Er antwortete mir, er sei wenige Tage vor dem Abmarsch der Truppe unter dem Verdacht der Untreue und der Unbotmäßigkeit verhaftet worden. Er hatte sich für unverwundbar und unberührbar gehalten. Als man ihn fesselte, wand er sich auf der Erde und zischte wie eine Schlange, mit glühenden Augen, und sagte, er könne sich rächen und auch mit gefesselten Händen schießen. – Wenige Augenblicke später kehrte Litta in seine Hütte zurück, wo er zufällig diesen Revolverschuß auf sich abgab, der ihm fast das Leben gekostet hätte.» (a. a. O., S. 144.)

Soweit der Vorfall, der sich mit Leutnant Litta ereignete, ein Vorfall, der ganz bestimmt nicht einem Augenblicke der Zerstreutheit zuzuschreiben ist, da Litta ja sonst nach dem Schuß sofort gemerkt hätte, was geschehen war; er erwies sich dagegen als so unbewußt, daß er eifrig fragte, wer geschossen habe und ob jemand verletzt sei. Nun ist diese Unbewußtheit gerade für die posthypnotischen Suggestionen kennzeichnend; man muß also zum Schlusse kommen, daß Leutnant Litta in einer kurzen Krise verhüllter Hypnose gegen sich geschossen hatte, wobei die Suggestion von dem Zauberer, der ja gedroht hatte, er werde sich durch *Schießen* rächen, auch wenn man ihn fessele, telepathisch übertragen worden war. Und wenn das Opfer noch mit einer verhältnismäßig leichten Wunde davonkam, so muß man das dem Zufall zuschreiben, da er sich ebensogut unbewußt hätte tödlich treffen können.

*

Bei dem nächsten, sehr lehrreichen Falle ist man versucht zu sagen, die «hypnotische Faszination» habe die Form von «Telekinese» (oder vielmehr von «Psychobolie», wie weiter unten erklärt werden wird) angenommen. Ich entnehme ihn der französischen Ausgabe des Buches *Tam-Tams* des italienischen Forschungsreisenden Attilio Gatti, eines Mitgliedes der *Società Reale Italiana di Geografia ed Antropologia*. Er berichtet von einer Lastwagenfahrt in der portugiesischen Kolonie Mozambique und erzählt folgendes:

«...Fast würde man sagen, wir seien das Opfer einer ‚Zauberei' oder eines Fluches geworden... Wütend und ölverschmiert und staubverdreckt sahen wir einander an, ohne unseren Gefühlen in Worten Ausdruck zu geben. Die Sonne von Mozambique glühte, und zum zweiten Male in einer halben Stunde war einer der gewaltigen Pneus des Lastwagens mit einem heftigen und melancholischen Knall geplatzt. Das war uns völlig unverständlich, da die Pneus und die Schläuche ganz neu und für Tausende von Meilen garantiert waren, während wir erst vor wenigen Tagen in Beira an Land gegangen waren und kaum 200 Meilen zurückgelegt hatten.

Man könnte einwenden, das sei nun nicht gerade ein großes Unglück, aber die erdrückende Hitze machte den Pneuwechsel zu einem tragischen Unternehmen... Wir machten uns an die Arbeit, und Bomba, der Mechaniker, legte sich mit einer Art wütenden Grunzens unter den Lastwagen und kämpfte dort heldenhaft, um den Wagenheber an der richtigen Stelle anzusetzen. Ich war auf das Metallverdeck des Wagens geklettert, um das Rad zum Auswechseln abzuschrauben, und hüpfte dort wie ein Füllen, um mich nicht zu verbrennen, da die Tropensonne das Metall glühendheiß gemacht hatte...

Während wir unter diesen mühseligen Umständen arbeiteten, ließ sich eine Stimme vernehmen: ‚Mussunga (Herr), willst du uns nach Vila Pery mitnehmen?‘

Ich sah von meinem glühenden Piedestal herab. Der Fragende war der älteste von drei Medizinmännern, die vor unserem Wagen stehengeblieben waren... Der Mann betrachtete mich mit der ernsten Würde des Arabers, schien mich aber auf recht beunruhigende Weise zu fixieren...

Es war nicht das erstemal, daß wir diesen drei Medizinmännern begegnet waren. Als wir vor einer Stunde aufgebrochen waren, waren sie, wir wußten nicht woher, aufgetaucht und hatten die gleiche Frage an mich gerichtet. Ich hatte ihnen die Bitte abschlagen müssen, da der Lastwagen bereits mit Geräten aller Art überladen war und die Straßen in einem fürchterlichen Zustand waren. Eine halbe Stunde später hatte ich die gleiche Weigerung wiederholen müssen, als das Trio uns einholte, weil wir die erste Panne erlitten hatten.

Dieses Mal war ich geneigt, ihrer Bitte nachzukommen und sie aufsitzen zu lassen, weil der finstere Gesichtsausdruck des alten Zauberers mir ein gewisses Unbehagen bereitete. Bevor ich aber sprach, ertönte unter dem Wagen eine demütige Bitte: ‚Lassen Sie sie nicht aufsitzen, der Wagen ist schon überlastet!‘

Wir fuhren also weiter, ohne auf eine zweite Bitte des alten Zauberers auch nur zu antworten.

Zehn Minuten vergingen, und zum dritten Male platzte ein Pneu!

Wütend, fluchend und schwitzend machten wir uns ans Werk, ohne auch nur den Mut zum Sprechen zu haben. Nach einiger Zeit erschien das Zaubererttrio in langsamen und gemessenen Schritten. Ich erwartete eine neue Bitte. Nichts dergleichen. Diesmal schritten sie aus, ohne ein Wort auszusprechen, aber sie fixierten uns mit gewissen, Übles verheißenden Blicken, die mein Unbehagen verstärkten.

Ich sagte zu meinen Kameraden: ‚Hört mal: ich frage mich, ob diese Zauberer nicht etwas mit dem zu tun haben, was uns hier passiert... Ich glaube fast, sie haben einen Fluch gegen uns ausgesprochen.‘

‚Quatsch!‘ bemerkte der Professor; ‚wenn Bomba die Pneus ordentlich geprüft hätte...‘

Bomba ließ den Wagenheber fallen und trat mit wutverzerrtem Gesicht vor den Professor: ‚Der Wagen war und ist in tadellosem Zustand. Sie haben den Wagen unbedingt mit sämtlichen wissenschaftlichen Instrumenten Afrikas vollpfropfen wollen!‘

Ich ließ sie sich zanken und machte mich wieder an die Arbeit, konnte mich aber von dem unheilvollen Eindruck, den die drei Zauberer auf mich gemacht hatten, nicht freimachen. Wer in Afrika lebt, erlebt erstaunliche Dinge.

Schließlich konnten wir wieder weiterfahren; wir fuhren aber ganz langsam, da wir weitere Explosionen von Pneus befürchteten und leidvoll daran dachten, daß wir in diesem Fall kein neues Rad zum Auswechseln mehr haben würden.

Wir überholten die drei reisenden Zauberer abermals. Wir fuhren weiterhin mit äußerster Vorsicht; aber plötzlich blieb, völlig grundlos, der Motor stehen!

Bomba brüllte wütend, fast weinend: ‚Verflucht der Tag, da ich nach Afrika kam!‘ – Er untersuchte die Zündkerzen, blies in den Vergaser, schraubte an dem Magneten – alles in bester Ordnung; aber der Motor weigerte sich, zu laufen, er gab nicht einmal einen glückverheißenden Knall von sich.

Nun entschloß ich mich, den Versuch zu machen: ich sagte Bomba, er solle den Motor stehen lassen und die Ankunft der Zauberer abwarten.

Bomba warf mir einen Blick zu, als ob ich völlig verrückt geworden sei; inzwischen waren aber aus der Ferne die Zauberer zu sehen. Sie schienen entschlossen, an uns vorbeizugehen, ohne etwas zu sagen; aber ich rief dem Ältesten zu:

‚Hei, Zaubererdoktor, wenn du mit deinen Kameraden mitfahren willst, darfst du auf das Verdeck steigen.‘

Sie blieben stehen, sahen mich an, ob ich es im Ernste meinte. Dann kletterten sie eiligst auf das Verdeck, während der Älteste sich mit den prophetischen Worten an mich wandte: ‚Jetzt kann deine Reise ungestört weitergehen!‘

Kaum waren sie oben, als ich den Motor anspringen hörte... Zufall oder Zauber? Ich weiß es nicht; Tatsache aber ist, daß unser Motor von diesem Augenblicke an vollkommen regelmäßig lief. Wir sahen uns alle an und brachen – zum ersten Male an diesem verdammten Tage – in ein fröhliches Lachen aus, wenn sich auch, um die Wahrheit zu sagen, hinter unserem Lachen unsere Verblüffung über das Geschehene verbarg. Von diesem Augenblick an funktionierte der Motor ausgezeichnet, und kein Pneu platzte mehr, so daß wir die neunzig Meilen, die uns von Vila Pery trennten, in einer für die miserablen Straßen erstaunlichen Geschwindigkeit zurücklegten.

In Vila Pery machten wir an einem Punkte, wo man das Lager aufschlagen mußte, halt, und die drei Medizinmänner stiegen vorsichtig vom Verdeck herab, während der Älteste uns grüßte und sagte: ‚Wie ich dir gesagt habe, ist die Reise ungestört vor sich gegangen!‘ – Er sprach diese Worte feierlich aus, aber mit dem Gleichmut eines Mannes, der für die gelieferte Ware bezahlt hat. Hierauf machten sich die drei Medizinmänner gemessenen Schrittes wie Boten des Schicksals wieder auf den Weg.

Auch Bomba grüßte eifrig und mit dem freundlichsten Lächeln; hierauf wandte er sich an mich und bemerkte: ‚Nach dem Vorgefallenen halte ich es für besser, mit diesen Herren auf gut Freund zu stehen!‘ »

In diesem Falle handelte es sich nach der bekannten Theorie des Dr. Tanagras nicht mehr um die Projektion einer «psychischen Kraft», sondern um eine «psychobolische» Erscheinung, das heißt um die Projektion einer inneratomischen Energie, die vom Unterbewußtsein der Zauberer ausgeht, und zwar auf Grund eines Aktes ihres Willens; einer Energie, die fähig ist, aus der Ferne unmittelbar auf die Materie einzuwirken, in unserem Falle auf das Stehenbleiben des Motors und das Platzen der Pneus.

Dr. Tanagras entwickelt in dem Buche *Le Destin et la Chance* seine Theorie sehr eingehend, wobei er zahlreiche Beispiele obiger Art, darunter auch das hier behandelte, anführt. Er übertreibt zweifellos die

Tragweite seiner Theorie und kommt zu unsinnigen Übertreibungen, es kann aber auch kein Zweifel sein, daß in ihr ein gewisser Wahrheitsgrund enthalten ist, da ja bereits vor ihm diese Wahrheit auf Grund von Kabinettsversuchen erwiesen worden war. So hielt zum Beispiel Frau Tomczyk, von Professor Ochorowicz in den Zustand eines hypnotischen Somnambulismus versetzt, aus der Ferne ein Uhrpendel an und setzte es dann wieder in Bewegung; gleicherweise brachte sie es fertig, ein Roulettekügelchen in die von dem Professor suggerierte Nummer rollen zu lassen. Bei diesem Versuche erwies sie sich allerdings als nicht unfehlbar, hatte aber doch in fünf Malen von sieben Erfolg; das genügt, um gewisse wunderbare Glücksserien bei einigen sehr seltenen Spielern in Monte Carlo zu erklären; Glücksserien, die keine Wahrscheinlichkeitsrechnung und kein Glückszufall zu erklären vermag.

Auf Grund dieser Erwägungen dürfte auch in unserem Falle die «psychobolische» Hypothese berechtigt sein, da einerseits die Unglücksfälle, die sich in kaum zwei Stunden häuften, mit der den Zauberern wiederholt entgegengesetzten Weigerung zusammenfielen, während andererseits alles sofort bis zum Ende der Reise gut ging, sobald die Wünsche der Zauberer befriedigt worden waren, wobei der letztere Umstand noch an Wert gewinnt, wenn man in Betracht zieht, daß der alte Zauberer ihn in versteckter Form vorausgesagt, und nach der Fahrt offen mit einer entsprechenden Bestätigungsformel darauf hingewiesen hatte.

*

Der nächste Fall anscheinender «Psychobolie» ist so wunderbar, daß er dem Dr. Tanagras fast recht zu geben scheint, wenn er behauptet, die psychobolischen Kräfte des Unterbewußtseins seien zu allem fähig.

Die Leser werden sich erinnern, daß ich im ersten Abschnitt dieser Arbeit, welcher von physischen Erscheinungen übernatürlicher Art und darum auch vom «Schweben menschlicher Körper» handelte, einen Fall von Schwebendwerden anführte, den der Ethnologe R. W. F. Johnson im *Journal of the American S.P.R.* (1937, S. 229 bis 233) berichtet hatte. In diesem Aufsatz hatte er ausgesagt:

«Der Schreibende fühlt, auch wenn er weiß, daß er der Verdammung durch die Pedanten nicht entgehen wird, die Pflicht, zwei wichtige Erlebnisse mitzuteilen, die er in Nordindien durch die außergewöhnlichen Fähigkeiten zweier ‚Yogin' hatte, Erlebnisse, die ihn zu dem Schlusse zwangen, das, was eine Anzahl von Menschen gemeinsam beobachten konnte, müsse sich tatsächlich ereignet haben, wenn unsere fünf Sinne überhaupt noch etwas taugen sollen.»

Bei dem ersten Falle handelte es sich, wie bereits gesagt, um das Schwebendwerden einer menschlichen Person, eine Erscheinung, die zwar selten ist, sich aber allezeit ereignete und erst neuerdings experimentell erforscht und vorgeführt worden ist; von dem folgenden Vorfall, der dem gleichen Berichterstatter auf der Reise zustieß, kann man das gleiche aber nicht sagen. Dieser zweite Vorfall scheint noch weit wunderbarer zu sein als der erste.

Johnson schreibt:

«Unsere Expedition bewegte sich auf Maultieren langsam vorwärts, als wir plötzlich auf einen ebenso alten wie schmutzigen ‚Heiligen' stießen, der im Schatten des einzigen Baumes saß, den es in fünfzig Meilen Umkreis gab. Einen Arm hielt er steif über dem Kopf. Ein Mann unserer Expedition, ein hoher Regierungsbeamter, verstand die Landessprache und richtete einige Fragen an den ‚Heiligen'. Man erfuhr, daß er den Arm seit seinem zwölften Lebensjahr in dieser Stellung hielt und daß seit fünf Jahren der Arm nicht mehr von dieser Stelle zu bewegen war.

Wir verbrachten den Morgen in der Gesellschaft des alten ‚Heiligen', und als wir uns zum Aufbruch anschickten, verlangte er Geld von uns. Wir gaben ihm fünf Rupien, eine Summe, von der er drei Wochen lang gut hätte leben können; er hatte aber die Frechheit, zu schimpfen und zu protestieren, worauf man ihm entgegnete, wie seine Undankbarkeit es verdiente. Er nahm unsere Vorwürfe übel auf und setzte ihnen eine wortreiche Antwort entgegen. Im wesentlichen sagte er, wir hätten ihm immerhin etwas, wenn auch wenig, gegeben; darum würden wir nicht sterben müssen, aber wir würden alle noch vor Sonnenuntergang einen gewaltigen Schrecken erleben.

Wir bestiegen unsere Maultiere und setzten unseren Weg durch die gewaltige sandige Ebene fort, die uns noch von der großen Gebirgskette vor uns trennte.. Wir zogen in nordwestlicher Richtung auf den Nanga Parbat, den höchsten Berg nach dem Everest, zu. Der

Berg war noch 150 Meilen entfernt; trotzdem mußte man den Blick bereits um fünfundvierzig Grad erheben, wenn man den Gipfel sehen wollte...

Wir waren etwa zehn Meilen in der Sandebene vorwärtsgekommen, als ein Stein von der Größe eines Menschenkopfes zwei Meter vor dem ersten Reiter mit Getöse auf den Boden prallte. Es folgten hintereinander zehn oder zwölf gleichartige Geschosse, die alle zwischen die Beine von sechs Maultieren sausten. Als wir uns etwas vom ersten Schrecken erholt hatten, stiegen wir ab, um die Steine zu untersuchen. Sie waren fast rund, wogen je fünfzig bis sechzig Pfund und zeichneten sich durch ihre glatte Oberfläche und ihre Regelmäßigkeit aus. Niemand war in Sicht, und von dem ‚Heiligen' waren wir etwa sechs Meilen entfernt. Ein kräftiger Athlet hätte diese Geschosse höchstens zehn Meter weit werfen können, und kein Katapult hätte sie über fünfhundert Meter hinaus schleudern können. Nun konnten wir aber in jeder Richtung zehn Meilen weit sehen. Es gab keine andere Möglichkeit, als daß diese Steine vom Himmel gefallen waren.

Wir waren von diesem außerordentlichen Fall so beeindruckt, daß wir uns nach dem Mittagsmahl entschlossen, zu dem ‚Heiligen' zurückzukehren. Wir fanden ihn immer noch unter dem Baum. Wir erzählten ihm unser Abenteuer; er hörte mit einem befriedigten Lächeln zu, zeigte sich uns gegenüber aber im ganzen recht wohlwollend. Er sagte darauf, wir sollten uns noch glücklich schätzen, daß wir nicht gesteinigt worden seien. Hierauf erklärte er, nun sei seine Schlafenszeit gekommen und wir möchten uns zurückziehen.

Was soll man davon halten? Wie es erklären? Ich bin vollkommen überzeugt, daß wir eine magische Handlung des ‚heiligen Yogin' zu spüren bekamen; deswegen verstehe ich aber keineswegs, welchen unterbewußten Kräften oder welchen himmlischen Beihilfen diese Manifestation zuzuschreiben ist.»

Das ist der erstaunliche Vorfall, den der Berichterstatter gemeinsam mit einer zahlreichen Gruppe gebildeter Menschen und Wissenschaftler erlebte.

Wenn man ihn mit der Hypothese des Dr. Tanagras erklären wollte, müßte man annehmen, von dem Unterbewußtsein des ‚Heiligen' habe sich eine sehr beträchtliche ‚inneratomische Energie' losgelöst. Tatsächlich behaupten die Atomfachleute, fünf Gramm atomisch zersetzten Kupfers enthielten genügend inneratomische Energie, um ein Schlachtschiff tausend Meter in die Luft zu heben.

Die Energie mag also noch hingehen; man müßte aber auch annehmen, daß irgendeine Intelligenz wirkte, da ja das eingetreten war, was der «Heilige» vorausgesagt hatte: die himmlische Strafe für die Geringfügigkeit der Gabe sollte ein gewaltiger Schrecken und sonst nichts sein. Und gerade so war es: die großen Steine besaßen Urteilsvermögen und fielen zwischen die Beine der Maultiere, ohne jemandem ein Leid zuzufügen. Welche Intelligenz leitete den Fall der Steine? Die «Yogin» würden hierauf antworten: «Es sind die ‚Elementargeister', die unserem Willen untertan sind.»

Es würde also nichts anderes übrigbleiben, als diese Erklärung als bare Münze hinzunehmen, wenn es keine andere Möglichkeit gäbe, das Geheimnis bis zu einem gewissen Grade zu lösen; in der Parapsychologie sind nämlich physische Erscheinungen bekannt, die mit den hier behandelten eine große Ähnlichkeit aufweisen, und zwar die «Apporte». Es sind Fälle bekannt, da die aus weiter Entfernung «apportierten» Gegenstände schwerer und umfangreicher waren als die hier erwähnten Steine, mit der Komplikation, daß die «Rapportphänomene» bezeichnenderweise stets in hermetisch verschlossene Räume erfolgen; das heißt also, daß damit das weitere Phänomen der fast augenblicklichen Entmaterialisation und Rematerialisation der Elemente, aus denen sich der «apportierte» Gegenstand zusammensetzt, verknüpft ist. (Zu diesem letzteren Punkte verweise ich auf den vorangehenden Abschnitt über «Spukerscheinungen», in dem analoge Phänomene besprochen werden.)

Unter diesen Umständen könnte man auch folgern, der «Steinregen», der die wissenschaftliche Expedition traf, sei ein dem «Apport» entsprechendes Phänomen; da es aber im Freien vor sich ging, müßte es eher die Bezeichnung «Transport» als «Apport» tragen. Mit diesem «Transport» müßte also das Phänomen der Entmaterialisation und Rematerialisation der Elemente, die die Steine bildeten, verbunden sein, da es sonst schwierig wäre, sich den Transport vorzustellen, der unzweifelhaft über eine große Entfernung stattfand, da die gerundete und glatte Form der großen Steine darauf hinweist, daß sie aus dem Bette eines großen Wildbaches oder Flusses stammten.

Mit dieser Auslegung würde das Geheimnis viel von seinem erstaunlichen Anschein verlieren, da es mit anderen übernormalen Erscheinungen vergleichbar würde, die der Parapsychologie bereits sehr bekannt, ja sogar wissenschaftlich untersucht sind, während man von der «psychobolischen Hypothese» Abstand nehmen könnte.

*

Der nächste Fall betrifft eine Manifestation, die im Grunde der vorangehenden gleichartig ist, jedoch viel seltener auftritt, und zwar bei den zivilisierten wie bei den primitiven Völkern; sie besteht in der willentlichen Übertragung von Empfindungen, Wahrnehmungen und Halluzinationen aus der Ferne, mit dem Zwecke, eine bestimmte Person mit Angst zu erfüllen; das Phänomen ist der Parapsychologie als «experimentelle Zauberei» bekannt.

Da das Phänomen so selten und so wenig bekannt ist, halte ich es für angebracht, einen Fall, der sich bei den Wilden ereignete, anzuführen und ihm zum Vergleich einen Fall, der sich in Europa ereignete, folgen zu lassen.

Ich entnehme den ersten Fall dem *Journal of the American S.P.R.* (1918, S. 312–327).

Der Berichtende, zugleich der Betroffene, ist ein Offizier des englischen Heeres, der in Nyassa im Dienst stand. Er hatte vom Kommandanten der dort stationierten Truppen den Auftrag, Vorkommnisse zu untersuchen, die diesem gemeldet worden waren. Seine Darstellung nimmt daher die Form eines «amtlichen Berichtes» an.

Es galt zu untersuchen, was an den Manifestationen einer Negergottheit, die in jener Gegend sehr gefürchtet und verehrt wurde, Wahres war; diese Gottheit, Mbona, verfügte über eine geheimnisvolle «Priesterin», die in einem den Europäern unzugänglichen «Hüttenheiligtum» hauste.

Der Bericht ist gut dokumentiert und mit dem Abdruck verschiedener Briefe, die ihm vorausgingen oder folgten, versehen; er nimmt in dem *Journal* der nordamerikanischen Gesellschaft fünfzehn Seiten ein. Darum will ich nur den wichtigsten Teil ausziehen und so zusammenhängend darstellen, daß die Erzählung nichts von ihrer Wirkung einbüßt.

Mr. Robert R. Racey berichtet das Folgende:

«Ich erhielt Kenntnis davon, daß es bei den Eingeborenen des Wanyanja-Stammes eine Art geistiger Knechtschaft gegenüber einer sehr einflußreichen verborgenen Macht gab. Ich verfolgte die Spuren mit Eifer und Umsicht und erfuhr, daß in einer Ortschaft namens Manje am Unterlauf des Shire der Geist eines verstorbenen Häuptlings namens Mbona (‚der Gute') seinen Wohnsitz genommen hatte, und daß seine Mbewi (‚treuen Anhänger') ihn wie einen Gott verehrten. Die Mbewi nahmen ihren Namen von einer alten, für heilig geltenden Familie, die fast ausgestorben war. Es wurde behauptet, der verstorbene Häuptling Mbona verkehre mit seinem Volke durch Vermittlung seiner Gattin, einer Negerin, oder unmittelbar, indem er verschiedene Gestalten annahm. Es hieß, er nehme gerne Geschenke an und lasse es dafür regnen, und er verzaubere Leute; manchmal verwandle er sich in eine Schlange und winde sich bei seinen Besuchen um den Körper seiner Gattin; man behauptete auch, er verwandle sich in einen Hund, einen Löwen, einen Vogel oder in irgendein anderes Tier.

Die Europäer, die sich dem ‚heiligen Bezirke' nähern wollten, mußten sich in himmelblaue Baumwolle kleiden und als Gabe eine Goldmünze darbringen. Die geistige Gewalt des Gottes war so stark, daß er jeden augenblicklich zu töten vermochte, der so wahnsinnig war, das Heiligtum zu verletzen oder es sonstwie zu mißachten. Die Eingeborenen fürchteten sich vor ihm und zitterten vor Angst, wenn sie mit dem in Berührung kamen, was sie seine ‚Geisteskraft' nannten, mit deren Hilfe er sich ihrer bemächtigte und sie nach seinem Gutdünken zu sprechen oder zu handeln zwang.

Ich begann mich für diese Dinge zu interessieren und wollte mehr wissen; als sich mir die Gelegenheit bot, für einige Zeit in die Nähe des Heiligtums zu kommen, suchte ich weitere Auskünfte einzuholen, bekam aber nur ausweichende Antworten...

Einige Tage später erfuhr ich, wo sich Mbonas Heiligtum befand, und entschloß mich, es aufzusuchen. Ich hatte meinen Entschluß einigen eingeborenen Freunden mitgeteilt; sie flehten mich an, nicht hinzugehen, da ich sonst sterben würde und sie die Verantwortung für meinen Tod hätten, da ja sie mir den Ort des Heiligtums angegeben hätten. Man erzählte mir, vor einigen Jahren seien zwei Europäer bei diesem Unternehmen umgekommen, und andere hätten es ebenfalls mit dem Tode büßen müssen, daß sie sich irgendwie die Ungnade Mbonas zugezogen hatten. Schließlich sagte man mir, wohlgesinnte Leute könnten den Geist befragen, wenn sie ihm Geschenke brächten. Ich erklärte meinen eingeborenen Freunden, daß ich keinerlei Grund zur Furcht hätte; wenn Mbona gut sei – wie sie behaupteten –, würde er mir kein Leid tun; sei er dagegen schlecht, dann verstünde ich nicht, warum sie ihn verehrten.

Ich machte mich also zu dem gefürchteten Ziele auf den Weg; und als ich erst in Nasanje, etwa vierzehn Meilen von dem ‚heiligen Bezirk' war, überfiel mich ein merkwürdiges Unwohlsein, ein seltsamer Schmerz im Nacken und ein unbestimmtes Gefühl, daß ein unsichtbares Geschöpf mich unter seinen Willen zwingen wollte.

Ich setzte meine ganzen Willenskräfte ein, und es gelang mir, diesen Einfluß zu beherrschen und schließlich zu überwinden; ich fühlte mich aber geschwächt, obgleich ich kein Unwohlsein und keine Schmerzen mehr verspürte. Mbona oder sein Verbündeter mußten diesmal enttäuscht sein.

Am nächsten Tage konnte ich meinen Marsch zu dem heiligen Walde Mbonas fortsetzen, nachdem ich meine zögernden Träger lange aufgemuntert und ermutigt hatte; als wir etwa fünfhundert Meter von dem Wäldchen entfernt waren, wurde meine Aufmerksamkeit auf die Wiese gelenkt, auf welcher ich so etwas wie eine riesige, etwa dreihundert Fuß lange Schlange erblickte oder *durch Suggestion zu erblicken gezwungen wurde*. Sie lag bewegungslos da, und es sah so aus, als ob der Kopf vom Rumpfe abgetrennt sei. Mein Erstaunen mehrte sich noch außerordentlich, als ich weiter hinten ein gewaltiges Tier sah oder *durch Suggestion zu sehen gezwungen wurde*, welches aus einer Baumgruppe herauskam, in die Luft stieg, ohne die Flügel zu benutzen, und sich in meiner Nähe niederließ, wobei es sich mit den Krallen an die Felsen klammerte. Ich sah es mir genau an: sein Körper war ganz weiß und leuchtend, es hatte einen Pferdekopf mit rotglühenden Augen, einen aufgerissenen Schlund mit einer dicken roten Zunge, und Löwenpfoten. Es hatte verhältnismäßig kleine Flügel und einen langen weißen Schwanz.

Im heiligen Wald sah ich zwei Häusergruppen; in der einen hauste der Geist von Mbona mit seiner Frau Salima, welche von ihren Mägden umgeben war; in der anderen wohnte der Häuptling Mbango, der als Wächter und Impresario amtete. Da Mbango nicht anwesend war, begleitete mich sein Sohn Chatayika in den heiligen Bezirk; er erklärte mir zuvor, ich müsse mich in ein himmelblaues Baumwollgewand kleiden, und wenn das nicht möglich sei, müßte ich Helm und Schuhe ablegen. Mein Eingeborenendiener (den ich mit vieler Mühe überredet hatte, mitzukommen, und der mit klappernden Zähnen neben mir ging) müsse sich völlig entkleiden, wie er, Chatayika, bereits getan hatte.

Die Luft in diesem ‚heiligen Wald' wirkte dumpf, drückend, feierlich. Die Hütten, die im Schatten der Bäume standen, waren seit

Jahren nicht instandgesetzt worden. Kaum war ich in ihre Nähe gekommen, als mir ein Mann entgegentrat, dessen Gesicht alle Zeichen einer großen geistigen und magnetischen Kraft aufwies. Ich fragte ihn, ob man Salima besuchen könne, und er rief eine Magd, der er befahl, Salima die Ankunft eines Besuchers anzuzeigen. Das Dorf war von einem kräftigen Palissadenzaun umgeben; man sagte, es sei gefährlich, diesen Zaun zu durchschreiten; ich trat aber trotzdem ein...

Vor mir stand der Wald, aus dem die Tiere gekommen waren, die ich halluziniert hatte. Es herrschte eine bedrückende, beschwerliche Friedhofsluft. Die Vögel sangen auf den Zweigen, aber auf eine eintönige, einschläfernde Weise. Drei Hütten standen da; die eine war von Salima bewohnt, die andere offenbar von Mbona, da sie nie jemanden beherbergt zu haben schien, und die dritte diente zur Aufnahme der dargebrachten Speisen und Getränke. In der Nähe murmelte eine Quelle.

Ich fragte eine andere Magd, ob ich Salima sehen könne. Sie antwortete, Salima würde nicht kommen, und ich könne sie nicht besuchen, da sie zu erhaben für mich sei. Salima geruhte aber doch, mir aus dem Inneren der Hütte guten Tag zu wünschen. Ich ergriff die Gelegenheit, um meinerseits das Wort an sie zu richten und zu bemerken, ich sei gekommen, sie zu besuchen; wenn sie also eine schlechte Frau sei, könne sie sich in das Haus einschließen; sei sie hingegen eine gute Frau, so hätte sie doch keinen Grund, sich vor jemandem zu verbergen, der sie so sehr zu sehen wünschte. Vor was sie sich denn fürchte? – Diese Aufmunterung erwies sich als wirksam, denn Salima erschien auf der Schwelle, in himmelblaue Baumwolle gekleidet, und reichte mir freundlich die Hand. Ihr Gesicht war beinahe schön: funkelnde schwarze Augen, ausgeprägte Gesichtszüge, ein stolzer Ausdruck und eine weiche, melodiöse Stimme. Auf meine Frage entgegnete sie, ihr Gemahl Mbona sei seit einiger Zeit abwesend und er suche sie bisweilen in menschlicher Gestalt auf. Er gebe ihr Auskünfte, was sie ihrem Volke mitzuteilen habe und wie sie Fragestellern zu antworten habe; er habe die Fähigkeit, sich in jedes beliebige Tier zu verwandeln, nach eigenem Gutdünken regnen zu lassen, seine Feinde ins Verderben zu stürzen, Teuerungen hervorzurufen, die Schuldigen zu bestrafen und so weiter. Kurz, er war der Gott aller Stämme von Senna, Chicumba und Wanyanja, ausgenommen weniger Verräter, die ihrem Treugelöbnis nicht nachgekommen waren. Schließlich sagte sie, Mbona habe die Macht, aus der Ferne Angstgefühle, Unbehagen und Furcht zu erzeugen.

Ich erklärte, unser Gott sei viel höher als Mbona; der Beweis sei darin zu erblicken, daß ich keinerlei Beklemmung und keine Furcht empfunden habe, nicht einmal in der Gegenwart von Salima und Mbona; sie gab das freimütig zu. Trotzdem begann ich mich während unserer Unterhaltung erneut von einem mächtigen geheimnisvollen Einfluß bestürmt zu fühlen, so, als ob jemand meinen Willen zu bändigen oder mich zu hypnotisieren versuchte; wiederum trat der Schmerz im Nacken auf. Ich ging sofort zum Gegenangriff über und setzte meine ganzen Willenskräfte ein, und kurz darauf gelang es mir, meine ganzen Geisteskräfte wieder in meine Hand zu bekommen, und zwar vollständiger als das erste Mal. Und tatsächlich, sobald mir das gelungen war, bemerkte ich, daß die Sonne im Gegensatz zu dem, wie es mir zuvor erschienen war, ganz natürlich in einer normalen Atmosphäre schien, daß die bedrückende Friedhofsluft gar nicht existierte und daß die Vögel sangen, wie alle Vögel zu singen pflegen.

Als ich mich so Herr meiner selbst fühlte, wollte ich die Hände von Salima und ihrer Dienerin näher betrachten; nach den Regeln der Chiromanthie zeigten diese Hände unzweifelhaft Zeichen, daß sie zwei bedeutenden Medien und Hellseherinnen gehörten; bei Salima waren die Zeichen ausgeprägter als bei der Dienerin. Der letzteren sah man an, daß sie lange als hypnotisches Subjekt gedient hatte, bis sie fast verblödet war. Das verhinderte aber nicht, daß die beiden Mägde ein fast teuflisches Aussehen hatten.

... Sie erklärte mir, Mbona vermöge von jedem, der nicht die Kraft hatte, sich ihm zu widersetzen, Besitz zu ergreifen, ihm den Geist zu entwenden und selbst in den Körper des Individuums oder einer Gruppe von Individuen einzugehen und sie zu zwingen, seinen Willen auszuführen. Er vermochte beispielsweise, von einem Flußlotsen Besitz zu ergreifen und das Schiff stranden zu lassen; oder einem anderen ein solches Unbehagen einzuflößen, daß er restlos verzweifelte; im Lande berichte man Fälle, die das bestätigten.

Die Eingeborenen erzählten, Mbona habe manchmal von einem von ihnen Besitz ergriffen und ihn gezwungen zu rufen: ‚Ich, Mbona, verlange Palmwein für meine Frau Salima!' oder Speisen oder Gewänder, je nachdem.»

Soweit der wesentliche Teil des amtlichen Berichtes, den der Offizier Robert R. Racey an seinen Kommandanten, Major Pearce, schickte. Der Major schrieb dem Berichterstatter erneut und bat ihn um weitere Aufklärungen; dieser faßte hierauf einen zweiten Bericht ab, dem ich einige Ergänzungen entnehme.

Racey schreibt:

«In dem amtlichen Bericht beschrieb ich nicht alle Dinge, die ich zu sehen bekommen hatte, da ich es für unnötig hielt, Ereignisse zu schildern, die an diesem Orte einfach nicht glaubhaft sein konnten...

Salima war eine Frau mittleren Alters mit negroiden, aber feinen Gesichtszügen. Sie war mir gegenüber freundlich und leutselig, da ich einen hohen Rang einnahm. Sie besaß unzweifelhaft in hohem Grade hellseherische Fähigkeiten und eine große hypnotische Faszination. Außerdem wirkte sie als Medium im wahren Sinne des Wortes... Salima blieb beim Empfang ihrer Besucher in der Hütte verborgen. Ich fragte sie, wer ihr suggeriere, was sie den Besuchern zu antworten habe; sie antwortete, es sei nicht sie, die antworte, sondern Mbona, der durch sie spreche; manchmal manifestiere er sich in menschlicher Gestalt...

Während unserer Unterhaltung gab Salima zu, daß Mbona sie seit einiger Zeit im Stiche gelassen habe; sie erkannte an, daß meine Persönlichkeit stärker sein müsse als diejenige Mbonas, da ich weder Beklemmung noch Furcht geäußert habe, etwas, was sie noch nie erlebt hatte. Ich erklärte ihr, meine Unverletzlichkeit sei der Macht zuzuschreiben, die mir mein Gott, die höchste Gewalt, eingebe...; und auch das gab sie zu... – Wir gingen fast freundschaftlich auseinander, mit einem kräftigen Händedruck...

Eines Tages kam mir zu Ohren, daß einige europäische Arbeiter, die am Bahnbau beschäftigt waren, beabsichtigten, das ‚Heiligtum von Mbona' aufzusuchen, und ich beeilte mich, zu Salima zurückzukehren, um ihr mitzuteilen, daß sie in Gefahr stände. Sie war sehr beeindruckt davon und fragte mich, was sie tun solle. Ich riet ihr, zu ihrem Vater (einem Mbewili) zurückzukehren, wie es bei Personen ihres Ranges üblich war. Sie sagte mir, das könne sie nicht tun, sie würde lieber nach Makwera gehen. Ich stimmte zu und half ihr beim Wegzug...

Was Mbona angeht, so weiß ich nicht zu sagen, ob er für unsterblich galt oder nicht, auch nicht, wie alt er war. Er manifestierte sich mir und Salima in einer hellseherischen Vision, und schien mir ein ziemlich bejahrter Neger zu sein.»

Ich schließe das Zitat ab, indem ich noch bemerke, daß Prof. Hyslop dem berichtenden Offizier schrieb, um weitere Aufklärungen über die Gestalt der halluzinierten Tiere zu erhalten. Der Antwort entnehme ich den folgenden Absatz:

«Die Schlange und der Drache, die mir erschienen, waren hellseherische Visionen; während die erstere mir aber durchscheinend erschien, sah der zweite derart deutlich und körperhaft aus, daß ich den Eindruck erhielt, er sei unserer physischen Ebene so nahe, daß er auch dem normalen Blick sichtbar sein müsse...»

Prof. Hyslop kommentiert folgendermaßen: «Es besteht kein Zweifel, daß diese Halluzinationen echt waren; der Beweis ist die Tatsache, daß die Wilden sie vor dem Berichtenden geschaut hatten ... Damit wird die Erscheinung höchst interessant ... Es ist bemerkenswert, daß der Unteroffizier, der unter dem Befehle unseres Offiziers stand, den Vorfall mit dem Drachen bestätigt, den er zugleich mit seinem Vorgesetzten sah ...»

In dem angeführten Falle sind Vorfälle wunderbarer Art enthalten; sie unterscheiden sich aber nicht von der Art und Weise, wie gleichartige Manifestationen bei den zivilisierten Völkern auftreten; es handelt sich um wohlbekannte und gründlich untersuchte Fälle. Die «Priesterin Salima» zeigt sich als Negermedium, das in Trance verfiel und aus seiner Hütte heraus unter übernormaler Einwirkung des verstorbenen Gatten Mbona (ob echter oder illusorischer, ist hier unwesentlich) zu den Personen sprach, die es konsultierten. Und anscheinend beschränkten sich die mediumistischen Fähigkeiten nicht nur auf die mündliche Ausdrucksform, sondern es behauptete auch, Mbona manifestiere sich manchmal in Menschengestalt, das heißt, daß er sich manchmal materialisierte. Weiter haben wir gesehen, daß Mbona sich dem Berichtenden in einer hellseherischen Vision manifestierte, was ebenfalls bestätigt, daß Leutnant Racey die Fähigkeiten eines «Sensitiven» besaß, was er übrigens selbst behauptet.

Weiter steht fest, daß Salima in höchstem Grade die Fähigkeit besaß, zu bannen und zu hypnotisieren; diesen Manifestationen ist vor allem der große geistige und moralische Einfluß, den sie auf die umliegenden Stämme ausübte, zuzuschreiben. Indessen erweist es sich, daß sie sich zu den Praktiken der Zauberei aus der Ferne ihrer Mägde bediente, die von ihr in hypnotischen Schlaf versetzt wurden. Wir haben gesehen, daß die hypnotischen Praktiken auf eine erhebliche Ferne wirken konnten und daß der Leutnant Racey sie ein erstes Mal zu spüren bekam, als er vierzehn Meilen von ‚Mbonas Heiligtum' entfernt war; hierbei zeigten sie sich in Form eines allgemeinen Unwohlseins, eines Schmerzes im Nacken und eines unbestimmten Gefühls hypnotischer Unterwerfung; und die wirklich äußerliche Herkunft dieser Symptome erhellt daraus, daß die Eingeborenen behaupteten, einer der Kräfte Mbonas zeige sich gerade darin, daß er von einer beliebigen Entfernung Unwohlsein, Beklemmung und Angst einflößen könne. Dieser Umstand wird mittelbar durch die halluzinatorische Schau der Riesentiere, die der Leutnant und sein Begleiter kurz darauf zu sehen bekamen, bekräftigt, besonders aber durch den wiederholten Versuch der Hypnose, der von den gleichen Symptomen begleitet war, als der Leutnant sich bei Salima aufhielt.

Indessen haben wir gesehen, daß alle diese Versuche der hypnotischen Unterwerfung ihr Ziel nicht erreichten, und zwar infolge der Willenskraft, die der Offizier bei der Verteidigung seiner geistigen Selbständigkeit zeigte, einer Willenskraft, die sich derjenigen Salimas als überlegen erwies. Da aber Salima behauptet, ein derartiger Mißerfolg sei ihr noch niemals beschieden gewesen, wenn sie ihre Fähigkeiten auf die Eingeborenen zur Anwendung brachte, dürfte die geistige und moralische Herrschaft, die das «Heiligtum Mbonas» auf die umwohnenden Stämme ausübte, erklärt und berechtigt gewesen sein.

Wie es unter diesen Umständen immer zu sein pflegt, spann die Einbildungskraft des Volkes um echte Erscheinungen Phantasiegespinste. So gehörte zum Beispiel zu den Kräften, die Mbona zugeschrieben wurden, die Fähigkeit, nach Willkür Regen hervorzubringen, die Schuldigen zu bestrafen und seine Beleidiger umzubringen. Die andere Legende, die von seiner Fähigkeit, in Tiergestalt zu erscheinen, berichtet, stammt offensichtlich von den entsprechenden halluzinatorischen Visionen her, die Salimas Wille aus der Ferne suggerierte. Indessen war es aber doch Salima selbst, die vor Racey behauptete, Mbona habe diese Fähigkeit; das könnte einer bewußten Lüge Salimas zuzuschreiben sein, es könnte sich aber auch um eine ehrliche Überzeugung Salimas handeln, da ja solche Erscheinungen des Eingehens menschlicher Seelen in Tiere bei den Wilden häufig zu finden sind.

Ich werde diesen Umstand zusammen mit anderen gleichartigen Fällen weiter unten besprechen.

Von einem anderen Gesichtspunkt aus ist zu beachten, daß, wie aus den angeführten Tatsachen deutlich wird, die empirischen Praktiken der hypnotischen Suggestion aus der Ferne bei den Wilden bedeutend entwickelter und eindrucksvoller sind als bei den Zivilisierten. Die Erklärung ist darin zu suchen, daß bei den primitiven Völkern diese geheimnisvollen Praktiken ein mächtiges Hilfsmittel sind, um die anderen dem eigenen Willen zu unterwerfen und um über Einzelpersonen und Völker einen moralischen Einfluß und eine materielle Gewalt zu erringen; das ist in einer zivilisierten Umwelt natürlich nicht möglich, da dort die wissenschaftliche Forschung diese Praktiken des angsterregenden transzendentalen Geheimnisses, das sie umwitterte, entkleidet hat.

Schließlich sei noch bemerkt, daß in der Überlieferung der europäischen Völker ganz gleichartige Fälle zu finden sind, was beweist, daß Personen mit der Fähigkeit der Faszination bei den zivilisierten Völkern stets bekannt waren. In den Berichten von «Zaubereien» und «schwarzer Magie» lesen wir tatsächlich von Monstren und gehörnten und geschwänzten Teufeln, die durch magische Fernpraktiken sichtbar würden, ähnlich den Tieren, die durch Salimas Wirken dem Leutnant Racey erschienen. In der Neuzeit, da die Praktiken der «schwarzen Magie» ihres teuflischen Zubehörs entkleidet und der kühlen wissenschaftlichen Prüfung unterworfen sind und den bescheideneren Namen «hypnotische Wirksamkeit» erhalten haben, lassen sich Versuche mit der «experimentellen Zauberei» aus der Ferne ausführen, die denjenigen Salimas sehr nahe kommen.

Es folgt ein Fall, den ich den *Annales des Sciences Psychiques* (1892, S. 253–267 und 317–337) entnehme.

Dr. A. Giboteau berichtet, wie er als Oberarzt der Pariser Krankenhäuser eine gewisse Frau Berta B. kennenlernte, die ins Krankenhaus kam, um ihr krankes Kind zu pflegen. Als er ihre Bekanntschaft machte, hatte sie bereits dem Sekretär des Barons Dupotet als magnetisches und hierauf einem Kollegen des Dr. Giboteau als hypnotisches Subjekt gedient.

Giboteau fährt in seiner Erzählung folgendermaßen fort:

«Berta erzählte mir, ihre Mutter übe die ‚Zauberkunst' aus, und man konsultiere sie, um die Zukunft zu erfahren oder die Heilung von Krankheiten zu erwirken. Berta selbst kannte einige durchaus ungewöhnliche Kniffe der ‚Zauberkunst'. Sie vermochte zum Beispiel jemanden zwingen, sich zu verirren, indem sie ihn dazu brachte, rechts und links zu verwechseln (Halluzination des Ortssinnes), und ich selbst wurde davon betroffen. Sie erzählte mir, sie habe als Mädchen mit der Mutter zum Erdbeerensammeln in den Wald gehen müssen; wenn sie dann genug hatte und sich langweilte, spielte sie der Mutter den Streich, sie die Richtung verlieren und den Heimweg einschlagen zu lassen. Bei uns auf dem Land gilt diese Fähigkeit im allgemeinen als Zauberei.

Auf Kuba machen die Eingeborenen das gleiche; es wäre von Interesse, diese Praxis, deren Wirklichkeit ich garantieren zu können glaube, näher zu untersuchen.

Ein anderes Mal zeigte mir Berta, wie man es machen muß, um eine Person zu Fall zu bringen. Das Verfahren ist von bemerkenswerter Vernünftigkeit. Vor allem muß man die Person, die man zu Fall bringen will, kennenlernen, dann mit ihr sprechen und versuchen, sie zu beeinflussen und mit dem eigenen Denken zu erfüllen, bis sie es mit der Angst zu tun bekommt. Wenn das erreicht ist, lauert man ihr auf der Straße auf, folgt ihr und ahmt ihre Gehweise nach, wobei man sie ‚karikiert' (diesen Ausdruck brauchte Berta, um zu zeigen, daß man geistig von der Person Besitz ergreifen muß, um in ihr eine gewisse Schläfrigkeit hervorzurufen; ein Vorgang, der ihr geläufig war). Hierauf stellt man sich ein Seil vor, das wenige Meter vor der Person, die man aufs Korn genommen hat, über die Straße gespannt ist; man folgt genau den Schritten, die sie macht, und in dem Augenblick, da sie an das Seil kommt, macht man absichtlich einen Fehltritt, den die Person zu wiederholen gezwungen ist, wobei sie zu Fall kommt.

Berta rühmte sich damit, sie könne Halluzinationen übertragen, Bilder jeder Art auftauchen und sich selbst erscheinen lassen. Ich bezweifele, daß es ihr je gelang, das eigene ‚Doppel' zu projizieren; was die Halluzinationen anbetrifft, so gelang es ihr eines Abends, meinen Kollegen P. weiße Tauben sehen zu lassen, die ihn umflatterten. Mit mir, der ich wenig visuell bin, hatte sie weniger Erfolg. An einem Sommerabend gegen acht Uhr erwartete ich sie bei mir und stand in der Veranda, von wo aus ich auf die Straße blickte. Ich fühlte seit einigen Minuten sehr stark ihre Gegenwart und meinte darum, da ich sie nicht erscheinen sah, sie habe sich auf der Straße aufgehalten. Plötzlich sah ich sie hinter mir wie einen weißen Widerschein auf der Wand vorbeihuschen. Der Reflex der Sonne von einem Fenster, das geöffnet oder geschlossen wird, ist dem, was ich sah, sehr ähnlich; indessen schien die Sonne aber nicht, auch nicht der Mond, und die Laternen waren noch nicht angezündet, da es noch hell war. Ich spürte weiterhin sehr stark ihren Einfluß; nun vernahm ich im Zimmer zweimal einen spitzen Laut, wie das Piepsen einer Maus. Es wurde mir klar, daß das alles das Werk Bertas war, die mich zu beeinflussen suchte...

Kurz darauf traf sie ein, und auf meine mit der nötigen Vorsicht gestellten Fragen antwortete sie mir, sie habe mir in Person auf der Veranda erscheinen wollen; hierauf habe sie mich veranlassen wollen, Laute zu vernehmen, wie sie ihr Kind, das wenige Monate alt war, hervorbrachte.

Noch ein Erlebnis mit Berta. Dieses Mal wollte sie ein Angstgefühl auf mich übertragen. Eines Abends kam ich gegen Mitternacht heim. Als ich auf dem Treppenabsatz vor meiner Tür stand und gerade den Schlüssel in das Schlüsselloch einführen wollte, sagte ich zu mir: ‚Wie blöd! Schon wieder einer von Bertas üblichen Streichen! Sie will mich im Korridor etwas Schreckliches sehen lassen. Wirklich unangenehm!' – Ich war tatsächlich etwas nervös. Ich öffnete rasch die Tür, schloß die Augen und steckte ein Streichholz an. Nach wenigen Minuten ging ich zu Bett, löschte das Licht aus und steckte wie die Kinder den Kopf zwischen die Decken.

Am anderen Tage fragte Berta mich, ob ich im Korridor oder in meinem Zimmer ein Skelett gesehen habe und erschrocken sei. Ich brauche nicht zu sagen, daß ein Skelett das Letzte ist, was mich erschrecken würde. Ich gestehe aber doch offen zu: ich bin keineswegs ängstlich, muß aber doch sagen, daß ich nach zweimonatiger Bekanntschaft mit Berta merkwürdig furchtsam wurde und vor Bösem, das mir zustoßen könnte, Angst bekam..., und ich bin überzeugt, daß meine plötzliche Feigheit das bewußte und gewollte Ergebnis von Bertas Bemühungen war, mich unter ihrem Einfluß zu halten.

Ein anderer Fall der gleichen Art. Eines Abends fuhr ich mit meinem Freunde P. in das Quartier Latin zurück, nachdem wir Berta heimgebracht hatten. In der Rue Vaugirard, vor dem Gitter des Luxembourg, wurde ich plötzlich von einer ebenso außergewöhnlichen wie absurden Angst gepackt. Die Straße war hell erleuchtet, man sah keinen Fußgänger, und das Stadtviertel ist um diese Zeit (Mitternacht) absolut sicher. Die Furcht, die mich überfallen hatte, schien keinerlei Grund zu haben, es war Furcht um der Furcht willen. Ich sagte zu meinem Freunde: ‚Es ist blöd, aber ich habe fürchterlich Angst. Es muß ein Streich von Berta sein.' – Der Freund lächelte, aber bald darauf bemerkte er: ‚Merkwürdig! Jetzt packt es auch mich. Ich zittere vor Angst. Äußerst unangenehm!' – Diese Angstempfindung verblieb uns, bis wir an das Tor des Luxembourg kamen, dann verschwand sie. Wir stiegen an der Ecke der Rue Soufflet aus; kaum waren wir ausgestiegen, als Freund P. rief: ‚Schau mal! Siehst du nicht etwas Weißes um uns herumflattern? Da! Gerade vor uns! Jetzt ist es weg!' – Ich sah nichts, aber ich verspürte sehr stark Bertas Einfluß.

Am anderen Tage traf ich sie im Krankenhaus. Kaum erblickte sie mich, als sie fragte: ‚Nun, haben Sie nichts gesehen?' – Ich bat sie, mir zu sagen, was wir hätten sehen *sollen*. Sie entgegnete: ‚Zuerst hat sich Ihr Kutscher verirrt. Oh, nicht Sie zwei, Sie haben davon nichts gemerkt. Ich habe Sie durch ganz abgelegene Straßen fahren lassen.'

Tatsächlich hatte unser Wagen ein verwickeltes Labyrinth von Straßen in der Gegend der Rue de Babiloine durchfahren; ich hatte es bemerkt; ich könnte aber in dieser Beziehung nichts Bestimmtes aussagen.

Berta fuhr fort: ‚Hernach wurden Sie von Furcht ergriffen.' – ‚Wer?' fragte ich. – ‚Zuerst Sie, dann Herr P. Oh, Sie hatten Angst vor nichts Bestimmtem, grundlose Angst, aber sehr heftige Angst. Zuletzt haben Sie Tauben gesehen, die ganz nahe um Sie beide herumschwirrten.'

Bertas Einfluß äußerte sich oft in merkwürdigen Erscheinungen. So versuchte sie beispielsweise, mich daran zu hindern, das Boulevard St-Michel hinaufzugehen; wiederholt passierte es mir in dieser Straße, daß ich plötzlich von ihrem Einfluß durchdrungen wurde, und zwar auf zweierlei Art. Manchmal packte mich eine ganz besondere Schwäche in den Beinen, die auf einmal wie gelähmt waren. Es war, als hätte ich eine viel zu schwere Last auf meinen Schultern. Kehrte ich mich um, so fühlte ich mich auf einmal leicht und behend.

Andere Male hatte ich große Schwierigkeiten, vorwärtszugehen, als ob ich gegen einen heftigen Wind anzukämpfen hätte – oder vielmehr – da sich die Empfindung auf die Füße beschränkte – gegen einen Strom, in dem ich bis zum Gürtel steckte. Ich habe mich für diese subjektiven Empfindungen, die Berta mir übertrug, sehr interessiert. Auch unter diesen Umständen kehrte sich die Wirkung um, wenn ich mich umdrehte, und der Strom zog mich mit solcher Heftigkeit auf die Seine zu, daß ich mich gewaltsam beherrschen mußte, um nicht in Laufschritt zu verfallen.

Jede dieser beschriebenen Empfindungen hatte ich drei- oder viermal durchzumachen.

Das Merkwürdige ist, daß ich es fertigbrachte, anderen die gleichen Empfindungen zu übermitteln. Als ich beispielsweise einmal mit Frau A. ein Stück Wegs zusammen ging, konnte ich sie so wirksam beeinflussen, daß sie mich anflehte, aufzuhören, damit wir kein Aufsehen erregten.

Berta rühmte sich ferner, sie könne die Gefühle und Neigungen von anderen Personen umwandeln, ihnen je nachdem Abneigung oder Zuneigung einflößen... Einmal sah ich sie am Werk und kam zur Überzeugung, daß sie ihr Ziel erreicht habe. Es handelt sich um den Fall der Mme. B., der zu verwickelt und zu wenig beweiskräftig ist, als daß ich ihn hier vorführte. Ich will nur berichten, daß die Dame sich bei mir beklagte, Berta habe ihr einen derartigen physischen Abscheu vor ihrem Mann eingeflößt, daß es ihr übel werde, wenn er das Haus betrete, so daß sie beinahe in Ohnmacht falle. Trotzdem hätte sich ihre Liebe zu ihm in keiner Weise geändert. Einmal mehr bewies Berta den rein experimentellen, in gewisser Weise plumpen und brutalen Charakter ihrer Fernwirkung. Sie durchdrang das intime Denken der Personen nicht und kam nicht bis auf den Grund ihrer Seele, weshalb es ihr nicht gelang, sie in ihren affektiven Gefühlen zu beeinflussen. Ihre Macht beschränkte sich auf äußerliche Manifestationen. Trotzdem bin ich davon überzeugt, daß es für eine beeindruckbare Person gefährlich wäre, in ihrer Nähe zu leben...»

Damit schließe ich das Zitat aus dem Berichte des Dr. Giboteau ab, wenn er auch noch andere höchst interessante Vorfälle und Beobachtungen enthält. Auf Grund des Angeführten werden sich die Leser überzeugt haben, daß Berta Salima ebenbürtig war, daß also die «Zauberei» bei den zivilisierten Völkern sich von der «Zauberei» bei den wilden Völkern nicht unterscheidet; das heißt aber anerkennen, daß die hier besprochenen Erscheinungen zweifelsohne echt, wirklich und unanfechtbar sind und daß die offizielle Wissenschaft ein großes Unrecht begangen hat, wenn sie sie so lange vernachlässigte und leugnete. Sie bezeugen, daß die menschliche Persönlichkeit außergewöhnliche Fähigkeiten zur Übermittlung des eigenen Wollens in die Ferne besitzt, und zwar in Gestalt halluzinatorischer Suggestionen und geistiger und moralischer Einflüsse aller Art, die zu wohltätigen, aber auch zu bösartigen Zwecken gebraucht werden können. Und da es vollkommen eitel und kindisch wäre, das Bestehen dieser Tatsachen zu beklagen, da ja niemand das in uns und außer uns Bestehende unterdrücken kann, ist die einzig vernünftige und wissenschaftliche Haltung diejenige, sie so weit wie möglich zu durchdringen und unter den Auspizien der Wissenschaft zum Nutzen der Menschheit das einzusetzen, was in den Händen der Unwissenheit zum Schaden und zur Unterdrückung der Schwachen verwendet werden könnte.

*

Nach dieser langen, aber lehrreichen Digression kehre ich zu den primitiven Völkern zurück und führe nochmals einen einzigartigen Fall «experimenteller Zauberei» bei den Rothäuten Kaliforniens an.

Der Ethnologe Dr. John P. Harrington von dem *Smithsonian Institute* (Vereinigte Staaten) schildert eines der merkwürdigsten Kampfspiele, die es in der Welt des Sports gibt: es ist ein Kampf, bei dem als Waffe das Denken eingesetzt wird, bei dem es aber doch Opfer durch *Knockout* gibt wie beim Boxen.

Harrington schreibt:

«Die Kämpfer sind Medizinmänner. Eine große Zuschauermenge aus allen Dörfern der Umgebung nimmt mit gewaltiger Leidenschaft an dem Schauspiel teil, hält den Atem in zitternder Erregung an, wenn die seelische Spannung besonders stark wird.

Wenn ein Stamm beschließt, einen solchen Wettkampf durchzuführen, schickt er an die benachbarten Stämme Boten, um das Datum anzuzeigen und zur Teilnahme zu laden. Bei diesen Wettbewerben erkennen die Medizinmänner des einladenden Stammes – meistens fünf oder sechs – nur denjenigen als gleichwertig oder überlegen an, der in der großen Prüfung besondere Fähigkeiten an den Tag legt. Sie wenden sich an die geladenen Medizinmänner und fordern sie auf, die Prüfung zu bestehen. Wenn einer von diesen meint, die Herausforderung annehmen zu können, wird in der Mitte der Kampfbahn eine Linie gezogen, und die Medizinmänner des einladenden Stammes stellen sich in einer Reihe an einem Ende der Bahn auf. Um gleichwertig oder überlegen zu gelten, muß der Kämpfer nun die einfache Aufgabe erfüllen, diese Linie zu überschreiten.

Der Herausgeforderte zieht sich in das dichte Gebüsch in der Nähe zurück, entkleidet sich, schmückt sich mit vielfarbigen Federn, spricht magische Beschwörungsformeln aus und schreitet dann gemessenen Schrittes auf die Linie zu, auf deren anderer Seite die herausfordernden Medizinmänner stehen, denen es nun obliegt, ihn durch Gedankenkonzentration am Überschreiten der Linie zu hindern. Während er sich der Linie nähert, greift er mehrfach in die Luft, als ob er Bälle auffinge. Auf diese Art sammelt er ‚geistige Kraft', mit der er das gewaltige Hindernis des kollektiven Denkens anzugreifen und zu überwinden hofft.

Auf der anderen Seite der Linie tun auch die Medizinmänner des Dorfes irgend etwas, man weiß aber nichts Bestimmtes, da das Geheimnis streng gewahrt wird.

Je mehr der Wettkämpfer sich der Linie nähert, um so mehr hält die Menge den Atem an, mit solcher Beklemmung folgt sie der großen Prüfung.

Nun geschieht es sehr häufig, daß der Wettkämpfer bei seiner Ankunft an der Linie von geradezu epileptischen Krämpfen befallen wird. Er stürzt zu Boden, steht wieder auf, fällt wieder; erhebt sich wieder, schwankt, vermag aber schließlich mühsam die Linie zu überschreiten.

Manchmal aber stürzt er bewußtlos zu Boden, als ob er einen gewaltigen Boxhieb erhalten hätte.

Früher geschah es manchmal, daß der Kämpfer, der betäubt zu Boden fiel, nicht mehr aufstand oder kurze Zeit darauf verstarb.

In diesem Falle erhielt er ein prunkhaftes Begräbnis, das dann als integrierender Bestandteil zu der großen Prüfung des ‚Gedankenkampfes' gehörte.

Andererseits gibt es Kämpfer, die die Linie mit Leichtigkeit überschreiten; in diesem Falle werden ihnen triumphale Ehren zuteil und sie gelten als die höchsten Sieger.» (Zitiert aus *Light* 1935, S. 515.)

Wer hätte je gedacht, daß die Rothäute Amerikas zu derartigen empirischen Kenntnissen von der Macht des Denkens gelangt wären, daß sie sogar solche Kämpfe abhalten?

All das gereicht unserer psychologischen Wissenschaft jedenfalls nicht zur Ehre; sie ist so rückständig, daß sie vollkommen ignoriert, was die primitiven Völker schon seit Jahrhunderten kennen.

Diese Kämpfe haben lehrreiche Berührungspunkte mit den entsprechenden Unternehmungen von Berta und Salima, übertreffen sie aber in gewisser Hinsicht, da bei den beiden Zauberinnen von Fernhalluzinationen die Rede war, oder davon, Furcht einzujagen oder Antipathien oder Abneigungen zu erzeugen, während wir bei den Wettkämpfen der Indianer feststellen, daß die Macht des Kollektivwillens im Gegensatz zu dem Willen einer Einzelperson zu solchen heftigen Auswirkungen gelangen kann, daß sie Krämpfe, Bewußtlosigkeit, ja sogar den Tod herbeiführen kann.

*

Bereits im vorangehenden Falle war von gelegentlichen Todesfällen, die durch die Macht des kollektiven Denkens bewirkt wurden, die Rede; ich will deshalb nunmehr das heikle Thema der Todesfälle, die nicht gelegentlich und zufällig, sondern bewußt und absichtlich durch Praktiken der «schwarzen Magie» zustandekamen, behandeln.

Ich erinnere daran, daß ich zu diesem Thema bereits hinsichtlich der Krankheitsfälle Stellung genommen hatte, die von den Medizinmännern aus der Ferne bewirkt werden, Krankheitsfälle, die wirklich solche sind und bei den primitiven Völkern noch nicht einmal selten vorkommen.

Gleichzeitig bemerkte ich, daß die Praktiken der «schwarzen Magie» niemals zum Tode des Opfers führten, es sei denn in den Fällen, da es blindlings an die Macht des Zauberers, aus der Ferne den Tod herbeizuführen, glaubte; in diesem Falle waren sich die Opfer bewußt, unter dem verderblichen Einfluß eines «Todesfluches» zu stehen, und sie starben unweigerlich, aber nicht infolge der magischen Praktiken, sondern infolge der verhängnisvollen Auswirkung der Autosuggestion.

Ich fügte noch hinzu, die Zauberer behaupteten selbst, daß die magischen Praktiken ergebnislos blieben, wenn das Opfer nicht wußte, daß es zum Tode verurteilt worden war, weswegen sie es nie unterließen, dem Opfer auf irgendeine Weise davon Kenntnis zu geben.

Dr. G. B. Kirkland, Regierungsarzt in Südrhodesien (bereits oben mit einem Fall von «Fernübertragung von Nachrichten» zitiert) beschreibt die Methoden, die von den Zauberern angewandt werden, um das Opfer von dem Einfluß des Todesfluches, mit dem es belegt worden ist, zu unterrichten.

Kirkland schreibt:

«Die Todesfälle infolge magischer Praktiken ereignen sich wirklich; folgende Methoden werden angewandt, um das Opfer davon zu unterrichten, daß es durch magische Praktiken zum Tode verurteilt worden ist:

Die erste Methode heißt ‚Händedruck des Todes' und ist ein regelrechter Mord von seiten desjenigen, der zu diesem Zwecke den Zauberer aufsucht. Wer sich eines Feindes entledigen will, geht zu einem Zauberer, der ihm die Macht überträgt, das Opfer mit einem freundschaftlichen Händedruck umzubringen. Darauf reicht er seinem Opfer, wenn er ihm begegnet, die Hand und gibt ihm einen langen, freundschaftlichen Händedruck; dann versetzt er der Hand des Opfers einen harten Schlag und erklärt brutal, es sei durch magische Handlungen dem Tode geweiht. Der arme Teufel, dem das widerfährt, wehrt sich keineswegs, denn er glaubt blindlings, nun sei für ihn alles verloren. Er zieht sich betrübt in seine Hütte zurück, wo er dahinsiecht und in kürzester Zeit stirbt.

Die zweite Methode ist streng orthodox und befolgt die Regeln, die seit unerdenklichen Zeiten bei den «Hexen» der zivilisierten Völker gelten. Sie trägt die Bezeichnung ‚Todesfluch'. In diesem Falle erhält der Zauberer Belohnungen und überreiche Gaben für die kleine Unternehmung, ein Feuerchen anzuzünden und in diesem neben giftigen Kräutern, Raubtierblut, menschlichem Kot und anderen Dingen Haare des Opfers zu verbrennen und das Ganze mit den rituellen Sprüchen des Todesfluches zu begleiten. Kaum erfährt das Opfer von diesem Vorfall, so stirbt es unweigerlich in der vorgeschriebenen Zeit.

Für uns Europäer erscheint das unwahrscheinlich; es ist aber doch so. Ich habe selbst junge, kräftige und durchaus gesunde Eingeborene in der Sonne vor der Hütte niederkauern sehen, um dort langsam, unweigerlich, in fortschreitendem Zerfall und ohne jegliche Krankheit dahinzusiechen.

Die dritte Methode, die ich persönlich beobachten konnte, wird ‚Totenbahre' genannt. In diesem Falle flicht der Zauberer aus grünen Lianen unter den üblichen magischen Zeremonien ein plumpes Netzwerk, das er dann an der Türe der Hütte des Opfers befestigt. Wenn das Opfer es zerreißt oder auch nur berührt, wird es von einer tödlichen Mattigkeit ergriffen und verstirbt mit unbedingter Sicherheit, um dann auf dieser Bahre aus Lianen auf den Friedhof getragen zu werden.

Diese Art des Todesfluches ist viel billiger, aber der Erfolg ist nicht sehr gewiß, denn wenn das Opfer rechtzeitig davon erfährt, kann es in die Mauer aus getrocknetem Ton ein Loch bohren und durch dieses in die Hütte kriechen, ohne das Netz zu berühren, so daß es dem Tode entgeht.

Zu den beschriebenen Verfahren ist besonders zu bemerken, daß das Opfer unbedingt wissen muß, daß es dem Tode geweiht worden ist, da sonst der Fluch sein Ziel nicht erreicht. Gerade dieser Umstand zeigt deutlich, wie die Praktiken der ‚schwarzen Magie' bei den Todesfällen wirken.» (*Light*, 1935, S. 62.)

Auch der Bischof von Accra (Goldküste) ist hinsichtlich des Wahrheitsgehaltes der «schwarzen Magie» der gleichen Ansicht; er erwähnt einen Todesfall, der auf diese Art zustandekam.

Er schreibt:

«Ich habe alle Zeugnisse, die ich auftreiben konnte, sorgfältig gesammelt und geprüft. Wenn auch ein großer Teil der sogenannten magischen Praktiken zweifelsohne Gaukelei ist, die bei leichtgläubigen und abergläubischen Völkern leicht gedeiht, so bin ich doch gewiß, daß in den gleichen Praktiken ein gewisser Wahrheitsgehalt zu finden ist. Wenn man sich bemüht, so vieles wie nur möglich mit den Naturgesetzen zu erklären, so bleibt doch immer ein beachtlicher Rückstand an Tatsachen, die sich nicht nach den Gesetzen der Natur erklären lassen...

Ich kannte einen kräftigen und gesunden Eingeborenen, der von einem Todesfluch betroffen wurde. Er erkrankte plötzlich und verschied nach kurzer Zeit, ohne sich irgendwie zu wehren. Die europäischen Ärzte vermochten nichts auszurichten, da sie behaupteten, an seinem Organismus sei nichts krank. Er hatte aber jede Hoffnung verloren, und das war der Grund seines Todes.

Es ist sinnlos, wenn die Männer der Wissenschaft alles auf ihre Weise erklären wollen. Man muß vielmehr die Seelenkräfte zu verstehen suchen, um sie dann in den Dienst der Menschheit zu stellen...» (*Psychic News*, 1932, S. 3 der Nr. 3.)

Wie ersichtlich, hatte auch dieser Todesfall die Vorgeschichte, daß das Opfer *jegliche Hoffnung verloren hatte;* das bedeutet doch wohl, daß das Opfer an einer Autosuggestion zugrundeging. Der Bischof scheint die «verlorene Hoffnung» nicht von diesem Gesichtspunkt aus erwähnt zu haben; auf alle Fälle ist sie aber unzweifelhaft die Ursache der Todesfälle durch Zauberei.

Bei dem nächsten Fall wird diese Wahrheit für alle offenbar.

Der bekannte Parapsychologe Florizel von Reuter gibt in *Psychic News* (1932, S. 12 der Nr. 6) einen Überblick über einen Bericht des Gouverneurs von Maga Mountains, eines Bezirkes Britisch Indiens, an das *Royal Anthropological Institute* von London, in dem dieser über den Glauben der Eingeborenen an die zeitweilige Abwanderung der Geister gewisser Yogin in Tierkörper behandelt.

Hierbei bemerkt er:

«Wenn der Geist dabei ist, von dem Körper des Raubtieres Besitz zu ergreifen, verspürt das Subjekt seltsame Gliederschmerzen und ein Gefühl der Krümmung längs der Wirbelsäule, als ob es lange Zeit auf allen vieren gelaufen wäre.

Wenn das Tier, in dessen Körper das Subjekt teilweise eingegangen ist, verwundet wird, so zeigt sich die Wunde auch auf dem Körper des Menschen, und wenn es eine tödliche Wunde ist, so erlebt man unweigerlich den Tod des Individuums; das Seltsamste daran ist aber folgender Umstand: *es stirbt nur dann, wenn es vom Tode des betreffenden Tieres erfährt;* es drängt sich der Gedanke an Autosuggestion auf.»

Hier handelt es sich nicht mehr um ein Todesurteil mittels magischer Praktiken, sondern um den Glauben an den Übergang menschlicher Seelen in Tierkörper; und doch bewirkt der «blinde Glaube» des Individuums, das teilweise in den Tierkörper eingegangen zu sein glaubt, in gleicher Weise den Tod, *aber nur, wenn das Individuum vom Tode des Tieres, mit dem es sich teilweise ineinsgesetzt hatte, erfährt.*

Nach diesen Darlegungen scheint mir die Annahme als gesichert, daß die Todesfälle durch «schwarze Magie» ausschließlich auf Autosuggestion beruhen. Die Pflicht des Berichterstatters zwingt mich jedoch zu der Bemerkung, daß sich in meiner Klassifikation Fälle finden, aus denen hervorgeht, daß manchmal Todesfälle durch Zauberei eintreten, ohne daß das Opfer davon weiß, daß es unter dem Einfluß eines «Todesfluches» steht.

Ich will nur zwei Fälle anführen.

Den folgenden Fall entnehme ich einem langen Aufsatz, den Hereward Carrington in *Psychic Research* (1930, S. 464) veröffentlichte.

Frau Irene E. Toye Warner, Mitglied der *British Anthropological Association*, trägt folgenden Bericht eines Augenzeugen vor:

«Ich war in Axim, an der Goldküste, als der Eingeborenenprinz Karatsupo mich aufsuchte und mich fragte, ob ich je die ‚Voodoo' genannten magischen Praktiken erlebt hätte. Ich verneinte. – ‚Dann bietet sich Ihnen eine ausgezeichnete Gelegenheit', sagte er; ‚ich werde Sie einführen, so daß es keinerlei Schwierigkeit für Sie haben wird, an den Mysterien der Sekte teilzunehmen. Denken Sie aber daran, daß sie an einem Schauspiel teilnehmen werden, das man als teuflisch bezeichnen kann, als bestialisch und widerlich; deswegen erreichen diese Praktiken ihre üblen Ziele aber doch.'

Ich ging also am Nachmittag mit dem Prinzen zu einer etwa fünfundvierzigjährigen Frau. Bei ihr waren noch zwei andere Frauen, anscheinend ihre Töchter, im Alter von achtzehn bzw. dreiundzwanzig Jahren. Die Frau sah mich von Kopf bis zu Füßen an und war offensichtlich mißtrauisch; dann richtete sie einige Fragen an mich und murmelte schließlich: ‚Was geschehen muß, wird geschehen.' – Offenbar hielt sie mich für würdig, an der Beschwörungszeremonie teilzunehmen.

Durch Vermittlung des Prinzen erfuhren wir, daß die Frauen von einem eingeborenen Exportkaufmann eine beträchtliche Geldsumme erhalten hatten; dieser Mann wollte sich seines ‚weißen' Konkurrenten entledigen, der ihn im Palmölhandel rasch verdrängt hatte.

Kurz darauf nahm die teuflische Zeremonie ihren Anfang. An Stelle von Weihrauch wurden giftige Kräuter verbrannt, die einen schwelenden und unerträglichen Rauch erzeugten. Dann kamen die Ritualgesänge und Beschwörungsformeln, während die drei Frauen, besonders die älteste, wie die höllischen Furien aussahen. Dann kam die Reihe an ein armes Hähnchen, dem in der Herzgegend drei Federn ausgerissen wurden, worauf ihm blitzschnell der Hals umgedreht wurde. Es folgten widerliche Beschwörungen, von denen ich nichts verstand und nichts berichte, da sie mir teuflisch vorkamen.

Hierauf schlitzte die Jüngste das Hähnchen in der Herzgegend auf, tauchte die drei Federn in das Blut und lief schnurstracks zu der Wohnung des weißen Mannes; sie hatte sich zuvor mit dem eingeborenen Diener verabredet, dieser ließ sie ein, und sie steckte die Federn in einen Ritz in der Lehmwand des Hauses, wobei sie rituelle Flüche und den Todesfluch ausstieß.

Der weiße Kaufmann erfreute sich bester Gesundheit, wie die ganze Nachbarschaft bestätigte. Trotzdem schrie er mitten in der Nacht auf, er war von äußerst heftigen und schmerzhaften Eingeweidekrämpfen befallen; die ganze Nacht hindurch waren seine Schmerzensrufe zu hören. Gegen Morgen schien eine Besserung eingetreten zu sein, aber am Tage fingen die Schmerzen erneut an und dauerten mit Pausen fort. Ein europäischer Arzt, der in den Goldminen beschäftigt war, wurde gerufen, aber er vermochte nichts auszurichten, und am dritten Tage, zu der Stunde, da die magischen Praktiken begonnen hatten, verstarb er...»

Den folgenden Fall entnehme ich der Zeitschrift *Psychica* (1932, S. 43). Der bekannte Parapsychologe César de Vesme bespricht darin einen langen Bericht von Jean Perrigault über die Kunst und den

Glauben der Wilden Französisch-Westafrikas, welches Perrigault eigens zu diesem Zwecke aufgesucht hatte.

Vesme schreibt nach einer verkürzten Wiedergabe eines Teiles des Berichtes folgendes:

«Das sensationellste Ereignis im Berichte Jean Perrigaults betrifft aber einen Fall von Zauberei, der es verdient, fast ungekürzt wiedergegeben zu werden.

In der Kolonie wohnhafte Personen rieten dem französischen Reisenden, einen eingeborenen Schmied in Koutiala (Sudan) aufzusuchen, der als großer Zauberer bekannt war. Perrigault berichtet das Folgende:

Ich überreichte dem Schmied das vorgeschriebene Honigwasser, den ‚roten Kola' und den roten Hahn. Der Schmied fragte:

‚Hast du Frieden?'

‚Was willst du damit sagen? Was für einen Frieden?'

‚Ich meine, ob du Feinde hast, Menschen, die dir übel wollen.'

‚Freilich habe ich zwei, aber sie sind weit von hier. Sie leben in Frankreich. Willst du etwa behaupten, du könntest verhindern, daß sie mir schaden?

‚Ja.'

Damit nimmt der Schmied einen schweren Hammer und stellt ihn zum Glühen in die Esse und ruft seinen Gehilfen. Eine alte Megäre gürtet ihm ein weißes Tuch um die Lenden; und er beginnt kabbalistische Sprüche aufzusagen.

Auf einmal und mit einer so blitzschnellen Bewegung, daß ich ihn nicht hindern konnte, legte der Gehilfe den Kopf des Hahnes auf den Amboß und der Schmied zerschmetterte ihn mit einem brutalen Schlage des glühenden Hammers...

Das alles ereignete sich in Koutiala im vergangenen Dezember.

Ich erkläre bei meiner Ehre, daß ich bei der Rückkehr nach Frankreich vom Tod der beiden Männer, an die ich vor der Schmiedeesse des Zauberers gedacht hatte, erfuhr; beide Todesfälle hatten sich auf so unerwartete, so seltsame Weise ereignet, daß die Bekannten der Toten an andere Todesursachen dachten, als es den Anschein hatte.

Reiner Zufall, nicht wahr? – Natürlich! Gerade das sage ich mir selbst unaufhörlich; nicht, um mich von Gewissensbissen wegen einer barbarischen Tat, der ich unter keinen Umständen zugestimmt hätte, und an deren Wirksamkeit ich ganz und gar nicht glauben will, zu befreien; ich empfinde keine solchen Gewissensbisse; wohl aber, weil sich alles in mir gegen den bloßen Gedanken an solche Gegenmaßregeln bei den Wilden sträubt.

Und doch klingt mir noch die Stimme des Schmiedes von Koutiala in den Ohren: ‚Wenn du in einem Monat noch nicht vollkommen Frieden hast, dann komm wieder hierher, und ich fange von neuem an. Aber ich werde nicht von neuem beginnen müssen, weil du nicht wirst zu mir zurückkehren müssen.‘»

Vesme gibt folgenden Kommentar dazu: «Um die Hypothese des ‚zufälligen Zusammentreffens‘ auszuschließen, müßte man natürlich die näheren Umstände des Todes der beiden Opfer der Zauberei kennen, insbesondere das Datum der Ereignisse. Auf alle Fälle ist diese Erzählung an und für sich schon geeignet, einen Schauder hervorzurufen.»

Und der «Schauder», von dem Vesme spricht, wird noch spürbarer, wenn man sich überlegt, daß es sich bei diesem Falle in Wirklichkeit gar nicht um ein einziges zufälliges Zusammentreffen handelte, sondern um zwei, was die erwähnte Hypothese weniger wahrscheinlich macht.

Ich habe nichts mehr hinzuzufügen, da ich gerade so wie Herr Perrigault denke und fühle, der «nicht an die Wirksamkeit solcher magischer Todespraktiken glauben will».

*

Ich beschließe dieses lange Kapitel über *bösartige* «Zaubereien», um eine *gutartige* Zauberei anzuführen, die indessen bei weitem nicht so gut auf Grund von Tatsachenmaterial bestätigt ist, wie es die *bösartigen* Zaubereien nur allzusehr sind.

Ich denke dabei an die Zauberer, die «Regen und schönes Wetter herbeiführen können».

Dieser Glaube ist bei fast allen primitiven Völkern verbreitet; darum wäre es nicht korrekt, ihn in einer Klassifikation, die das Material vom Gesichtspunkt des Glaubens aus betrachtet, mit Stillschweigen zu übergehen.

Auch Hereward Carrington, der durch die wissenschaftliche Strenge, mit der er das Gebiet des Übernormalen erforscht, bekannt ist, widmet ihm ein Kapitel seines Buches *The Psychic World.*

Es beginnt folgendermaßen:

«Wahrscheinlich werden die Leser sich verwundern und ungeduldig werden, wenn ich verweile, um ein für uns Westler so offensichtlich absurdes Phänomen zu behandeln. Wenn man das Thema jedoch vom psychologischen Gesichtspunkte aus betrachtet, gewinnt es großes Interesse, und wirft auch in der schlechtesten Hypothese neues Licht auf eine Seite der Vorurteile, die allen primitiven Völkern gemeinsam sind. Ganz abgesehen davon müssen wir uns bei den spiritistischen Forschungen daran gewöhnen, die Berichte von jedem übernormalen oder für übernormal gehaltenen Phänomen bei den primitiven Völkern in Erwägung zu ziehen, so unwahrscheinlich es auch *a priori* erscheinen mag...

Wer einen *gesunden Menschenverstand* hat, wird zur Erklärung wahrscheinlich bemerken, daß der Zauberer, der bei einer Periode anhaltender Trockenheit mit seinem Regenzauber eingreift, häufig errät, daß der Regen um so eher kommen muß, je länger die Trockenperiode gedauert hat; wenn dann der Regen kommt, wird das freudige Ereignis dem Zauberer zugute geschrieben; wenn der Regen dagegen nicht kommt, so wird der Mißerfolg entweder rasch vergessen oder anders interpretiert. – Nun ist aber diese vermeintliche Erklärung völlig irrig. Für den Zauberer, der Regen machen soll, sind die Aussichten im Gegenteil sehr ungünstig, denn wenn der Regen nicht kommt, bringt der erste Mißerfolg ihn vielleicht nur in schweren beruflichen Verruf; wenn er sich aber zum zweiten Male irrt, wird er unweigerlich umgebracht.

Und das ist bei fast allen wilden Stämmen so. Dabei gibt es aber Regenmacher, die schon ein sehr hohes Alter erreicht haben und viele Jahre lang ihren Beruf ausgeübt haben... – Diese Tatbestände sind zumindest merkwürdig und interessant, wenn nicht gar wert, in ernsthafte Erwägung gezogen zu werden...

Heckwelder berichtet in seinem Buche *Account of the Indians of Pennsylvania* aus Anlaß einer großen Trockenheitsperiode:

‚Die Frauen wandten sich an einen alten Zauberer, er möge Regen herbeiführen. Er erklärte nach den üblichen vorbereitenden Zeremonien, es werde genügend Regen fallen. Seit über fünf Wochen war der Himmel vollkommen wolkenlos gewesen, und er war auch frei von Wolken, als der alte Indianer den unmittelbar bevorstehenden Regen prophezeite; gegen vier Uhr des gleichen Tages aber erschien am Horizont eine Wolkenwand, und ohne Wind oder Blitze begann es still zu regnen, bis die Erde genügend mit Feuchtigkeit durchtränkt war.‘»

Soweit Carrington; dieser zitiert noch andere gleichartige Fälle, die aber alle damit erklärbar sind, daß die Zauberer besondere Kenntnisse von den Anzeichen bevorstehenden Wetterwechsels hatten, die für andere, die sich nicht systematisch damit befaßten, unsichtbar blieben.

Aber Geoffrey Gorer schildert in dem Buche *Africa Dances* ein ähnliches Phänomen, das bedeutend erstaunlicher ist.

Er berichtet:

«Als wir das Kloster der Verehrer von ‚Héviosso' (dem Gott der Blitze) besuchten, war es ein strahlender, wolkenloser Tag. Nach den üblichen Opfern vor dem Fetisch des Gottes fielen drei Priester in der Klosterhütte in Trance, während wir draußen standen und nach dem wenigen Schatten, den der Hof uns bieten konnte, Ausschau hielten. Auf einmal sah man am blauen Himmel einen Blitz aufzucken, der sofort von einem heftigen Donnerschlag gefolgt war. Hierauf fielen immer neue Blitze vom klaren Himmel und donnerte es immer heftiger, bis die Donnerschläge mit den Blitzen zugleich einsetzten, wobei sie mit jenem eindrucksvollen Dröhnen begannen, den die Blitze in den Tropen haben, wenn sie in der fürchterlichsten Nähe einschlagen.

Hierauf entfernten sich Blitze und Donner, wurden immer schwächer, bis sie schließlich in einem fernen dumpfen und andauernden Dröhnen endigten. Wir hatten den Vorgang eines echten tropischen Gewitters erlebt, aber ohne Wolken und ohne Regen, während die Sonne in ihrem ganzen Glanze weiterstrahlte.» (a.a.O., S. 232 bis 233.)

Ich habe diesen erstaunlichen Fall angeführt, weil der Berichtende ihn persönlich erlebte; aber... man ist versucht sich zu fragen, ob der Berichtende ihn wirklich persönlich erlebt hat, oder nur geglaubt hat, ihn zu erleben. In der Klosterhütte lagen drei Priester in Trance. Ob es sich nicht um einen Fall visuell-auditiver halluzinatorischer Suggestion handelte?

Es war das Heiligtum des «Héviosso», des Gottes der Blitze.

VIII

MENSCHEN IN TIERGESTALT (LYKANTHROPIE)

DA es meine Aufgabe ist, die Aufzählung der übernormalen Erscheinungen bei den wilden Völkern möglichst vollständig zu gestalten, kann ich nicht umhin, eine Klasse von Gegebenheiten zu besprechen, die ganz besonders heikel ist, da sie das Gebiet des bedauerlichsten Aberglaubens streift, den das gewöhnliche Volk in der ganzen Welt gehegt hat und noch hegt. Ich meine damit die sogenannten Erscheinungen der «Lykanthropie» (Menschen, die sich in Tiere verwandeln, eine Abart der «schwarzen Magie»), nach denen die afrikanischen Zauberer, einem gleichartigen Glauben der europäischen Völker entsprechend, die Macht hätten, sich zeitweilig in Tiere (meistenteils in Wölfe, Hyänen und Schakale) zu verwandeln, um dann in der Nacht umherzustreifen, Informationen einzuholen, ihre tierischen Instinkte auszuleben oder Böses zu tun.

In einem anders gelagerten Fall, den ich bereits zitiert habe, haben wir gesehen, daß ein schwarzes Medium namens Salima behauptete, ihr verstorbener Mann Mbona pflege in Tiergestalt auf die Erde zurückzukommen. In diesem Falle dürfte es sich noch um eine Art spiritistischer Lykanthropie handeln; in einem anderen von mir zitierten Fall aber lesen wir, ein Sudanese habe Emin Pascha genaue und zutreffende Auskünfte über einen Boten, der mit Post unterwegs war, erteilt, und dieser Wahrsager habe behauptet, er habe von dieser Tatsache bei einem nächtlichen Ausflug in Gestalt eines Schakals Kenntnis erhalten. Hier handelt es sich um einen Lebenden, der behauptet, er könne sich in ein bestimmtes Tier verwandeln. Natürlich sind solche Behauptungen, so ehrlich sie vermutlich auch gemeint sind, mit den gewohnten Theorien der Suggestion, der Autosuggestion und der Halluzination leicht zu erklären. Und wenn alle Fälle dieser Art in unbestimmten und grundlosen Behauptungen bestünden, wie der eben erwähnten, dann dürfte man keinen Augenblick zögern, die genannte Erklärung auf das gesamte Tatsachenmaterial anzuwenden. Das ist aber nicht der Fall, da Berichte von in Afrika wohnhaften

Europäern bekannt sind, die in dieser Hinsicht persönliche Erlebnisse zu erzählen haben; es dürfte also geraten sein, zu diesem Thema nicht dogmatische Urteile vorzubringen, um so mehr, als ja die Geschichte des menschlichen Wissens aus einer unendlichen Abfolge wissenschaftlicher Vorurteile besteht, die man widerrufen mußte, und aus unumstößlichen Sätzen, die man doch umstoßen mußte. Wahrscheinlich auf Grund solcher Erwägungen zögerten die Vorstandsmitglieder der *Society for Psychical Research* in London, die bekanntlich bei der Überprüfung des Materials übernormaler Art von außerordentlicher systematischer Strenge sind, nicht, einen Aufsatz über die Erscheinungen der «Lykanthropie» zu veröffentlichen.

Ich entschließe mich daher meinerseits, den in der Julinummer 1919 (S. 88–91) des *Journal of the S.P.R.* erschienenen Aufsatz hier abzudrucken:

Mr. John Mostyn Clarke schreibt folgendes an den Vorstand der Gesellschaft:

«Ich hoffe, es möge mir verstattet sein, durch Vermittlung des *Journal* die Aufmerksamkeit der Leser auf einen Aufsatz richten zu dürfen, den Mr. Richard Bagot im Oktoberheft des *Cornhill Magazine* unter dem Titel ‚Die Hyäne von Pirra' veröffentlicht hat. Ich tue das in der Hoffnung, daß das eine oder das andere Mitglied unserer Gesellschaft in der Lage ist, neue Aufklärungen zu diesem interessanten Thema beizubringen, die zu weiteren und entscheidenderen Forschungen führen könnten.

Auf alle Fälle ist hier gute Gelegenheit zu neuen Forschungen gegeben; man sollte sie nicht versäumen, denn sie könnte unsere parapsychologischen Kenntnisse erweitern, zum mindesten aber im negativen Sinne aufklären, das heißt einen Irrtum beseitigen, der wie ein Alptraum auf unserer Seele lastet.

Der Aufsatz hat zum Thema die angebliche Macht, die einige Eingeborenen Nigerias besitzen sollen, nach eigenem Gutdünken Tiergestalt anzunehmen; eine erstaunliche Behauptung, wenn sie auch bei allen Völkern zu finden ist. Bagots Aufsatz berichtet von einigen Erlebnissen, die der Oberstleutnant F. persönlich hatte und persönlich darstellte, und die durch ein anderes, durchaus gleichartiges Erlebnis des verstorbenen Hauptmanns Shott bestätigt werden. Beide Männer berichten unter Angabe näherer Einzelheiten, sie hätten Eingeborene getötet, als diese in der Gestalt vermeintlicher Hyänen durch die Wälder streiften. Aus den Einzelheiten, mit denen sie den Tatbestand schildern, und besonders aus dem großen Eindruck, den die tragischen Folgen der Hyänenjagd auf die beiden Offiziere machten, wird der Stempel der Wahrheit deutlich, so daß sich mehr denn je die Frage aufdrängt, ob diesen Erscheinungen nicht vielleicht doch ein neues psycho-physiologisches Phänomen zugrundeliegt.

Ich fasse kurz den im Aufsatz erwähnten Tatbestand zusammen. Einige Hyänen, die die bewohnten Gegenden unsicher machten, gerieten an automatisch schießende Fallen und wurden tödlich getroffen, und jedesmal ließ sich die Spur der Tiere verfolgen, wobei es sich herausstellte, daß sie an einem gewissen Punkte plötzlich abbrach und in die Spur menschlicher Füße überging, die auf das benachbarte Dorf hinführte. Nicht nur das, sondern jedesmal, wenn eine Hyäne der Falle zum Opfer fiel, verstarb ein Mann im Nachbardorf, während die Einwohner des Dorfes sich weigerten, die Leiche des Verstorbenen besichtigen zu lassen.

Im Falle von Oberstleutnant F. ließ sich die Zeremonie der Totenklage fast unmittelbar nach dem Abschuß einer Hyäne aus dem Nachbardorf vernehmen.

Im Bericht des Hauptmanns Shott ist dieser letztere Umstand nicht erwähnt. Das von ihm getroffene Tier war ‚außerordentlich groß', was die Verfolgung der Spur leicht machte. Schwer am Kopfe verwundet, war es durch ein Getreidefeld entflohen. Man verfolgte die Spur sofort. Sie führte die Jäger zu einem Punkte, wo sie ‚neben einer Blutlache eine tierische Kinnlade' fanden. Kurz darauf mündete die Spur in einen Pfad ein, der auf das Dorf zuging. Am Tage darauf kamen die Dorfbewohner – und das ist das Merkwürdigste an dem ganzen Ereignis – zu Hauptmann Shott, um ihm ohne irgendwelche Leidesbezeugungen mitzuteilen, er habe ihren ‚Nefada' (Unterhäuptling) getötet; man habe ihn tot aufgefunden, und ein Kiefer, der offenbar durch einen Gewehrschuß abgetrennt worden war, habe ihm gefehlt.

Die Eingeborenen erklärten, sie hätten den ‚Nefada' gesehen und mit ihm gesprochen, als er sich nach seinen Angaben anschickte, im Walde herumzustreifen. Kurz darauf habe man einen Gewehrschuß vernommen, und er sei aus dem Walde zurückgekehrt; er habe den Kopf in seine Kleider gehüllt und geschwankt wie ein schwer Verwundeter. Am Morgen darauf hätten sie ihn besuchen und nach dem Vorgefallenen befragen wollen und hätten ihn unter den geschilderten Umständen tot liegen sehen. Im Hause war niemand, da er gleich nach seiner Ankunft alle Frauen vertrieben hatte.

Der ‚Nefada' hatte im Dorfe einen außerordentlich schlechten Ruf, und man wußte, daß er ein notorischer ‚Hyänen-Mensch' war, der sich in eine Hyäne von gewaltigen Ausmaßen verwandelte, die sich als außerordentlich schlau erwies.

Hauptmann Shott erklärt ausdrücklich, er sei als guter Soldat gegenüber allem Übernormalen ganz und gar skeptisch gewesen, nunmehr aber fühle er sich bekehrt und glaube etwas mehr als nur halb an die seltsame Macht, deren sich gewisse Eingeborene jener Gegenden rühmen.

Er erwähnt noch, daß der Tod der erwähnten Eingeborenen keineswegs auf andere von ihm abgegebene Schüsse zurückführbar sei. Für nähere Einzelheiten verweise ich die Leser auf den genannten Aufsatz; es liegt keineswegs in meiner Absicht, die Wahrheit der geschilderten Tatsachen anzuzweifeln.

Angesichts der zahlreichen Berichte über außerordentliche Erscheinungen, die uns aus Afrika erreichen, meine ich, daß die Erforschung solcher Fälle der Wissenschaft im allgemeinen und der Parapsychologie im besonderen von großem Nutzen sein kann. Und falls sich diese Erscheinungen als echt herausstellen sollten, dann müßte man annehmen, daß diese Verwandlungen infolge einer Macht, sich zu entmaterialisieren und in einer niedereren Form des Tierreiches zu rematerialisieren, stattfinden, wobei dieser Vorgang auf den Übergang von den höheren Gattungen auf die niedereren beschränkt bliebe; es scheint mir schwierig, zu einer anderen Erklärung zu gelangen. Was bedeutet das alles aber vom psychischen Gesichtspunkte aus? Können wir uns eine solche Möglichkeit irgendwie erklären?

Es scheint mir angebracht, das Problem von dieser Seite anzupakken und vorauszusetzen, daß an diesen Erscheinungen ein Wahrheitsgrund bestehe, um so mehr, als es Stufenreihen anderer Erscheinungen gibt, die auf die hier behandelte hinführen.

Was mich anbetrifft, so neigte mein Denken sofort der theosophischen Theorie von den ‚Kollektivseelen' bei den niedereren Ausbildungen des Tierreiches zu. Wenn man unter ‚Seele' das ‚astrale Element' der Persönlichkeit versteht (und ich kann mich nicht entsinnen, jemals eine Unterschiedlichkeit zwischen den beiden Ausdrükken gefunden zu haben), dann müßte man feststellen, daß dieses selbe Element, zunächst teilbar und vielen Einzelwesen gemeinsam, später eine synthetische Wesenheit jeder Individualität höheren Ranges wird. Auf Grund dieser Theorie müßte man einen langen Evolutionszyklus annehmen, um zum Grade der synthetischen Individuation zu gelangen, so daß man das Bestehen einer weiten Zwischenzone von Wesenheiten, die noch das Bestreben haben, zeitweilig zu den niedereren Entwicklungsgraden zurückzukehren, annehmen dürfte. Könnten diese Überlegungen zur Erklärung der hier behandelten Erscheinungen beitragen? Freilich ist es nicht einfach, sich einen angemessenen Begriff von den gewaltigen Evolutionsvorgängen vom ‚astralen' Gesichtspunkte aus zu machen und sich vorzustellen, wie die Evolution vor sich gegangen ist, um zu den biologischen Variationen zu gelangen; vom organischen Gesichtspunkte aus müßte man aber zweifellos auf einen tiefen, noch nicht völlig erloschenen Rasseninstinkt schließen.

Der betreffende Stamm soll fast nie Fleisch essen, und doch kehren einige seiner Männer gerne zum tierischen Zustande zurück, um zu jagen und sich von Fleisch, ja sogar von Leichen zu ernähren.

Natürlich kann es nicht nur dieser Wunsch sein, der sie zu der Verwandlung in Tiere bewegt, da er sich leicht auch in Menschengestalt befriedigen ließe. Dieses Bestreben müßte sich also auf einen tieferen Beweggrund zurückführen lassen, nämlich auf die zwangshafte Nötigung eines alten Rasseninstinktes, eines vorübergehenden Überbleibsels einer rezenten Evolution.

In dem ungeheuren Zeitraum, der zur Entwicklung und Umwandlung der biologischen Formen notwendig ist, lassen sich keine scharfen Grenzlinien zwischen den Gattungen ziehen, so daß wir, wenn wir die Existenz der oben erwähnten Zwischenzone zugeben, noch seltsame und interessante Erscheinungen erleben werden, wie wir sie ja bereits erleben.

Wenn wir diese Verwandlungen als möglich annehmen und uns dann der Untersuchung der näheren Einzelheiten der Erscheinung zuwenden, stehen wir erneut vor gewaltigen Problemen. Wie soll zum Beispiel die materielle Umwandlung des Körpers vor sich gehen? Was wird aus den Fremdstoffen, wie zum Beispiel den Speisen im Magen? Bei der Rückkehr zur Menschengestalt müßte der Magen einer Hyäne, die erfolgreich gejagt hat, voller Speisen sein, die dem menschlichen Organismus abträglich sind. Weiter könnten die Kleider, wenn sie am Orte der Umwandlung zurückgelassen werden, zur Entdeckung des ‚Hyänen-Menschen', den die Eingeborenen für einen Bösewicht halten, führen. Es könnte allerdings sein, daß der Hyänen-Mensch vor seiner Umwandlung die wenigen Kleidungsstücke, die er besitzt, versteckt. Im Falle des Hauptmanns Shott hat der Hyänen-Mensch bei seiner Rückkehr die Kleidungsstücke um den Kopf geschlungen, ein Zeichen, daß er sie irgendwo zurückgelassen hatte.

Ich gebe zu, daß das alles phantastisch klingt für eine wissenschaftliche Diskussion; trotzdem drängt sich die Diskussion auf: und sei es nur zur Aufhellung der Tatsachen und zur Beseitigung eines Irrtums.

Dann ist da noch das Problem der zurückgelassenen Kinnlade. Warum wurde sie zurückgelassen? Sollte es einen Punkt geben, nach dessen Überschreitung die ‚astralen' und die anderen Wirkkräfte nicht mehr imstande sind, die sich umwandelnde Materie auszugestalten? Es will mir scheinen, eine solche wunderbare Macht sollte auch die Fähigkeit haben, eine so zweitrangige Schwierigkeit wie die Wiederherstellung einer zerbrochenen Kinnlade zu überwinden. Und dann: Warum verstarb der ‚Hyänen-Mensch'? Nach der Theorie ist der ‚Astralleib' unverletzlich; und doch stirbt der Hyänen-Mensch *nach* der Umwandlung, wobei die Kinnlade fehlt. Sollen wir etwa annehmen, die Kinnlade sei durch den Schuß derart abgetrennt worden, daß sie bereits vor der Umwandlung ein totes Glied war?

Und wenn der ‚Hyänen-Mensch' sofort getötet worden wäre, was wäre dann mit seinem Körper geschehen? Aus den Erzählungen geht hervor, daß die Hyänen-Menschen nicht als Hyänen sterben, sondern als Menschen in ihren Häusern. Niemals fand man in solchen Fällen tote Hyänen, und der oben erwähnte Fall, da man eine abgetrennte Kinnlade am Ort fand, ist ganz außergewöhnlich.

Ich schließe mit einer Bemerkung des Oberstleutnants F. – Er schreibt: ‚Meine Erlebnisse genügen nicht, um zu irgendeinem triftigen Schluß zu gelangen, aber sie liefern zweifelsohne Material zu langen Überlegungen.' – Ich bin der gleichen Ansicht; aus diesem Grunde habe ich mich entschlossen, der *Society F.P.R.* zu schreiben, in der Hoffnung (wie ich schon oben sagte), das eine oder das andere ihrer Mitglieder, das zur Behandlung dieses Problems befähigter ist, möge sich dafür interessieren und uns allen Aufklärungen geben.

Ich bemerke noch, daß in dem Aufsatz noch andere Erlebnisse der gleichen Art angeführt sind, die ich nicht erwähne, um nicht zu viel Raum zu beanspruchen. (Gezeichnet: John Mostyn Clarke.)»

Diesem Aufsatz folgt eine Bemerkung des Herausgebers:

«Die dem Aufsatz im *Cornhill Magazine* entnommenen Schilderungen sind zweifellos sehr bemerkenswert; nachdem wir den oben abgedruckten Brief des Herrn Mostyn Clarke erhielten, schrieben wir an Herrn Richard Bagot, der ebenfalls Mitglied unserer Gesellschaft ist, und fragten an, ob er weitere Informationen erhalten habe, die neues Licht auf den Fall werfen könnten. In seinem Entgegnungsschreiben setzt uns Mr. Bagot davon in Kenntnis, daß er bisher keine weiteren Berichte mehr erhalten hat.

Hierauf schreibt Herr Bagot:

‚Ich kann beifügen, daß ich in dem erwähnten Aufsatz die Berichte und Briefe, die dem Offizier, meinem Freund (der in der Regierung Nordnigerias einen gewichtigen Posten einnimmt), von den oben genannten englischen Offizieren übersandt wurden, wörtlich zum Abdruck brachte, und daß die Vertrauenswürdigkeit dieser letzteren und die Echtheit der Tatsachen außer jedem Zweifel steht. Im übrigen erhielt ich erst kürzlich Berichte gleichartiger Erscheinungen von Offizieren des italienischen Heeres, die in Eritrea und Italienisch-Somaliland leben. Aus diesen letzteren Fällen geht, wie noch bemerkt sei, hervor, daß man zum Vorgange der Umwandlung bei der ‚Lykanthropie' unbedingt auf Erde stehen muß, die von den schwarzen Ameisen an die Oberfläche gebracht worden ist... Die gleichen Offiziere versichern mir, wie auch verschiedene afrikanische Jäger, daß die Eingeborenen von Somaliland und von Abessinien es für gefährlich halten, auf einem von schwarzen Ameisen durchwühlten Landstück zu schlafen, und zwar auf Grund des Glaubens, daß jeder, der das tut, von irgendeinem wilden Tiere ‚besessen' werden kann; und wenn diese Besessenheit einmal eingetreten sei, dann könne das Opfer sich nie mehr völlig von der Gefahr des Rückfalles befreien und sei immer wieder zeitweise gezwungen, Gestalt oder Lebensweise eines Raubtieres oder eines Reptiles anzunehmen.' (Gezeichnet: Richard Bagot.)»

Um die hier angeführte Darstellung zu vervollständigen, müßte man den Aufsatz im *Cornhill Magazine*, der von obigen Verfassern erwähnt wird, abdrucken; da dies mir aber nicht möglich ist, kann ich nur einige Einzelheiten anführen, die ich der Besprechung des gleichen Aufsatzes in *Light* (1918, S. 339) entnehme.

In dieser Besprechung ist der folgende Absatz enthalten:

«Einer der ehrenwerten Informatoren Herrn Bagots ist Offizier in einem wohlbekannten Regiment, der zur Zeit des Berichtes (Juli bis Oktober 1915) das Kommando über eine Eingeborenentruppe in Nordnigerien führte. Dort hatte er in der Nähe eines Dorfes, das von recht primitiven Eingeborenen bewohnt war, Lager bezogen. Da die Hyänen mehrfach das Nutzvieh angefallen hatten, ging der Offizier eines Nachts in der Nähe einer angeketteten Ziege auf die Lauer. Als eine Hyäne auftauchte, schoß er zweimal auf das Tier, bevor es sich auf seine Beute werfen konnte; es vermochte indessen zu entfliehen. Fünfundzwanzig Minuten später war aus dem Dorfe das Rollen der Trommeln, die die Bewohner zur Totenklage aufriefen, zu vernehmen, wie das bei den Eingeborenen in Todesfällen üblich ist. Als die

Morgendämmerung es zuließ, verfolgte der Offizier die Fährte der angeschossenen Hyäne; er stellte fest, daß die Fußabdrücke und die Blutspuren auf das Dorf zugingen, bis zu einem Punkte, da das Erdreich von schwarzen Ameisen durchwühlt war, wo die Eindrücke der Pfoten plötzlich aufhörten, um Eindrücken menschlicher Füße Platz zu machen, die dann in Richtung auf das Dorf verliefen und bis zum Dorfe führten.

Kurz darauf wurde ihm mitgeteilt, daß in der vergangenen Nacht ein einflußreicher Mann des Dorfes mit einer großen Schußwunde im Körper tot aufgefunden worden war.

Niemand wußte zu sagen, wie das geschehen war; dem Offizier wurde jedoch nicht gestattet, die Leiche zu besichtigen.

Andere Male, als er automatisch schießende Fallen gestellt hatte, fand er, daß jedesmal, wenn die Fallen durch Schüsse in Wirksamkeit getreten waren und das Heulen der verletzten Hyäne zu vernehmen gewesen war, in dem Dorfe die Trommeln zur Totenklage riefen und darauf das Jammern und Heulen der Totenzeremonie erschallte. Und wenn er am darauffolgenden Morgen die Fährte des angeschossenen Tieres verfolgte, stellte er fest, daß sie zu einem von schwarzen Ameisen aufgewühlten Erdreich führten, wo die Pfotenspuren sich in Fußspuren verwandelten, die zum Dorfe verliefen und am Dorfrande aufhörten. Offenbar, weil die Dorfbewohner sie verwischt hatten...»

Soweit die Berichte über die Phänomene von «Lykanthropie», die der Vorstand der *Society F. P. R.* zurückzuweisen nicht verantworten konnte; und man muß zugeben, daß zwar der Vorstand einerseits die wissenschaftliche Pflicht hatte, sie aufzunehmen, daß wir uns aber andererseits vor einem derart merkwürdigen, fremdartigen und verblüffenden Forschungsgebiet finden, daß einem jeden die größte Vorsicht angeraten werden muß, bevor er sich mit zu viel Vertrauen vorwagt.

Wie erinnerlich, bemerkt der Berichtende, Mr. Clarke, wenn man einmal die Echtheit der Tatsachen anerkannt habe, «müßte man annehmen, daß diese Verwandlungen infolge einer Macht, sich zu entmaterialisieren und in einer niedereren Form des Tierreiches zu rematerialisieren, stattfinden». – Das ist vollkommen richtig, und es wäre schwierig, eine andere Erklärung des Phänomens zu ersinnen.

Wenn man das Thema genau überdenkt, so drängen sich dem Denken die außerordentlich wichtigen und lehrreichen Tiermaterialisationen auf, die das Medium Franek Kluski (ein polnischer Edelmann, der sich um der Wissenschaft willen dazu hergab) in Warschau vollbrachte und an denen Dr. Gustav Geley, Oberst Ochorowicz, Prof. Paulowsky und Herr und Frau Mackenzie, die Herausgeber der englischen Zeitschrift *Psychic Science*, teilnahmen.

Bei diesen Sitzungen materialisierten sich Hunde, Eichhörnchen, ein Raubtier, das ganz einer Löwin gleichsah, ein großer Raubvogel und der berühmte Affe, den die Experimentatoren «Pithekanthropus» nannten, weil er alle Kennzeichen des vorgeschichtlichen Menschen, der diesen Namen trägt, aufwies. Es gelang, den großen Raubvogel zu photographieren, und die Photographie wurde in der *Revue Métapsychique* (1923, S. 31) veröffentlicht. Man sieht auf ihr eine Art Geier mit entfalteten Flügeln, erschrecktem Blick, in Verteidigungshaltung, der auf den Schultern des Mediums hockt, welches in tiefer Trance ruht und den Kopf auf die Brust gesenkt hält.

Wenn man nun diese Tiermaterialisationen in die Erwägung einbezieht und sie im Hinblick auf die «ideoplastische» Theorie betrachtet, die von manchen Materialisationsphänomenen nahegelegt wird, welche Prof. Schrenck-Notzing und Madame Boisson mit den Medien Eva C. und Willy S. erhielten, dann erhält die Hypothese Clarkes eine wesentliche Bekräftigung, so daß auch die Phänomene der «Lykanthropie» der Theorie zugänglich werden.

Tatsächlich lassen sich zur Erklärung der Materialisationen der Art, wie sie in Warschau auftraten, nur zwei Hypothesen vorbringen: die eine besagt, daß die Tiergestalten, welche sich bei den mediumistischen Sitzungen materialisieren, von echten Geistern verstorbener Tiere herrühren; die andere besagt, daß sie vielmehr biopsychische Schöpfungen sind, welche den «ideoplastischen» Fähigkeiten der unterbewußten Persönlichkeit des Menschen zu verdanken sind. Diese letztere Hypothese liefert die wissenschaftliche Erklärung der uns hier beschäftigenden Erscheinungen und ist zugleich die nächstliegende Hypothese. Wenn wir uns an sie halten wollen, müssen wir also der unterbewußten Persönlichkeit des Menschen die Macht zuschreiben, organisierte, fühlende und bewußte Tierkörper aller Art zu schaffen (wobei sie die Elemente hierzu dem Medium, den Anwesenden und der sie umgebenden Luft entnimmt).

Dieses zugeben heißt aber anerkennen, daß die Lebenskraft und die Intelligenz, die die vom Medium geschaffenen Tiermaterialisationen aufweisen, die Lebenskraft und die Intelligenz des Mediums darstellen, die teilweise oder ganz in die ephemeren geschaffenen Gestalten übergegangen ist, und damit muß man auch zugeben, daß die Fähigkeit der wilden Medien, sich in lebende und tätige Hyänen zu verwandeln, nichts als eine Abart der ideoplastischen Fähigkeit ist, von denen die europäischen Medien Beweise geliefert haben, einer Fähigkeit, die alle Wissenschafter zugeben, die nicht bis zur spiritistischen Hypothese vordringen wollen, die aber auch von der spiritistischen Schule zugegeben werden muß, da ja der Animismus die notwendige Ergänzung des Spiritismus ist.

Wenn man nun die «lykanthropischen» Erscheinungen in ihren Beziehungen zu den «ideoplastischen» betrachtet, so dürfte kein Grund zur Verwunderung mehr vorliegen, wenn sich bei den wilden Völkern mediale Individuen niederer Art finden, die die Fähigkeit haben, sich zeitweise in Tiere zu verwandeln. Grund zur Verwunderung läge vor, wenn es ihnen gelänge, sich in ihnen überlegene menschliche Wesen, beispielsweise in Weiße, zu verwandeln, da in diesem Falle das Phänomen einem der Gesetze, die die physischen und psychischen Manifestationen der ganzen Welt beherrschen, zuwiderlaufen würde, nämlich dem «Gesetze der Affinität».

Derartige Erscheinungen waren aber bei den wilden Völkern noch nie zu bemerken.

Ich halte es für angebracht, an dieser Stelle die vorgebrachten Argumente weiter zu bekräftigen; hierzu bediene ich mich eines Zitates aus der Arbeit eines sehr angesehenen Parapsychologen zu diesem Thema, in der die gleichen Ansichten vorgetragen werden, die auch ich habe.

Dieser Parapsychologe ist Dr. Nandor Fodor, der folgende Argumente vorträgt:

«Das erste Problem, das sich hier aufdrängt, besteht in der Untersuchung, ob die Kenntnisse, die wir über die ‚Materialisationen' erworben haben, Analogien zu den Erscheinungen der ‚Lykanthropie' bieten. Nach meiner Meinung ist das der Fall. – Die Tiermaterialisationen in mediumistischen Sitzungen treten recht häufig auf, wobei die Versuche Dr. Geleys mit den Medien Kluski und Guzic nicht leicht zu übergehen sind. Der ‚Pithekanthropus', die Hunde, die Raubvögel waren in gewissem Sinne ‚lykanthropische' Erscheinungen. Tatsächlich wurde die Körpersubstanz des Mediums zum Teil dazu verwandt, die ephemere, aber lebendige Gestalt eines Tieres hervorzubringen. Es liegt auf der Hand, daß hinsichtlich des Wunders, das in einer solchen Tatsache beschlossen liegt, die Vorgänge der Tierschöpfung sich sehr wenig von denjenigen der Menschenschöpfung unterscheiden. Es verbliebe aber noch die Frage, ob das Unterbewußtsein des Mediums die einzige tierbildnerische Kraft ist, oder ob nicht irgendwie noch die ‚Geister verstorbener Tiere', die sich manifestieren, beteiligt sind...

Nach so vielen Erfahrungen in dieser Sache dürfte es nicht weiter verwunderlich sein, wenn es schwarzen Medien gelingen sollte, mit einem im Jenseits existierenden Tiere in psychischen Rapport zu treten...

Wenn die Tiere nach dem Tode fortbestehen, dann finde ich an der Annahme nichts Verwunderliches, die schwarzen Medien könnten die Inkarnation von ‚Geistern verstorbener Tiere' übernehmen oder diese in eigener Kraft materialisieren.

In diesem Falle würden die Tiermaterialisationen, das heißt die Erscheinungen der ‚Lykanthropie' zur gewaltigen Wirklichkeit werden...» (*Light*, 1932, S. 470.)

Und Dr. Nandor Fodor berichtet in einem anderen Heft derselben Zeitschrift zwei derartige Fälle, die zu seiner Kenntnis gelangt sind, deren einen Dr. Kirkland erlebte, den ich bereits mehrfach im Zusammenhang mit anderen übernormalen Erscheinungen zitierte.

Der Bericht ist lang, und ich möchte mich nicht weiter über ein zweifellos noch nicht spruchreifes Thema auslassen. Ich will darum nur noch den letzten Abschnitt des betreffenden Falles zitieren. Dr. Kirkland berichtet:

«... Der Medizinmann erwacht aus seiner Trance und nimmt seine wilden Tänze wieder auf; aber bald fällt er wieder zu Boden und versinkt erneut in eine tiefe Trance. Da beginnen zwei Neger, ein Jüngling und ein Mädchen, nach Art der Schakale um den Zauberer herumzuspringen; und was nun mit ihnen vorgeht, hat etwas von einem Wunder an sich. Während ihres Hüpfens im Kreise nehmen sie nach und nach Tiergestalt an, bis der Augenblick kommt, da ich plötzlich vor mir zwei echte Schakale erblicke, die den in Trance liegenden Medizinmann mit der charakteristischen Neugier dieser Tiere beschnüffeln. Dann springen sie aus dem Kreise heraus und verschwinden im Wald. – Ich reibe mir die Augen und denke, es müsse sich um eine halluzinatorische Phantasmagorie handeln... War es das, oder war es das nicht? – Ich weiß es nicht. Am anderen Tage ereignete sich ein bemerkenswertes Zusammentreffen: ich wurde gerufen, um einem Eingeborenenmädchen beizustehen, das am ganzen Körper tiefe Kratzwunden von einem Schakal hatte, ein ganz außergewöhnlicher Fall, da ich noch nie Eingeborene wegen Kratzwunden von wilden Tieren zu behandeln gehabt hatte. – Was soll man davon halten? Ich wiederhole, daß ich nichts darüber zu sagen weiß und nichts behaupte.» (*Light*, 1935, S. 70.)

Und da ich meinerseits nichts darüber zu sagen weiß, beeile ich mich zum Schluß zu kommen, wobei ich noch bemerken will, daß das hier Vorgetragene ausschließlich als reine und einfache Darstellung des Standes, den die Forschungen zu diesem aufregenden Thema heute einnehmen, aufzufassen ist, ohne daß es zu ihren Gunsten Stellung nehmen will, da ja die Stellungnahme zu diesem Thema entschieden noch verfrüht ist.

Es bleibt daher noch abzuwarten, bis ein größeres Tatsachenmaterial vorliegt, bevor man sich an eine berechtigte und fruchtbare analytische und synthetische Behandlung des Themas heranwagt.

IX

DIE FEUERPROBE

DER Ritus der «Wanderer auf dem Feuer» besteht bei den halbzivilisierten und sogar den zivilisierten Völkern Asiens, besonders in Indien, in Japan, auf den Hawaii-, Sonda-, Fidschi- und Trinitätsinseln und auf der Insel Mauritius.

Bei den wilden Stämmen Afrikas ist er dagegen nicht zu finden.

Da es sich hier um ein Thema handelt, das nicht eigentlich die primitiven Völker betrifft und das überdies recht eintönig ist, da alle Fälle einander gleichsehen, werde ich mich mit kurzen Zitaten über einige Fälle begnügen, die hinsichtlich der Echtheit der Erscheinung an sich von besonderer Beweiseskraft sind.

Max Freedom Long hat in seinem Buche *Recovering the Ancient Magic* das Thema gründlich behandelt; er widmet ihm den ganzen ersten Teil des Werkes und legt es seiner These über die Realität der alten Magie (als Nachweis des Bestehens übernormaler Kräfte im Unterbewußtsein, die Wunder zu vollbringen imstande sind, welche anscheinend mit den Naturgesetzen in Widerspruch stehen) zugrunde.

Aus dem Buche geht des weiteren hervor, daß die Fähigkeit, den menschlichen Organismus gegenüber der Wirkung des Feuers unverletzlich zu machen, nicht nur tatsächlich besteht, sondern sogar übertragbar ist.

Max Freedom Long führt hierzu einige Fälle von entscheidender Beweiseskraft an. So ließ beispielsweise ein Japaner bei einer solchen Vorführung als «unverletzlicher Sensitiver» seine Zuschauer wissen, daß auch sie die glühenden Steine überschreiten könnten, ohne Schaden zu nehmen, wenn er ihnen zuvor die magische Macht übertrage, die zu diesem Zwecke unerläßlich sei.

Zwei europäische Jünglinge waren neugierig genug, sich der Prüfung zu unterwerfen. Der japanische Sensitive hieß sie die Füße entblößen, worauf er ihnen durch Berührung die Unverletzlichkeit mitteilte; sie streckten ängstlich einen Fuß auf die glühenden Steine aus und stellten zu ihrer großen Überraschung fest, daß die gewaltige Hitze, die von den Steinen ausging, wohl für ihr Gesicht fast unerträglich war, sie aber an den Füßen nichts Besonderes verspürten. Nun überquerten sie kühn das glühende Feld und wiederholten die Prüfung dreimal.

Auf der Insel Tahiti konnte Dr. Hill einen gleichen Fall beobachten. Der Anführer der Zauberer hatte die Anwesenden aufgefordert, sich der Prüfung zu unterziehen, nachdem er ihnen seine magische Kraft übertragen hätte. Ein Weißer kam zusammen mit einigen Eingeborenen der Aufforderung nach. Nun ereignete es sich, daß weder die Füße noch die Schuhsohlen des Weißen auch nur im geringsten vom Feuer betroffen wurden, während sein Gesicht so unter der Hitze zu leiden hatte, daß die Haut aufsprang, sich schälte und sich erst nach mehreren Tagen wieder erneuerte.

In Burma (Indien) müssen die Priester des Gottes Agnes erst die «Feuerprobe» bestehen, ehe sie Tempelpriester werden können. Nun begab sich ein Engländer, ein Freund des Verfassers, eigens mit einem tragbaren Kinoapparat nach Burma, um diese Zeremonie zu filmen. Er bewog einen Priester mit einer schönen Schenkung für den Tempel, ihn an irgendeinem Winkel des großen Hofes zu verstecken, damit er unbemerkt an der großen Zeremonie teilnehmen und sie sogar filmen konnte.

Als er, ziemlich weit von dem Feld mit den glühenden Steinen entfernt, hinter einem Bambusgeflecht Platz nahm, war die Hitze trotz des Schutzes, den der Bambus gewährte, fast unerträglich. Es gelang ihm indessen, die interessante Zeremonie zu filmen und später den Film unserem Verfasser vorzuführen; dieser betrachtete mit lebhaftem Interesse den Vorbeimarsch der Beteiligten – Priester und Katechumenen –, deren einer die Probe nicht bestand und schon tot war, als man ihn vom Feuerfeld wegzog.

Plötzlich sah unser Verfasser eine Abteilung englischer Soldaten in den geheiligten Bezirk eindringen. Er fragte erstaunt den Freund, was die Soldaten an diesem heiligen Orte zu suchen hätten. Der Freund entgegnete: «Sie werden es gleich sehen.» – Und tatsächlich, kaum war der aufwühlende Ritus beendet, sah er die englischen Soldaten sich gegen die Menge stemmen, die sich, von dem Schauspiel fanatisiert, auf das Feuerfeld stürzen wollte: Männer, Frauen und Kinder! Und die Soldaten hatten ziemliche Mühe, um diese Fanatiker am Selbstmord im Feuer zu hindern.

Max Long schließt mit der Bemerkung: «Ich habe dem Tribunal der Wissenschaft die Sache der ‚Wanderer auf dem Feuer' vorgelegt und fordere, daß sie ganz oder teilweise angenommen werden möge. Ich behaupte bewiesen zu haben, daß die Sache der ‚Magie' fest auf einem Tatsachengrunde ruht und daß jeder ebenso wie ich sie einer Prüfung unterziehen kann. Statt aber die Tatsachen zu untersuchen, ziehen es die Vertreter der Wissenschaft vor, sie zu verschmähen, sei es, indem sie sie auf ihre eigene Weise auslegen, sei es, indem sie sie leugnen. Ich behaupte daher, daß der Erstgeborene des akademischen Wissens, ‚wissenschaftliches Vorurteil' geheißen, vor dem Volke schuldig ist, vor dem Volke, das ein Recht auf wohlüberlegte und unparteiische Urteile hat. Und die Schuld ist eine schwere, da sie völlig ungerechtfertigt ist und dazu beiträgt, im Volke die Vorurteile zu verstärken, die es veranlassen, sich mit Abscheu von der Behandlung des doch so lehrreichen Themas der ‚Magie' abzuwenden. Nun behaupte ich, nachgewiesen zu haben, daß die ‚Magie' eine Tatsache ist, und nicht ein ‚Aberglauben'...» (a. a. O., S. 20–65).

Und es will mir scheinen, daß Max Freedom Long recht hat, und zwar nicht nur hinsichtlich der «Feuerprobe».

X

MEDIZINMÄNNER UND IHRE HEILVERFAHREN

PROFESSOR EDWARD LAWRENCE vom *Royal Anthropological Institute*, London, hat im *Journal of the American S. P. R.* (1925, S. 41) einen langen Aufsatz über die Bräuche der wilden Völker veröffentlicht, in dem er ihre Heilverfahren eingehend untersucht.

Er schreibt:

«Unsere heutigen Kenntnisse über die wilden Völker zwingen zu dem Schlusse, daß wir viel von ihnen zu lernen haben, insbesondere hinsichtlich der Heilung von Krankheiten. Wir wissen unbedingt sicher, daß sie Heilmittel gegen Krankheiten besitzen, die wir mit den unseren nicht zu heilen vermögen; und wenn auch diese Heilmittel stets mit Beschwörungspraktiken verbunden sind, die fast immer kindisch-abergläubischer Art sind, so führen sie doch zur Heilung. Wir können mitleidig lächeln und alles als Zauberpraktiken der Wilden abtun, aber dieser Deckmantel unserer Unwissenheit verhindert nicht, daß jeder ernsthafte Forscher betont, dies sei keine Erklärung, da ja die Wilden dort Erfolg haben, wo uns kein Erfolg beschieden ist.

Ein Bekannter, der seit vielen Jahren in Südafrika lebt, versichert mir, daß solche Heilmittel, die von den Zulu, den Basuto und den Griqua verwendet werden, derartig wunderbare Erfolge erzielen, daß es eitel wäre, dem zu widersprechen, und unsinnig, sie zu schmähen. Er schreibt:

‚Kein Gegengift gegen Schlangenbisse kommt demjenigen der Zauberer gleich. Wenn ich von einer Kobra gebissen würde, würde ich lieber fünfzig Meilen weit fahren, um mich von einem Medizinmann behandeln zu lassen, als eine Meile, um einen europäischen Arzt beizuziehen. Ich bin schon zweimal durch Zauberer von Schlangenbissen geheilt worden, und wenn die Medizinen, die sie mir verabreichten, auch stets widerwärtig waren, so befreiten sie mich doch das eine Mal innert zweier Tage von jeglichen Schmerzen, das andere Mal nach drei Tagen. Alle diejenigen aber, die europäische Ärzte beiziehen, haben mehrere Wochen lang die entsetzlichsten Schmerzen auszustehen. – Das gleiche gilt für die Behandlung der Dysenterie und der Blasensteine...‘»

Weiter unten zitiert Prof. Lawrence eine weitere rasche Heilung anderer Art, die sich diesmal in Mikronesien ereignete.

Der Schriftsteller Louis Stevenson hatte zu einer Klimakur auf einer Gilbertinsel Mikronesiens Aufenthalt genommen. Als er ankam, wurde er von einer heftigen Erkältung befallen, die seiner Krankheit wegen das Schlimmste war, was ihm passieren konnte. Er ließ sich bewegen, einen «Terutak» (eingeborenen Zauberer) aufzusuchen, den er als einen hochgewachsenen, kräftigen Fischer finsteren Aussehens beschreibt. Er wurde in den heiligen Bezirk geführt, in dem eine Art Steinaltar stand...

Stevenson fährt folgendermaßen fort:

«Ich ging zusammen mit dem Zauberer in den heiligen Bezirk und nahm auf dem Altar Platz, das Gesicht gegen Osten gewendet. Einige Zeit hielt sich der Zauberer hinter mir auf, wobei er mit einem Palmzweig ‚magnetische Streiche' in der Luft ausführte. Hierauf berührte er mit dem gleichen Palmzweig leicht die Krempe meines Hutes; diese Bewegung führte er mit Unterbrechungen mehrfach aus, wobei er manchmal mit dem Zweig über meine Schultern und Arme fuhr.

Man hat mich bereits ein dutzend Mal zu hypnotisieren versucht, stets vergeblich; dieses Mal aber wurde ich bei der ersten Berührung meines Hutes mit einem Palmwedel und durch das Wirken eines Mannes, den ich nicht sah, sofort von einer unwiderstehlichen Müdigkeit ergriffen, die Nerven entspannten sich, die Augen fielen mir zu, und das Hirn wurde völlig benommen. Ich versuchte instinktiv, dem Schlaf, der mich überkam, Widerstand zu leisten; hierauf wollte ich mich mit der ganzen Willenskraft widersetzen, was mir auch gelang; oder vielmehr, ich glaubte, es sei mir gelungen, denn was geschah, ist das Folgende: ich erhob mich, ging ganz automatisch zu meiner Wohnung, warf mich dort aufs Bett und fiel sofort in einen tiefen Schlaf. Als ich wieder erwachte, war die heftige Erkältung verschwunden.»

Ich lasse noch einen Bericht von einer Heilung von Schlangenbiß folgen:

«Rev. Edwin W. Smith, der Verfasser einer bedeutenden Abhandlung über die Ethnologie der wilden Stämme Rhodesiens, stöberte einmal den Inhalt einer Truhe durch, ohne zu bemerken, daß hinter der Truhe eine Kobra lag. Er hörte ein Zischen und fühlte ihren Biß an einem Augenlid. Der Diener, ein Eingeborener, holte ohne Wissen von Ehrwürden einen Medizinmann, der bei seiner Ankunft den Patienten auf dem Boden liegend vorfand, wo er sich in heftigen Schmerzen krümmte. Der Medizinmann hatte ‚Kabwengke'-Blätter mitgebracht, die er in heißem Wasser aufbrühte und auf das kranke Auge auflegte. Hierauf blies er wiederholt das Auge an. Ob es nun von diesem Blasen bewirkt wurde oder nicht, Tatsache ist jedenfalls, daß der Patient augenblicklich eine Linderung der Schmerzen verspürte, während das entzündete Auge, das völlig ausgetrocknet gewesen war, sofort heftig zu tränen begann, die Entzündung verschwand und zugleich alle Schmerzen aufhörten.

Angesichts so rascher und wirksamer Heilungen muß man zugeben, daß die niedereren Menschenrassen therapeutische Kenntnisse besitzen, die den Weißen unbekannt sind. Nicht zu vergessen ist ferner, daß mehrere wirksame Medikamente unseres Arzneibuches den Medizinmännern Amerikas zu verdanken sind. Sie waren es, und nicht die Eindringlinge, die die therapeutischen Kräfte des Koka, der Sassaparille, der Jalape, der Chinarinde und des Guajacol entdeckten.

Abschließend sei bemerkt: es trifft keineswegs zu, daß die Medizinmänner Scharlatane sind; diese Verleumdung muß aufgegeben werden. Die Tatsachen beweisen das gerade Gegenteil, wenn sie auch zugleich zeigen, daß die Medizin der Wilden unlöslich mit abergläubischen Praktiken jeder Art verbunden ist; die Schwierigkeit liegt darin, das Wahre vom Falschen zu scheiden.» (*Journal of the American S.R.P.*, 1925, S. 42–44.)

Auch der italienische Forschungsreisende Com. Attilio Gatti hat in seinem in London veröffentlichten Buche *Hidden Africa* von verschiedenen wunderbaren Heilungen zu berichten.

Der folgende Bericht erzählt von einer fast augenblicklichen Heilung einer Augenkrankheit.

Gatti erzählt:

«Manchmal erlebt man in Afrika Fälle wirklich erstaunlicher Heilungen, die nur ein Wort richtig beschreiben würde: ‚Wunder'; wenn ich auch diesen vieldeutigen Begriff nicht gerne gebrauche.

Einmal konnte ich eine solche Heilung im Zululand von Anfang bis zum Ende verfolgen. Es handelte sich um einen Eingeborenen, der an einer schweren Augenkrankheit litt, und die Art seiner Heilung würde jedem europäischen Augenarzt ein Lächeln abnötigen, was aber nicht hindert, daß die Heilung tatsächlich erfolgte.

Die Augen des Kranken waren entzündet, geschwollen und derartig infiziert, daß sie Mitleid und Abscheu erregten. Er war fast völlig blind und kam gebeugt und mit dem Stock tastend zur Hütte des Zauberers.

Der Medizinmann begann die üblichen Beschwörungen und Gestikulationen; hierauf holte er vor der Hütte ein weißes Hähnchen, mit dessen Schnabel er, es am Kopfe haltend, ein verwickeltes Netzwerk von Schnörkeln in den Staub zeichnete, während der unglückliche Vogel krampfhaft mit den Flügeln flatterte. Allmählich wurde das Flattern schwächer, bis es schließlich ganz aufhörte. Nun näherte sich der Zauberer dem Kranken und setzte ihm den Vogel auf den Kopf. Der Hahn blieb darauf stehen, absolut unbeweglich, Hals und Kopf ausgestreckt, als ob er hypnotisiert wäre. Es folgten andere Beschwörungsformeln und ‚magnetische Streiche'; dann zog der Zauberer blitzschnell ein Messer hervor und köpfte den Hahn. Der Körper des Vogels fiel herab, jedoch nicht ohne das Gesicht des Kranken mit seinem Blute zu benetzen.

Nun legte der Zauberer dem Kranken einen Kräuterverband auf die Augen, und als er nach fünf Minuten den Verband dadurch wieder entfernte, daß er dem Patienten einen Kürbis voll Wasser über den Kopf schüttete, sah uns der Patient mit einem Augenpaar ohne jede Unreinheit, ohne jede Schwellung und ohne jede Entzündung an. Er war vollständig geheilt und hatte das Augenlicht wieder erhalten. Auch sein gekrümmter Körper streckte sich wie durch Zauberei wieder, und das zerstörte Geschöpf, das vor einer Stunde zur Hütte getappt war, entfernte sich wieder strahlend und in voller Kraft.»

Ein anderer italienischer Forschungsreisender, der Anthropologe und Ethnologe Lidio Cipriani, den ich schon zuvor zitieren konnte, hat über die Heilungen der afrikanischen Zauberer einiges zu berichten.

In seinem Buche *In Africa, dal Capo al Cairo* (S. 70–80) schreibt er folgendes:

«Es erscheint sicher, daß die Zauberer in gewissen Fällen Beachtliches zu leisten vermögen. Ich bringe ein Beispiel, das, wenn ich meinen Augen Glauben schenken darf, wenig Zweifel mehr übrigläßt. Es handelt sich um ein Phänomen, welches Bartels mit ‚Lactatio Serotina' bezeichnet und das bereits von vielen Leuten geschildert worden ist, die sich bei primitiven Völkern der verschiedensten Gebiete aufgehalten haben, wie bei den Irokesen (Nordamerika), den

Arawaki (Südamerika), den Maori (Neuseeland), den Egba (Westafrika), den Betschuana (Südafrika), den Australiern (Australien) und den Eskimos (Sibirien). – Die Zeugnisse bestätigen alle, daß Frauen, auch solche, die das Klimakterium schon lange hinter sich hatten, instandgesetzt wurden, Säuglingen, deren Großmütter oder Urgroßmütter sie waren, mit Erfolg die Brust zu geben. Das gleiche wird von jungen Mädchen berichtet, die niemals Kinder hatten.

Eine der neuesten Beschreibungen des seltsamen Phänomens findet sich in dem Buche Basedows *The Australian Aboriginal* (1925). Basedow berichtet, daß bei einem Stamme im Bezirke Alligator River beim Tode einer Mutter, deren Kind noch im zartesten Alter war, die junge Schwester der Verstorbenen, die noch nie ein Kind gehabt hatte, den Säugling adoptierte. Sie ließ sich die Brüste mit Umschlägen aus Blättern eines gewissen Baumes (Eugenia), die mit Asche verknetet worden waren, behandeln. Außerdem wurden wiederholt erhitzte Steine auf diese Umschläge gelegt, während die Brustwarzen und die Warzenhöfe unaufhörlich gerieben und die Warzen häufig dem Kind zwischen die Lippen geschoben wurden. Nach wenigen Tagen begann sich in den Brüsten Milch zu bilden, und der Kleine konnte ohne Schwierigkeiten gestillt werden.

In Zululand erlebte ich, wie eine alte Frau von offenbar mindestens siebzig Jahren im Distrikt Eshowe auf diese Weise ein Kind stillte. Beide Brüste waren in Tätigkeit, ohne aber, wie schon Bartels bei einem gleichgelagerten Falle feststellte, den Sekretionsreichtum der Brüste einer jungen Frau zu erreichen....

Vielleicht weiß niemand oder wird niemals jemand wissen, wie die Eingeborenen Südafrikas, besonders die Zulukaffern, diese Erscheinung hervorzubringen vermögen; ihre Verfahrensweise scheint sich aber von derjenigen der Australier zu unterscheiden, wenngleich die Person, die sie verursacht, stets ein Zauberer ist...

Wenn einem Europäer die Medizin der Zulu seltsam erscheint, so dürfte die Tatsache nicht minder seltsam sein, daß Heilungen dieser Art, die manchmal bei den Medizinmännern eine tiefe Kenntnis der feinsten Funktionen der Organismen vermuten läßt, die ihnen aber niemand beigebracht hat, auf der ganzen Welt vorkommen, bei primitiven Völkern, bei denen keine Rede von kulturellem Austausch sein kann, da hierzu gar keine materiellen Möglichkeiten bestehen, sei es wegen der dazwischenliegenden großen Land- oder Wasserflächen, sei es wegen der beschränkten Beförderungsmittel, über die ein Wilder verfügt. Wenn man sie richtig erforscht, scheint mir die Arzneikunde der primitiven Völker einer größeren Beachtung wert zu sein, als sie bislang genoß. Neben Absurditäten aller Art findet sich in ihr vielleicht die Frucht jahrtausendelanger Erfahrungen, wenn nicht noch etwas anderes, dessen Wesen uns entgeht, das fähig ist, in den verschiedensten Gebieten der Erde die gleichen Phänomene hervorzurufen. Es wäre unverzeihlich, wenn der zivilisierte Mensch jede Spur davon verschwinden lassen würde, ohne ihm zu entnehmen, was es Brauchbares enthalten könnte. Die Zivilisation, die überall mit großen Schritten vordringt, ergreift bereits die letzten primitiven Völker, und vieles ist bereits unwiederbringlich verloren.»

*

Bislang handelte es sich um Heilungen, bei denen sich an den Praktiken der Medizinmänner ein vermutlich echtes therapeutisches Element aufspüren ließ, so daß man die abergläubischen Praktiken, die es umhüllten, leicht ausscheiden konnte; auf diese Weise gelang es, sich eine recht vernunftgemäße Vorstellung von den bestimmenden Faktoren der erzielten Heilungen zu machen. Indessen wird das Unternehmen bedeutend heikler bei einer anderen Reihe von Heilungen dieser Art, die geradewegs wunderbar erscheinen, bei denen keine Spur von irgendwelchen therapeutischen Elementen zu finden ist, die sich von den magischen Praktiken absondern ließen; wahrscheinlich hatte Prof. Lawrence diese Reihe von Heilbehandlungen im Sinn, als er bemerkte, die «Schwierigkeit» bei den Heilverfahren der Medizinmänner liege «darin, das Wahre vom Falschen zu scheiden».

Und wirklich, so sehr wir auch bereit sind, in den therapeutischen Verfahren der Wilden das ganze zerfahrene und barbarische Rüstzeug ihrer abergläubischen Riten hinzunehmen, so sehr sucht man doch immer in diesen Verfahren irgendeine ganz unbedeutende Einzelheit oder irgendeinen verräterischen Bestandteil, der uns das positive therapeutische Element erkennen ließe, dem wir die heilende Kraft zuschreiben könnten, welche die afrikanischen Medizinmänner auf empirische Weise entdeckten.

Nie war jedoch etwas davon bei den Verfahren wahrzunehmen, von denen ich eben sprach. Bei ihnen erscheint alles verworren und grotesk; und doch führen sie zu wunderbaren Heilungen.

Unter diesen Umständen kann man nur zu folgendem Schlusse kommen: wenn die Berichte der Forschungsreisenden und der Missionare tatsächlich der Wahrheit entsprechen, dann kann die Heilkraft der Medizinmänner nur von «vitalisierenden Emanationen» oder «psychischen Schwingungen» herrühren, die sich infolge des «blinden Glaubens» der Medizinmänner an ihre unfehlbaren magischen Kräfte von ihrem Organismus loslösen. Oder aber man könnte auch zu dem Schlusse kommen, die Heilungen kämen durch die Übertragung einer kräftigen Suggestion auf die Kranken zustande, die eine Autosuggestion mit wunderbaren Wirkungen zur Folge hätte, also das, was in den europäischen heiligen Stätten von Lourdes, Loreto und Pompeji und besonders an den Gräbern der Marabutti in Marokko geschieht.

Ich weise indessen darauf hin, daß die letztere Annahme das Rätsel nicht völlig zu lösen vermöchte, da die Kranken ja oft in bewußtlosem Zustande oder gar als scheinbar Tote behandelt werden, so daß sie einer Autosuggestion nicht mehr zugänglich sind.

Die erste Annahme würde indessen auch dieser Schwierigkeit Herr werden, während sie in gewissem Umfange auf experimentelle Weise durch die folgende Beobachtung des Dr. Osty bei den «wunderbaren» Heilungen von Lourdes bekräftigt würde.

Dr. Osty berichtet:

«Es ist nicht ohne Interesse, von der Feststellung einer hochstehenden Dame, der Gattin und Mitarbeiterin eines der bedeutendsten Wissenschafter unserer Zeit, Kenntnis zu nehmen. Diese Dame, die geistig besonders regsam ist und sich wohltätigen Werken widmet, ist seit vielen Jahren an der heiligen Stätte von Lourdes tätig, wo sie hilft, die Schwerkranken zum Badeteich zu bringen; hierbei hatte sie einigemal Gelegenheit, augenblickliche Heilungen, sogenannte ‚Wunderheilungen', zu erleben. Sie sagte mir: ‚Jedesmal, wenn sich in meiner Gegenwart eine augenblickliche Heilung ereignete, fühlte ich meine ganzen Kräfte schwinden, und zwar nicht infolge einer Gefühlswallung, denn ich bin nicht sehr beeindruckbar, sondern infolge einer mir unbekannten physischen Ursache. Und es ist nicht ein vorübergehender Erschöpfungszustand, sondern ich fühle mich mehrere Tage lang erschöpft, buchstäblich geschwächt, die Glieder sind wie gelähmt, und beim Gehen ist mir, wie wenn meine Füße auf Watte gingen.' – Nun ist diese Dame eine gesunde und kräftige Frau, die ihre Nerven beherrscht und niemals zuvor in ihrem Leben bei einer anderen Gelegenheit diese Empfindung gehabt hat.» (*Revue Métapsychique*, 1937, S. 9.)

Es besteht kein Zweifel, daß diese Bemerkung von Dr. Osty die Annahme stützt, nach der bei den gleichartigen Wundern, die die afrikanischen Zauberer vollbringen, sich von deren Organismus eine Art «vitalisierender Emanation» loslöst, die die sofortigen Heilungen bewirkt. Und dies um so mehr, als bei den Berichten der Forschungsreisenden und der Missionare ebenfalls bemerkt wird, daß die Zauberer nach einer solchen Wunderheilung derartig erschöpft sind, daß man meinen könnte, «sie seien die Kranken, die sofortiger Hilfe bedürften».

Nach dieser Vorbemerkung führe ich einige Beispiele der behandelten Art an; wohlverstanden nur als bloße Erwähnungen, ohne daß ich mich über ihre wahre Natur weiter auslassen möchte.

Den folgenden Fall entnehme ich dem Buche *The Great Problem* von Dr. George Lindsay Johnson. Dr. Johnson ist in Durban, Natal (Südafrika) wohnhaft und kennt den Stammeshäuptling «Shembe», die Hauptperson des folgenden Falles, persönlich.

Dr. Johnson berichtet:

«Im Distrikte Pheni gibt es ein Dorf namens Ekupakameni, zwölf Meilen von Durban entfernt; sein Häuptling Shembe ist eine Persönlichkeit, die sich durch ihre Intelligenz, ihre freundliche Veranlagung, ihre feinen Gesichtszüge und ihr eindrucksvolles Auftreten auszeichnet. Sein Dorf ist das sauberste und bestgebaute, ja das zivilisierteste von ganz Natal. Sein Ruf ist so groß, daß vor drei Jahren einige Engländer zu ihm kamen und ihn einluden, mit ihnen auf ihre Kosten nach England zu fahren, um in London an einem Missionsrat teilzunehmen. Er schlug die Einladung aus, da seine Mission ihm ausschließlich inmitten der Menschen seiner Rasse zu wirken aufgebe.

Während man darüber diskutierte, kam ein Eingeborener mit der Nachricht gelaufen, ein Mädchen sei von einer ‚zischenden Natter' gebissen worden und liege im Sterben. Shembe eilte sofort hin, gefolgt von den Engländern. Das sterbende Mädchen lag unweit eines ‚heiligen Baumes', in dessen Schatten der Häuptling oft betete. Er blieb stehen und sprach folgendes Gebet: ‚O großer Gott, laß mich mein sterbendes Schwesterchen heilen, denn wenn du ihr das Leben nicht wieder gibst, wird mein Volk den Glauben verlieren.' – Eine Zeitlang blieb er gesammelt stehen, und sagte dann: ‚Gott sagt mir, ich solle den Fuß auf den kranken Arm meines Schwesterchens stellen.' – Damit näherte er sich dem Mädchen; die Leute, die bei dem Mädchen waren, riefen aber: ‚Vater, sie ist tot!' – Glücklicherweise traf diese Ankündigung nicht zu, und sie gab noch Lebenszeichen von sich. Es war aber deutlich, daß sie im Sterben lag, und der gebissene Arm war schrecklich geschwollen und entzündet. Als Shembe dies sah, wandte er sich nochmals dem heiligen Baume zu und rief nochmals inbrünstig seinen Gott an; hierauf ging er zu der Sterbenden und setzte seinen Fuß auf den kranken Arm. – Zur großen Verblüffung aller fuhr das Mädchen zusammen, stand auf, und die Zuschauer sahen die Schwellung und die Entzündung des Armes wie durch Zauber verschwinden. Kurz darauf kehrte das Mädchen in seine Hütte zurück, völlig wiederhergestellt, als ob nichts geschehen wäre. Gleichzeitig sah man, daß die gefangene Natter sich zusammenringelte und starb. Dieser letzte Umstand beeindruckte die anwesenden Eingeborenen am meisten, weil er bewies, daß das Wunder von ihrem Gotte bewirkt worden war; die sofortige Heilung des Mädchens konnte dagegen als ein für sie gewohntes Ereignis gelten.

Shembe, der Häuptling und Zauberer, wandte sich an die Engländer und sagte ihnen: ‚Das ist meine Antwort auf eure Einladung nach England. Gehet nur in euer Land und erzählt euren Freunden, was ihr hier gesehen habt.' Damit drückte er ihnen die Hand und entfernte sich feierlichen Schrittes zu seinem Dorf, während die Engländer sich in stummer Betrachtung erstaunt ansahen.

Ich kenne den Häuptling Shembe persönlich und kann mich für die Wahrheit dieses Vorfalles verbürgen. Alle Engländer, die dabei waren, berichten übereinstimmend die gleichen Einzelheiten der Wundertat, so daß man ihr Zeugnis unmöglich übergehen kann. Wie soll man sich aber eine solche anscheinend wunderbare Heilung erklären?... Shembe tat nichts anderes, als zu seinem Gotte zu beten, und das sterbende Mädchen stand geheilt auf; den größten Eindruck macht der Umstand, daß die Entzündung und die Schwellung des betroffenen Armes unter den erstaunten Blicken einer Gruppe von Engländern wie durch Zauber verschwand. Es ist ein sinnloses Unterfangen, einen solchen Vorfall mit Naturgesetzen erklären zu wollen, da das nie gelingen wird. Alle Zeugen sind aber bereit, vor einem Gerichtshof zu beschwören, daß das Wunder sich vor ihren Augen ereignete.

Erinnern wir uns hier des Ausspruches von Alfred Russel Wallace: ‚Immer wieder leugneten die Männer der Wissenschaft auf Grund aprioristischer Erwägungen als echt erwiesene Tatsachen, und immer waren sie im Unrecht.'» (a. a. O., S. 222.)

Der nächste Fall entspricht in höchst lehrreicher Weise einem berühmten «Wunder», das sich vor Jahren in Lourdes ereignete.

Ich entnehme ihn dem Buche *Recovering the Ancient Magic* von Max Freedom Long; der Vorfall ereignete sich auf den Hawaii-Inseln.

«Eine alte Frau, die allen als eine kräftige ‚Kahuna' (Magierin) bekannt war und von den Eingeborenen als eine ‚Heilige' betrachtet wurde, lebte in einem Tugur an der Meeresküste. Eines Nachmittags fuhr vor ihrer Behausung ein Wagen mit Besuchern vor. Der Wagen hielt an einer leichten Straßenböschung, und einer der Besucher machte einen Fehltritt und fiel die Böschung hinab, wobei er sich ein Bein brach. Die alte ‚Kahuna' eilte sofort zu dem Verletzten und tastete das gebrochene Bein ab. Der Stumpf des Schienbeins ragte aus der durchstoßenen Haut hervor, und die Schwellung des Gliedes hatte sofort eingesetzt. Die Alte drückte den Stumpf an die alte Stelle zurück und empfahl dem Patienten, unbeweglich liegen zu bleiben. Sie schloß einen Augenblick die Augen; als sie sie wieder öffnete, sprach sie energisch das ‚Machtwort' aus: ‚Steh auf, du bist geheilt!' – Und so war es auch! – Der Mann stand auf, betrachtete verblüfft sein wieder gesund gewordenes Bein und folgte des Lobes voll den anderen in die Hütte der ‚Heiligen'.

Ein Freund von mir war dabei; er war von dem Geschehenen tief beeindruckt. Er hatte das gebrochene Bein von Nahem betrachtet und war darum außerstande, sich das ‚Wunder', das er erlebt hatte, zu erklären.» (a. a. O., S. 280.)

Zu dem oben angeführten Fall ist zu bemerken, daß in dem anderen, gleichartigen Falle, der sich in Lourdes ereignete, die Ärzte der heiligen Stätte den Tod des Mannes, der das «Wunder» erlebt hatte, abwarteten, um dem Skelett das gebrochene und auf so wunderbare Weise wiederhergestellte Schienbein zu entnehmen; das Schienbein wurde einer wissenschaftlichen Untersuchung unterzogen, ohne daß man etwas Besonderes hätte feststellen können: die Knochennaht war wie alle anderen, obgleich der Zusammenschluß sich in wenigen Minuten vollzogen hatte. Das Schienbein wurde auch photographiert und die Photographie in den katholischen Zeitschriften, ja sogar in den wissenschaftlichen Zeitschriften veröffentlicht, da die Heilung anscheinend im Gegensatz zu den Naturgesetzen erfolgt war.

Ich sage «anscheinend», denn ich meine, daß das Phänomen, wenn es sich ereignet hat, den «Naturgesetzen» entsprechen muß, wenn auch unsere Wissenschaft das Bestehen des «Gesetzes», von dem die hier behandelten Erscheinungen abhängen, noch nicht kennt; das Gesetz ist offensichtlich «psychischer» und nicht mehr «physischer» Art.

Der folgende Fall wird von dem englischen Forschungsreisenden Grad in dem Buche *Trailing through Siberia* berichtet.

Grad schickt voraus, daß bei den Eskimo der Beruf des «Angarkut» (Magiers) hoch in Ehren gehalten wird, und er bestätigt die wirklichen magischen oder mediumistischen Fähigkeiten der «Angarkut» in der Trance, einem Zustand, in den sie sich nach Belieben versetzen können. Hierauf fährt er folgendermaßen fort:

«Ich befand mich in der Sommerunterkunft (Igloo) eines Eskimostammes von Thutckuchi, am Arktischen Ozean, gegenüber der Wrangell-Insel. Ein sechs- oder siebenjähriges Mädchen war dabei, das von einer heftigen Mumps, einer in den arktischen Regionen sehr häufigen Krankheit, befallen worden war. Da man sie der Zugluft ausgesetzt hatte, verschlimmerte sich das Übel und wurde noch durch eine gewaltige Erkältung kompliziert, und in den ersten Morgenstunden war das Mädchen tot.

Als ihr Tod zweifelsfrei feststand, spannte die verzweifelte Mutter zwei Hunde an den Schlitten und eilte zu der Behausung eines ‚Angarkut', der wenige Meilen entfernt wohnte.

Wenige Stunden darauf kehrte sie mit dem Magier zurück; er war bei den Eskimo wegen seiner Wundertaten sehr berühmt. Die Eltern und alle anderen legten Sachen zusammen, die für sie von großem Werte waren, wie Hunde, Felle und Angelgeräte, um sie dem Magier als Geschenk anzubieten, falls es ihm gelingen sollte, das Mädchen wieder zum Leben zu erwecken.

Ich hatte die kleine Leiche ebenfalls untersucht und das Herz abgehorcht. Ganz zweifellos war das Mädchen tot.

Der Magier sagte, alle sollten die Unterkunft verlassen, auch ich, und ihn mit der Toten allein lassen. Hierauf schloß er die beiden Löcher, die als Eingang dienten, und den Lichtschacht.

Von außen hörten wir, wie er eine eintönige Hymne anstimmte, dann hörten wir ihn wie einen Besessenen heulen und ächzen. Das dauerte über eine Stunde. Es folgte eine kurze Zeit absoluter Stille.

Da kroch auf einmal der Magier aus dem Eingangsloch heraus, und hinter ihm kam das wieder zum Leben erweckte Mädchen! Er nahm es in den Arm und gab es den Eltern zurück, geheimnisvolle

Worte lispelnd. Hierauf gingen wir alle in die Unterkunft zurück, und ich betrachtete voller Erstaunen das wieder zum Leben gebrachte Mädchen, das noch schwach und erschöpft zu sein schien. Das blieb einen Tag lang so, aber am folgenden Morgen kehrte seine kindliche Lebhaftigkeit zurück, und es war wieder ganz das kleine Mädchen, das es zuvor gewesen war.» (a. a. O., S. 97.)

Noch ein Beispiel des «Erweckens von den Toten», und dann werde ich ohne weitere Kommentare zu einem anderen Thema übergehen.

Com. Attilio Gatti berichtet in dem bereits erwähnten Buch *Hidden Africa* den folgenden Fall, dessen Hauptperson die berühmte Zauberin Twadekili, eine Freundin Gattis, ist, die gleiche, die anläßlich der hypnotischen Faszination der Pythonschlangen erwähnt wurde.

In der Zeit, da Attilio Gatti einen längeren Aufenthalt im Gebiet der Zulu nahm, um die magischen Künste dieser Zauberin zu erforschen, sah er eines Tages eine Gruppe von verstaubten und müden Zulu, die von weit her kamen, um sie um ihre Hilfe zu bitten. Vier von ihnen trugen auf einer Bahre den Körper eines Eingeborenen, dessen Kopf von einer blutigen Binde umwickelt war. Er erfuhr von ihnen, daß der anscheinend tote Jüngling Mosutu hieß. Er war in das Zahnradgetriebe einer Mühle auf einer Zuckerplantage geraten und hatte sich dabei einen Schädelbruch zugezogen. Man hatte einen weißen Arzt gerufen, der ihn für tot erklärte. Nun hatten sie ihn zu einem «Zauberer» der Ebene getragen, der ihm eine Medizin eingeflößt hatte, um dann zu befehlen, man solle ihn zum ‚heiligen Bezirk' der Zauberin Twadekili tragen, und zwar *um jeden Preis in spätestens drei Tagen.*

Gatti fährt folgendermaßen fort:

«Ich fragte mich erstaunt, was denn Twadekili noch machen könne – wenngleich ich ihre Wundertaten kannte –, da ja der Mann seit drei Tagen tot war.

Ich schaute durch das ovale Loch ihres ‚Heiligtums' und erblickte das Schillern der Schuppen der riesigen Pythonschlange. Twadekili stand über den Körper des Mannes gebeugt, und die Schlange hielt beide umschlungen, wobei sie sich an der gegenüberliegenden Seite aufrichtete und den schrecklichen Kopf in der Höhe von Twadekilis

Kopf hielt, ihr in die Augenschauend. Da wurde ein Vorhang aus Weidenruten vorgezogen, und ich sah nichts mehr.

Den ganzen Tag und die ganze Nacht lang war die Zauberin bei dem Toten eingeschlossen.

Am kommenden Tag vernahm ich plötzlich das Lärmen einer ausgelassenen Festlichkeit. Ich eilte hinaus und sah Twadekili tanzen. Sie schwang einen Leopardenschwanz in der Luft und war von etwa zwanzig Eingeborenen umgeben, die unter begeistertem Gebrüll wie närrisch herumtanzten. Und was mir ganz unglaublich erschien und dem Leser um so unglaubhafter erscheinen wird – inmitten dieses Kreises von Tänzern stand bei Twadekili der wieder auferstandene Tote, und die blutigen Binden, die um seinen Kopf geschlungen gewesen waren, waren durch eine Kopfbedeckung aus Leopardenfell ersetzt.

Mein Vertrauen in Twadekili erhielt vorübergehend eine schwere Erschütterung: spielte sie vielleicht eine Rolle in einer Komödie? Hatte sie die Leiche, die unter meinen Augen in den ‚heiligen Bezirk' hineingetragen worden war, mit einem Lebenden vertauscht?

Ich wartete, bis die Tänze und Gesänge aufhörten; und als Twadekili schließlich allein blieb, ging ich zu ihr hin. Wie immer kam sie meinen Fragen zuvor, und diesmal las ich in dem Ausdruck ihres sarkastischen Blickes eine triumphierende Freude angesichts meiner Verblüffung.

Und sogleich gab sie die Antwort auf das, was ich sie hatte fragen wollen. Sie erklärte: ‚Als es schien, daß Mosutu sterben müßte, gab ihm der Zauberer der Ebene eine Medizin, welche drei Tage lang einen Lebensfunken in ihm aufrecht erhielt, damit die Träger Zeit hätten, ihn zu mir zu bringen. Er ist der Sohn eines großen Häuptlings. Er durfte nicht sterben, und unser größter Gott, Umkulum Kulu, hat ihn dem Leben durch mich wieder gegeben.'

Ich sandte sofort einen Boten zu dem Besitzer der Plantage, auf der sich der Unfall zugetragen hatte. Zehn Tage darauf kam ein anderer Bote mit der Antwort. Der Besitzer der Plantage (ein Weißer) schrieb: ‚Es gibt zwei Möglichkeiten: entweder sind wir beide, Sie und ich, Dummköpfe, die Leuchtkäfer für Laternen ansehen, oder es ist wirklich wahr, daß Mosutu zu mir zurückgekehrt ist und seine Arbeit auf der Plantage wieder aufgenommen hat, als ob nichts geschehen wäre!'» (*Light*, 1934, S. 4.)

Das waren Beispiele wundersamer Heilungen, wie sie in den Berichten der Forschungsreisenden und der Missionare zu finden sind.

Wie bereits gesagt, möchte ich keinerlei Kommentar dazu geben und es ganz den Lesern überlassen, nach ihren eigenen logischen Kriterien zu induzieren oder zu deduzieren, was daran rational oder irrational, möglich oder unmöglich erscheint; wobei sie jedoch den oben zitierten Spruch von Russel Wallace nicht unbeachtet lassen mögen.

XI

ASTRALLEIB, ABSPALTUNG, WANDERUNG DES ASTRALLEIBES

DER Glaube an das Bestehen eines «Astralleibes» oder «fluidischen Leibes», der mit Empfinden und Bewußtsein ausgestattet ist und sich während des Schlafes vom physischen Leibe loslösen kann, um sich nach dem Sterben endgültig abzutrennen, ist bei allen Völkern und in allen Zeiten lebendig. Es ist hier nicht die Gelegenheit, die Ansicht der Anthropologen über die mutmaßliche Herkunft dieses allgemeinen Glaubens zu besprechen, da dies zu Abschweifungen führen würde, die mit dem hier behandelten Thema nichts zu tun hätten und der geistigen Durchdringung so mancher berühmter Wissenschafter, die keine Kenntnis von den spiritistischen Forschungen haben und deshalb die Wahrheit nicht zu sehen vermögen, ein wenig erfreuliches Zeugnis ausstellen würden.

Unter den Völkern, die die Lehren um den «Astralleib» am weitesten entwickelten, stehen an erster Stelle diejenigen Altägyptens und Tibets.

Hereward Carrington bemerkt in seinem Werke *The Psychic World* zu diesem Glauben der primitiven Völker:

«Ebenso, wie die alten Ägypter an die Existenz des KA glaubten, dessen Irrfahrten und dessen zu bestehende Prüfungen sie genauestens in dem ‚Totenbuche' beschrieben, finden wir im tibetanischen ‚Totenbuch' eine noch eingehendere Beschreibung der Schicksale, die den ‚Astralleib' in dem Augenblicke erwarten, da er beim Tode den ‚physischen Leib' für immer verläßt... Das Buch folgt dem gleichen Reiseweg wie das ägyptische, ist aber vom neuzeitlichen Standpunkte aus viel vernünftiger, und viele seiner Lehren entsprechen auf eindrucksvolle Weise dem, was der Okkultismus und die ‚spiritistischen Forschungen' heute nachzuweisen bestrebt sind. Das geht besonders deutlich aus dem Buche *Projection of the Astral Body* von Sylvan Muldoom (an dem auch ich mitgewirkt habe) hervor. In diesem Buche wird eine ganze Reihe von neuerdings auf diesem Forschungszweige durchgeführten Versuchen erwähnt, die alle unter strengsten Kontrollbedingungen standen... Nun erweist es sich als außerordentlich lehrreich, daß die Bemerkungen, welche die tibetischen Priester vor tausend Jahren machten, experimentell durch Versuche mit einem nordamerikanischen Jüngling bestätigt werden. Und da es unwahrscheinlich ist, daß solche Übereinstimmungen dem ‚Zufall' zuzuschreiben wären, muß gefolgert werden, daß sie die Existenz des ‚Astralleibes' bestätigen; diese Existenz wurde übrigens schon immer von allen Völkern zugegeben und bildet die Grundlage aller magischen und okkulten Riten und Lehren...» (a. a. O., S. 256–258.)

Das Gesagte mag genügen, um einen allgemeinen Begriff von dem Thema zu geben, das ich mich vom besonderen Gesichtspunkt der primitiven Völker aus zu behandeln anschicke.

Ich beginne mit einer Gruppe von Manifestationen, die die Existenz des «Astralleibes» in einer Gestalt, die er unter besonderen Verhältnissen annimmt, erweisen; diese Manifestationen treten bei den wilden Völkern wie bei den zivilisierten auf und bestehen in der Schau «umherschweifender kugelförmiger Lichtkörper», welche sich häufig in dem Augenblicke beobachten lassen, da sie sich beim Tode von den menschlichen Organismen loslösen.

*

Die beiden folgenden Fälle, bei denen vom Sichtbarwerden kugelförmiger Lichtkörper bei den Wilden die Rede ist, sind von einem gewissen theoretischen Werte, da sie mit entsprechenden Manifestationen bei den zivilisierten Völkern verglichen und vor allem im Hinblick auf die Folgerungen betrachtet werden, die sich, wie gesagt, in bezug auf ihre vermutliche Verwandtschaft oder Identität mit der Gestalt des abgespaltenen oder desinkarnierten Astralleibes in bestimmten Phasen seines außerleiblichen Wirkens ziehen lassen. Von diesem Gesichtspunkte aus sind sie theoretisch interessant und lehrreich, da sie die Schlußfolgerungen bestätigen, zu denen man bei den zivilisierten Völkern gelangt.

Ich entnehme den folgenden Fall der Zeitschrift *Light* (1922, Seite 793). Mrs. Beatrice Grimshaw, die bekannte Erforscherin Neuguineas, veröffentlicht in dem *Wide World Magazine* einen Artikel, den sie «Zauberei und Spiritismus bei den Papua» betitelt. In diesem Aufsatz beschreibt die Schriftstellerin einige merkwürdige spiritistische Praktiken der Eingeborenen, denen die «sprechenden Tische» geläufig sind, mit deren Hilfe sie wichtige Kommunikationen erhalten, wenn sie auch nur ein «Ja» oder «Nein» als Antwort auf ihre Fragen erwarten.

Mrs. Grimshaw bemerkt:

«Ich bin gezwungen anzuerkennen, daß diese Praktiken etwas wirklich Übernormales enthalten; zugleich aber ist es zweifelhaft, ob dieses ‚Etwas' nicht für gewöhnlich etwas Niederes und Bösartiges ist, was nicht hindert, daß die Praktiken das Übernormale enthalten.»

Weiter unten berichtet die Reisende von einer Unterredung mit einem Papuazauberer, der ihr versicherte, er habe viele Male erlebt, wie der Geist sich im Augenblick des Todes vom Körper löste. In Erwiderung einer Frage über die Gestalt des Geistes bei dieser Gelegenheit antwortete der Zauberer:

«Er ist in allem einem ‚Fußball' gleich, einem der Bälle, mit dem eure Knaben miteinander spielen. Andererseits ist er in allem einer Laterne gleich, die ein blaues Licht ausstrahlt.»

Der Herausgeber der Zeitschrift veröffentlicht hierzu folgende Bemerkungen:

«Die Spiritisten kennen ihrerseits das gleiche Phänomen; es ist darum nur natürlich, wenn auch höchst lehrreich, daß diese Beobachtung uns zeigt, wie die Loslösung des ‚Astralleibes' vom ‚physischen Leib' bei den wilden Papua auf die gleiche Weise erfolgt wie am Totenbette eines Londoners. Es sind gerade diese gleichlaufenden, übereinstimmenden, gehäuften Beobachtungen, die aus jedem Winkel der Erde stammen, die zusammen die Echtheit des Phänomens bestätigen und es auf wissenschaftlich unanfechtbare Grundlage stellen».

Ich lasse einen zweiten, dem ersten gleichartigen Fall folgen. Er entstammt einem Aufsatz Dr. med. J. Shepleys in den *Proceedings of the S.P.R.* (Bd. XIV, S. 343–347); ich habe ihm bereits einen lehrreichen Fall von «Hellsehen im Gegenwärtigen» entnommen, dessen Hauptdarsteller ein Sensitiver der Goldküste namens Ferguson war, welcher als Dolmetscher der militärischen Expedition beigegeben war, an der auch Dr. Shepley teilnahm. Dieser berichtet das Folgende:

«Auf unserem Marsch in das Innere wurden wir einige Zeit bevor wir aus dem Urwald herauskamen, eines Abends während des Marsches von der Nacht überrascht, und unser Führer wußte nicht, wie weit es noch bis zu unserem Zieldorf war. Seit mehreren Stunden marschierten wir bereits im Dunkeln auf einem Waldpfad, als wir durch das Dickicht des Blätterwerks den Schein einer Laterne sahen, der zu unserem Erstaunen unseren Schritten zu folgen schien, schneller vorwärtseilte, wenn wir unsere Schritte beschleunigten und langsamer wurde, wenn wir den Marsch verlangsamten. In einem bestimmten Augenblick kam der Lichtschein aus der Dschungel heraus und stellte sich an die Spitze unseres Fähnleins. Einer unserer Leute wollte zu dem Träger der Laterne hingehen, hatte aber keinen Erfolg; der Eingeborene Ferguson dagegen warnte ihn, er solle das nicht nochmals versuchen, da man dieses Licht ungestört lassen solle. Der Eindruck, den ich von dieser Erscheinung erhielt, war der eines leuchtenden Punktes, der ringsum einen Lichtkreis verbreitete, wie es bei einer gewöhnlichen Laterne der Fall ist; ich kann aber nicht behaupten, das Flämmchen einer Laterne gesehen zu haben. Wenn einer von uns zu nah an diesen Lichtpunkt herankam, so verschwand er augenblicklich seitwärts in den Wald, um später wieder seinen Platz auf dem Pfad vor uns einzunehmen. Er führte uns solcherart mehrere Meilen und verschwand plötzlich, als wir unser Zieldorf erreichten. Dieser Lichtpunkt bewegte sich in der Luft, als ob er von einem Menschen getragen worden wäre, obgleich niemand zu sehen war. Ich fragte die Eingeborenen, ob sie mir diese Erscheinung erklären könnten, und erfuhr, es handle sich um ein ‚Doppel‘ (das ‚KA‘ der alten Ägypter?), das uns zu Hilfe gesandt worden sei, um uns zu dem Dorfe zu führen.»

Soweit das interessante Erlebnis des Dr. Shepley. Es kann keinen Zweifel darüber geben, daß das Phänomen wirklich übernormal war, da ja alle Glieder der Marschkolonne die Lichtkugel sahen, die im Walde als ihr Führer erschien (was die Objektivität der Erscheinung beweist), niemand aber einen Träger wahrzunehmen vermochte; das wäre unmöglich gewesen, wenn die Lichtkugel wirklich von einer Person getragen worden wäre. Weiter vernimmt man, daß bei jedem Versuche eines Mannes, den vermeintlichen Träger der Laterne zu erreichen, diese seitwärts in den Wald flüchtete; genau so verhalten sich aber die «Irrlichter» und besonders die Geister der Verstorbenen, wenn jemand sie zu erreichen sucht; eine wirkliche Person dagegen hätte sich niemals so verhalten, da es für sie ja keine Motive geben konnte, sich den Dankbarkeitszeichen derjenigen, die sie als sicherer Führer durch den Wald geleitete, zu entziehen.

Die Eingeborenen erklärten die Erscheinungen damit, daß der Leuchtkörper ein «Doppel» oder «Astralleib» oder «Geist» (es wird nicht gesagt, ob eines Lebenden oder eines Verstorbenen) sei, der der Marschkolonne gerade in dem Augenblick zu Hilfe kam, als sie im Begriff war, sich im Walde zu verirren. Diese Erklärung setzt dieses Phänomen mit dem oben angeführten auf die gleiche Stufe.

Das Thema ist von theoretischer Wichtigkeit, so daß wir uns mit Gewinn etwas bei ihm aufhalten können, um die Übereinstimmungen zwischen den angeführten Fällen und den gleichgelagerten Fällen hervortreten zu lassen, die sich spontan oder experimentell bei den zivilisierten Völkern ereignen.

Ich bemerke vor allem, daß der letzte zitierte Fall, bei dem es sich um das Erscheinen einer Lichtkugel in der Nacht handelt, und zwar ohne jedes mediumistische oder magnetische Zusammenwirken mit einer lebenden Person, viele Berührungspunkte mit gleichen Ereignissen bei zivilisierten Völkern aufweist, wenn dieser Fall auch bemerkenswerterweise den günstigen Umstand der Absichtlichkeit aufzuweisen hat, die anscheinend das Auftreten der Erscheinung bewirkte, welche sich gerade in dem Augenblick ereignete, da die Marschkolonne drauf und dran war, sich im Walde zu verirren, und welche sie praktisch als Führer zum Ziele brachte. Nebenbei bemerkt ist diese wunderbare Absichtlichkeit doch keineswegs mit naturalistischen Hypothesen erklärbar, die jede Art einer äußeren Einwirkung, einer Einwirkung von seiten eines Geistes, ausschließen. Hierzu ist noch zu sagen, daß bei den ähnlichen Fällen im europäischen Bereich die Lichtkugeln, die auf den Feldern erscheinen, ebenfalls eine gewisse Absichtlichkeit aufweisen, wenn diese auch niemals die Eindrücklichkeit des eben zitierten Falles erreicht, da sie sich zumeist auf den Umstand beschränkt, daß die Lichtkugeln wie die «Irrlichter» sich nicht fangen und niemand nahetreten lassen oder zu bestimmten Nachtstunden erscheinen und häufig einer bestimmten Bahn folgen, manchmal im Gegensatz zu der Windrichtung und im Einklang mit der Überlieferung von dramatischen Ereignissen, die gerade an dieser Stelle stattgefunden hatten.

Edmond Duchâtel und César de Vesme haben in den *Annales des Sciences Psychiques* (1913, S. 33–40) eine bemerkenswerte Sammlung von Fällen veröffentlicht, da die Lichtkugeln, welche an den verschiedenen Orten auftauchten, während eines längeren Zeitraumes erschienen und mehrfach von Hunderten von Menschen beobachtet werden konnten.

Ich führe wegen der Neuheit gewisser Umstände vor allem den Fall an, den Prof. M. T. Falcomer veröffentlichte, und den ihm die Gräfin Ida Correr aus Vo (Provinz Padua) zuschickte, wo die Lichtkugel erschien. Die Gräfin war gemeinsam mit ihren Söhnen, ihrem Mann und allen Einwohnern des Fleckens Augenzeuge der Erscheinung; diese ließ sich mehrfach aus etwa zehn Meter Entfernung beobachten und trat auch zu der Zeit noch auf, da der Prof. Falcomer seinen Bericht schrieb.

Die Gräfin erzählt:

«Diese Lichtkugel erhebt sich auf den Feldern von der Erde, segelt dann sanft durch die Luft, in der Höhe von sechs oder acht Metern. Manchmal senkt sie sich, und häufig entfernt oder nähert sie sich mit phantastischer Geschwindigkeit. Sie hat die Größe einer großen elektrischen Laterne. Im Winter (denn es sind schon zehn Monate, daß sie, jeweils mit Zwischenräumen von einigen Tagen, erscheint) waren einige Lausbuben so geistvoll, auf sie zu schießen. Die Lichtkugel verschwand augenblicklich; am folgenden Abend erschien sie *zweigeteilt;* und so kam sie mehrere Abende; später war es wieder nur *eine einzige* Kugel. Von da ab hat sie, wie mir die Bauern sagen, nicht mehr die Größe von früher und auch nicht mehr die gleiche Leuchtkraft. Gestern abend jedoch bewunderte ich sie ihres prachtvollen Lichtes wegen, das etwas von der Leuchtkraft der Sterne hatte.» (*Veltro*, 1908, S. 591–594.)

Ich gehe dazu über, kurze Hinweise auf Fälle zu geben, die besser zugunsten der vermutlichen Identität solcher Lichtkugeln mit dem «Astralleib» der Lebenden oder der Verstorbenen sprechen. Vor allem werde ich auf einige experimentell erhaltene Beobachtungen mit hypnotischen Versuchspersonen hinweisen.

So fragte zum Beispiel Dr. Baraduc, der bei einem Versuch über die Auswirkungen der Sensibilität eine Somnambule so weit hypnotisiert hatte, daß sie jegliches Bewußtsein ihrer eigenen irdischen Persönlichkeit verlor, in welchem Zustand sich ihr Geist befinde; sie antwortete hierauf, er habe sich in eine *Lichtkugel* verwandelt, welche im Dunklen schwebe. (Baraduc, *L'âme humaine*, S. 54.)

Bei den wohlbekannten Versuchen des Obersten de Rochas mit dem Medium Laurent spürte dieses zu einem gegebenen Augenblick, daß «sein Doppel *kugelförmig* zu werden bestrebt sei; es bemerkte noch, daß bei Fortsetzung der magnetischen Streichungen das Doppel schließlich einer Träne gleichen würde, das heißt einer *geschwänzten Kugel* gleich einem Kometen oder einer Kaulquappe» (*Annales des Sciences Psychiques*, 1895, S. 271).

Als Laurent zugleich mit Mme Mireille eingeschläfert wurde, «sah er ‚das Doppel' dieser Dame in Gestalt einer Lichtsäule, die sich bald in eine *Lichtkugel* verwandelte, welche auf der einen Seite einen Schwanz nach Kometenart behielt». (*Die übersinnliche Welt*, August 1896, S. 271.)

Vincent Turvey berichtet in seinem Buch *The Beginnings of Seership* (S. 226–228), daß bei einem seiner gewöhnlichen Versuche mit Hellsehen aus der Ferne einer der Anwesenden sah, wie sein «Astralleib» sich in Gestalt einer *Lichtkugel* von seinem «physischen Leib» loslöste.

Auch Malvina Gerard, die bekannte Somnambule, über die M. Sage einen langen Aufsatz in den *Annales des Sciences Psychiques* (1904, S. 65–80 und 120–148) veröffentlichte, sah, als sie in die dritte hypnotische Phase versetzt worden war, «die ‚Geister' in der Gestalt weißer, mehr oder weniger leuchtender Ballone».

Die Somnambule Edmée Henri Durvilles sagte spontan, als sie eines Tages im Tiefschlaf lag:

«‚Der physische Leib ist unwesentlich geworden: er ist buchstäblich nichts mehr. Das ist aber nicht so leicht zu erklären. In dem Phantom drin ist eine sehr helle *Kugel*, die verbreitet Licht um sich. Sie sind voneinander unabhängig und lassen sich voneinander trennen. Die Kugel hat die gleiche Farbe wie das Phantom, sie ist aber unvergleichlich schöner. Die Farben sind bei ihr gerade umgekehrt: das Blau ist links, das Orange rechts.'

Durville fragte: ‚Was geschieht, wenn man stirbt?' – Die Somnambule entgegnete: ‚Aber man stirbt ja gar nicht!'

‚Ich wollte sagen: was geschieht im Augenblick des Todes?'

‚Folgendes: Das Phantom macht sich frei und entschwebt; nach einiger Zeit aber löst auch das Phantom sich auf, und die *Lichtkugel* bleibt übrig.'»

Auch «Réine», das Medium Cornilliers, sah die «Geister» in der Gestalt «kleiner, handgroßer, funkelnder *blauer Lichter*». Und es fügte hinzu: «Das ist die Gestalt, die sie annehmen, wenn sie sich nicht den Lebenden zu erkennen zu geben brauchen.» (Cornillier, *La Survivance de l'âme*, S. 220–221.)

Zu der Äußerung gleichartiger Phänomene bei dem mediumistischen Wechselverkehr unter Lebenden kann ich darauf hinweisen, daß ich in der Monographie über diese Manifestationen den Fall des Fürsten Wittgenstein (Fall X) zitiert habe. Fürst Wittgenstein, der über eine Entfernung mit einer im Schlafe liegenden Dame mediumistisch in Verkehr stand, sah beständig «eine Art *Scheibe* von der Größe eines Tellers, von der ein blasser gelber Schimmer ausging, in der Höhe erscheinen und von einer Seite des Zimmers zur anderen schweben. Diese Leuchtscheibe erschien in dem Augenblick, da der Bleistift mediumistisch zu schreiben begann, und verschwand, sobald das Schreiben aufhörte.»

Hinsichtlich gleichartiger Erscheinungen bei der Telepathie finde ich im Band X der *Proceedings of the S.P.R.* (S. 124) den Fall Miß Williams. Miß Williams ging eines Abends im Dunkeln in ihr Zimmer, um irgendeinen Gegenstand zu holen; da bemerkte sie plötzlich über ihrem Kopfe schwebend ein «leuchtendes *rundes Licht*».

Sie fährt folgendermaßen fort:

«Ich blieb lange Zeit stehen, um es zu betrachten, um mich zu überzeugen, daß ich mich nicht getäuscht hatte. Als ich durch das Zimmer auf die Tür zu ging, folgte das Licht mir, immer in der Luft schwebend, auf halber Höhe zwischen meinem Kopf und der Zimmerdecke. Es glich einer *elektrischen Birne*, sah aber rauchiger aus, wenn es auch ringsum Licht ausstrahlte.»

Während Miß Williams diese Lichtkugel betrachtete, wanderten ihre Gedanken zu einer schwerkranken Freundin; und am gleichen Abend erhielt sie die Nachricht, daß ihre Freundin, Mrs. Long, in dem Augenblicke verschieden war, da sie die Lichtkugel betrachtet hatte.

Hinsichtlich gleichgearteter *postmortaler* Erscheinungen führe ich den folgenden interessanten Fall aus der Zeitschrift *Luce e Ombra* (1914, S. 479) an, der sich in der Familie des Rektors des Lyzeums von Pesaro, Prof. Tito Alippi zutrug; es sei bemerkt, daß in der Zeitschrift nur die Anfangsbuchstaben des Berichtenden erwähnt sind; dieser gestattete mir aber um der Erfordernisse der Wissenschaft willen, seinen vollen Namen zu veröffentlichen. Ich beschränke mich auf den wesentlichsten Teil des Berichtes. Prof. Alippi schreibt:

«...Ich habe mich entschlossen, ein offenbar zumindest übernormales Phänomen vor die Öffentlichkeit zu bringen, das mit dem bittersten Schmerz meines Lebens verknüpft ist; ich hoffe, daß mein Beispiel andere dazu anregen wird, entsprechende Tatsachen, die sie erlebt haben sollten, mitzuteilen.

Vor zweieinhalb Jahren verschied mein geliebtes dreizehnjähriges Töchterchen nach kurzer schwerer Krankheit. In der Nacht nach der Überführung des Sarges auf den Friedhof sah meine Frau, die schlaflos und in Tränen neben mir lag, wie sich auf einmal in der Luft ein Lichtschein wie eine kopfgroße gelbe Flamme bildete. Dieser Lichtschein stieg langsam in die Höhe gegen die Zimmerdecke, bis er nach einigen Sekunden verschwand!

Meine Frau bewahrte trotz ihrer physischen und geistigen Niedergeschlagenheit jene Urteilskraft und Ruhe, die für sie charakteristisch ist, und sie gab sich, da sie wenig geneigt ist, an spiritistische Erscheinungen zu glauben, die natürlichste Erklärung: es handelt sich, so dachte sie, um eine Halluzination. Am anderen Tage aber erzählten unsere Kinder, ein damals vierzehnjähriges Mädchen und ein zwölfjähriger Bursche, der Mutter, sie hätten, als sie im Dunkeln im Bette lagen, eine *Feuerkugel* von der und der Gestalt gesehen... – Sie schilderten sie genau so, wie die Mutter sie gesehen hatte, und nannten ungefähr die gleiche Zeit. Meine Frau zeigte trotz ihres Erstaunens keine Verlegenheit und versuchte ihnen, um ihnen keine Angst zu machen, irgendeine Erklärung zu geben, wobei sie verschwieg, daß auch sie die gleiche Erscheinung gesehen hatte...»

In dem folgenden zweiten postmortalen Fall, den ich dem *Journal of the American S.P.R.* (1908, S. 494) entnehme, ist von einer Dame die Rede, die in ihrem Zimmer Klopftöne vernahm und gleichzeitig eine *Lichtkugel* in einer Zimmerecke erscheinen sah, wobei sie das Empfinden hatte, als ob dieses Licht der Geist des verstorbenen Gatten sei.

Sie fährt folgendermaßen fort:

«Ich sagte: ‚Wenn du es bist, so beweise es mir, indem du durch das Zimmer gehst und an den Ausgangspunkt zurückkehrst.' Es vergingen einige Sekunden, ohne daß das Licht sich gerührt hätte, und ich dachte schon, es müsse sich um irgendeinen Lichteffekt handeln – da bewegt sich das Licht, zieht bis zur anderen Zimmerecke und kehrt zum Ausgangspunkt zurück, und zwar in entschlossener, entschiedener Weise. Die Gestalt veränderte sich nicht: es war eine weißblaue Lichtkugel und blieb es.»

Bei dem dritten Fall dieser Art, den ich den *Annales des Sciences Psychiques* (1907, S. 195) entnehme, dürfte es sich um das Gespenst eines Verstorbenen handeln, das sich in eine Lichtkugel verwandelt. Herr R. A. Fleury berichtet das folgende Erlebnis, das eine Bekannte hatte und ihm erzählte:

«Ich war im Halbschlaf, als ich deutlich zwei Schläge hörte, die gegen meine Zimmertür am Fußende meines Bettes ausgeführt wurden. Ich öffnete die Augen und sah vor dem Bett das Phantom meiner Mutter, deren Gesicht ich sehr deutlich erkennen konnte. Sie war in weißen Rauch gehüllt und sah mich lächelnd an. Es war für mich ein Augenblick höchsten Glückes, wenn er auch nur ganz kurz dauerte, denn das Phantom verwandelte sich in eine *rauchhafte Lichtkugel*, die zur Decke aufstieg und verschwand. Zwei *weitere Lichtkugeln* erschienen und verschwanden neben dem geschlossenen Fenster. Ich bemerke, daß ich drei Wochen nach dem Tode der Mutter einen Bruder und im darauffolgenden Jahre meinen Vater verloren hatte...»

Zum Schluß erinnere ich noch daran, daß es Dr. Baraduc gelungen ist, die Photographie des «Astralleibes» seiner Gattin zu erhalten, und zwar in dem Augenblicke ihres Todes und in Gestalt einer *Lichtkugel*. Paul Nord beschreibt seinen Besuch bei Dr. Baraduc folgendermaßen:

«Wir sehen eine der merkwürdigsten Platten. Es ist diejenige, die der Doktor im Augenblicke des Todes seiner Gattin aufgenommen hat. Er erzählt uns mit verständlicher Bewegung, wie er dem Geiste seiner Gattin half, sich zu äußern und den ‚Astralleib' zu bilden; dieser ist auf der Photographie zu sehen, wie er sich über ihrem Körper kondensiert und eine *Kugelform* annimmt, die im Jenseits das Normale ist, wenn die Geister auch im Verkehr mit den Lebenden menschliche Gestalten annehmen.» (*Revue scientifique et morale du Spiritisme*, 1908, S. 369).

Ich hielt es für angebracht, diesen schnellen summarischen Exkurs in das Gebiet der Manifestationen von «Lichtkugeln» im allgemeinen zu unternehmen, da es noch niemandem in den Sinn gekommen war, eine angemessene Anzahl solcher Manifestationen zu sammeln, so interessant und wichtig für die Theorie eine solche Sammlung auch sein dürfte. Weiter hielt ich den Exkurs für angebracht, da die Phänomene, die sich bei den zivilisierten Völkern ereignen, diejenigen, die bei den wilden Völkern auftreten, wunderbar bekräftigen; und diese letzteren bekräftigen ebensosehr die ersteren, da es ja eine altbekannte Tatsache ist, daß einer der besten wissenschaftlichen Beweise für die Echtheit eines gegebenen Phänomens in dem Nachweis liegt, daß das gleiche Phänomen in gleicher Weise in verschiedenen Regionen und bei verschiedenen Völkern anzutreffen ist, die so weit voneinander entfernt und einander so fremd sind, daß jede Möglichkeit der Ideenwanderung ausgeschlossen ist.

*

Bislang behandelten wir eine einzige der Gestalten, die nach Ansicht der wilden und der zivilisierten Seher der «Astralleib» annehmen kann, wenn er sich im Augenblick des Todes zeitweilig entfernt oder nachdem er eine mehr oder weniger lange Zeit in der geistigen Welt verbracht hat. Es bleibt also noch zu erwägen, ob bei den primitiven Völkern Meldungen über die andere Gestalt zu erhalten sind, die nach den zivilisierten Sehern der «Astralleib» annimmt, wenn er den Vorgängen der endgültigen Trennung vom «physischen Leib» unterworfen ist, wobei er das gleiche Aussehen bewahrte, das auch diesen auszeichnete.

Wie die psychischen Verhältnisse, die die beiden nur vorübergehend voneinander abweichenden Abarten des gleichen Phänomens bestimmen, beschaffen sind, erhellt bereits zur Genüge aus den zitierten Berichten; es ist hier nicht der Ort, länger bei dem Thema zu verweilen, da es uns sonst zu weit von dem eigentlichen Ziel der vorliegenden Arbeit abbringen würde, welches ja darin besteht, die Methoden der vergleichenden Forschung auf die übernatürlichen Erscheinungen bei den zivilisierten und den wilden Völkern anzuwenden, und zwar in der Absicht, die Übereinstimmungen und die Unterschiede zwischen den beiden Tatsachengruppen herauszuschälen.

Wohlan: auch in dieser Hinsicht zeigt es sich, daß den wilden Völkern diese zweite Abart, nach der sich die endgültige Trennung des Geistes vom Körper vollzieht, bekannt ist.

Leider ist auch bei dieser Sonderart der Manifestationen das vorhandene Material außerordentlich spärlich, da wir uns mit flüchtigen Anspielungen in den Werken der Forschungsreisenden und Missionare begnügen müssen; immerhin genügen diese beredten Anspielungen von Leuten, die das Gebiet der Wilden durchquerten, ohne sich für die Psychologie der Völker, die sie dort antrafen, zu interessieren, um nachzuweisen, daß die genannten Manifestationen auch diesen Völkern allgemein bekannt sind.

Da es nicht angeht, gewöhnliche Anspielungen auf nicht näher angeführte Fälle anzuführen, kann ich nur die folgende Beobachtung berichten, die dem *Metaphysical Magazine* (Oktober 1896) entstammt. Ein Missionar, der von den Tahiti-Inseln zurückgekehrt war, schildert darin den Glauben der Eingeborenen an das hier behandelte Phänomen folgendermaßen:

«Im Augenblick des Todes zieht sich nach ihrem Glauben die Seele in den Kopf zurück, um von dort auszutreten und einen langsamen und schrittweisen Vorgang des Wiedereingehens in Gott durchzumachen, von dem sie ihren Ausgang genommen hatte... Merkwürdig und interessant erscheint die Tatsache, daß die Tahiter an den Austritt einer realen Substanz glauben, die menschliche Gestalt annimmt; sie glauben es auf das Wort ihrer Hellseher hin, die behaupten, in dem Augenblick, da der Sterbende den letzten Atemzug tue, sondere sich von seinem Kopfe ein Dampf ab, der in die Höhe steige und sich unweit des Körpers kondensiere und mit diesem durch eine Art Strick aus der gleichen Substanz verbunden bleibe. Diese Substanz nehme – so behaupten sie – rasch an Ausdehnung zu und forme sich gleichzeitig zum Abbild des Körpers, aus dem sie austrete; und wenn der Körper schließlich kalt und starr ist, löse sich die Verbindung zwischen Seele und Körper auf und die befreite Seele entschwebe, anscheinend unter Beihilfe unsichtbarer Boten.»

Der hier angeführte Fall dürfte der größten Beachtung wert sein: die Beobachtungen der Eingeborenen von Tahiti entsprechen in eindrucksvoller Weise bis in die kleinsten Einzelheiten demjenigen, was die europäischen Seher über den Vorgang der Loslösung des «Astralleibes» vom «physischen Leib» zu sagen hatten. Es ist allgemein bekannt, daß diese Seher, von Andrew Jackson Davis bis William Stainton Moses übereinstimmend von der Emanation einer Art Dampf aus dem physischen Leibe sprechen, der in die Höhe steigt und sich in Körpernähe kondensiert, allmählich Größe, Gestalt und Aussehen des Körpers, aus dem er hervorgeht, annimmt und mit diesem durch ein fluidisches Band aus der gleichen Substanz verbunden ist, welches sich im Augenblick des Todes auflöst und die geistige Gestalt freiläßt.

Und das ist noch nicht alles: bei den Sehern von Tahiti und den Sehern der zivilisierten Völker ist eine weitere höchst bemerkenswerte Übereinstimmung festzustellen; beide weisen nämlich auf das Vorhandensein «geistiger Boten» hin, die dem Geiste im Augenblick der höchsten Krise beistehen.

Niemand kann bestreiten, daß derartige wunderbare Übereinstimmungen von gewaltigem wissenschaftlichen Werte sind, da sich daraus folgender Tatbestand ergibt: wenn die Tahiter ihren Glauben nicht von den europäischen Völkern übernommen haben können (die, nebenbei gesagt, großenteils gar nicht wissen, daß solche Erscheinungen bei ihnen vorkommen), und wenn die zivilisierten Völker sie nicht von den Tahitern übernommen haben können, dann läßt sich doch diese gegenseitige, wunderbare, vollständige, bis in Einzelheiten gehende Übereinstimmung in der Darstellung des Phänomens nur erklären, wenn man zugibt, daß die Seher beider Teile ein objektives und durchaus reales Phänomen beschrieben haben.

Und damit wären wir vernünftigerweise zu der Anerkennung der Wirklichkeit der «fluidischen Abspaltung» im Augenblicke des Todes, also zur Anerkennung der Existenz des «Astralleibes» im Menschen, mit anderen Worten, zur Anerkennung der Existenz einer Seele, die nach dem Tode des Körpers weiterlebt, gezwungen.

*

Der folgende Fall handelt von der «fluidischen Absonderung» des Astralleibes eines Lebenden (Wanderung des Astralleibes), die in voller Absicht von einem afrikanischen Zauberer erreicht wurde.

Ich entnehme ihn dem *Almanach des Missions* für das Jahr 1907; der Bericht stammt von einem Missionar aus der Urwaldeinsamkeit Innerafrikas.

Der Held der Erzählung, Ugema Uzago, war zu der Zeit Häuptling des Stammes der Yabikou und ein großer Zauberer. Er hatte eine außergewöhnliche Macht über die Eingeborenen, da er Krankheiten heilte, seinen Untergebenen die Mittel verschaffte, vermöglich zu werden, und insbesondere ihnen ihre Feinde aufzeigte ... Ein sanfter Euphemismus, der für das Denken dieser Menschen bedeutete, daß sie sich ihrer raschestens entledigt haben würden.

Ugema war Freund des berichtenden Missionars; zumindest behauptete er, dessen Freund zu sein, da er öfters den ehrwürdigen Pater brauchte. Sehr oft kam er am Abend zu ihm, um sich mit ihm zu unterhalten ... und um Tabak zu verlangen.

Dies die Vorgeschichte; der Missionar fährt folgendermaßen fort:

«Eines Abends vertraute mir Ugema an, daß der Meister – Er, der alles kann – seine Jünger geladen hatte, in der kommenden Nacht zu einer Versammlung auf der Hochebene von Yemvi zu erscheinen.

‚Darum werde ich morgen abend nicht zu dir kommen', sagte Ugema.

Ich antwortete: ‚Wie denn? Auf der Hochebene von Yemvi? Aber es braucht doch vier Tagereisen, um dahin zu kommen! Du kannst doch bestimmt nicht zu dieser Versammlung gehen!'

Ugema richtete sich stolz auf und sagte:

‚Komm morgen abend zu mir, und du wirst sehen, was die schwarzen Zauberer zu tun vermögen.'

Ich hütete mich wohl, mir eine so wertvolle Gelegenheit, die Macht der Zauberer zu prüfen, entgehen zu lassen, und am nächsten Abend war ich um sechs Uhr, vor Sonnenuntergang, bei ihm.

Der Zauberer sagte mir:

‚Ich werde gleich die Vorbereitungen zur Abreise beginnen. Wenn ich angefangen habe, dann hüte dich, mich irgendwie zu unterbrechen, denn es geht um dein Leben und besonders um das meine, für mich wäre der Tod sicher!

Ich versprach feierlich, daß ich kein Wort sagen und ihn mit keiner Bewegung und keinem Ausruf bei seinen Beschwörungen stören würde, daß ich stumm und unbeweglich wie ein Holzklotz sein würde. Hierauf sagte ich noch:

‚Erlaube mir noch eine Bitte. Du willst doch auf die Hochebene von Yemvi, in das alte verlassene Dorf reisen, nicht wahr?'

‚Ja. Ich habe es dir schon gesagt.'

‚Gut. Willst du mir eine Gefälligkeit erweisen und einen Auftrag ausrichten?'

‚Sehr gern.'

‚Auf dem Hinweg liegt am Fuß der Hochebene das Dorf Us-hong. Oder nicht?'

‚Doch, doch!'

‚Du kennst doch bestimmt den Steuereinnehmer, der in diesem Dorf wohnt, um dort Kautschuk einzukaufen?'

‚Esaba? Ja, den kenne ich sehr gut.'

‚Ja, gerade der.'

(Hier muß ich einfügen, daß dieser Esaba, der schwarze Steuer-einnehmer des genannten Dorfes, einer unserer zum Christentum Bekehrten ist und den Taufnamen Vinzenz trägt. Wenn nötig, lehrt er im Dorfe ein wenig den Katechismus, tauft dort die Sterbenden, unter-richtet die Kinder und ist unserer Mission sehr ergeben. Wenn wir in sein Dorf kommen, ist immer er es, der uns aufnimmt und uns tausend Dienste erweist.)

‚Also, lieber Ugema, wenn du an seiner Türe vorbeikommst, dann sei doch so gut und sag ihm, daß ich ihn unbedingt sprechen muß. Er soll sofort kommen und mir die Patronen meines Jagdge-wehres bringen. Ich habe sie in einer eisernen Kassette in meiner Hütte gelassen. Sag ihm, er soll sich um das übrige nicht kümmern, son-dern mir nur die Patronen bringen. Hast du das verstanden?'

‚Dein Auftrag wird ausgerichtet werden. Esaba wird deinen Auf-trag noch heute abend erhalten und morgen aufbrechen. Und nun gib acht, daß du nichts mehr sagst. Einverstanden?'

Angesichts dieses nachdrücklichen Versprechens wuchs mein Erstaunen ins Ungemessene, und man kann wohl verstehen, mit wel-cher Spannung ich das Ende dieses Abenteuers erwartete, das doch zumindest sehr seltsam war. Wie war es denn möglich, daß Ugema rechtzeitig zu der Versammlung kam? Vier Tagereisen in wenigen Minuten?

Indessen hatte ich mir ein Mittel verschafft, um die Behauptungen des Zauberers durch den schwarzen Steuereinnehmer Esaba zu kon-trollieren. Um von unserer Mission zu dessen Dorfe zu kommen, braucht man drei volle Tagereisen, und auch das nur, wenn man sich unterwegs nicht aufhält.

Ugema und ich gingen in die Fetischhütte zurück. In der Mitte der Hütte brannte ein Feuer aus aromatischen Kräutern und stark riechenden Hölzern, die dort hoch aufgeschichtet waren, und die hellen Flammen beleuchteten den Ort. Ich setzte mich in eine Ecke, und der Zauberer begann seine Praktiken mit einem besonderen Sang, in dem eine eindringliche Melodie vorherrschte. Immer singend, ent-kleidete er sich, um sich hierauf nach und nach seine Amulette anzulegen; bei jedem Amulett, das er sich anlegte, unterbrach er das Lied, um ein neues anzustimmen, immer in einem langsamen und bizzarren Rhythmus. Es war ein Singsang, dessen Töne plötzlich in die Höhe gingen, um hierauf schroff abzufallen, und der Text war ein Gemisch von Anrufungen und Gebeten, vor allem aber von Beschwörungen der Geister des Waldes, der Wasser und der Verstorbenen...

Ugema sang, indem er sich langsam um das Feuer herumbewegte und sich zugleich um sich selbst drehte; er skandierte jede Bewegung, wobei er den Rhythmus nach und nach beschleunigte. Das betrieb er eine lange Zeit, bis die Hölzer fast vollständig niedergebrannt waren und nur noch einen schwachen absterbenden Schimmer ausstrahlten. Hier und da züngelten noch rußende Flämmchen, sie genügten aber nicht, um das einbrechende Dunkel zu durchdringen.

Plötzlich bleibt Ugema stehen; zugleich läßt sich von der Dachluke ein scharfes, gebieterisches Zischen vernehmen. Ich schaue hoch und erblicke die weich sich wiegende Gestalt eines lebenden Wesens, das in die Hütte eingedrungen ist. Es ist eine schwarze Schlange von der gefährlichsten Art, die sich auf den Boden niedergelassen hat; sie richtet den Kopf zornig gegen mich und züngelt äußerst heftig; dann richtet sie sich völlig auf, sieht mich unentschlossen an, schwankt einige Zeit hin und her und wirft sich schließlich auf den Zauberer, umwindet ihn und preßt ihn... Ugema macht das keinen Eindruck; er nimmt ein Fläschchen, gießt sich ein wenig rötliche Flüssigkeit, die einen heftigen Knoblauchgeruch ausströmt, in die Hand, und beginnt, sich nach und nach den Körper von den Füßen aufwärts einzureiben. Die schwarze Schlange (die ich als eine Verbündete des Zauberers erkannte, als sein ‚Elangela', Ausführer seiner Todesurteile) löst sich vom Gürtel des Zauberers, um sich ihm um den Hals zu legen, von dem aus sie züngelnd und sich wiegend seinen Kopf umstreicht, immer nach dem Rhythmus des Singsangs.

In diesem Augenblick beschließe ich, eine Fackel anzuzünden, die mir gestattet, die kleinsten Einzelheiten der Szene zu beobachten; und der Zauberer macht keinerlei Verbotszeichen.

Inzwischen schickt das Feuer ein letztes ersterbendes Flämmchen aus und geht völlig ein... Nun legt sich Ugema auf das Bett. Der Raum ist von einem scharfen, undefinierbaren Geruch erfüllt. Ich muß mit ganzer Willenskraft gegen die Schläfrigkeit, die mich befällt, kämpfen. Ich gehe zu Ugema hin: die Schlange ist verschwunden und der Zauberer schläft tief, einen besonderen Schlaf, einen wahren Totenschlaf, der seinen Körper unbeweglich wie einen Leichnam macht. Es ist der kataleptische Schlaf. Ich hebe ein Augenlid auf und sehe, daß der Augapfel vollkommen weiß und glasig ist, und daß das Fackellicht keinerlei Reaktion hervorruft. Ich stelle mich vor ihn hin und hebe einen Arm auf; er fällt steif und starr zurück, wie es bei der Totenstarre zu geschehen pflegt. Ich hebe ein Bein auf – das gleiche Ergebnis. Ich treibe meine Nachforschungen so weit vor, daß ich ihm eine Nadel ins Fleisch stoße – die Muskeln kontrahieren sich nicht. Ich erblicke auf den Lippen ein wenig weißlichen Schaum. Die Herzschläge sind nicht mehr wahrnehmbar: Ugema schläft den Schlaf des Todes.

Ich bleibe die ganze Nacht bei ihm und beobachte ihn; er gibt nicht das geringste Lebenszeichen von sich, nicht die geringste Bewegung, nicht den Hauch einer Geste.

Gegen acht Uhr morgens beginnt Ugema Lebenszeichen von sich zu geben: ich bemerke eine leichte Bewegung, darum verdoppele ich meine Aufmerksamkeit. Es folgen krampfartige Zuckungen, die dann wieder aufhören. Ugema kommt zu sich, setzt sich auf dem Holzbrett auf, schaut mit starren Pupillen und scheint erstaunt, mich neben sich zu sehen; schließlich kehrt aber das Bewußtsein zurück.

‚Ah', ruft er aus, ‚was bin ich müde!'

‚Nun, und diese berühmte Reise? Jetzt siehst du, daß du sie nicht hast ausführen können!'

‚Wie denn nicht? Wer sagt denn, daß ich sie nicht habe ausführen können?'

‚Du behauptest also, du seist während der Nacht auf der Hochebene von Yemvi gewesen?'

‚Freilich! Oh, es ist nicht klug, dem Ruf des Meisters keine Folge zu leisten!'

‚Und was habt ihr gemacht?'

Ugema verharrte einige Zeit in Schweigen; dann sagte er:

‚Wir waren viele, und wir haben uns unterhalten.'

‚Und mein Auftrag, hast du ihn ausgeführt? Hast du ihn Esaba ausgerichtet?'

‚Aber natürlich!'

‚Du hast ihn heute Nacht gesprochen?'

‚Freilich; ich habe ihn in der vergangenen Nacht gesprochen.'

‚Dein Körper ist aber die ganze Zeit auf dem Bett geblieben; und ich kann es garantieren, weil ich nie den Blick von dir abgewendet habe.'

‚Nein, ich lag nicht auf dem Bett. Das war nur mein Leib; aber was ist der Leib? Mein *Ich* war nicht da, das war auf der Hochebene von Yemvi.'

Ich wollte nicht weiter in ihn eindringen. Ich brach die Unterhaltung ab und kehrte bald darauf in die Mission zurück, ganz in Gedanken versunken. Ich fragte mich, was ich über das Erlebte denken sollte: Traum, Phantasmagorie, Illusion oder Wirklichkeit?

Drei Tage später, *genau am Abend des dritten Tages*, traf der Katechumene Esaba in der Mission ein.

,Pater', sagte er mir, ,hier sind die Patronen, die du letzthin durch Ugema bestellt hast. Was brauchst du sonst noch von mir?'

Es war nicht schwer, eine plausible Erklärung zu finden. Hierauf fragte ich:

,An welchem Tage hat dir Ugema meinen Auftrag ausgerichtet?'

,Vor drei Tagen, am Abend gegen neun, ich habe es dir ja schon gesagt.'

(Nun war das genau die Zeit, da Ugema in den kataleptischen Schlaf gesunken war.)

,Hast du ihn gesehen?'

,O nein! Du weißt ja, daß wir Neger uns sehr vor den Gespenstern fürchten, die in der Nacht umgehen. Ugema hat an die Tür geklopft und von draußen gesprochen. Aber ich habe ihn nicht gesehen.'

Ich antwortete: ,Ja, ja, ist schon recht!' und kam auf etwas anderes zu sprechen.

Es ist also Tatsache, daß Ugema wirklich zu der Versammlung gegangen ist; es ist Tatsache, daß sein *Ich* in wenigen Augenblicken viele Reisestunden durcheilte; es ist Tatsache, daß sein abgespaltenes *Ich* gehandelt, gesprochen und sich unterhalten hatte... Traum, Illusion, Phantasmagorie... oder Wirklichkeit?»

Mit diesem fragenden und zweifelnden Satz schließt der Missionar seinen Bericht an die Kirchenbehörden ab; es wird aber deutlich, daß er zutiefst davon überzeugt ist, daß es sich nicht um einen Traum, nicht um eine Illusion, nicht um ein Hirngespinst handeln konnte, da ja der Zauberer seinen Auftrag wirklich in allen Einzelheiten ausgeführt hatte, und zwar in einer Entfernung von drei Tagereisen und zu genau der Zeit, da er in den kataleptischen Schlaf gesunken war.

Ich weise darauf hin, daß dieser Fall, als Ganzes gesehen, in der Welt der Wilden genau das wiedergibt, was die berühmten «Hexensabbathe» in der Welt des Mittelalters waren. Und die Tatsache an sich, daß die Übereinstimmung seltsamer und unwahrscheinlicher

Dinge zu so verschiedener Zeit und an so verschiedenem Orte gegeben sind, beweist, daß auch an den «Hexensabbathen» etwas echt Übernormales sein muß, genau so, wie das auch bei dem dargelegten Fall zutrifft. Indessen ist es in beiden Fällen heikel, zu entscheiden, wo das wirklich Übernormale aufhört und die Wirkung der Autosuggestion und des Träumens beim Zauberer Ugema einerseits und den Hexen andererseits beginnt. Und hinsichtlich des dargelegten Falles dürfte die nächstliegende Hypothese zur Erklärung in der Annahme eines Phänomens telepathischer Nachrichtenübermittlung sein, bei dem der Zauberer Ugema der Sendende und der Katechumene Esaba der Empfangende war. Indessen läßt die Erklärung Esabas über das Phantom Ugemas, das an die Türe klopfte und sich von draußen mit ihm *unterhielt*, eine Art der übernormalen Wirksamkeit erkennen, die sich erheblich von der Art unterscheidet, wie die telepathischen Phantome in Erscheinung treten (diese sind sehr flüchtig und lassen sich niemals in wirkliche und eigentliche Unterhaltungen ein, und wenn das doch der Fall ist, dann handelt es sich nicht um telepathische Phantome).

Diese Erwägungen dürften die Behauptung des Zauberers bekräftigen, nach der in der Hütte nur der Leib lag, während der Geist sich auf die Hochebene von Yemvi begeben hatte . . .

Mit anderen Worten: alles weist darauf hin, daß es sich in diesem Falle um eine wirkliche Erscheinung der «Wanderung des Astralleibes» handelt, wie sie bei allen zivilisierten Völkern zu finden ist und von der die Parapsychologie und die Heiligenbiographien zahlreiche Beispiele anzuführen wissen.

Ich weiß sehr wohl, daß die Wanderungen des «Astralleibes», die auf Grund des Tatsachenmateriales seit langem von den Kirchenbehörden und neuerdings von der okkultistischen, spiritistischen und theosophischen Schule als authentisch anerkannt werden, einer Handvoll Wissenschafter, die sich in der Parapsychologie mehr oder weniger auskennen, nicht als glaubwürdig gelten; das bedeutet aber im Grunde genommen gar nichts, da bekanntlich infolge eines unumstößlichen psychologischen Gesetzes, das zugleich durch seine mäßigende Wirkung auf die soziale Entwicklung segenbringend ist, jede neue (und darum mehr oder weniger unreife) Erkenntnis die Prüfung durchzustehen hat, daß sie lange Zeit von den besten Geistern der Epoche zurückgewiesen und geschmäht wird. Dagegen bleibt den Er kenntnissen, die sich auf die Tatsachen stützen, der Triumph der Anerkennung nie versagt, da ja Erkenntnisse nicht Meinungen sind. Und was die große Erkenntnis angeht, die uns hier beschäftigt, ist zu sagen, daß diejenigen, die die Materie von Grund auf durchforscht haben, ganz sicher wissen, daß die Wanderung des «Astralleibes» oder die «fluidische Abspaltung» während des physiologischen oder somnambulen oder ekstatischen oder mediumistischen oder kataleptischen Schlafes oder im Augenblicke vor dem Tode eine wirkliche und unbestreitbare Erscheinung ist, und der Umstand ist der Hervorhebung wert, daß ohne die beginnenden oder vollständigen Phänomene der «Wanderung des Astralleibes» die animistischen Erscheinungen der Parapsychologie, von den «telekinetischen» Erscheinungen bis zu den teilweisen oder völligen Materialisationen des «Doppels» des Mediums unerklärbar blieben.

Was das andere Problem anbelangt, ob nämlich der Zauberer Ugema an der Zusammenkunft der Zauberer teilnahm oder nicht, so ist das ein heikles Problem und zugleich von nur geringer theoretischer Wichtigkeit. Es mag einem jeden selbst überlassen bleiben, diese Zusammenkunft für real anzusehen oder in ihr eine «subliminale Phantasie», eine autosuggestive Frucht des festen Glaubens des Zauberers zu erblicken.

Was uns hier dagegen interessiert und von Bedeutung ist, ist die unbestreitbare Tatsache, daß der Zauberer Ugema dem Katechumenen Esaba den Auftrag des Missionars vollständig ausrichtete, und zwar in dem Augenblicke, da der Körper des Zauberers in einen kataleptischen Schlaf versunken war.

Ich betone nochmals, daß dieser Vorfall sich auf zweierlei Weise klären läßt: entweder, indem man die telepathische Hypothese zu Hilfe nimmt, oder indem man eine «Wanderung des Astralleibes» annimmt; diese letztere Lösung ist unzweifelhaft die näherliegende.

Was die Praktiken anbelangt, mit denen der Zauberer in sich selbst den Zustand der Tiefhypnose hervorrief, so sind sie ohne jeden Wert für die Theorie, da sie – wie ich bereits oben hervorhob – nur ein empirisches Verfahren darstellen, wie es jedem Volke eigen ist – und in unserem Falle jedem wilden Stamme – um die notwendigen Vorbedingungen für das Hochkommen der unterbewußten übernormalen Fähigkeiten oder für die «Abspaltung» des «fluidischen Leibes» zu schaffen.

Es sei noch bemerkt, daß bei den Praktiken des Zauberers Ugema als «Helfer» eine riesige Schlange von der giftigsten Art mitwirkt; das entspricht dem, was bereits zuvor bei den Praktiken der «hypnotischen Faszination» auf die Riesenschlangen von seiten der Zauberin Twadekili festzustellen war. Es kann keinen Zweifel geben, daß solche Systeme der hypnotischen Unterwerfung von Schlangen und Raubtieren vom theoretischen wie vom praktischen Gesichtspunkte höchst lehrreich sind. Das bedeutet, daß die zivilisierten Völker von den wilden Völkern einiges über die Faszinationskraft der menschlichen Seele auf die tierische zu lernen haben; es ist eine Kraft, die bereits die alten Magnetiseure kannten und verwendeten, die aber die heutigen Hypnotiseure vollständig vernachlässigen.

Im übrigen trifft es ebensogut zu, daß die zivilisierten Völker stets viel von den Naturvölkern zu lernen haben werden, sowohl hinsichtlich der wundertätigen Kräfte der austretenden menschlichen Fluida, wie auch hinsichtlich der Verfahrensweisen, wie das Hochkommen der unterbewußten übernormalen Fähigkeiten erleichtert werden kann.

Es ist eine Tatsache, daß die Naturvölker wie auch die Völker der Antike zahlreiche parapsychologische Probleme von höchster biologischer, psychologischer und philosophischer Wichtigkeit empirisch zu lösen vermochten, über die die heutigen zivilisierten Völker nichts oder doch nur sehr wenig wissen.

XII

MEDIUMISTISCHE SITZUNGEN MIT TELEKINESEN, DIREKTEN STIMMEN, MATERIALISATIONEN UND SPIRITISTISCHEN IDENTIFIKATIONEN

Es ist noch der Nachweis zu erbringen, daß auch bei den primitiven Völkern echte mediumistische Erfahrungen zu machen sind, die zu Manifestationen führen, welche denjenigen bei den zivilisierten Völkern entsprechen. Die Leser werden schon bemerkt haben, daß bereits in oben zitierten Fällen von «Medizinmännern» und «Sensitiven» die Rede war, die als eigentliche und richtige Medien fungierten. Das gilt zum Beispiel für den Fall der schwarzen Sensitiven Salima, die den Geist ihres verstorbenen Gatten Mbona herbeirief, für die Fälle, die in dem Kapitel über vorwiegend objektive und physikalische Erscheinungen zitiert wurden, und für den Fall, wo Rothäute den Geist ihres verstorbenen Häuptlings «Große Schildkröte» um Rat angingen.

Diese Vorwegnahme von Tatsachenmaterial außerhalb der hierfür besonders vorgesehenen Kategorie ist bei der vorliegenden Klassifizierung ein unvermeidliches Übel, da sie ja reich an recht verwickelten Fällen ist, die gleichzeitig verschiedenen Kategorien zuzuweisen sind.

Um die Schwierigkeit zu überwinden, blieb also nichts anderes übrig, als diese Fälle nach ihrer hervorstechendsten Eigenart einzureihen; dementsprechend habe ich dem vorliegenden Abschnitt diejenigen Fälle vorbehalten, deren hervorstechendste Eigenart der Umstand ist, daß bei ihnen die «Medizinmänner» und «Sensitiven» ausdrücklich die Funktionen eines Mediums übernehmen.

Zunächst ist bei diesen Fällen auf eine Besonderheit hinzuweisen, die den meisten von ihnen gemeinsam ist, nämlich, daß die Verstorbenen sich fast immer mittels der «direkten Stimme» mitteilen; und wenn man auch von den Forschungsreisenden und Missionaren nicht gut Berichte verlangen kann, die als wissenschaftliche Beweise der objektiven Echtheit dieser «direkten Stimmen» gelten können, so ergibt sich doch als wesentlichstes Kennzeichen der Erlebnisse selbst, daß man sich zugunsten der objektiven Wirklichkeit der Erscheinung aussprechen darf, wenigstens bei gewissen Fällen; es ist nämlich nicht gut möglich, daß sich in dieser Hinsicht Eingeborene, Forschungsreisende und Missionare all die Jahrhunderte lang getäuscht haben sollten.

Der Forschungsreisende Lidio Cipriani, den ich bereits mehrfach erwähnt habe, bemerkt hierzu:

«Der Glaube an diese ‚sprechenden' oder vielmehr ‚zischenden' Geister ist in Südafrika allgemein und reicht weit in den Norden hinauf, über den Zambesi und den Kongo hinaus. In der Kapprovinz behaupten die Zauberer der Xosa, sie ließen die Geister vom Fußboden der Hütte aus sprechen, während im unteren Zambesi der Geist in einem Kürbis hausen soll, aus dem er bei Befragen antwortet. Weiter flußaufwärts, bei Senga, lebt der Geist in einem Schloß und gibt von dort aus seine Orakel, immer mit zischender Stimme. Bei den Baluca des südlichen Kongo ist sein Wohnsitz und der Ort, von dem aus er spricht, ein Terrakottagefäß. Bei den Negern der Goldküste (Kingsley) spricht das Orakel von einem beliebigen Punkte der Hütte aus... Bemerkenswert ist die genaue Übereinstimmung zwischen den Berichten der antiken Völker und Schriften und den afrikanischen Erzählungen von den ‚sprechenden Geistern'. Im übrigen ist das Phänomen heute unter allen Primitiven der ganzen Welt verbreitet, und die Reisenden beschreiben übereinstimmend, wie der Zauberer, der angebliche Geisterbeschwörer und mutmaßliche Bauchredner, sich zuvor vorbereitet, um zu einer krampfhaften körperlichen und nervlichen Erregung zu kommen, die ihn manchmal dazu zwingt, sich in Krämpfen auf dem Boden zu winden, Schaum vor dem Mund und im Delirium; und wie er dann in diesem Zustande verbleibt, solange die Antworten, deren Herkunft man für übernatürlich hält, gegeben werden.»

Im übrigen liegen die Gründe dieser Eigenart des Verkehrs der Toten mit den Lebenden bei den wilden Völkern auf der Hand: da diese keine geschriebene Sprache haben, können die Verstorbenen mit den Lebenden nur mittels der «direkten Stimme», der «mediumistischen Besessenheit», der «Tiptologie» durch «ja» oder «nein» vermittels irgendeines Dreifußes oder eines an einem Faden aufgehängten Gegenstandes in verstehbare Beziehungen treten.

*

In dem folgenden ersten Fall spricht das Medium mit dem Tonfall eines Verstorbenen (mediumistische Besessenheit).

Ich entnehme ihn dem Buche *The Psychic World* von Hereward Carrington. – Der Forschungsreisende B. Malinowski bemerkt anläßlich einer Besprechung der übernormalen Erscheinungen bei den Melanesiern:

«... Als ich mich auf der Trobiandinsel befand, starb der Stammeshäuptling. Den Bräuchen gemäß mußten alle Glieder des Stammes samt ihren Besuchern während der Nacht aufbleiben und an der Totenfeier teilnehmen. Ich und noch einige andere Reisende gingen ebenfalls hin. Der Mann, der als Medium wirken sollte, war angekommen; man erwartete große Dinge von ihm. Ich wollte ihn zum Sprechen bringen, hatte aber keinen Erfolg. Er gab einsilbige Antworten, und ich mußte von meinem Vorhaben ablassen. Er war nicht mehr in normalem Zustand; er erschien übererregt, murmelte unverständliche Worte, hatte nervöse Zuckungen und zuweilen war er völlig geistesabwesend, vielleicht in Trance, indes sein Blick ausdruckslos in die Ferne geheftet war... Je näher die Nacht rückte, desto erregter wurden die Eingeborenen ihrerseits, während das Medium allmählich in eine tiefe Trance mit Anzeichen von Besessenheit verfiel.

Auf einmal richtet er sich auf und stimmt mit energischem Tonfall und einer so tönenden Stimme, daß man sie seinen Stimmbändern niemals zugetraut hätte, eine religiöse Hymne an. Dann hörte er auf, und durch ihn begann eine andere Persönlichkeit zu sprechen, deren Tonfall demjenigen der ersten gerade entgegengesetzt war. Manchmal waren mehrere Stimmen gleichzeitig zu vernehmen, als ob verschiedene Persönlichkeiten Verstorbener sich bemühten, zugleich zu sprechen. Hierauf wurden seine Sätze kürzer und schneidender, dann immer mühseliger. Es folgten Krisen von Atemnot und gurgelnde Laute, bis schließlich das Medium offensichtlich völlig erschöpft zu Boden fiel.

Erst jetzt erfuhren wir, daß der Geist des verstorbenen Häuptlings durch den Mund des Mediums gesprochen hatte, und daß alle Anwesenden Tonfall und Klangfärbung der Stimme erkannt hatten, die zwar klangvoller als gewöhnlich, aber absolut identisch gewesen war...» (a.a.O., S. 240.)

In dem vorliegenden Falle ist die Erwähnung von mehreren «Stimmen, ... als ob verschiedene Persönlichkeiten Verstorbener sich bemühten, zugleich zu sprechen», besonders bemerkenswert; – diese

Ausdeutung ist richtig, und die Erscheinung ist manchmal auch bei zivilisierten Völkern bei Medien, die «Verkörperungen» sind, zu bemerken. Dieser Umstand legt den Schluß nahe, es sei die tatsächliche Anwesenheit zweier Persönlichkeiten von Verstorbenen anzunehmen, die sich gleichzeitig bemühen, mit den Lebenden in Verkehr zu treten, wobei sie das Medium auf verschiedene Weise beeinflussen; das will heißen, daß die eine sich durch «Verkörperung» der Stimmbänder unmittelbar bedient, während die andere durch telepathische Übertragung auf die Sprachzentren des Hirnes einwirkt, so daß die eine nichts von der Anwesenheit der anderen weiß und die Stimmbänder des Mediums automatisch unzusammenhängende Sätze, aus zweierlei miteinander vermischten «Botschaften» vorbringen.

Für die hier behandelten Manifestationen ist besonders zu beachten, daß die Erwähnung dieser seltsamen und wenig bekannten mediumistischen Interferenz einen ausgezeichneten Beweis für die tatsächliche Herkunft dieser Manifestationen von Geistern abgibt.

*

Im nächsten Falle handelt es sich um «direkte Stimmen»; der Bericht stammt von dem anglikanischen Bischof Callaway, der ihn in seinem Werke *The religious System of the Amazulu* niedergelegt hat; ich entnehme ihn dem oben erwähnten Buche *The Physic World* von Hereward Carrington (S. 222), das ihn in einer ausführlichen Wiedergabe bringt.

Folgender Auszug enthält das Wesentliche:

«... Bei den Amahlongwa wurde ein Knabe von heftigen Krämpfen befallen, und die Eltern schickten einige Jünglinge um Rat zu einer ‚Zauberin‘, die mit Hilfe ihrer ‚Familiengeister‘ wahrsagte.

Die Jünglinge nahmen in der Hütte, wo sie ihre Sitzungen abhielt, neben der Zauberin Platz; nach langem Warten ließ sich eine Stimme wie die eines Kindes vernehmen, die von der Decke ausging und den Versammelten Grüße aussprach.

Hierauf manifestierten sich andere ‚Geister‘ auf gleiche Weise; sie bemerkten: ‚Ihr wollt Rat von uns haben über etwas, was euch betrifft.‘ – Die Zauberin wandte sich an die Ankömmlinge und sagte: ‚Habt ihr gehört? Die Geister sagen, daß ihr sie wegen etwas, was euch angeht, befragen wollt. Wenn das stimmt, so antwortet.‘ – Die

Jünglinge wollten erst das Terrain sondieren und bemerkten nur, das stimme allerdings. Nun erklärten die ‚Geister', der Grund ihres Kommens sei von äußerster Dringlichkeit, da jemandem ein trauriges Los bevorstehe. – Die Jünglinge, die vorsichtig vorgehen wollten, fragten: ‚Wie alt ist die Person, der Übles bevorsteht?' – Die Antwort lautete: ‚Es ist ein sehr junges Geschöpf, und was ihm bevorsteht, ist körperlicher Art. Es ist ein Knabe in zartem Alter, so daß man ihn noch nicht einmal als Hirtenbub brauchen kann.' – Schließlich fügten die ‚Geister' noch hinzu: ‚Ah, nun sehen wir ihn. Er leidet an Krämpfen.' – Hierauf beschrieben sie ganz genau den ersten Anfall, die Art der Anfälle und das, was die Eltern darüber dachten, wobei sie noch bemerkten, es sei das einzige Kind und die Jünglinge, die hergekommen waren, seien Verwandte; daraufhin präzisierten sie noch, sie seien dessen Vettern.

Alle Auskünfte entsprachen vollkommen den Tatsachen.

Hierauf ermahnten die ‚Geister' die Vettern des Knaben, heimzukehren, eine weiße Ziege zu opfern und den Körper des kranken Knaben mit der Galle des Tieres zu bestreichen und dem Kind ein besonderes Getränk zu geben.

Die Jünglinge kehrten zurück, opferten eine weiße Ziege, bestrichen den Körper des Knaben mit der Galle und gaben ihm die empfohlene Medizin zu trinken.»

Hier erklärt Bischof Callaway:

«Die Zauberin wohnte recht weit von der Ortschaft entfernt, und die jungen Leute, die sie aufsuchten, kannten sie keineswegs. – Von diesem Tage an hörten die Krampfanfälle auf und kehrten nie mehr wieder. Heute ist dieser Knabe ein gesunder und kräftiger Jüngling geworden.»

Der Fall bietet nichts Außergewöhnliches, seine Aufnahme empfahl sich nur durch die verehrungswürdige Persönlichkeit des Bischofs, der ihn berichtet und zur Zeit seiner Wirksamkeit als Missionar selbst erlebt hat.

*

Bei dem folgenden Fall handelt es sich um spontanen und vorübergehenden Mediumismus mit «direkter Stimme» und «Xenoglossie» (Unterhaltungen in einer Sprache, die dem Medium nicht geläufig ist) sowie um vermutliche Materialisationen von Händen. Er stammt aus dem *Journal of the S.P.R.* (Band VII, S. 274–275.) Mr. William Robert Augear schickt dieser Gesellschaft den Bericht einer Unterhaltung, die er mit einem jungen Insulaner von den australischen Südseeinseln hatte:

«Ich heiße Ganna und komme von den Südseeinseln. Ich bin Christ und alle kennen mich; ich kann also nicht lügen... Als ich in den Baumwollplantagen von Coira auf den Fidschiinseln arbeitete, war dort noch ein anderer Südseeinsulaner; er war ein ‚Omba'. Eines Tages erkrankte er an Ruhr. Da ging einmal ein Landsmann von mir hin, um zu sehen, ob er irgend etwas brauche, und fand ihn in sehr üblem Zustande vor. Er war bewußtlos (d. h. in Trance), sprach aber unaufhörlich; es war aber nicht seine Stimme, die da sprach, sondern eine andere, die aus dem Bauch zu kommen schien. Bald interessierten sich alle Leute der Ortschaft für ihn, da er mit ihnen in allen ihren Sprachen sprach. Ich war beispielsweise ganz sicher, daß er nicht ein Wort von der Sprache meiner Insel verstand, und doch unterhielt er sich lange mit mir in meiner Sprache, gab mir über mein Dorf Auskunft und über die Leute, die ich kannte und die gestorben waren. Das stellte sich alles als wahr heraus, weil ich mich bei Leuten aus meinem Dorf erkundigte, die nach Coira kamen. Alles war wahr; wir mußten also seinen Worten Glauben schenken; Sie werden mich schon verstehen.

Von dieser Nacht an hörte man diesen Mann immer so sprechen, wenn er krank wurde (d. h. wenn er in mediumistischen Schlaf fiel). Vier- oder fünfmal ging jemand in die Hütte hinein, wenn man ihn auf diese Weise sprechen hörte, und zündete ein Zündholz an, aber es war außer dem sprechenden Mann, der wie tot dalag, niemand zu sehen. Aber die Leute, die in die Hütte gingen, brachten es nicht fertig, drin zu bleiben. Wir hatten es alle vergeblich versucht, wir waren alle sofort von Furcht ergriffen worden. Es war da etwas, was uns zur Flucht zwang. Niemand kann behaupten, er hätte irgend etwas gesehen; es konnte einzig und allein niemand es über das Herz bringen, drin zu bleiben. Und die anderen, die die Hütte draußen umstanden (es handelte sich um Hütten aus geflochtenem Bambusrohr), sahen die Hände derjenigen, die sich von innen mit ihnen unterhielten, aus der Hütte herauskommen; es waren alles Tote. Und manchmal drückten sie diese Hände und stellten fest, daß sie klein und kurz waren, als ob sie nur ein einziges Glied hätten. Und diese Verstorbenen sagten immer die Wahrheit und sprachen immer mit jedem in seiner eigenen Sprache.

Eines Tages genas der Mann vollständig von seiner Krankheit, und alles hörte auf. Er lebt noch, und es geht ihm ausgezeichnet. Nur kann er sich an nichts aus der Zeit seines Krankseins mehr erinnern.

Ich hatte noch nie so etwas erlebt; aber die Eingeborenen von Mackay und von Queensland berichten mir, sie hätten in den Zuckerplantagen dasselbe erlebt. Sie kennen Tom Totty: er war dabei, als sich all das ereignete, und weiß es so gut wie ich; sie können ihn fragen...»

In einem kurzen Kommentar bemerkt der Herausgeber des *Journal of the S.P.R.*, daß die Wahrhaftigkeit des berichteten Falles aus dem Umstand ersichtlich wird, daß der naive Berichter in allen Einzelheiten die Art beschrieb, wie sich die mediumistische Trance bei den *zivilisierten* Völkern entwickelt. Nun liegt es auf der Hand, daß sich so vollkommene Übereinstimmungen mit der Hypothese des «zufälligen Zusammentreffens» nicht erklären lassen, wenn sie von einem Erzähler kommen, der von der Existenz des von ihm beschriebenen Phänomens nichts weiß. Das ist hier der Fall, wo der unwissende und naive Insulaner vor allem den in klassischer Weise zutreffenden Umstand erwähnt, daß der Sensitive, von dem er sprach, sich nicht mehr an die Zeit seines Krankseins (das heißt an die Zeit, da er Anfällen mediumistischen Schlafes unterworfen war) erinnern konnte; und daß der Sensitive nur dann auf diese Weise redete und handelte, wenn er krank wurde (d. h., wenn er von dem mediumistischen Schlaf überwältigt wurde); und schließlich, daß diejenigen, die durch ihn sprachen, immer Tote waren; alles Beobachtungen, die für den Zustand mediumistischer Trance kennzeichnend sind und die Definition für diesen Zustand abgeben. Daraus kann man den Schluß ziehen: wenn der Erzähler einen anormalen psychophysiologischen Zustand beschrieb, den er nicht von anderer Seite her kennen konnte, dann mußte er ihn durch die eigene persönliche Erfahrung kennengelernt haben.

Bemerkenswert an den angeführten Manifestationen ist das Auftreten von Xenoglossie bei wilden Völkern; dieser Vorfall wird noch interessanter, da er sich mit dem physischen Phänomen der materialisierten Hände verbindet, welche, nach dem sie sich in der Dunkelheit der Hütte – die als mediumistisches Kabinett diente – gebildet hatten, aus der Hütte herauskamen und sich drücken ließen.

Hierzu ist noch zu bemerken, daß die weitere Beobachtung des Erzählers hinsichtlich der Kleinheit und Unvollkommenheit der Hände, die aus der Hütte herauskamen, ganz entschieden beweist, daß es sich nicht um die Hände des Mediums handeln konnte.

*

Den folgenden Fall entnehme ich dem neunten Band (S. 69 bis 71) des *Journal of the S.P.R.* – Mr. K. Langton Parker sendet dem Soziologen Andrew Lang folgenden Bericht über einen Vorfall, den er auf seinem Wohnsitz in Australien selbst erlebte.

Mr. Parker schreibt:

«Eine junge Dame, die bei mir zu Gast war, wurde plötzlich in einer Weise, die uns allen unerklärlich war, krank. Sie war nicht ans Bett gefesselt, aber sie schleppte sich mühselig durch das Haus und lag fast immer auf einem Liegestuhl. Sie war bleich wie ein Leintuch.

Eine gute alte Frau, eine Eingeborene von Varnan, hörte von der Erkrankung meines Gastes und kam, sich über den Fall bei mir zu erkundigen. Sie war gewohnt, jedesmal zu erscheinen, wenn jemand von meiner Familie krank war, um rund um den Puls des Kranken gewisse Zauberschnürchen zu legen, wobei sie Beschwörungen murmelte. Sie fragte mich, welche Krankheit die Bullah Meai (das weiße Mädchen) gepackt habe. Ich antwortete, daß niemand wisse, was das für eine Krankheit sei, worauf sie mir sagte, sie würde die ‚Geister' befragen.

Ich meinte, eine Unterhaltung mit dieser guten Hexe würde zur Ablenkung der Kranken beitragen, die immer in der Stadt gelebt hatte und sich sehr freute, mit der Eingeborenen, die ich ihr vorstellte, in Kontakt zu kommen.

Die gute Alte grüßte die Kranke und sagte ihr dann, sie wolle die ‚Geister' befragen, um sie zu heilen. Hierauf kauerte sie sich in der Zimmermitte nieder und begann in einer unbekannten Sprache Stoßgebete zu murmeln. Plötzlich verstummte sie, und wir vernahmen eine seltsame, zischende Stimme, die deutlich einige Worte aussprach; die Alte antwortete, was weitere zischende Worte der gleichen Stimme zur Folge hatte. Hierauf stellte sie dreimal, wie es schien, die gleiche Frage, ohne eine Antwort zu erhalten. Nun wartete sie einige Zeit, um sich dann an mich zu wenden und zu sagen, sie habe den ‚Geist Big Joes' – eines vor einigen Jahren verstorbenen Negers – befragt, aber ‚Big Joe' habe nicht antworten können. Sie wolle darum den Geist einer Nichte, die seit langem tot war, befragen.

Entsprechend begann sie eine andere Beschwörung zu murmeln, und bald darauf ließ sich eine andere seltsame zischende Stimme, die jedoch viel schwächer war als die erste, vernehmen. Es begann der gleiche Dialog, ebenfalls mit negativem Ergebnis. Nun sagte die Alte, sie wolle den Geist von ‚Guadgee', einem kraushaarigen, ebenholzschwarzen Mädchen, das vor kurzem verstorben war, und das ich zur Zeit meines Aufenthaltes an dem Ort sehr liebgewonnen hatte, befragen. Dieses Mal waren die Bemühungen der guten Alten von Erfolg gekrönt, denn ‚Guadgee' antwortete sofort und erklärte, die Krankheit des ‚weißen Mädchens' sei dem Umstand zuzuschreiben, daß sie mit einem Bad unter einem ‚Uniggah' die Geister beleidigt habe. Ein ‚Uniggah' ist ein heiliger Baum, der für alle außer dem Zauberer verboten ist; der Zauberer kommt dort mit den ihm freundlich gesinnten Geistern zusammen und bewahrt unter seinem Schatten seine magischen Geräte, wie Kristalle, Gifte, Stöcke und Knochen auf, da alles unter dem Schatten eines ‚Uniggah' sicher ist, von Bienenschwärmen geschützt, die nur dem Zauberer sichtbar sind und mit ihren Stacheln die Verletzer des heiligen Schattens anfallen. Da nun das ‚weiße Mädchen' sich nicht an das Verbot gehalten hatte, war es von den unsichtbaren Bienen angefallen worden; die Bienen hatten es in den Rücken gestochen und ihr Wachs in die Leber des Mädchens fließen lassen und damit die Krankheit verursacht. Zum Beweise der Richtigkeit ihrer Behauptung sagte ‚Guadgee', wir sollten den Rücken des Mädchens untersuchen, und wir würden die Stiche der unsichtbaren Bienen entdecken. Wir taten es und stellten tatsächlich an der angegebenen Stelle zahlreiche entzündliche und sehr jukkende Punkte fest.

Als die alte Frau mir die Worte ‚Guadgees' fertig übersetzt hatte, bemerkte ich, daß ‚Guadgee' sich geirrt haben müsse; ich kannte den Ort, wo der ‚Uniggah'-Baum stand, und wußte, wohin das Mädchen mit einer Negerdienerin zum Baden ging; die beiden Mädchen müßten sich viel zu sehr vor den ‚Uniggah'-bäumen gefürchtet haben. Die Alte antwortete darauf, ‚Guadgee' lüge niemals, und darum müsse ihre Aussage als wahr gelten. Hier schaltete sich die Kranke mit der Frage ein: ‚Ist der Uniggahbaum, von dem ihr sprecht, vielleicht der große Coalabah-Baum zwischen der Einbuchtung des Flusses und dem Garten?' – ‚Ja, der ist es', antwortete die Alte. – ‚Dann', sagte die Kranke, ‚stimmt es tatsächlich, daß ich das letzte Bad im Schatten dieses Baumes nahm. Ich war zu spät aufgestanden, um mit den anderen Mädchen zu gehen, so daß ich allein baden ging; und weil die Sonne so heiß war, ging ich nicht über die Einbuchtung hinaus, sondern badete schon im Schatten des großen Baumes.'

Damit war die Ursache des Übels festgestellt, zur großen Zufriedenheit der alten Frau; diese wandte sich erneut an den Geist von ‚Guadgee' und bat ihn, das ‚weiße Mädchen' zu heilen. Der Geist zischte alsbald die folgende Heilmethode:

Die Kranke durfte nichts Heißes trinken und nichts essen. Sie solle zu Bett gehen und sehr viel kaltes Wasser trinken, welches sie schläfrig machen würde. Nun würde ‚Guadgee' einspringen und ihre Galle von dem Wachs reinigen. Hierauf würde die Kranke tief weiterschlafen, bis zum Morgen, und würde mit neuer Kraft und fast geheilt wieder erwachen. Die alte Frau sollte die Kur mit einer Beschwörungsformel einleiten, bevor sie fortging.

Das wurde sofort getan; und während die Alte die magischen Worte aussprach, rieb sie die Pulse der Kranken. Hierauf ging sie und sagte, die Geister gingen mit ihr, aber ‚Guadgee' würde während der Nacht wiederkehren...

Die Kranke ging zu Bett und schlief tief bis zum Morgen. Als sie erwachte, war sie fast ganz der Gesundheit wiedergegeben und fühlte sich so kräftig wie zuvor. Auch ihre Augen, die so dumpf und gelblich gewesen waren, waren wieder munter und leuchtend.

Die Geisterstimmen, die wir vernommen hatten, kamen manchmal von den Lippen der Alten; andere Male schienen sie aus ihren Händen oder Schultern zu kommen, und zweimal tönten sie zuerst in einer Zimmerecke und das andere Mal aus der gegenüberliegenden...

Wir versuchten alle, die seltsame zischende Stimme der ‚Geister' nachzuahmen, es gelang uns aber keineswegs. Offenbar mußte man eingeweiht oder Bauchredner sein.» (Gez. K. Langton Parker.)

Es ist hier nicht die Gelegenheit, die Geheimnisse der «Uniggah»-Bäume und die tödlichen Folgen der Verletzung des heiligen Schattens, die sich auch dann einstellen, wenn man sich nicht bewußt ist, ihn verletzt zu haben, näher zu untersuchen. Alles weist merkwürdige Ähnlichkeiten mit dem auf, was über die Personen berichtet wird, die die Pharaonengräber entweihten. Nach diesem Hinweis auf die Übereinstimmung dürfte es aber besser sein, sich jeglichen Kommentars über ein Rätsel, das nicht genügend wissenschaftliche Fundierungen für Schlußfolgerungen aufweist, zu enthalten; darum werde ich weier unten nur eine Hypothese vorschlagen, die ausschließlich zur Erklärung des vorliegenden Falles gedacht ist.

Ich weise indessen doch auf die merkwürdige Übereinstimmung zwischen den phantastischen Erklärungen, die der Geist von «Guadgee» über die Entstehung der geheimnisvollen Krankheit des «weißen Mädchens» abgab, und den beiden Umständen hin, daß sie tatsächlich und unwissentlich den heiligen Schatten eines «Uniggah»-Baumes verletzt hatte, und daß man auf ihrem Körper an der von «Guadgee» angegebenen Stelle zahlreiche entzündliche und juckende Punkte fand, die dem entsprachen, was die gleiche mediumistische Persönlichkeit über die Stiche der unsichtbaren Bienen gesagt hatte.

Zur Erklärung dieser Übereinstimmung könnte man annehmen, daß der Geist von «Guadgee» oder die Hellsicht der alten Sensitiven solche entzündlichen Punkte auf dem Rücken der Kranken geschaut hatten und, dem Glauben der Eingeborenen entsprechend, ihre phantastische Erzählung um diese herumgesponnen hatten.

Ebenfalls seltsam und überraschend ist der Umstand, daß die Kranke am nächsten Morgen tatsächlich von der heftigen und geheimnisvollen Krankheit geheilt war, von der sie so lange geplagt worden war. Dieses Wunder ließe sich aber den wohlbekannten Wirkungen der Autosuggestion zuschreiben und wäre den berühmten «Wundern» von Lourdes gleichzustellen, die, wie bereits bemerkt, als sich leicht einstellende Folge einer Autosuggestion zu gelten haben, die ihren Ursprung aus dem glühenden Glauben der Kranken nimmt.

Man könnte aber einwenden, daß in unserem Falle das «weiße Mädchen» nicht diesen glühenden Glauben an die ihr unmittelbar bevorstehende Heilung hatte.

Diese letzte Bemerkung erinnert an einen anderen, bereits zitierten Fall, der mit dem hier behandelten seltsame Entsprechungen aufweist; es ist der Fall des afrikanischen Medizinmannes, der über einen Offizier des deutschen Kolonialheeres erzürnt war und bei diesem aus der Ferne Magenkrämpfe hervorrief, die er rasch wieder heilte, als er die erwünschten Geschenke erhielt.

Ich bemerkte zu jenem Fall, alles weise darauf hin, daß der Medizinmann tatsächlich einen übernormalen Einfluß auf den Offizier ausübte, und zwar vermittels telepathischer Übertragung der den eigenen

Wünschen entsprechenden Empfindungen, oder aber vermittels Fernübertragung von «Lebensfluiden», von «psychischen Schwingungen», welche über das Unbewußte auf das Nervensystem des Offiziers gewirkt und zunächst die äußerst schmerzhaften Eingeweidekrämpfe und sodann die rasche Heilung dieser Anfälle bewirkt hätten.

In gleicher Weise könnte man bei dem vorliegenden Falle annehmen, daß die alte australische Eingeborenenfrau die funktionelle Leberstörung, an der das «weiße Mädchen» litt, mittels «vitalisierender Fluida» geheilt hätte; und umgekehrt, daß die Krankheit selbst ihren Ausgang von einem «übelwollenden Einfluß» genommen hätte, der in unmittelbarer Beziehung zu dem Zauberer stand, welcher an dem «Uniggah»-Baum sein Wesen trieb; in diesem Falle hätte der «Einfluß» auf das «weiße Mädchen» infolge ihres Bades im Schatten des heiligen Baumes wirksam werden können, da dadurch der «psychische Rapport» zwischen ihrem Unterbewußten und dem Unterbewußten des Zauberers hergestellt werden konnte (Psychometrie des Ortes).

Ich weiß sehr wohl, daß ich mit diesen Argumenten eine Hypothese aufstelle, die manchen gewagt erscheinen wird; deswegen muß man aber doch zugeben, wenn man die zahlreichen gleichlaufenden Fälle untersucht und miteinander vergleicht, daß die vorgetragenen Argumente die «nächstliegende» Hypothese, die sich mit den Tatsachen vereinbaren läßt, bilden.

Schließlich erwähne ich noch den Umstand, daß der Geist von «Guadgee» erraten hatte, daß das «weiße Mädchen» im Schatten eines «Uniggah»-Baumes ein Bad genommen hatte; dieser Umstand ist sehr bemerkenswert, da auch dann, wenn man jede Einwirkung von außen ausschließen und den Umstand mit Hellsehen erklären will, die Erscheinung selten und interessant sein würde, wenn man erwägt, daß niemand auf der ganzen Welt sich dieser Tatsache bewußt war, *auch die nicht, die das Bad genommen hatte.*

Alles in allem ist es, ganz gleich, wie man die Tatsachen erklären will, offensichtlich, daß die alte australische Eingeborene ein echtes Medium war, welches die Kranken mit der (ob wirklichen oder eingebildeten, ist gleichgültig) Hilfe freundschaftlich gesinnter Geister heilte. Hierbei ist besonders bemerkenswert, daß die ersten beiden «Geister», welche das Medium befragte, nicht imstande waren, eine

Erklärung der Herkunft der Krankheit des «weißen Mädchens» abzugeben, und sie noch viel weniger zu heilen vermochten; das dürfte doch als Beweis gelten, daß wirklich ein äußerlicher Zugriff vorlag, denn wenn es sich um die hellseherischen Fähigkeiten des Mediums gehandelt hätte, so wären die beiden ersten mißlungenen Versuche unverständlich, denen hierauf ein glänzender Erfolg folgte.

Es ist nicht möglich, sich über die besondere Ausdrucksform des Mediumismus der alten Sensitiven – der in diesem Falle wie in vielen anderen die Gestalt der «direkten Stimme» annimmt, näher auszulassen, und zwar auf Grund der Überlegung, daß die Art und Weise, wie die «direkten Stimmen» zum Ausdruck kommen, sich als mehr oder weniger dem Bauchreden verwandte Erscheinungen erklären lassen; was im übrigen an der Echtheit der Tatsachen nichts ändern würde.

*

In dem folgenden Falle handelt es sich um die Materialisation eines Phantoms. Ich entnehme ihn der Zeitschrift *Psychic News* vom 2. September 1939.

Mrs. Margaret A. Bevan erzählt, daß zwei Offiziere des kanadischen Heeres, ein Major und ein Hauptmann, die wußten, daß sie reiche mediumistische Erfahrungen hatte, sie einluden, an einer mediumistischen Sitzung teilzunehmen, die bei einem Indianerstamme nördlich des Ontariosees stattfinden sollte.

Sie fährt folgendermaßen fort:

«Als wir dort ankamen, nahmen die Indianer uns sehr höflich auf. Die Sitzung wurde im Freien abgehalten, in einer Waldlichtung. Die teilnehmenden Indianer waren in zwei Dreiecken, eines innerhalb des andern, aufgestellt, und uns wurden Plätze im inneren Dreieck zugewiesen.

Im Mittelpunkt stand ein schönes, ringsum mit bunten Zeichnungen geschmücktes Zelt, das nicht festgepflockt war, sondern auf dem Grasboden aufstand. Weiter hinten, in einem Wäldchen, stand eine Gruppe indianischer Musikanten, die zu spielen und ihre Tomtoms zu schlagen begannen.

Nach etwa halbstündigem Warten begann das Zelt zu zittern und sich hierauf langsam zu erheben, bis es sich so weit erhoben hatte, daß wir das Innere sehen konnten. Wir stellten nun fest, daß das Zelt ohne menschliche Hilfe in die Höhe gestiegen war. Darauf sank es ebenso langsam wieder hinab und nahm seinen Platz im Grase wieder ein.

Aber kurz darauf begann es wieder sich zu erheben, und dieses Mal sah man, daß im Inneren ein kleines Feuer aus kleinen, kreuzweis geschichteten Hölzchen brannte, mit züngelnden Flammen und einem aromatischen, dem Weihrauch ähnlichen Rauch. Das Zelt stieg rasch auf eine Höhe von zwölf bis vierzehn Fuß und sank dann wieder auf die alte Stelle über dem kleinen Feuer hinab.

Da gingen die Musikanten plötzlich auf eine andere Tonart über und zugleich hob das Zelt sich zum drittenmal. Wo es gestanden hatte, war nun die materialisierte Gestalt des Geistes eines kräftigen, weißgekleideten Indianers zu sehen. Als das Zelt so weit stieg, daß die Gestalt vollständig frei war, machte diese mit dem Kopfe Zeichen des Grußes, worauf alle Indianer im Chor enthusiastische Grüße ausriefen.

Hierauf senkte sich das Zelt langsam wieder, und bevor es den Boden berührte, das heißt also, solange die mit weißen Mokassins bekleideten Beine des Gespenstes noch sichtbar waren, sahen wir sie an Ort und Stelle verschwinden.

Und mit dieser eindrucksvollen Erscheinung schloß die Sitzung.

Die Indianer erwiesen uns weiterhin jede Höflichkeit, und bevor wir uns verabschiedeten, boten sie uns noch Erfrischungen an.

Das Gesehene machte einen tiefen Eindruck auf mich; ich werde es in meinem ganzen Leben nicht vergessen.»

Diese hier geschilderte Sitzung, die bei vollem Tageslicht im Freien abgehalten wurde und bei der ein Zelt in die Höhe stieg, in dem sich niemand befand, bei der sich im Inneren des Zeltes offenbar ohne menschliches Zutun ein Feuer entzündete, bei der als Höhepunkt das materialisierte Phantom in dem Zelt erschien und an Ort und Stelle verschwand, diese Sitzung wäre von höchster technischer Bedeutung, die eines ausgiebigen Kommentars würdig wäre. Indessen ermangelt der Bericht allzusehr der grundlegenden Auskünfte. So vergißt beispielsweise die Erzählerin zu erwähnen, ob ein Medizinman anwesend war oder nicht. Allerdings darf man mit Sicherheit annehmen, daß einer anwesend war, da ja bei den mediumistischen Sitzungen der Rothäute das Zelt, in dem die Erscheinungen auftreten, fast immer für sich steht und von dem Medium getrennt ist.

wichtig?

An der Anordnung der Sitzung wäre also nichts Außergewöhnliches, aber die Berichterstatterin hätte über das Medium und seinen Standort Näheres sagen müssen; so verliert ihr Bericht jeden wissenschaftlichen Wert, und es wäre sinnlos, die erwähnten Erscheinungen in Betracht zu ziehen.

*

Der folgende Bericht verdient indessen eine ernsthafte Würdigung, wenn er auch erstaunliche Manifestationen enthält. Er stammt von einem intelligenten Indianer, der an den Universitäten der Vereinigten Staaten mit bestem Erfolg studierte, so daß er in die Kadettenschule von West Point aufgenommen wurde. Er machte den Krieg von 1914 im kanadischen Heere mit und kehrte mit dem Range eines Hauptmanns und mit zahlreichen Tapferkeitsorden geschmückt zurück.

Dieser Indianer veröffentlichte vor kurzem ein Buch mit Kindheits- und Jugenderinnerungen, also aus der Zeit, da er noch ein Indianer der Nomadenstämme war; in diesem Buche werden in einfacher und eindringlicher Weise die Bräuche, die Erziehung, die Sitten, die Glaubensverhältnisse und die verschiedenen Praktiken der primitiven Indianerstämme geschildert.

Das Buch trägt den Namen des Verfassers: *Long Lance* (New York, *Cosmopolitan Book Corporation*), und ist von der ersten bis zur letzten Seite höchst interessant und häufig aufregend.

Der Missionar dieses Bezirkes, Kanonikus Socker, und ein weiterer Missionar aus dem Bezirk Blackfeet bezeugen die Echtheit der von Long Lance in seinem Buche geschilderten Dinge, desgleichen der Regierungskommissar William Morris Graham und der Minister für Indianerfragen, Dancan Campbell Scott.

Vom parapsychologischen und psychologischen Gesichtspunkt aus verdient besonderes Interesse die ausführliche Schilderung der strengen Verfahrensweisen der Indianerstämme, um die Bewerber für den Beruf eines Medizinmannes auszusuchen, sowie der langen Probezeit mit zahlreichen Prüfungen, der die Bewerber sich unterwerfen müssen, bevor sie für die Ausübung dieses Berufes als geeignet gelten.

Ich will hier nur einen längeren Ausschnitt aus den Berichten von Long Lance über die mediumistischen Experimente, denen er als Jüngling oftmals beiwohnen mußte, anführen.

Diese Sitzungen wurden in einem sehr umfangreichen Zelte abgehalten, das eigens zu diesem Zwecke errichtet wurde und oben eine große kreisrunde Öffnung aufwies. Es vermochte etwa hundert Zuschauer aufzunehmen, und viele andere nahmen von außen an der Sitzung teil, indem sie auf die Geschehnisse horchten.

Long Lance berichtet folgendes:

«Kaum hatten die Zuschauer Platz genommen, begannen die Vorbereitungen für die große Zeremonie. Der Gehilfe des Medizinmannes stellte in der Mitte vier große Pfähle auf, die er oben miteinander verband und unten so hinstellte, daß sie einen Abstand von etwa zwölf Fuß hatten. Hierauf steckte er mit Hilfe von vier Gehilfen in den Boden der kleinen ‚Arena' in einem Abstand von etwa zwei Zoll voneinander lange Nägel mit der Spitze nach oben, die sehr fest staken. Die ganze Oberfläche des Quadrates war nun mit diesen Nägeln bedeckt, die zuvor noch besonders scharf zugespitzt worden waren, so daß sie einen Fuß, der auf sie getreten wäre, ohne weiteres völlig durchbohrt hätten. Inmitten des Quadrates verblieb ein freier Raum, der kaum groß genug war, die Füße eines aufrechtstehenden Mannes aufzunehmen. Die einzige Möglichkeit, sich in diesem Raum aufzustellen, bestand darin, in einem großen Satz die spitzigen Nägel zu überspringen, um haargenau auf der nagelfreien Stelle zu landen. Es liegt auf der Hand, daß ein solcher Sprung unmöglich war, ohne daß man riskiert hätte, sich die Füße zu durchbohren, um dann auf die Nägel niederzufallen und das Leben aufs Spiel zu setzen.

Nach diesen Vorbereitungen betrat der Medizinmann das Zelt und zog sich völlig nackt aus und legte sich auf den Boden. Die Gehilfen banden seine Hände zusammen, Handfläche gegen Handfläche, und banden mit weichen Lederriemen die beiden Daumen und dann die einander entsprechenden Finger paarweise aneinander, und alles mit solcher Gewalt, daß das Blut spritzte. Dann fesselten sie die Füße und banden die großen Zehen auf die gleiche Weise aneinander.

Nun nahmen sie ein Fell von der Größe einer Decke und wickelten den Körper des Medizinmannes in sie ein, so wie das Deckblatt um eine Zigarre gewickelt wird; hierauf banden sie die Decke mit einer langen Lederschnur auf seinem Leib fest, indem sie sie, Spirale um Spirale, von den Füßen bis zum Hals umschnürten. Sodann wikkelte man den Medizinmann in ein zweites Fell ein und schnürte ihn wiederum mit einer Lederschnur ein, deren Spiralen nur einen Zoll Abstand voneinander hatten, so daß dieses lebende Bündel völlig starr war. Es ist ganz klar, daß der solcherart eingewickelte Medizinmann nicht einen Finger rühren konnte.

Nun richteten der Assistent und die Gehilfen das menschliche Bündel auf und stellten es, Kopf nach oben, senkrecht auf die Füße, deren Sohlen nicht bedeckt waren, und bevor sie es allein ließen, überzeugten sie sich, daß es im Gleichgewicht stand.

Einige Minuten lang blieb diese Säule unbeweglich auf der Stelle, als ob sie in den Boden gerammt worden wäre. Dann war eine leichte schwingende Bewegung an der Stelle, wo die Knie waren, zu bemerken, und bald darauf machte die lebende Säule einen kleinen Sprung. Diese Sprünge wiederholten sich immer häufiger, bis die lebende Säule schließlich um die vier Pfähle herumzuhüpfen begann, immer schneller und immer schneller, bis die Augen dem rasenden Umlauf um die Pfähle kaum mehr zu folgen vermochten. Ganz plötzlich nahm dieses seltsame Bündel einen großen Sprung über die Nägel hinweg und landete senkrecht in dem kleinen Raum, der inmitten der Nägel freigeblieben war.

Derart verpackt hatte der Medizinmann die genagelte Fläche übersprungen, um ganz genau in dem Raume zu landen, der kaum seine Füße aufzunehmen vermochte!

Nichts kann unwahrscheinlicher sein! wird man ausrufen. Aber nicht nur, daß sich das wirklich ereignete, sondern es war noch nicht einmal das größte ,Wunder' dieser Zeremonie.

Aufrecht wie ein Obelisk in diesem kleinen Raume in der Mitte der vier Pfähle, immer noch auf die beschriebene Art gebunden und eingepackt, begann der Medizinmann seine ,Beschwörungen' unter der Begleitung einer vom Gehilfen geschlagenen Trommel herzusagen.

Und hier schicke ich voraus, daß das, was ich nun berichten werde, dem Leser seltsam und unwahrscheinlich erscheinen wird. Es ist tatsächlich seltsam und unwahrscheinlich; deswegen hat es sich bei dieser Zeremonie aber doch ereignet. – Wie? Warum? Niemand weiß es!

Nachdem der Medizinmann eine Zeitlang die ,hilfreichen Geister' angerufen hatte, ließen sich schallende Stimmen vernehmen, die aus der Höhe antworteten. Sie schienen aus der kreisrunden Öffnung in der Höhe des Zeltes zu kommen. Wenn man aber dorthin blickte, sah man weiter nichts als die Sterne am Himmel... – Woher kamen diese Stimmen? Keiner der anwesenden Indianer vermochte es je zu erklären; aber der Medizinmann behauptete, es seien die Stimmen der Geister, mit denen er in Rapport treten wollte. Und das Geheimnis dieser Stimmen von oben bestand gerade darin, daß niemand je nachweisen konnte, daß sie anderer Herkunft waren. Meistens sprachen diese Stimmen Sprachen, die uns unbekannt waren, und der Medizinmann sagte, daß er ihre Sprache oftmals selbst nicht verstehe; es handle sich dann um die Sprache fremder Geister, die sich, durch seine magischen Handlungen angezogen, einmischten, die aber nicht die von ihm gewünschten seien. Es gäbe nur vier Geister, so sagte unser Medizinmann, deren Sprache er verstand...

Daher schenkte der Medizinmann diesen unerwünschten ‚Geistern' keinerlei Beachtung, sondern rief weiterhin die vier Geister an, mit denen er in Rapport treten wollte.

Manchmal mußte man lange auf sie warten, und ich entsinne mich, daß er bei zwei Sitzungen nicht mit ihnen in Rapport kam, so daß er die lange Zeremonie als ergebnislos abbrechen mußte. Wenn aber die gewünschten Geister sich manifestierten, dann geriet er in heftige Erregung, und dann sprach er mit einer derartigen Geschwindigkeit, daß man seinen Worten kaum zu folgen vermochte.

Es sah so aus, als ob er die kurze Zeit, die der Geist ihm zur Beantwortung seiner Fragen zugestand, möglichst ausnützen wollte.

Wenn es sich um Fragen wegen der Heilung eines Kranken drehte, dann schien der Kranke die Erregtheit des Medizinmannes stets zu teilen, ein Umstand, der für die Heilung unerläßlich zu sein schien. Wir haben Kranke gesehen, die sterbend in das Zelt getragen wurden und geheilt aufstanden und fortgingen. – Wenn er dagegen Auskünfte über zukünftige Ereignisse einholen wollte, so wandte er sich in Gleichnissen an den Geist, und erhielt Antworten in orakelhafter Form. Der sprechende Geist sprach in unserer Sprache, brauchte aber veraltete Worte, die nicht mehr in Gebrauch waren. Nur die Alten des Stammes vermochten diesen Satzbau und diese vergessenen Worte zu verstehen.

Aber der Teil der mediumistischen Vorführung, der uns am meisten in Schrecken versetzte, kam am Schluß der Unterredung mit den ‚Geistern'.

Diese Unterredungen gingen immer auf die verschiedenste Weise vor sich und waren mit stets verschiedenartigen eindrucksvollen Vorkommnissen verbunden, aber die Schlußszene begann unfehlbar mit einem Wirbelwind, der von oben her die Zuschauer überfiel, sobald die Geister die Unterhaltung beendigt hatten. Das große Zelt ächzte und schwankte unter dem Ansturm dieser Windstöße, die auch die Pfähle in der Mitte zum Schwingen brachten und uns allen Schreckensschauer einflößten.

Es waren entsetzliche Augenblicke, um so mehr, als aus der Öffnung in der Höhe Geräusche und Getöse jeder Art erschallten, die ihrerseits, so ohrenbetäubend sie auch waren, doch von einem Höllenlärm verzweifelter Schreie und fürchterlichen Gebrülls übertönt wurden.

Dazu noch der Lärm hallender Schläge und aneinanderklirrender Gegenstände und irrende Flämmchen und schwere Erschütterungen des Zeltes. Die fürchterliche wilde Jagd endete mit einem gellenden Schrei des Medizinmannes, der zur gleichen Zeit vor unseren Augen verschwand. Aber nur für einen Augenblick, denn er war sofort wieder zu hören, wie er aus der Höhe schrie: ‚Hilfe, Hilfe! Schnell, schnell!'

Wir sahen in Richtung der Stimme und erblickten den Medizinmann *vollkommen nackt* ganz oben im Zelt, wo er an einem Fuß von dem Gebälk herabhing! Seine Lage war sehr gefährlich, denn er hing an einem Fuße, der zwischen zwei Querbalken des Zeltes verfangen war, über der Leere, und wenn er hinuntergestürzt wäre, so hätte er sich den Schädel zerschmettert. Die Gehilfen eilten, eine lange Stange zu holen, die bereits vorbeugend in der Nähe niedergelegt worden war, und der Medizinmann klammerte sich hartnäckig daran fest, bis sein Fuß von den Balken, die ihn einklemmten, befreit worden war. Wie er da hinaufgekommen war, vermochte niemand zu erklären, aber der Medizinmann sagte, es sei ein böser Streich der unerwünschten, übelwollenden Geister gewesen.

Wie dem auch sei, für uns war etwas anderes ein unlösbares Rätsel: wie es ihm gelungen war, sich in einem Augenblick aus den beiden Hüllen zu befreien, in die er fest eingeschnürt gewesen war.»

Nach dieser eindrucksvollen Schilderung einer Szene, die voll und ganz den wohlbekannten Poltergeisterscheinungen in Spukhäusern entspricht, führt Long Lance andere, einfachere «Wunder» an, die er erlebt hatte, wie beispielsweise die Übertragung telepathischer Nachrichten auf weite Entfernungen durch den Medizinmann, die dieser durch die Gedankenkonzentration auszuführen vermochte; die Heilung sterbender Kranker und die Voraussage künftiger Ereignisse, die dann wirklich eintrafen.

Sein Bericht ist immer unparteiisch und unbefangen und nimmt niemals für die eine oder andere Auslegungsweise der Tatsachen Partei. Dieser Umstand ist hauptsächlich seiner wissenschaftlichen Ausbildung auf der Universität zu verdanken. Es ist aber klar, daß er weit davon entfernt ist, die Wirklichkeit und Objektivität des von ihm Erlebten zu leugnen. Das waren Tatsachen, und über Tatsachen gibt es keine Diskussion; gleichzeitig aber betont er seine Unfähigkeit, das, was er gesehen, wiederholt gesehen und viele Jahre lang mit zahlreichen Zeugen, darunter auch Weißen, gut gesehen hatte, zu verstehen, geschweige denn zu erklären.

Ich füge meinerseits hinzu, daß es gewiß nicht möglich ist, das außerordentliche Phänomen des Medizinmannes zu erklären, der zu einem starren Bündel gemacht wird, ein Quadrat spitzer Nägel überspringt und genau in dem schmalen Raum in dessen Mitte landet, und noch viel weniger das andere Phänomen, wo er in einem Augenblick der beiden Hüllen ledig ist, in die er fest eingeschnürt worden war.

Unter diesen Umständen bliebe eigentlich nur übrig, die Echtheit des Tatsachenmateriales anzuzweifeln, aber die Anzeichen zu dessen Gunsten und die angeführten Zeugen scheinen untadelig zu sein und lassen dies nicht zu. Deshalb kommt einem der Aphorismus Russel Wallaces in den Sinn:

«Immer wieder leugneten die Männer der Wissenschaft auf Grund aprioristischer Erwägungen als echt erwiesene Tatsachen, und immer waren sie im Unrecht.»

Wir werden also mit dem Bezweifeln der angeführten Erlebnisse vorsichtig sein.

Wer andererseits wie ich erlebt hat, wie sich bei vollem Licht sechs Gestalten materialisierten, die letzte davon eine weibliche Gestalt mit einem Kindchen in zartem Alter in den Armen, welches sie dreimal auf die Stirne küßte; wer ein derartiges Wunder erlebt hat, das mit dem Medium Eusapia Paladino in einem Privathaus in Gegenwart des Professors Enrico Morselli und des Doktors Giuseppe Venzano zustandekam, dem erscheinen die anderen Phänomene lange nicht so wunderbar, und seien sie auch so verblüffend wie die von dem Indianer Long Lance berichteten[1].

---

[1] Es dürfte der Erwähnung wert sein, daß Prof. Morselli *sechzig*

Deswegen trifft es aber doch zu, daß diese Erwägungen zwar dazu ermuntern, diese Manifestationen als Tatsachen hinzunehmen, sie aber keineswegs erklären oder auslegen können. Der Medizinmann schrieb das erste Phänomen dem Eingreifen von «hilfreichen Geistern» und das andere Phänomen, das sich zum Schluß der Sitzung ereignete, dem Einwirken «übelwollender Geister» zu. – Vielleicht stimmt es, vielleicht auch nicht; ich gebe kein Urteil darüber ab und gehe zu etwas anderem über, da ich keine bessere Erklärung abzugeben habe.

Dagegen möchte ich die Erscheinung der «direkten Stimmen» kurz kommentieren, bei denen alles dafür spricht, daß sie wirklich solche waren, da es ja lächerlich wäre, unter den gegebenen Umständen das «Bauchreden» zur Erklärung heranzuziehen. Die «Bauchredner» brüllen nicht und schreien nicht, da sie ja hierzu ihre Stimmbänder mit voller Lungenkraft schwingen lassen müßten, womit sie die Illusion, die sie hervorbringen wollen, zerstören würden. Und außerdem unterhalten sie sich niemals mit den Zuschauern, und zwar aus dem guten Grunde, weil sie erst lange Zeit gewisse passende Sätze in Dialogform einüben müssen und es ihnen unmöglich wäre, mit

---

Seiten seines Buches *Psicologia e Spiritismo* der Darstellung und der Besprechung der denkwürdigen Sitzung widmet. Natürlich bemüht Prof. Morselli sich, alles mit der «ideoplastischen» Hypothese und mit entsprechenden «materialisierten Ausgestaltungen des Denkens» zu erklären; dies hat wenigstens für die ersten vier Gestalten, die sich manifestierten, einige Wahrscheinlichkeit (John King und Katie King), ist aber nicht mehr wahrscheinlich für die weibliche Gestalt mit dem Säugling in den Armen, da ja die Eusapia nichts von den vergangenen Ereignissen in der Familie der Frau Avellino, in deren Haus die Sitzung abgehalten wurde, wußte, während Frau Avellino in den materialisierten Gestalten ihre Mutter und ihr im frühesten Alter verstorbenes Kind erkannte.

Nun berichtet Prof. Morselli getreulich alles, was er gesehen hat, ohne etwas abzustreichen oder etwas hinzuzufügen, aber er erwähnt das von Frau Avellino Gesagte keineswegs; das ist wegen seiner unerschütterlichen positivistisch-materialistischen wissenschaftlichen Überzeugungen entschuldbar, auf Grund derer er sich nicht für verpflichtet hielt, die Erklärungen der genannten Dame in Betracht zu ziehen.
(E. B.)

dem außerordentlich schwierigen Trick ihres Berufes eine Unterhaltung zu improvisieren.

Man möchte sagen, diejenigen, die die Hypothese des «Bauchredens» vorbringen, wüßten gar nicht, worin denn diese täuschende Vorführung überhaupt besteht. Die «Bauchredner» reden nicht mit dem Bauch; der Fall liegt ganz anders: sie reden mit den Stimmbändern, aber bei *geschlossenem Munde;* darin besteht die Fähigkeit der Bauchredner, die zugleich mit einer beeinflussenden Mimik die Aufmerksamkeit der Zuschauer ablenken und in einen Winkel des Raumes hinlenken, in den diese nun die dumpfe und hohle Stimme, die sie vernehmen, verlegen.

Es sind aber immer sehr schwache und gepreßte Stimmen, die kaum verständlich sind, weil sie bei geschlossenen Lippen vorgetragen werden. Man fragt sich, wie man solche Vorführungen mit dem Pandämonium von Stimmen, die eine Unterhaltung führen und aus der Höhe des großen Zeltes fürchterlich herabbrüllen, vergleichen kann.

Von einem anderen Gesichtspunkte aus ist der Umstand beachtenswert, daß die «hilfreichen Geister», die die Landessprache sprechen, sich veralteter Worte bedienen, die nur die Alten des Stammes verstehen. Das dürfte darauf hinweisen, daß es sich tatsächlich um das Eingreifen von Verstorbenen handelt, die vor vielen Jahren in diesem Gebiete gelebt hatten und sich in der Sprache ihrer längstvergangenen Zeit ausdrückten.

*

Auch in dem folgenden Falle kommt das Phänomen der «direkten Stimme» in genügend verwickelter Weise zum Ausdruck, um jeden Zweifel über seine Echtheit zu zerstreuen.

Er liegt schon ziemlich weit zurück, denn er ereignete sich im Jahre 1845, zu einer Zeit, da die «Maori» von Neuseeland noch nicht zum Christentum bekehrt waren, was aber dem inneren Wert des Tatbestandes keinen Abbruch tut; und wenn man zudem bedenkt, daß zu jener Zeit der Spiritismus noch nicht geboren war, macht diese relative Altertümlichkeit den Fall besonders interessant.

Er ist in einem Buche zu finden, das im Jahre 1863 in Auckland veröffentlicht und 1893 von *Richards Bentley and Son* in London neu herausgegeben worden ist; es trägt den Titel «Das alte Neuseeland von einem *Pakeha Maori* beschrieben». (*Pakeha Maori* ist ein Weißer, der lange bei den Maori gelebt hat.)

Das Buch ist interessant und wird auch heute noch in Neuseeland viel gelesen, wo es als das klassische Handbuch für die Bräuche der Eingeborenen gilt. Der *Pakeha Maori*, der Verfasser des Buches, war ein Regierungsbeamter, der jahrelang unter den Maori lebte und deren Bräuche annahm, um ihre Psychologie und ihren Glauben zu studieren.

Im zehnten Kapitel (S. 159–165) des Buches ist folgendes Erlebnis niedergeschrieben:

«Ein junger, von seinem Stamme sehr geliebter und respektierter Häuptling fiel im Kampfe, und auf Verlangen zahlreicher Verwandter und Freunde hatte der *tohunga*, der Priester, versprochen, an einem bestimmten Abend seinen Geist zu zitieren, damit alle mit ihm sprechen und Fragen an ihn stellen könnten. Ich war mit dem jungen Häuptling sehr befreundet gewesen; darum ließen seine Eltern mir am Tage vor dem Ereignis mitteilen, daß ich Gelegenheit hätte, nochmals mit meinem großen Freunde zu sprechen. Ich war wenig geneigt, bei einer solchen beleidigenden Komödie irgendeine Rolle zu spielen, aber die Neugierde überwältigte mich, und ich entschloß mich, hinzugehen.

Ich muß vorausschicken, daß der junge verstorbene Häuptling im Verhältnis zu seinem Volke sehr intelligent und sehr zivilisiert war. Er war beispielsweise der Erste, der lesen und schreiben lernte, und zu den vielen Dingen, die er entgegen den Bräuchen seines Volkes machte, gehörte vor allem die Registrierung der Geburten und Todesfälle seines Stammes, sowie die Führung eines Tagebuches, in dem er die wichtigen Ereignisse, die sich bei seinem Volke zutrugen, niederschrieb. Nun gingen diese Dokumente verloren, und obgleich die Verwandten überall nachsuchten, blieben sie verschwunden. Der Verlust wurde als schwerwiegend angesehen, da die Dokumente für den ganzen Stamm von Wert waren, ohne von dem Wert zu sprechen, den sie als heilige Erinnerung an den Sohn für die Eltern hatten...

Am nächsten Abend ging ich zur angegebenen Zeit zu der Versammlung in der großen Hütte, die dem gesamten Stamm als Ort für seine Zusammenkünfte diente; dort fand ich bereits die Eltern und die Freunde des Verstorbenen... Ich begann zu bereuen, daß ich mich hinbegeben hatte, da es mir klar wurde, daß ich meine guten eingeborenen Freunde schwer beleidigen würde, wenn ich unwillentlich meine Ungläubigkeit durchblicken ließe. Trotz dieser Geistesverfassung fühlte ich mich fast ein wenig geneigt, die Dinge etwas ernster zu nehmen, als ich um mich herum so viel ernstes und tiefes Leid und einen so unerschütterlichen Glauben an die Wirklichkeit des großen Ereignisses, das bevorstand, erblickte. Wir setzten uns alle auf den Boden, der aus geflochtenen Binsen bestand. Wir waren etwa dreißig Personen. Die Türe wurde geschlossen, und da von dem Feuer nur noch glühende Kohlen übriggeblieben waren, war der Raum nur schwach erleuchtet, und der Winkel, in dem der *tohunga* saß, war völlig in Dunkel gehüllt. Ich litt unter der drückenden Hitze.

Plötzlich, ohne jegliche Vorankündigung, ertönte aus dem Dunkel des Raumes eine Stimme, die sagte: ‚Gruß, Gruß euch allen! Gruß, Gruß meinem ganzen Stamm! Meine Verwandten, Gruß euch! Meine Freunde, Gruß euch! Mein großer Freund Pakeha, Gruß dir, Gruß!'

Der gewagte und gut inszenierte Betrug hatte einen vollen Erfolg... Die Frauen begannen herzzerreißend zu weinen; sie wurden aber sofort von den Männern zum Schweigen gebracht, die zwar ebenso erregt waren wie die Frauen, aber sich zu beherrschen wußten. Ich bemerkte aber, daß an meiner Seite zwei sehr alte Eingeborene saßen, die keinerlei Erregung zeigten, obgleich sie keineswegs ungläubig waren, ganz im Gegenteil!

Erneut war die Stimme des Geistes zu vernehmen, die sagte: ‚Oh, Freunde meines Stammes, sprecht doch! Meine Verwandten, sprecht doch! Mein Pakeha, warum sprichst du nicht?' – Um die Wahrheit zu sagen – ich fühlte mich nicht geneigt, das Wort zu ergreifen. Der Umstand, daß ich mich inmitten von Leuten befand, die absolut davon überzeugt waren, mit einem Geiste zu sprechen, und die Neuheit der seltsamen und beeindruckenden Szene, der ich beiwohnte, hatte in mir einen Geisteszustand hervorgerufen, der mich wenig geneigt machte, eine derartige Unterhaltung zu beginnen. Weiter wollte ich bei diesem Betrug nicht als zu leichtgläubig erscheinen; indessen war ich, durch einen seltsamen und widersprüchlichen Impuls getrieben, fast geneigt, ebenfalls zu glauben. Schließlich unterbrach der Bruder des verstorbenen Häuptlings mit der Frage das Schweigen: ‚Wie geht es dir? Lebt es sich gut in dem Lande, wo du jetzt bist?' – Sofort antwortete die Stimme: ‚Es geht mir gut; das Land, in dem ich jetzt bin, ist sehr angenehm.' (Ich weise ein für allemal darauf hin, daß die Stimme, die wir vernahmen, nicht diejenige des *tohunga* war, sondern eine fremde Stimme, die dem Ton glich, welchen ein Luftstrom hervorbringt, wenn er in den Hals eines Kruges eindringt.) Der Bruder fragte nun: ‚Hast du auch ... gesehen?‘ (Ich kann mich an die Namen nicht mehr erinnern.) Es kam die Antwort: ‚Ja, wir sind alle beieinander.‘ – Der Geist sprach dann: ‚Gib dem *tohunga* mein schönstes Schwein und mein doppelläufiges Gewehr!‘ (Bei diesen Worten war ich, der Pakeha, tief enttäuscht.) – Hier schaltete sich der Bruder mit der Frage ein: ‚Dein doppelläufiges Gewehr ist für mich ein *manatunga*, ich kann es ihm darum nicht geben.‘ – Ich dachte: auch der Bruder scheint mir seine Illusion verloren zu haben; aber ich täuschte mich: er glaubte, aber er wollte das Gewehr behalten, das der Verstorbene so lange gehabt hatte.

Auf einmal kam mir eine Idee in den Sinn: den Betrug aufzudecken, ohne meine Ungläubigkeit allzu offen zu zeigen. Darum wandte ich mich mit der Frage an den Geist: ‚Wir haben deine Bücher nicht finden können. Könntest du uns sagen, wo du sie verstecktest?‘ – Sofort kam die Antwort: ‚Ich habe sie zwischen den *tabuku* der Hütte versteckt, am Dachfirst, geradeaus, wenn man eintritt.‘ – Als der Bruder das hörte, erhob er sich und eilte hinaus, und die Versammlung verharrte in Grabesschweigen. Nach wenigen Minuten kam er mit dem Register und dem Tagebuch zurück! – Ich fühlte mich geschlagen, wollte aber mein Verhör noch weiter treiben; darum fragte ich den Geist: ‚Was hast du in diese Bücher geschrieben?‘ – Die Antwort lautete: ‚Ich habe vieles darein geschrieben.‘ – ‚Sag mir irgend etwas!‘ – ‚Was soll ich dir denn sagen?‘ – ‚Irgend etwas!‘ – ‚Wenn du eine besondere Auskunft haben willst, sag mir, welche, und ich werde sie dir geben.‘

Aber hier brach der Geist plötzlich ab und rief: ‚Leb wohl, mein Stamm! Lebet wohl, meine Verwandten! Ich gehe.‘ – Ein erschütternder allgemeiner Ruf ‚Lebe wohl!‘ ertönte in der Hütte; und die Stimme des Geistes antwortete nochmals ‚Lebet wohl!‘ – Aber die Stimme kam aus dem Boden! Dann rief die gleiche Stimme nochmals ‚Lebet wohl!‘, aber diesmal aus der Höhe der Hütte! Und ein weiteres klagendes ‚Lebet wohl‘ erreichte uns von draußen aus der Finsternis der Nacht. Dann war wieder Stille.

Ich blieb einen Augenblick verblüfft, wie betäubt, denn die Illusion war vollständig. Was sollte ich davon halten? War dieser Priester ein Bauchredner, oder sprach der Dämon? Wer kann es wissen?»

Die Leser werden bemerkt haben, daß sich der Berichter und Augenzeuge der Tatsachen während seiner ganzen Erzählung als hartnäckiger Skeptiker erweist, wenn man aus der Frage, die er am

Schlusse an sich selbst richtet, auch erraten kann, daß die Tatsachen ihn tiefer beeindruckt hatten, als er seinen Lesern zeigen wollte. Wenn man indessen bedenkt, daß zu der Zeit, da er schrieb, der Spiritismus noch nicht geboren war, ist es verständlich und unvermeidlich, daß auch er, obgleich er mit den eigenen Ohren gehört hatte, die Möglichkeit der Existenz des Phänomens der «direkten Stimme» und des mediumistischen Verkehrs mit den Verstorbenen nicht zugeben konnte.

Unter diesen Umständen war es ihm wirklich nicht möglich, die Tatsachen anders zu erklären als unter Zuhilfenahme der zwei Hypothesen: entweder Betrug, oder der Dämon. Da aber durch die Hypothese des Betrugs durch die bauchrednerische Fähigkeit des *tohunga*, des Mediums, in keiner Weise das wunderbare Ereignis erklärt wäre, daß der «Geist» das Versteck enthüllt, wo er zur Lebenszeit seine Handschriften versteckt hatte und das keiner lebenden Person, sondern nur dem Verstorbenen selbst bekannt war, würde von den beiden obenerwähnten Hypothesen nur die zweite, die mythische von dem «Dämon» das Phänomen irgendwie erklären können; und vielleicht hatte der Berichterstatter, ein gläubiger Christ, zuinnerst diesen Schluß gezogen.

Aber wir, die wir fast ein Jahrhundert nach dem Aufkommen der spiritistischen Forschungen schreiben und darum auf Grund einer schwerwiegenden Dokumentation ganz sicher wissen, daß das Phänomen der «direkten Stimme» wirklich existiert, so wie es in großer Anzahl Fälle spiritistischer Identifikationen gibt, deren beste und unwiderlegliche Beweise gerade darin liegen, daß die identifizierte Persönlichkeit Dinge enthüllt, die allen Lebenden unbekannt und nur dem Verstorbenen bekannt sind und die sich als zutreffend erweisen; wir, die wir all das wissen, kommen zu dem logischen Schluß, daß der gleiche Umstand in dem vorliegenden Falle allein schon genügt, um die Betrugshypothese völlig auszuschließen und dem Falle den Charakter eines großartigen Beispieles einer spiritistischen Identifikation bei Primitiven zu geben.

Hinsichtlich der objektiven Echtheit der Erscheinung der «direkten Stimme» bemerke ich, die vielfache Art, wie das Phänomen zum Ausdruck kam, daß nämlich die Stimme aus der Höhe der Hütte, aber auch aus der Tiefe (wie es manchmal bei den zivilisierten Völkern vorkommt) und von draußen zu vernehmen war, genüge in ihrer Mannigfaltigkeit, um jeden Zweifel auszuschalten. Vor allem aber ist zu beachten, was zu der unglückseligen Hypothese des «Bauchredens» bemerkt wurde; sie ist so unangemessen und unhaltbar, daß man zu dem Schlusse kommt, diejenigen, die sie hartnäckig vorbrächten, bewiesen damit, daß sie gar nicht wissen, worin denn eigentlich dieser täuschende Salontrick besteht, der überhaupt nichts mit den «direkten Stimmen» gemeinsam hat und sich mit ihnen gar nicht vergleichen läßt.

So haben wir beispielsweise in dem vorliegenden Fall gesehen, daß die Zuschauer sich mit der «Stimme», die von oben kam, unterhielten; nun löst dieser Umstand bereits das Problem, da ja, wie bereits gesagt, ein «Bauchredner» unmöglich eine Unterhaltung mit den Zuschauern beginnen kann.

Ich betone nochmals, daß der Bauchredner, der öffentlich auftreten will, zuvor mühselig einüben muß, bei *geschlossenen Lippen* eine begrenzte Anzahl von Sätzen für die besondere Gelegenheit auszusprechen, so daß er unmöglich über die mühsam erlernten Sätze hinausgehen kann, bei denen alle Worte ausgeschaltet sind, die Buchstaben enthalten, welche sich bei geschlossenen Lippen nicht aussprechen lassen.

Wenn im übrigen das Erstaunen des Berichterstatters über die «direkten Stimmen», die er gehört hatte, zu der Zeit, da er schrieb, mehr als berechtigt war, so ist das heute, da in den parapsychologischen Zeitschriften noch viel erstaunlichere Manifestationen dieser Art zu lesen sind, keineswegs mehr der Fall. Es genügt der Hinweis, daß man mit dem berühmten Medium Mrs. Wriedt manchmal das eindrucksvolle Schauspiel von vier «direkten Stimmen» erlebte, die zu gleicher Zeit mit ebensovielen Experimentatoren sich unterhielten und die sich alle in einer verschiedenen Sprache oder einem verschiedenen Dialekt, je nach der Nationalität der Fragenden oder der sich mitteilenden Geister, ausdrückten.

Ich finde in meiner Klassifikation weitere zahlreiche Fälle von «direkten Stimmen» bei den primitiven Völkern; da es sich aber dabei um sehr kurze Berichte handelt, welche die parapsychologischen und die spiritistischen Zeitschriften als Auszüge aus anderen wissenschaftlichen Zeitschriften verschiedener Art entnehmen und weil mir darum die Originalberichte fehlen, muß ich auf ihre Benutzung verzichten. Da es sich indessen um authentische Fälle handelt, bestätigen sie das oben Gesagte ebenfalls, daß nämlich das Phänomen der «direkten Stimme» bei den wilden Völkern verhältnismäßig häufig zu finden ist, da diese ja keine geschriebene Sprache besitzen und nicht mittels der automatischen Schrift (Psychographie) mit den Verstorbenen in Verkehr treten können und darum in größerem Umfange das Phänomen der «direkten Stimme» entwickelten, während sich bei den Zivilisierten aus dem entgegengesetzten Grunde hauptsächlich der «psychographische» Mediumismus entwickelte, der viel leichter zugänglich ist.

SCHLUSSFOLGERUNGEN

Mit dieser Klassifikation wollte ich zwei Zwecke verfolgen: erstens wollte ich auf Grund der vergleichenden Analyse eine längst errungene, aber immer noch durchaus umstrittene Erkenntnis vorführen oder vielmehr bestätigen, nämlich die Erkenntnis, daß die mediumistischen oder parapsychologischen Erscheinungen nicht eine Neuheit sind, die von dem modernen Spiritismus erfunden worden war, sondern daß sie sich vielmehr zu allen Zeiten und bei allen Völkern, zivilisierten, barbarischen und wilden, ereigneten und noch ereignen.

Vor allem wollte ich aufzeigen, wie bei den heutigen primitiven und wilden Rassen alle Abstufungen übernormaler Erscheinungen auftreten, die jetzt bei den zivilisierten Völkern in Versuchssitzungen hervorgerufen und wissenschaftlich untersucht werden können, angefangen mit den vorwiegend physikalischen Erscheinungen, wie der Bewegung von Gegenständen ohne Berührung, den Geräuschen, den Klopftönen, dem spukhaften Steinregen, den Apporten und der Entfernung von Gegenständen aus geschlossenen Räumen, den Zaubereien, dem Schwebendwerden menschlicher Personen, den Verwandlungen und den Materialisationen, bis zu der vorwiegend psychischen und intellektuellen Phänomenologie, wie der Gedankenübertragung (die bei den Wilden den Anschein eindrucksvoller absichtlich getätigter Zauberei annimmt), der eigentlichen Telepathie, dem Hellsehen in Vergangenheit, Gegenwart und Zukunft, der «fluidischen Abspaltung» in menschlicher und kugelförmiger Gestalt, den mediumistischen Erscheinungen unter Lebenden, den Erscheinungen Verstorbener am Totenbette und nach dem Tode, dem mediumistischen Verkehr mit den Verstorbenen in allen Ausdrucksweisen, die den zivilisierten Völkern bekannt sind, wie der «Tiptologie», dem «Hellsehen», dem «Hellhören», dem «Besitzergreifen», der «Besessenheit» und der «direkten Stimme».

Außerdem zeigte es sich auf Grund der vergleichenden Analyse des Tatsachenmateriales, daß diese Manifestationen in der Form, wie sie bei den Wilden auftreten, nicht nur in ihrer Ausdrucksweise mit den gleichen Manifestationen bei den Zivilisierten erstaunlich übereinstimmen, sondern auch im Hinblick auf die Kriterien, nach denen einzelne Personen für die Funktion des «Medizinmannes» auf der einen und des «Mediums» auf der anderen Seite ausgewählt werden; das gleiche gilt für die empirischen Verfahren, wie auf beiden Seiten das Hochkommen der unterbewußten Fähigkeiten in den auserwählten Personen gefördert wird. Damit war ein weiterer entscheidender Beweis für die Echtheit der übernormalen Erscheinungen, wie sie sich bei den Wilden zeigen, erbracht, und in der Umkehrung ließ sich der gleiche Beweis zur weiteren Bekräftigung der Echtheit der entsprechenden Tatsachen bei den zivilisierten Völkern verwenden.

Daraus ergab sich, daß auf Grund der vergleichenden Analyse des Tatsachenmateriales der wissenschaftliche Beweis für das Bestehen einer auf der ganzen Welt zum Ausdruck kommenden übernormalen Phänomenologie als erbracht gelten muß. Diese Schlußfolgerung ist für die Theorie von höchster Wichtigkeit und muß endgültig als Bestandteil des wissenschaftlichen Gedankengutes gelten.

Unter diesen Umständen ist es nicht notwendig, bei der Sammlung der kindlichen und lächerlichen, wenn auch oft genug heftigen und giftigen Einwände zu verweilen, welche die allwissenden Journalisten mit so hoffärtiger Ruhmredigkeit ins Feld führen, wobei sie noch die Unterstützung der neunmalklugen Salonhelden genießen; die einen sind so stolz wie die anderen auf ihre unbewußte Unwissenheit, zu der noch eine Feindseligkeit gegen alles Neue kommt; und weder die Unwissenheit noch die Voreingenommenheit gegen das Neue hindern diese Leute, sich als definitive Richter über eine Sache aufzuspielen, die sie gar nicht kennen.

So ist es übrigens im Laufe der Jahrhunderte noch immer gegangen, sobald auf dem stagnierenden Meer der menschlichen Gewohnheiten die Morgenröte einer großen Idee aufleuchtete, und man muß sich in das Unvermeidliche fügen, um so mehr, als die Gegner dieses Schlages zwar manchmal lästig sind, aber niemals zur Furcht Anlaß geben, da ja alle Erkenntnisse, die sich auf Tatsachen gründen, noch nie Grund hatten, die Feinde zu fürchten, da sie als unbesiegbaren Verbündeten die Zeit für sich haben.

*

Das zweite Ziel, das ich mir mit dieser Klassifikation gesteckt hatte, bestand darin, die ungeheure Tragweite für die Theorie deutlich werden zu lassen, die in der großen oben angeführten Tatsache enthalten ist; das will heißen: wenn die ganze eindrucksvolle Stufenleiter der übernormalen Erscheinungen stets und bei jedem Volke, sei es zivilisiert, barbarisch oder wild, zu finden ist, dann muß doch diese Tatsache an und für sich schon die Lösung der großen philosophischen und psychologischen Probleme des Entstehens des Glaubens an die Existenz und das Fortleben der Seele, der Entwicklung des Gottesgedankens und der daran anknüpfenden Ausbildung der Religionen bewirken.

Und in dieser Absicht hatte ich in der Einleitung zu dieser Arbeit von vorneherein auf die Versuche der Anthropologen, diese großen Probleme zu lösen, hingewiesen, wobei ich auf die Unzulänglichkeit der Versuche hinwies, mit denen die Anthropologen zu dem unwahrscheinlichen Ziele kommen wollten, den Glauben an die Existenz und das Fortleben der Seele von einem Komplex rudimentärer Beobachtungen aus dem Alltagsleben, die die primitiven Völker in irrtümlicher und kindhafter Weise ausgelegt haben sollten, herzuleiten.

Und auf Grund dieser Annahme – oder besser Voreingenommenheit – war es natürlich, daß die Anthropologen zu dem Schlusse kamen, der Glaube an das Fortleben sei keineswegs «eine allgemeine Intuition des menschlichen Geistes von instinkthaftem Wesen, die nach Art der Instinkte untrüglich ist» (wie die spiritualistischen Philosophen behaupteten), sondern ganz im Gegenteil eine große allgemeine Illusion, der jegliche praktische Fundamentierung fehle.

Das waren kühne, wenn auch billige und törichte Schlußfolgerungen, die ich mit dem Hinweis zu widerlegen trachtete, die hier behandelten übernormalen Erscheinungen bewiesen das genaue Gegenteil, das heißt, der allgemeine Glaube an die Existenz und das Fortleben der Seele habe durchaus nicht die auf groteske Weise unzulänglichen Beobachtungen, von denen die Anthropologen und Soziologen sprechen, zur einzigen Ursache, sondern vielmehr höchst wichtige und lehrreiche Beobachtungen übernormaler Art, die der großen Aufgabe, auf Grund der Tatsachen die Berechtigung dieses Glaubens zu beweisen, durchaus gewachsen sind.

Daraus folgte, daß man durchaus nicht die vernunftwidrigen und antiphilosophischen Schlußfolgerungen, die oben erwähnt sind und die besagen, daß die Menschheit all die Jahrhunderte hindurch stets das Opfer einer großen und allgemeinen Täuschung gewesen sei, ziehen darf, sondern ganz im Gegenteil anerkennen muß, daß sie auf Grund der Beobachtung der von der Vorsehung bestimmten Erscheinungen, die in ihrer Mitte auftraten, stets in der Lage war, je nach der Entwicklungsstufe die Wahrheit über ihr eigenes Geschick nach dem Tode mehr oder weniger deutlich zu erkennen.

Als einziger von allen hatte Andrew Lang in seinem Buche *The Making of Religion* diese Wahrheit intuitiv erkannt und die von mir verfochtene These entwickelt. Aber er ging, wahrscheinlich weil er allzusehr auf die Gegnerschaft der Neuerungsfeinde Rücksicht nahm, mit zu großer Vorsicht und Unentschiedenheit vor, indem er sich fast ausschließlich auf die wissenschaftliche Echtheit der telepathischen Erscheinungen stützte und sich gegenüber der Echtheit der ebenso wissenschaftlichen und bedeutend wesentlicheren übrigen parapsychologischen Phänomene zu reserviert verhielt.

Die Folge war, daß er seiner These nicht die ganze Beweiseskraft gab, die das Tatsachenmaterial ihr hätte geben können, so daß sie in seinem Buche in Gestalt einer recht wahrscheinlichen und vertretbaren, aber nicht endgültig der Wissenschaft einverleibten Hypothese erschien.

*

Nach dieser vorläufigen Überschau will ich in angemessener Weise die Ansicht der von mir kritisierten modernen Anthropologen vorbringen, damit die Leser sich ihr eigenes Urteil bilden können. Damit folge ich den Regeln der strengen Unparteilichkeit, denen jede wissenschaftliche Auseinandersetzung stets zu folgen hat.

Und da die Ansichten der Anthropologen und der Soziologen nur in zweitrangigen Einzelheiten auseinandergehen, aber in der verfochtenen Hauptthese übereinstimmen, will ich lediglich die Lehre des größten modernen Anthropologen und Philosophen, Herbert Spencers, anführen, und sie durch die Darstellung der Ansicht eines anderen Anthropologen, eines Schülers von ihm, ergänzen, der die Lehre des Meisters ins Extreme weiterführte.

Herbert Spencer bemüht sich im ersten Bande seiner *Principien der Sociologie* (Deutsch von B. Vetter und J. V. Carus, Stuttgart 1877/1897), mit scharfsinnigen, aber wenig überzeugenden Gedankengängen nachzuweisen, daß der Wilde, «dem jede Idee von physikalischer Verursachung fehlt, notwendigerweise den Schluß zieht, daß der Schatten eine wirkliche Existenz sei, die auf irgend welche Weise zu der ihn bildenden Person gehöre...» (a. a. O., S. 144). – Hieraus entstehe eine erste Vorstellung von der Möglichkeit der Existenz eines Geistes, der sich vom Körper loslösen kann, eine Vorstellung, die durch den analogen Tatbestand des eigenen Spiegelbildes im Wasser bestärkt würde.

Spencer schreibt:

«Daß die Erscheinungen der Spiegelung in solcher Weise einen Glauben erzeugen – etwas Verwirrtes und Widerspruchsvolles vielleicht, aber immerhin einen Glauben –, daß jedes Individuum seinen Doppelgänger habe, der gewöhnlich unsichtbar ist, den man aber erblicken könne, wenn man an's Wasser geht und hineinschaut...» (a.a.O., S. 147.)

Und dieser Glauben werde weiter bestärkt durch das Echo. Spencer schreibt hierzu:

«Der unzivilisierte Mensch vermag auch nicht von ferne etwas wie eine physikalische Erklärung des Echos zu geben. Was weiß er denn von der Zurückwerfung der Schallwellen...? Hätte nicht die immer allgemeinere Verbreitung von Kenntnissen die Denkweise aller Classen nach und nach beeinflußt..., es würde selbst heute noch eine Erklärung des Echos in Kraft sein, welche dasselbe durch unsichtbare Wesen verursacht sein ließe.» (a.a.O., S. 149.)

Und der gleiche Glauben werde erst recht bestärkt durch das Traumerlebnis. Spencer schreibt:

«Der Schlafende verhielt sich dem Augenschein nach ruhig. Beim Erwachen erinnert er sich verschiedener Vorkommnisse und wiederholt sie vor seinen Genossen. Er denkt, er sei anderswo gewesen, die Anwesenden behaupten das Gegenteil, und ihr Zeugnis wird auch dadurch bestärkt, daß er sich plötzlich wieder da befindet, wo er war, als er sich zum Schlafen hinlegte. Die einfachste Folge davon ist, daß er beides glaubt: sowohl daß er an der Stelle geblieben, als auch daß er fort gewesen sei – daß er zwei Individualitäten habe, von denen die eine manchmal die andere verläßt, aber sofort wieder zurückkommen kann. Auch er hat eine doppelte Existenz wie viele Dinge.» (a. a. O., S. 168.)

Und schließlich komme er von dem Glauben an das Bestehen eines «Doppels», das sich zeitweise vom Körper loslöst, an den Glauben an ein Doppel, das sich für immer absondert. Spencer schreibt dazu:

«Von der regelmäßigen Abwesenheit des anderen Ich im Schlafe und seiner außergewöhnlichen Abwesenheit in der Ohnmacht, bei einem Schlaganfall usw. finden sich allmähliche Übergänge bis zu seiner unbegrenzten Abwesenheit im Tode, wo nach längerer Zeit des Wartens die Hoffnung auf seine unmittelbare Rückkehr gänzlich aufgegeben wird.» (a.a.O., IV, S. 10.)

Wie aus den angeführten Zitaten hervorgeht, hatte der mächtige Spürsinn Herbert Spencers zur richtigen Intuition geführt, wo der einzige Weg der Forschung zu finden sei, der zur praktischen Lösung des Problems der Entstehung des Glaubens an das Fortleben der Seele führen konnte; da er aber unglücklicherweise den übernormalen Erscheinungen (die er kannte, aber mit dem berühmten Satz, er habe «das Problem auf Grund aprioristischer Erwägungen im negativen Sinne gelöst», abtat) keinen Wert beimaß, war es ihm vollständig unmöglich, ans Ziel zu gelangen, da er gezwungen war, sich mit einfachen, elementaren, leicht widerlegbaren Induktionen zu begnügen, die in keiner Weise genügten, das Entstehen des allgemeinen Glaubens an das Fortleben der Seele aufzudecken.

Um der Wahrheit die Ehre zu geben, zögern wir indessen nicht anzuerkennen, daß der überlegene Geist Herbert Spencers aus der spärlichen Zahl der gewöhnlichen Erscheinungen, die seiner These in irgendeiner Weise eine Stütze boten, alles herauszuholen vermochte, was aus ihnen nur herauszuholen war, und daß seine These die einzig mögliche, die einzig berechtigte war, daß sie aber gleichzeitig ohne Zuhilfenahme der übernormalen Erscheinungen unbeweisbar war.

Nach dieser Feststellung verlohnt es sich, einen Blick auf die Ansichten der extremistischen Anthropologen zu werfen, das heißt auf die Ansichten derjenigen Anthropologen, die sich zwar nicht durch besondere logische Fähigkeiten auszeichnen, dafür aber von einem lyrischen Enthusiasmus für ihre Lieblingstheorie überströmen und die zügellosen Flüge der Phantasie mit wissenschaftlichen Induktionen und Deduktionen verwechseln. Nichts könnte daher angebrachter sein, als die Ansichten des Physiologen und Anthropologen Prof. Giuseppe Sergi zu diesem Thema zu zitieren.

Prof. Sergi stimmt mit den Ansichten Spencers hinsichtlich der Entstehung des Glaubens an ein Fortleben und vor allem hinsichtlich des Entstehens aller Religionen aus diesem Glauben völlig überein. Bislang nichts Natürlicheres und Vernünftigeres; nur daß er nicht der Versuchung widerstehen kann, den Schlußfolgerungen des Meisters etwas Eigenes beizufügen und dabei seine ganze verächtliche Abscheu vor einem nach seiner Meinung ebenso tölpelhaften wie allgemeinen Glauben kundzutun. Ein Beispiel, wie Prof. Sergi sich mit dem Problem auseinandersetzt:

«Ich sehe diese illusorische Erscheinung ... als pathologisch an, als den krankhaften Teil der Psyche, einem Überbein, oder dem Kropfe oder ähnlichen Wucherungen vergleichbar, die sich unter bestimmten Lebensumständen am tierischen Organismus finden. Nur daß diese Wucherung des psychischen Organismus übermäßig aufgebläht ist und keinen geringen Einfluß auf die normalen Funktionen gewonnen hat, die oft durch sie gestört werden und sich zugleich gegen die überhandnehmende Seuche auflehnen. Diese psychische Wucherung ist damit zu etwas wie einem eigenen Organ geworden, welches sehr aktive und allgemeine Funktionen ausübt, die häufig durch ihre Wirkung die Aktivität der normalen Organe zum Schaden des ganzen Organismus überdecken oder verschlingen. Dieses Organ, das aus einer Wucherung hervorgegangen ist, diese pathologische Funktion der Verteidigung, ist die Religion, in welcher Gestalt sie sich auch zeigen möge...» (G. Sergi, *L'origine dei fenomeni psichici*, S. 334.)

Und in einer anderen Arbeit steigert er die Dosis mit der Bemerkung:

«Und was den Nutzen anbetrifft, den die Religionen dem sozialen Organismus bringen, und der sich darum darwinistisch fixieren sollte, sage ich, daß er dem Nutzen der Pest und der Cholera gleichkommt, deren sich die Priester der Gottheit bedienen, um die Menschheit in Unterwerfung zu halten, und dem Nutzen der Unkenntnis über eine Sonnenfinsternis, um eine Anzahl armer Wilder zum Gehorsam zu zwingen.» (G. Sergi, *Le Degenerazioni umane*, S. 190.)

Soweit Prof. Sergi; man muß zugeben, daß wir uns hier nicht mehr auf dem unvoreingenommenen Boden der wissenschaftlichen Forschung befinden, sondern auf dem Boden einer blinden Religionsfeindlichkeit, die zur Folge hat, daß die leidenschaftliche Parteilichkeit den Wissenschafter dazu hinreißt, eine Reihe übler Behauptungen auszukramen, die zu widerlegen nicht der Mühe wert ist.

*

Mit diesen Darlegungen zu den Ansichten der Anthropologen glaube ich meine Pflicht der unparteilichen Wiedergabe der Ansichten der anderen erfüllt zu haben. Wer auch nur einen elementaren Begriff von den spiritistischen Forschungen hat, wird ohne weiteres die erstaunliche Schwäche der oben angeführten anthropologischen Forschungen ermessen können, die die Schlußfolgerungen keineswegs rechtfertigen, welche die Anthropologen aus ihnen zogen.

Wie schon gesagt, holte der überlegene Geist Herbert Spencers aus diesen unerheblichen Tatsachenbeobachtungen heraus, was nur herauszuholen war, aber der Genius dieses Großen genügte nicht, um den Tatsachen eine Beweiseskraft zu verleihen, die sie nicht besaßen. Ich wiederhole indessen, daß er das große Verdienst hatte, den anderen Forschern den einzigen und unmittelbaren Weg zur Lösung des großen Problems der Entstehung des Glaubens an das Fortleben der Seele und der daraus erwachsenden Gottesvorstellung und des langsamen Wachsens der Religionen zu weisen.

Unzweifelhaft wäre er von selbst auf die Lösung des großen Problems gestoßen, wenn er die glückliche Eingebung gehabt hätte, die Welt der übernormalen Erscheinungen zu erforschen, die sich der Durchdringung durch seinen Genius darbot.

Das heißt aber wahrscheinlich von der Geisteskraft eines Sterblichen, und sei er noch so bedeutend, zu viel verlangen; die Erfahrung lehrt uns ja, daß die Lösung der großen wissenschaftlichen und philosophischen Probleme wie auch die bedeutenden technischen Erfindungen stets das gemeinsame Werk einer beträchtlichen Anzahl von Geistesarbeitern sind. Aufgabe des Genies ist die fruchtbare Intuition der großen Ideen, die ahnende Schau eines Prinzipes, die Schaffung des ersten organischen Entwurfes einer neuen Erfindung; hierauf kommen die namenlosen Geistesarbeiter an die Reihe, denen die Aufgabe zufällt, in mühsamer Arbeit das zu vervollkommnen, was das Genie erahnt, entdeckt, erfunden hat.

Und mit dem Erscheinen der neuen Wissenschaft der Parapsychologie war es nicht mehr schwer, die geniale Intuition Herbert Spencers hinsichtlich des Glaubens an das Fortleben des Menschen zur Vervollkommnung zu führen; man könnte sogar fast behaupten, die Tatsachen selbst hätten sich automatisch in die Kategorien eingeordnet, die in der vom Meister entworfenen Klassifikation ihnen zugewiesen waren.

Und so kam es, daß neben die (in dem hier betrachteten Sinne wenig überzeugenden) Wirkung der «gewöhnlichen Träume» die «übernormalen Träume» mit ihrem Gehalt an sich bewahrheitenden telepathischen, hellseherischen und spiritistischen Schaubildern traten, Träume, die die wilden und primitiven Völker gerade so hatten wie die zivilisierten Völker heutzutage.

Und zu den (praktisch sehr zweifelhaften) Schlüssen, welche das Denken eines armen Wilden aus dem Anblick des eigenen Spiegelbildes oder aus der Existenz eines Schattens des eigenen Körpers ziehen konnte, kamen ganz andere gleichgerichtete Beobachtungen, die zum Nachweis der Existenz eines «Doppelgängers» tendierten, wie die «telepathischen Erscheinungen Lebender» und die Phänomene der «Absonderung des Astralleibes»; und zu den – für den Geist eines Wilden zu hohen – Schlußfolgerungen zugunsten des Fortlebens, Folgerungen, die aus der Erwägung gezogen wurden, daß irgendwo der «Doppelgänger» eines Verstorbenen existieren müsse, wenn ein Lebender, der von einem Traume oder aus einer Ohnmacht oder einem apoplektischen Anfall erwacht, zurückkehrt, nachdem er sich entfernt hat, zu diesen ziemlich gewundenen und mittelbaren Schlußfolgerungen kamen andere unmittelbare, weitaus überzeugendere, wie diejenigen, die aus den «Erscheinungen Verstorbener», den Phänomenen der «Abspaltung eines Doppels am Totenbette», dem «Spuk» und so weiter abgeleitet wurden.

Die Folge war, daß man dieses Mal tatsächlich vor einer positiven, erschöpfenden und endgültigen Lösung des großen Rätsels stand, welches mit der Entstehung des allgemeinen Glaubens an die Existenz und das Fortleben der Seele verbunden war, eines Glaubens, der nicht nur dem Urteil der Anthropologen zu schaffen machte, sondern auch für die materialistischen Philosophen ein unüberwindbares Hindernis bot, da ja das Charakteristikum der Allgemeinheit sich nur auf zweierlei Weise erklären ließ: entweder indem man mit den spiritualistischen Philosophen zugab, daß dieser Glaube eine in ihrem Wesen den Instinkten gleichartige Intuition des menschlichen Geistes und damit wie die Instinkte untrüglich ist, oder aber indem man voraussetzte, das Charakteristikum der Allgemeinheit entstamme der Beobachtung besonderer Tatbestände, die allgemein vorkommen, und die die Völker der Erde zu jeder Zeit in gleicher Weise ausgelegt hätten.

Die modernen Anthropologen, die die erste Hypothese ausgeschlossen und die zweite angenommen hatten, scheiterten nun kläglich bei der heiklen Aufgabe, die besonderen Tatbestände aufzuzeigen, die die Wirkung gehabt hätten, die ganze Menschheit zu den gleichen Schlußfolgerungen zu führen. Und wenn sie das Ziel nicht erreichten, so lag das nicht an einem Mangel an verstandesmäßiger Durchdringung oder an einem Mangel an Methode, sondern an dem Umstande, daß sie die Existenz derjenigen Tatbestände ignorierten, die die Völker der Erde tatsächlich zu den einmütigen Schlüssen geführt hatten.

Unter diesen Umständen bleibt nur noch übrig, eine einzige Schlußbemerkung vorzutragen: für jeden, der sich in der Parapsychologie auskennt, kann es keinen Zweifel geben, daß die Lösung des Problems – nach der der allgemeine Glaube an die Existenz und das Fortleben der Seele aus der gleichfalls allgemeinen Beobachtung der übernormalen Erscheinungen entspringe – der Wissenschaft endgültig einverleibt erscheint, so wie es keinen Zweifel geben kann, daß in diesem Punkte die Einmütigkeit in der Zustimmung der Anthropologen, Ethnologen, Soziologen, Psychologen und Philosophen der ganzen Welt nicht auf sich warten lassen wird.

Natürlich würde diese Einmütigkeit in der Zustimmung hinsichtlich des hier behandelten Glaubens noch nicht eine einmütige Zustimmung zu der Bejahung der zweiten in der ersten enthaltenen Frage bedeuten, ob nämlich der Glaube an das menschliche Fortleben auf Grund der eindringlichen Großartigkeit der Beweise aller Art – animistischer wie spiritistischer –, die die übernormalen Erscheinungen zur Lösung dieses Problems beitragen, wissenschaftlich als berechtigt bewiesen ist oder nicht.

Für mich antworte ich, daß meine fünfzigjährigen Forschungen, die der Aufhellung des großen Geheimnisses galten und die verborgensten Ableger mit den wissenschaftlichen Methoden der vergleichenden Analyse und der Konvergenz der Beweise angingen, mir das Recht geben, ohne Furcht vor Irrtum zu behaupten, daß der Schiedspruch der Nachwelt in bejahendem Sinne ausfallen wird.

Nach dieser Feststellung will ich aber anerkennen, daß auf Grund der Lehren der Geschichte nicht zu erwarten ist, daß dieser große Tag bald kommen wird; wenn dies sich doch ereignen würde, so wäre es übrigens als großes Übel zu verwerfen, da ja die funktionelle Stabilität der zurzeit geltenden religiösen Einrichtungen mit ihren anthropomorphen Riten für die unvorbereitete Geisteskraft der Massen noch unerläßlich ist; ein allzu frühzeitiger Einbruch der neuen Erkenntnisse würde den Zusammenbruch dieser Einrichtungen und damit der Wirtschafts- und der Gesellschaftsordnung nach sich ziehen.

Und schließlich ist es unerläßlich, daß der endgültige und sichere, experimentell erbrachte Nachweis der Geschicke des Menschen, dessen wissenschaftliche und philosophische Bedeutsamkeit sich ausdehnt und erhebt und in den sittlichen und gesellschaftlichen Bereich erstreckt, mittels einer langsamen Evolution erfolgen muß und niemals durch eine Revolution erfolgen darf.

Von diesem Gesichtspunkt aus muß man anerkennen, daß die Gegner von heute eine durchaus segensreiche mäßigende und konservierende Funktion ausüben. Und deswegen mögen auch die Gegner guten Glaubens willkommen sein.

Jedem fällt seine Aufgabe im fruchtbaren Kampfe des Denkens zu; dem Verfasser dieser Arbeit fiel es zu, in den Reihen der «Vorläufer» zu kämpfen, den Gegnern fiel es zu, in den Reihen der «Bewahrer» zu streiten. Die einen wie die anderen sind gleicherweise zur normalen und fruchtbaren Entwicklung der gesellschaftlichen Einrichtungen notwenig. So will es das Gesetz.

ANHANG

Bemerkenswerte philosophische und wissenschaftliche Intuitionen bei den afrikanischen Wilden

WILLIAM B. SEABROOK – den ich bereits mehrfach zitiert habe – ist ein Afrikaforscher, der sich inmitten der wilden Stämme Afrikas niederläßt, nicht um neue Gebiete zu entdecken, sondern um die noch so rätselhafte Seele der Primitiven zu durchdringen.

Vor einiger Zeit veröffentliche er unter dem Titel *Jungle Ways* (Wege der Dschungel)[1] seinen dritten Reisebericht, in dem er von seinen Forschungsreisen in den westafrikanischen Urwäldern erzählt, welche ihn Tausende von Kilometern von der Küste weg in Gebiete führten, die zwar dem französischen Kolonialreich und der Negerrepublik Liberia angehörten, aber noch nie von eines Weißen Fuß betreten worden waren.

Die Erfahrung hatte ihn bald gelehrt, daß die wilden Stämme den Weißen ihren religiösen Glauben niemals enthüllen und sie an ihren rituellen und magischen Handlungen nicht teilnehmen lassen. Um ihr Mißtrauen zu überwinden, ließ er sich von einem Medizinmann über das Ritual unterrichten und sorgte bei seinen aufeinanderfolgenden Reisen dafür, daß man ihn bei seiner Ausübung sah; an jedem Kreuzweg brachte er die vorgeschriebenen Opfer, er beachtete alle Zeichen, die ein rituelles Verbot bestimmter Pfade ausdrückten, er opferte den Ahnengeistern, den Geistern der heiligen Bäume, den Geistern der Wasser; das hatte zur Folge, daß die Nachricht von diesen Übungen sich durch den ganzen Wald verbreitete und er wie ein Angehöriger der Stämme behandelt und sogar «schwarzer Mann mit dem weißen Gesicht» benannt wurde.

Er schreibt:

«Damit gewann ich mir ringsum Vertrauen und überwand alle Schranken, die sonst für mich unüberwindlich gewesen wären, auch wenn ich zwanzig Jahre im Urwald gelebt hätte... Es waren die rituellen Bräuche der Urwaldstämme, und ich fügte mich ihnen, da

---

[1] George G. Harrap, London 1931, 316 Seiten.

ich sie um so notwendiger fand, je mehr ich in die rätselvollen Tiefen des Urwaldes eindrang... Je mehr ich also in dieses Labyrinth von Pfaden eindrang, um so mehr fühlte ich mich von den unsichtbaren Zeichen magischer Praktiken aller Art umgeben, so daß ich schließlich verstand, daß in der Welt, in der ich mich bewegte, das Leben von ‚unsichtbaren Kräften' überwacht war; diese Kräfte wurden von rituellen Praktiken dargestellt, welche nichts anderes als Symbole waren.» (a.a.O., S. 22–23.)

Bereits auf seiner ersten Forschungsreise und infolge der eben erwähnten Verfahrensweise gelang es unserem Verfasser, wertvolle Beobachtungen über Riten und Gebräuche, die den Weißen unbekannt waren, zu sammeln, er hatte aber doch bemerkt, daß ihm noch Vieles verborgen wurde; darum kam ihm bei Antritt der zweiten Reise ein anderer guter Gedanke: er bewog eine junge Zauberin namens Wamba, die bei allen Waldstämmen berühmt war, sich seinem Gefolge anzuschließen und in einer bequemen Hängematte, die von zwei Männern mit Holzstäben auf den Schultern getragen wurde, mit ihm zu reisen.

Und damit gelang es ihm, tief in die Psychologie der Primitiven einzudringen.

Als er beispielsweise auf seiner ersten Reise an den äußersten Rand der französischen Kolonie der Elfenbeinküste gekommen war, in einen endlosen Wald, den die wilden Yafouri bewohnten, da hatten diese den weißen Mann, der sich in den Ritus ihres «fetischistischen» Glaubens fügte, wohl gut aufgenommen und bewirtet, als er aber einen großen Häuptling fragte, ob er den Medizinmann sehen könne, hatte dieser ausweichend geantwortet, der Zauberer sei weit, weit weg, in einem anderen Dorfe. Als Seabrook aber bei späterer Gelegenheit in Gesellschaft der Zauberin Wamba in das gleiche Dorf kam, wurde ihm der Zauberer sofort von selbst vorgestellt, und jetzt bemerkte er zu seiner Verwunderung, daß er ihn bereits sehr gut kannte, da er ihn bei seinem ersten Aufenthalt in dem Dorfe stets an der Seite des Häuptlings gesehen hatte! Vorfälle dieser Art lieferten Seabrook den offenkundigen Beweis, daß die Anwesenheit der Zauberin Wamba das letzte Mißtrauen des Häuptlings beseitigt hatte.

Dieser Häuptling hieß San Dei und war einer der mächtigsten des Waldes. Vor sechs Monaten hatte er seinen Bruder vergiftet und dessen Stellung eingenommen; nun ging es darum, den Bruder durch Ehrerweisungen an seinem Grabe zu besänftigen, und aus diesem Grunde hatte San Dei die Zauberer, die heiligen Redner und die Taschenspieler der ganzen Gegend zu sich kommen lassen, während unserem Verfasser die Erlaubnis erteilt wurde, an diesen Ehrerweisungen an der Seite Wambas aktiven Anteil zu nehmen; die Feier dauerte mit viel Prunk und Lärm mehrere Tage lang, mit grausamen Tieropfern, Prozessionen und Tänzen, eindrucksvollen Zaubervorführungen der Zauberer und einer schwülstigen Rede San Deis, der die heroische Größe seines vergifteten Bruders pries.

Was aber an all dem psychologisch verwunderlich scheint, ist der Umstand, daß an der ganzen Ehrung der dreißigjährige Sohn des ermordeten Häuptlings aktiven Anteil nahm, obgleich er genau wußte, daß auch an ihn irgend einmal die Reihe des Gifttodes kommen würde. Er wußte es, er hätte ohne weiteres fliehen können, er blieb aber bei seinem Stamm, resigniert, aber von mitleiderregender Traurigkeit, und wartete darauf, daß sein Schicksal sich erfülle; solche Dramen um den Häuptlingsposten gehörten ja zu den Bräuchen des Stammes, und seine Flucht hätte als eines wilden Yofouri unwürdige Feigheit gewirkt.

Genug; sprechen wir von etwas anderem. Was die Parapsychologie an diesen großen Feiern interessiert, sind die Praktiken der «schwarzen Magie» – die ich bereits in dem entsprechenden Kapitel angeführt und kommentiert habe –, bei denen die Zauberer unter anderem zwei kleine Mädchen in die Luft warfen, um sie hierauf auf Degen aufzufangen und aufzuspießen, so daß die Degenspitzen auf der anderen Seite des Körpers zu sehen waren! Und doch erschienen die beiden Mädchen zwei Stunden nach dem gräßlichen Schauspiel völlig wiederhergestellt und munter vor der Hütte des weißen Mannes und verlangten Geschenke – die sie natürlich reichlich erhielten.

Das Dorf, in dem San Dei residierte, war nicht weit von der Grenze zu der Negerrepublik Liberia entfernt, und Seabrook, der meinte, diese Gebiete seien vielleicht noch niemals von Weißen besucht worden, beschloß, dorthin zu gehen. Die Zauberin Wamba befragte infolgedessen nach ihrer Gewohnheit die «Fetische», die bislang günstige Zeichen gegeben hatten; dieses Mal aber versuchte Wamba die Konsultation immer wieder auf verschiedene Weise, erhielt aber immer Antworten, die für das Reisevorhaben ungünstig lauteten: man sollte also nicht nach Liberia gehen.

Seabrook war aber nicht dieser Ansicht, und trotz der Bitten Wambas, die den weißen Mann liebgewonnen hatte, wollte er unter allen Umständen aufbrechen.

Wamba hatte ihm erklärt, nach den Antworten, die sie erhalten hatte, laufe er nicht Lebensgefahr, aber er würde sehr schlecht aufgenommen und wahrscheinlich das Opfer verbrecherischer Unternehmungen zu seinem Schaden werden und ohne etwas erforscht zu haben wieder umkehren müssen.

Seabrook brach mit zehn Trägern und seinem Vertrauten Bugler, dem Negertrompeter, der im Weltkrieg bei Verdun gekämpft hatte, auf.

Wamba schlug mit den übrigen Trägern an den Ufern des Flusses ihr Lager auf, um seine Rückkehr abzuwarten; sie war verärgert und traurig wegen seiner Starrköpfigkeit, die nicht auf die Mahnungen ihrer «Fetische» achtete.

Und die «Fetische» hatten das Richtige vorausgesagt! Bereits im ersten Dorfe wurde er äußerst schlecht aufgenommen, und der Dorfhäuptling, der diesmal ein Neger war, der offiziell die Regierung einer Republik vertrat, kam sofort auf den Gedanken, den Weißen um seine Habe zu erleichtern. Seabrook ahnte nichts Schlimmes, obgleich er wegen des arroganten Empfanges sehr erbost war. Nicht aber der Trompeter Bugler, der Übles ahnte und horchte, als der Häuptling in der anderen Hütte den Plan ausheckte und seinem Stellvertreter mitteilte; auf diese Weise erfuhr Bugler davon, zugleich merkte er aber auch, daß der Negerratgeber ein schlauer und erfahrener Mann war, denn er hatte dem Häuptling gesagt:

«Ich sage euch nochmals, schaut euch seine Hosen an; sie gefallen mir nicht. Und vor allem gefallen mir seine Stiefel nicht... Es sind die Stiefel eines Befehlshabers, eines englischen Generals... Wir wollen es lieber nicht tun, es wird euch teuer zu stehen kommen. Es wird bestimmt schwere Verwicklungen geben...»

Der weiteren Unterhaltung entnahm Bugler, daß die Worte des Ratgebers auf den anderen einen großen Eindruck gemacht hatten; er zog den Schluß, daß nichts Schwerwiegendes vorfallen würde, außer daß sie aus dem Gebiet der Republik vertrieben würden. Und so war es denn auch: anderntags befahl der Negerhäuptling Seabrook, den Fluß wieder zu überschreiten, Raubversuche wurden aber keine unternommen.

An diesem Punkte sei hervorgehoben, daß der schlaue Ratgeber des beutehungrigen Häuptlings wirklich recht hatte: die Stiefel Seabrooks waren Ordonnanzstiefel der englischen Generäle und des Generalstabs, und Seabrook war aus reinem Zufall in ihren Besitz gekommen, als ein englischer Major sie ihm abtrat, weil sie ihn drückten.

Es war also dieser Zufall, dem Seabrook seine Rettung verdankte; er entbehrt nicht des Wertes für die Theorie, wenn man bedenkt, was kurz darauf geschah, als er über den Fluß setzte und von der Zauberin Wamba mit dem triumphalen Ruf «meine Fetische hatten es vorausgesagt!» empfangen wurde. Sie bat eifrig um nähere Auskünfte, und als Seabrook den Zufall mit den Generalsstiefeln erwähnte, die ihn vor dem Raub und vielleicht vor Schlimmerem bewahrt hatten, bemerkte die Zauberin Wamba sofort, daß es sich nicht um einen Zufall handeln könne, da es ja gar keinen Zufall gebe, sondern um einen Vorfall, den die «Fetische» Seabrooks (das heißt seine «Schutzengel») vorausbestimmt hatten.

Es verlohnt sich, das Stück aus dem Bericht, in dem unser Verfasser darlegt, in welcher Weise die Wilden der afrikanischen Wälder Fatalismus und Willensfreiheit unter einen Hut bringen, hier vollständig anzuführen.

Seabrook bemerkt:

«Als ich auf den Vorfall mit den Stiefeln zu sprechen kam, fuhr Wamba auf, hörte auf, mir Vorwürfe zu machen, und ließ mich das Gesagte wiederholen. Anscheinend hatte dieser Vorfall für sie eine ganz andere Bedeutung als für mich... Für mich war er ein zufälliges Zusammentreffen und sonst nichts, aber Wamba bemerkte, es gebe keinen Zufall und erklärte, als es mir vor fünf Jahren in den Sinn kam, die Stiefel zu erwerben, sei das genau zu dem Zwecke vorausbestimmt gewesen, der jetzt bei dem Erlebnis in Liberia erreicht worden sei, einem Erlebnis, das bereits in der Potenz in meinem Schicksal gelegen habe. In anderen Worten – indem ich die Stiefel erwarb, hätte ich, ohne es zu wissen, auf die innere Stimme meines ‚Fetischs' oder ‚Schutzengels' gehört, und damit seien die Stiefel *gris-gris* (‚Amulette') geworden, die embryonenhaft die Kontrolle eines zukünftigen Ereignisses in sich enthielten... Alle diese Argumente ließen sich als roher Fatalismus auslegen; dem ist aber nicht so. Wamba behauptete im Gegenteil, daß die zukünftigen Ereignisse zwar voraussehbar seien, aber doch bis zu einem gewissen Punkte beherrscht werden könnten; und gerade das sei der Grund, warum man die ‚Fetische' befrage, da man mit deren Hilfe die künftigen Ereignisse erkennen und unter Kontrolle halten könne. Nach Ansicht Wambas verläuft unser Schicksal, wenn es auch irgendwo niedergelegt ist, nicht in Gestalt einer geraden Linie, sondern in Gestalt vieler gerader Linien, die sich fächerförmig ausbreiten und ins Unendliche variieren können.

Um mir diesen ziemlich abstrusen philosophischen Begriff eines fächerförmigen Schicksalsweges begreiflich zu machen, nahm sie folgenden Vergleich zu Hilfe:

‚Ich finde mich in einem ungeheuren, mir unbekannten Urwald verloren, in dem es so viele Richtungen einzuschlagen gibt, als es Punkte in einem Kreise hat; ich weiß nicht, was mich erwartet, ganz gleich, welcher Richtung ich mich zuwende; in jeder Richtung aber ist ein Schicksal vorausbestimmt, das mich erwartet; in jeder Richtung ist schon festgelegt, was mir zustoßen wird, in dem Sinne, daß das, was mir zustoßen wird, für jede Richtung bereits besteht, also für mich unabwendbar ist. Indessen wird aber mein Schicksal außerordentlich unterschiedlich sein, je nachdem, welche Richtung ich einschlage. Wenn ich beispielsweise den ersten Pfad begehe, werde ich einen Baum mit nährenden Früchten antreffen. Begehe ich den zweiten Pfad, wird mich ein Panther überfallen und zerfleischen. Der dritte Pfad wird mich zu einer klaren Quelle führen, die meinen Durst löschen wird. Wenn ich mich einem vierten Pfade zuwende, werde ich in eine Elefantenfalle stürzen und von spitzen Pfählen aufgespießt sterben. Ziehe ich einen fünften Pfad vor, werde ich zu einem befreundeten Stamme kommen, der mich mit Aufmerksamkeiten überhäufen wird. Alle diese Ereignisse sind für meine Zukunft gleicherweise vorausbestimmt, gerade so, als ob sie auf die Stäbchen eines Fächers aufgeschrieben wären, und alle bewahrheiten sich in der Potenz; es trifft aber gleicherweise zu, daß es im Urwald des menschlichen Lebens keine logischen Prozesse gibt, die uns enthüllen können, welcher der beste Pfad ist, den man beschreiten soll. Sollen wir uns nach rechts wenden oder nach links? Und da wir von der Geburt bis zum Tod in ständiger Bewegung in irgendeiner Richtung sind, und selbst dann, wenn wir stillstehen würden, damit dem Leben eine bestimmte Richtung gäben, ist es klar, daß es im Menschenleben keinen

Vorfall gibt, der so unerheblich wäre, daß er nicht hinsichtlich der Richtung unserer Zukunft eine mögliche Handlung in sich enthalte!»

Also hatten auch die Generalsstiefel, die Seabrook erwähnte, eine erstrangige Bedeutung für die Richtung seiner Zukunft, insofern sie von seinem Haupte ein gefährliches Abenteuer abgewendet hatten.

Der Berichter gibt folgenden Kommentar:

«Gerade darum also konsultieren die primitiven Neger ihre ‚Fetische', denken sie sich Beschwörungen aus und fabrizieren sie *gris-gris*, um sich in dem Labyrinthe der Ereignisse, die alle gleicherweise möglich und in ihrer Zukunft festgelegt sind, zu schützen. Daraus ist zu schließen, daß wir Zivilisierten auch dann, wenn wir ihren Verfahren keinerlei Vertrauen schenken, zugeben müssen, daß die dargelegten Erklärungen zeigen, aus welchen durchaus nicht unvernünftigen Gründen die afrikanischen Wilden es für unerläßlich halten, irgend etwas zu unternehmen, was sie im Leben führen könnte... Viele von uns würden unter gleichen Umständen eine Münze in die Luft werfen und ‚Zahl oder Schrift?' fragen.» (a.a.O., S. 79.)

Ich meinerseits betone, daß das angeführte Stück einen außerordentlichen ethnologischen, psychologischen und philosophischen Wert besitzt, und zwar insofern, als es beweist, daß hinter den anscheinend absurden Symbolen, mit denen die primitiven Völker ihr Denken in den mystisch-religiösen rituellen Praktiken konkretisieren, philosophische Intuitionen stecken, die den erhabensten Vorstellungen gleichkommen, zu denen die großen Denker bei allen zivilisierten Völkern gelangten. In anderen Zitaten, denen wir weiter unten begegnen werden, beziehen sich diese Intuitionen auf die pantheistisch-spiritualistische Weltanschauung bei den primitiven Rassen sowie auf deren höchst moderne Anschauungen über die Realität der Materie; in dem oben angeführten Zitat behandeln diese Intuitionen das schwerwiegende philosophische Problem der Existenz eines Fatalismus, der mit dem philosophisch-religiösen Postulat der «Willensfreiheit» anscheinend unvereinbar ist. Und die Zauberin Wamba kommt, wie wir gesehen haben, in dieser heiklen Frage zur gleichen Lösung, zu der auch ich in den beiden Monographien über *Fenomeni della chiaroveggenza nel futuro* kam, in denen ich zu dem Schluß gelangte:

«Weder absolute Willensfreiheit noch absoluter Fatalismus bestimmen die fleischliche Existenz des Geistes, sondern eine ‚bedingte Freiheit'.»

Wie ich hervorheben möchte, gelang mir zum erstenmal der Nachweis, daß diese keineswegs neue metaphysische Formulierung, die die schwerwiegende Frage zu lösen vermag, auf Grund des Tatsachenmaterials beweisbar ist, und zwar mittels der Fälle von Vorahnungen, aus denen diese Wahrheit offensichtlich und unanfechtbar hervorgeht.

Ich führte damals sechs solcher naturgemäß seltener Fälle an; seitdem habe ich aber weiter gesammelt, und heute könnte ich ein Dutzend weitere hinzufügen. Das Kapitel meiner Monographie, in dem ich diese Fälle zusammenstellte und kommentierte, trug die Überschrift: «Vorahnungen, bei denen ein für die Theorie wichtiges *Element der Variabilität* festzustellen ist.» Dieses «Element der Variabilität» entspricht genau dem, was die Zauberin Wamba in ihrer scharfsinnigen Lehrfabel vom Walde aufzeigen wollte.

Damit die Leser sich von dem Behaupteten einen klaren Begriff zu machen vermögen, führe ich kurz das Wesentliche eines von mir zitierten Falles an.

Der Oberst Penton Powley sollte sich mit General W. zu einer Wahlversammlung begeben. Er traf zufälligerweise Mrs. Montague, die Tochter eines anderen Generals und eine bekannte Hellseherin, und diese prophezeite ihm: «Wenn Sie mit dem General zu der Versammlung gehen, werden sie bei einem Autounfall ums Leben kommen; wenn sie darauf verzichten, werden sie bald eine erstrebte Ehrung erfahren.»

Oberst Powley beschloß trotzdem, der Verabredung nachzukommen, weil er es dem General versprochen hatte; als aber ein anderes Ereignis, das die gleiche Hellseherin prophezeit hatte, am gleichen Abend eintraf, machte das einen so großen Eindruck auf den Oberst, daß er von dem Besuch der Wahlversammlung Abstand nahm.

Am anderen Morgen fand man ein zertrümmertes Auto auf dem Feld und darin die Leiche des Generals. Nicht nur das, sondern wenige Tage darauf wurde dem Obersten die vorausgesagte Ehrung zuteil.

Wie ersichtlich, entspricht diese doppelte Voraussage genau den verschiedenerlei symbolischen Pfaden der Lehrfabel vom Walde:

hätte der Oberst darauf bestanden, den ersten Pfad zu begehen, so wäre er dem Tode entgegengegangen; da er aber davon Abstand nahm, betrat er damit den symbolischen Pfad, der ihn zu der Ehrung führte.

Wamba hatte also recht: Die beiden «Lebensmöglichkeiten» waren gleicherweise «potentiell» in seiner Zukunft festgelegt, aber mit einem Akt der «Willensfreiheit» ging er dem besseren Geschicke entgegen.

Kehren wir zum Thema zurück. Ich sagte zu Beginn, daß der Häuptling San Dei eine Ausrede erfunden hatte, als Seabrook den Medizinmann des Stammes kennenzulernen wünschte, daß San Dei aber eben diesen Medizinmann dem Forschungsreisenden von sich aus vorstellte, als er in Begleitung der Zauberin Wamba bei ihm eintraf, und daß Seabrook ihn, wie er nun feststellte, bereits gut kannte, da er ihn bei seinem ersten Besuche stets an der Seite des Häuptlings gesehen hatte. Und dieses Mal erreichte er es – infolge der guten Dienste Wambas –, daß der Medizinmann ihm etwas Spezifisches und Befriedigendes über die religiösen Bekenntnisse der Waldbewohner sowie über die eigentliche Bedeutung ihrer Riten aussagte.

Seabrook schreibt:

«Es war ein recht schwieriges Unternehmen, das uns weit führte, da ich mich bemühte, zu etwas Konkretem zu kommen. Der Zauberer Nago-Ba erwies sich als geduldig, aber die Aufgabe, die ich mir gestellt hatte, zeigte sich als komplizierter als ich gemeint hatte, denn aus der Unterhaltung, die bis spät in die Nacht hinein andauerte und am nächsten Morgen wieder aufgenommen wurde, schälte sich nach und nach ein System einer so idealistischen (und vielleicht so reinen) Metaphysik heraus, wie es die metaphysischen Systeme Platons und des antiken Griechenland und vor allem der Heiligen und der mystischen Theologen des Christentums sind. So seltsam es auch erscheinen mag, so steht doch fest, daß Nago-Ba mit seinen hölzernen Idolen, seinen eisernen *gris-gris*, seinen Teufelsmasken, daß Nago-Ba, wie auch der ganze Stamm, den Glauben hatte, das materielle Weltall sei nichtig, und die letzte Wirklichkeit, die Wirklichkeit, die sich hinter dem Anschein verbirgt, sei eine geistige Wirklichkeit. Nicht nur das; seine Auffassung von der Materie, die er und alle Urwaldbewohner seit unerdenklichen Zeiten hegen, zeigte sich als erstaunlich gleichlaufend mit den allerneuesten revolutionären Schlüssen unserer Wissenschaft, so daß sich die Frage aufdrängte, ob sich die Metaphysik der zivilisierten Völker nicht in einem *circulus vitiosus* bewege.

Vor fünfzig Jahren glaubten wir zu wissen, daß eine Steinmauer eine Steinmauer sei. Jetzt wissen wir, daß ein Stein nicht wirklich fest ist, daß letzten Endes die Materie als solche gar nicht existiert, daß die einzige Grundwesenheit die kinetische Einheit der Energie ist; wir sind aber noch weit davon entfernt zu wissen, was sich hinter unserem abstrakten Energiebegriff verbirgt...

Darum behaupte ich – und wenn es dem Mann der Straße auch verrückt erscheinen mag –, daß die tiefsten wissenschaftlichen Anschauungen, die heute von den Universitätslehrstühlen über das innerste Wesen der Materie, des Lebens, der Lebenskraft, der Zeit und des Raumes vorgetragen werden, den entsprechenden Anschauungen der afrikanischen Medizinmänner viel näher liegen als denen unserer bedeutendsten Wissenschaftler vor zwanzig Jahren.

Ich kann nicht alles berichten, was der Zauberer mir sagte, ohne meine Erzählung zu sehr zu unterbrechen... Ich trage kurz seine Erwiderung auf meine Frage vor, was denn die Lehre der Urwaldneger hinsichtlich der Opfer sei, die am folgenden Tage für einen verstorbenen Häuptling gebracht werden sollten. Folgendes ist das Glaubensbekenntnis Nago-Bas, in die Ausdrucksweise der Weißen übertragen:

Er glaubt, daß alles, was auf der Welt Leben hat – Menschen, Tiere, Insekten, Bäume und Pflanzen –, nicht nur mit einer bewegenden Lebensqualität und einem Lebensfunken ausgestattet ist, sondern auch mit einer ‚Seelenqualität', die von dem Körper und dem ‚Lebensfunken' unabhängig und unsterblich ist.

(Unter ‚Seele' und ‚Seelenqualität' versteht Nago-Ba etwas, was der ‚persönlichen Wesenheit' oder der ‚empfindenden Individualität' entspricht.)

Er glaubt außerdem, daß alle Dinge, die wir für unbeseelt halten – auch ein Berg, ein Stein, ein Fluß, ein Acker –, auch wenn er des ‚Lebensfunkens' ermangelt, doch mit einer eigenen ‚Seelenqualität' ausgestattet ist; die Lehre Nago-Bas könnte also als eine Art ‚Animismus', der alles umfaßt, verstanden werden.

Die Seele ist ‚Wesenheit', das heißt das, was an allem Bestehenden real ist. Der ‚Lebensfunke', den ein Mensch, ein Tier oder ein Baum besitzen, der aber einem Stein nicht gegeben ist, besteht dagegen aus etwas Mechanischem, etwas Unpersönlichem, etwas außerhalb der Seele Liegendem. In der zivilisierten Welt würde man sagen, es sei etwas wie der elektrische Strom, eine mächtige, aber blinde Kraft, und die wichtigste Aufgabe der Seele sei es, sie so zu leiten, daß sie in dem

Mechanismus des Körpers zu wirken vermag. Die Seele, die diesem belebenden unbeseelten Strom die Richtung gibt, läßt den körperlichen Organismus sprechen und sich bewegen, in Wirklichkeit aber ist der körperliche Organismus nur eine mechanische Gliederpuppe. Der *wirkliche Mensch* ist weder der körperliche Organismus, noch der belebende Strom, sondern ein ‚unsterblicher Geist'. Wenn der belebende Strom verbraucht ist, stirbt die Gliederpuppe, sie löst sich auf, und die Seele wird in Gestalt einer desinkarnierten, empfindenden und verstandesbegabten Persönlichkeit frei... Unter diesen Umständen erwirbt sie nicht nur eine höhere Potenzialität, sondern verfügt auch frei über ihre ganze Zeit und kann sich deshalb mit den Angelegenheiten anderer befassen, sei es zum Guten, sei es zum Bösen.

Daraus folgt, daß es weise ist, mit den desinkarnierten Geistern in gutem Verhältnis zu stehen, und diesem Grundsatz entstammt der Ahnenkult, der mit dem Kult der Natur, den alle Primitiven betreiben, in Übereinstimmung steht...

Ich fragte nun, was in diesem Augenblicke Bou, der verstorbene alte Häuptling, nach seiner Meinung mache, und welche Vorteile der Stamm aus den Opfern, die am folgenden Tage zu seinen Ehren dargebracht werden sollten, ziehen würde. Seine Erklärung lautete: da es lange dauerte, bis ein Verstorbener sich ganz von den alten Gewohnheiten loslösen könne, auch dann, wenn er es keineswegs nötig habe, in ihnen zu verharren, könne man annehmen, daß der alte Bou in diesem Augenblick sich noch für seinen im Grabe liegenden Leichnam interessiere, oder für sein Haus, das er zweifellos während der Nacht aufsuche. Weiter interessiere er sich möglicherweise für die Vorgänge in seinem Dorf, sei es in wohlwollendem oder in übelwollendem Sinne, und darum sei es unbedingt notwendig, mit ihm auf gutem Fuße zu stehen. Wahrscheinlich höre er gerade in diesem Augenblicke zu, was wir sagten...» (a.a.O., S. 104–108.)

Das folgende Zitat enthält philosophische, wissenschaftliche, spiritualistische Intuitionen, die zu denken geben. Niemals hätte man gedacht, daß die Geistigkeit der primitiven Völker zu solchen wissenschaftlichen, philosophischen und religiösen Abstraktionen vordringen könnte, wie sie die tiefsten Denker bei den zivilisierten Völkern zu jeder Zeit und die Wissenschafter der neuesten Zeit formulierten. Trotzdem muß man auf Grund des – wahrscheinlich unvollständigen – Berichtes Seabrooks sagen, daß die Yafouristämme keinerlei Vorstellung von der Existenz eines Höchsten Wesens haben, sondern vielmehr eine Art sehr vagen «Pantheismus» in Gestalt eines «Kultes der Natur» hegen.

Wie dem auch sei, Tatsache ist, daß Seabrook auf seinen psychologischen Entdeckungsreisen zu einem volkreichen Troglodytenstamm kam, dessen Dörfer senkrecht an den gewaltigen Felswänden einer hohen Bergkette aufsteigen und aus natürlichen oder künstlichen, geschickt und mühselig zu Wohnungen umgewandelten Höhlen bestanden. Es war der Stamm der «Habbe», deren Bräuche genau die Kehrseite der Bräuche der zivilisierten Völker waren. Bei den Habbe konnten die jungen Mädchen sich nicht verheiraten, wenn sie nicht bereits ein Kind hatten, wobei sie wahllos Verkehr mit zahlreichen Jünglingen ihres Stammes hatten. Weiter wurde bei den Habbe der geringfügigste Diebstahl mit dem Tode bestraft, während zur Abbüßung eines Mordes drei Jahre der Verbannung und eine Reinigungszeremonie genügten. Was ihre religiösen Riten anbetrifft, so weihen sie sich – wie die Ägypter und die Römer – dem Kulte Priaps, dessen Symbol überall auf den Altären thront, und an den Dorfeingängen lassen sich zehn Fuß hohe Phalloi aus geknetetem Ton bewundern. Trotz alledem und trotz des wenig geistigen Symboles haben sie ein sehr hochstehendes Glaubensbekenntnis und kennen den Begriff eines einzigen dreieinigen Gottes, eines unendlich vollkommenen und allmächtigen Gottes, Schöpfers des Himmels und der Erde.

Was an diesem ganzen afrikanischen Theologiesystem unseren Verfasser am meisten überraschte, war das Mysterium der Heiligen Dreieinigkeit bei einem wilden Stamm; und er bemerkt hierzu:

«Wer hätte je gedacht, daß auf einer fast unzugänglichen Felswand in einem Gebirge Innerafrikas, inmitten eines volkreichen Stammes, der nie etwas vom Christentum gehört hatte, zu dem niemals ein Missionar gekommen war, daß dort ein Negerpriester, der ‚Priap-Amma' verehrte, mir das Mysterium der Heiligen Dreieinigkeit erklären würde?... Ich mußte indessen erkennen, daß diese Auffassung von der christlichen Vorstellung von Vater, Sohn und Heiligem Geist erheblich abwich...»

Seabrook wurde durch freundliche Vermittlung der einflußreichen Häuptlinge des Stammes dem Großpriester (Hogoun) des «Priap-Amma»-Kultes vorgestellt. Dieser wohnte auf dem fast unzugänglichen Gipfel dieser senkrechten und sehr hohen Felswand.

Der Verfasser beschreibt den Großen Hogoun folgendermaßen:

«Er war außerordentlich schwarz, hochgewachsen und kräftig, von würdigem und verfeinertem Aussehen, einfach und natürlich in der Art, sich zu geben und zu grüßen, mit einem Blick, der sich in die Ferne zu heften schien, aus dem aber doch etwas Freundliches und Großmütiges strahlte. Er schien gereiften Alters zu sein, kräftig, patriarchalisch, und sein Bart war weiß, wenn er sich auch auf eine Locke am Kinn beschränkte. Man hatte mir im Dorf gesagt, er sei ein Weiser und ein Heiliger, der Weiseste und der Heiligste aller Bergstämme, ja der ganzen Welt. Und doch war er einfach im Benehmen, sanft und freundlich...

In Erwiderung auf meine langsam, vorsichtig, achtungsvoll gestellte Bitte, mir etwas über den geistigen Gehalt des ‚Priap-Amma'-Kultes zu sagen, bemerkte er, daß ‚Amma' nicht ‚Priap' sei, da ‚Amma' in keiner Weise materiell zu symbolisieren sei; ‚Amma' sei Gott, der einzige Gott des ganzen Weltalls.

Ich fragte:

‚Also wird das Tonsymbol auf euren Altären nicht von euch verehrt?'

(Der Große Hogoun) – ‚Unsere Altäre stellen das Symbol einer Manifestation ‚Ammas' dar; wir verehren aber nur den wahren, einzigen und dreieinigen Gott.

(Ich) – ‚Also ist Amma der einzige und dreieinige Gott?'

(Er) – ‚Es gibt keinen anderen Gott.'

(Ich) – ‚Auch wir glauben in meiner Heimat an einen einzigen und universalen Gott, und es gibt Leute, die behaupten, sie hätten ihn gesehen und schildern, wie er mit strahlendem und achtunggebietendem Antlitz auf einem Throne sitze. Wir glauben auch, Er habe den Menschen nach seinem Ebenbild geschaffen. Vielleicht ist euer Gott Amma wie der unsere und gleicht dem Menschen? Besitzt er ebenfalls einen stofflichen Körper mit Gesicht und Händen?'

(Er, nach langer Überlegung) – ‚Noch niemand hat je das Gesicht Ammas erblickt. Unsere Vorfahren waren weiser als wir, aber doch wagte niemand je zu behaupten, er habe unserem Gott ins Antlitz gesehen. Wer könnte also behaupten, Gott besitze ein Gesicht oder er besitze es nicht?'

(Ich) – ‚Auch bei uns gibt es Menschen, die glauben, kein Mensch könne Gott ins Gesicht sehen, ohne vom Blitze getroffen zu Boden zu sinken; es gibt aber andere, die behaupten, sie hätten mit ihm gesprochen und auch seine Stimme vernommen. Ist das auch bei Amma so?'

(Er) – ‚Auch wir richten das Wort an Gott, weil wir glauben, daß er unseren Worten Gehör schenkt; aber niemand hat je die Stimme Ammas vernommen.'

(Ich) – ‚Und wo hält sich Amma auf? Wir sagen, Gott sei hoch oben im Himmel und beginnen darum unsere Gebete ‚Unser Vater, der du bist im Himmel'.'

(Er) – ‚Auch wir heben Arme und Blick in die Höhe, aber wir beginnen unsere Gebete mit den Worten: ‚Amma in der Höhe, Amma in der Tiefe, Amma um uns herum', weil Amma allüberall ist. Er zeigt sich in allem, bleibt aber für uns unsichtbar... Um dieses Geheimnis besser zu verstehen, dürft Ihr nicht vergessen, daß Amma dreieinig und einzig ist.

Zu Beginn war der einzige Gott Amma. Nichts gab es außer ihm. Aber er wollte die Welt der Materie erschaffen, und den Menschen, die Tiere, die Pflanzen, die Kräuter und alles Lebende, und darum spaltete er sich in zwei Prinzipien: das befruchtende männliche Prinzip und das fruchttragende weibliche Prinzip. Aus der Vereinigung des männlichen und des weiblichen Prinzipes, die einander entgegengesetzt und eins sind, entstand das Leben. Darum heißt unsere Dreieinigkeit: Amma der Eine, Amma der Vater, Amma die Mutter. Für Amma den Einen kann es keine Symbole geben, die ihn darstellten. Für die Männlichkeit Ammas des Vaters haben wir das natürliche Zeichen, das sie vertritt, gewählt und auf unsere Altäre gestellt. Für die Weiblichkeit Ammas der Mutter wäre das angemessene Symbol der fruchtbare Boden der ganzen Welt; wir stellen diese dritte Abteilung der Dreieinigkeit auf unseren Altären jedoch durch einen Kelch dar.

Der Regen und die Sonne befruchten den Boden. Samen fallen und werden im Leibe der Erde empfangen und zum Leben gebracht, so wie der Samen des Mannes vom Leibe der Frau empfangen und zum Leben gebracht wird: Fruchtbarkeit, Befruchtung, Frucht, Leben. Es gibt für ein Feld, einen Baum, einen Mann und eine Frau nur ein Übel: Unfruchtbarkeit, Verwüstung, Tod. Amma ist das Leben, und die Religion Ammas ist die Religion des Lebens. Daran glauben wir, und das lehren wir unsere Kinder, und das ist es, was wir auf unseren Altären aufgestellt haben.'» (a.a.O., S. 272–279.)

So weit die lehrreichen philosophisch-religiösen Aufklärungen des Großen Hogoun; ich habe vor, diese Aufklärungen in Kürze in der Schlußfolgerung, zu der ich mich anschicke, zu besprechen.

Wir haben gesehen, daß es bei den wilden Völkern Anschauungen über die Existenz einer Schicksalsgebundenheit des Lebens gibt, die aber nicht im absoluten, sondern in einem relativen Sinne zu nehmen sind, das heißt, es ist ihnen eine angemessene und veränderliche Dosis von «Willensfreiheit» beigemischt. Die Zauberin Wamba hatte das Denken der wilden Völker hierüber mittels einer äußerst lehrreichen Fabel klargelegt, aus der zu entnehmen war, daß die Schlüsse, zu denen die Primitiven gelangt waren, denen entsprachen, die die zivilisierten Völker zu allen Zeiten formulierten.

Aus diesem Tatbestand ergab sich des weiteren ein wichtiger besonderer Umstand, nämlich der, daß der Fetischkult, die Beschwörungspraktiken und der Gebrauch der Amulette (*gris-gris*) in diesen philosophischen Anschauungen der Wilden ihren Grund haben; die Wilden rufen ihre Fetische an oder nehmen die okkulte Macht der Beschwörungsformeln und der Amulette zu Hilfe, um in der Wahl des gleichnishaften Pfades unter den vielen Pfaden, die sich vor ihnen auftun, geleitet zu sein, damit sie den richtigen finden, der ihnen Glück bringt.

Unter einem anderen Aspekt haben wir auf Grund der Unterredung unseres Verfassers mit dem Medizinmann Nago-Ba ein metaphysisches spiritualistisches System auftauchen sehen, das geradezu platonisch ist, während gleichzeitig seine Anschauungen über das Wesen der Materie voll und ganz den allerneuesten wissenschaftlichen Anschauungen hierüber entsprechen, nach denen die Materie nicht als solche existiert, während die Wirklichkeit, die sich hinter dem Anschein verbirgt, geistiger Natur ist.

Und Nago-Ba wußte zwischen der «*Bewegungs*qualität» in den Lebewesen und der «Qualität» *Lebensfunken*, der sie zu dem macht, was sie äußerlich sind, und der «Qualität» *Seele* zu unterscheiden, die von dem körperlichen Leib und von dem Lebensfunken unabhängig und ihrem Wesen nach unsterblich ist.

Diese Unterscheidung entspricht der Unterscheidung, die heute in der spiritistischen Bewegung getroffen wird: «Geist», «Ätherleib» und «körperlicher Leib».

Schließlich erfahren wir aus den lehrreichen Erklärungen, die der Große Hogoun der Troglodytenstämme unserem Verfasser gab, daß ebenso wie alle anderen «Fetische», die von den primitiven Völkern verehrt werden, auch der «priapische» Fetisch, den die genannten

Stämme auf ihren Altären aufstellten – und der doch zunächst so wenig geistig ist –, nichts als ein Symbol ist; freilich ein sehr anfechtbares Symbol, jedoch bis zu einem gewissen Grade vernünftig und vertretbar, da ja in diesem Symbol die irdische Manifestation des lebenspendenden Höchsten Wesens ausgedrückt wird, des Einzigen und Dreieinigen Gottes, des allgegenwärtigen, allwissenden, allmächtigen Schöpfers Himmels und der Erde.

Und zu dieser erhabenen Gottesauffassung, die der Große Hogoun vorbrachte, verdient dessen Antwort an Seabrook hinsichtlich des Gebetes erwähnt zu werden: «Auch wir heben Arme und Blick in die Höhe, aber wir beginnen unsere Gebete mit den Worten: ‚Amma in der Höhe, Amma in der Tiefe, Amma um uns herum'.» – Diese Definition erinnert an die wesentlichsten Anschauungen einer anderen Definition Gottes, die auf mediumistische Weise von «Imperator» dem Medium William Stainton Moses eingegeben wurde:

«Einerseits müßt ihr den verderblichen Irrtum abtun, in Gott nur eine Kraft zu sehen, andererseits müßt ihr euch von der anthropomorphischen Täuschung, sich Gott in Menschengestalt vorzustellen, freimachen ... Gott ist nicht eine Kraft, er ist aber auch nicht die unpersönliche Wesenheit, die von euch Natur genannt wird. Bemüht euch, Gott als eine unerforschliche geistige Wesenheit zu erfassen, die das ganze All gestaltet und durchdringt. Wenn ihr ihn ‚Vater' nennt, so kommt ihr am nächsten an eine wahre Auffassung von Gott heran.»

Gerade in diesem Sinne faßt der Große Hogoun eines wilden Stammes das göttliche Wesen auf.

Um abzuschließen: der Gesamteindruck, den man aus der Lektüre des Buches *Jungle Ways* von Seabrook gewinnt, besteht darin, daß die Intelligenz der wilden Stämme weitaus größer ist, als die zivilisierten Völker annehmen. Zweifellos bewahren die Primitiven eine kindliche Seele und erweisen sich als beschränkt, rückständig und barbarisch in allem, was das gesellschaftliche Zusammenleben und die Auffassung von Gerechtigkeit und Sittlichkeit anbelangt, aber sie sind uns hinsichtlich der Schlauheit und Pfiffigkeit überlegen, und man möchte sagen, sie kämen uns in den sublimsten Auffassungen der philosophischen, wissenschaftlichen und religiösen Abstraktion gleich.

Die Seele des Wilden ist mehr denn je ein Rätsel, das es noch zu lösen gilt.

NACHWORT

VON DR. GASTONE DE BONI

Leben und Werk Ernesto Bozzanos während der fünfzig Jahre seines Parapsychologischen Wirkens.

ERNESTO BOZZANO wurde am 9. Januar 1862 in Genua geboren. Schon seit den ersten Lebensjahren zeigte er einen leidenschaftlichen Hang zum Studieren, so daß er im Alter von vier Jahren seine Mutter quälte, sie solle ihn doch an einem großen genuesischen Geschichtswerk lesen lehren; und obgleich er als vierjähriges Knäblein noch nicht verstehen konnte, was er las, so erinnert er sich doch heute noch der Verehrung, mit der er diesen großen geheimnisvollen Wälzer in Händen hielt.

Er wurde auf die Realschule geschickt; aber obgleich er offensichtlich zu lernen berufen war, holte ihn der Vater von seinen Studien wieder zurück. Er weinte bittere Tränen, aber sein Wissensdrang schwand darum nicht; im Gegenteil, er verschärfte sich immer mehr, und der Vorsatz, sich eine große Bildung zuzulegen und zu einiger Bedeutung zu kommen, wurde dem Knaben zum Gesetz.

Er begann wie viele Jünglinge mit einer literarisch-poetischen Periode und veröffentlichte sogar zwei Gedichtbändchen unter dem Decknamen «Ligurio Italico»; es dauerte aber nicht lange, da überkam ihn der unwiderstehliche Drang, alles zu erforschen, alles zu wissen, und Literatur, Philosophie, Psychologie, Physiologie, Astronomie, Geologie, Paläontologie und alle Naturwissenschaften wurden Gegenstand seines beharrlichen Studiums von der Jünglingszeit bis zum Alter von dreißig Jahren.

Seine literarische Leidenschaft setzte im Alter von zwölf Jahren ein, und obgleich er doch noch so jung war, ging er in diesem Studium systematisch vor. Er las mit unendlicher Ehrfurcht die italienische Literaturgeschichte Maffeis und richtete seine literarische Ausbildung nach diesem Werke aus. Er begann mit dem Studium der mittelalterlichen Autoren des vierzehnten Jahrhunderts, die er in der Universitätsbibliothek von Genua, die für viele Jahre sein Heim wurde, las. So schritt er von Jahrhundert zu Jahrhundert vor und schuf sich ein großes literarisch-poetisches Wissen.

Großen Eindruck machten auf ihn *Gerusalemme Liberata*, Ossian in der meisterlichen Übersetzung von Cesarotti und die *Feroniade* von Vincenzo Monti. So zogen unsere großen Dichter und Schriftsteller an seinem Geiste vorbei, von den frühesten Größen bis zu Parini, Foscolo, Monti, Giusti, Aleardi, d'Annunzio.

Nachdem er die Gedichte Byrons in der Übersetzung Maffeis und Isolas gelesen und sich an ihnen begeistert hatte, entschloß er sich, die englische Sprache, deren erste Umrisse ihm in der Realschule beigebracht worden waren, zu erlernen. Und er machte sich mit solchem Eifer daran, daß er bereits nach vier Monaten imstande war, die berühmten Gedichte Byrons zu lesen und zu verstehen.

Vom gleichen Dichter las er hierauf den *Manfred*, ein phantasievolles, realistisches, markiges Drama, und den *Don Juan*, ein Gedicht voller satanischer Kontraste, zwei Schöpfungen, die einen großen Eindruck auf ihn machten und seine Bewunderung für diesen großen Genius gewaltig steigerten.

Hierauf kamen Milton, Shelley, Moore und Shakespeare an die Reihe. Shakespeare machte er zum Gegenstand eines so eingehenden Studiums, daß er die gewaltigen Dramen bald fließend in ihrer altertümlichen Sprache lesen konnte.

Wie bereits gesagt, zog die Wissenschaft Bozzano seit seinen frühesten Kindheitsjahren an; bereits der Fünfzehnjährige wandte sein Interesse auf die großen Wissenschaften, die damals im Entstehen begriffen waren: auf die Astronomie, die Paläontologie, die Psychologie und die Naturphilosophie.

Vor allen Dingen aber fesselte ihn ein großes Problem: die Durchdringung des «Seinsproblems», des «Geheimnisses des Lebens», des «Geheimnisses der menschlichen Persönlichkeit», des «Lebenszwekkes».

So brach für Bozzano ein Zeitabschnitt an, den man sein «philosophisches Jahrzehnt» nennen könnte (1882–1892).

In diesem Jahrzehnt suchte er das Denken der bedeutendsten Philosophen von Platon bis Hegel, von Descartes und Lotze bis Rosmini und Gioberti zu durchdringen, aber diese ausgedehnten und mühseligen Vorstöße in das Reich der Philosophie trugen ihm nichts Greifbares ein, im Gegenteil, er geriet immer mehr in die Abgründe des Zweifels. Zur ersten Rebellion der Weigerung, durch einen «Glaubensakt» zu glauben, kam noch eine zweite, die Auflehnung gegen alle metaphysischen Postulate, die im luftleeren Raume schwebten und durchaus eigentlichen «Glaubensakten» in der Philosophie gleichkamen.

Er wandte sich wieder der Naturphilosophie zu und las nun in ununterbrochener Reihenfolge immer wieder und mit immer leidenschaftlicherem Eifer die Werke ihrer Leuchten, Büchner, Moleschott, Vogt, Feuerbach, Haeckel, Huxley, Comte, Taine, Guyau, Le Dantec, Morselli, Sergi und Ardigò; er versah sie mit Anmerkungen und entnahm ihnen die positivistischen Postulate der wissenschaftlichen Forschung, um sie untereinander zu vergleichen und in einer gewaltigen negativistischen Synthese zu vereinen.

Das philosophische System, das von allem Anfang an die größte Anziehungskraft auf Bozzano ausübte, war dasjenige von Herbert Spencer, dem großen englischen Philosophen, den er als den «Aristoteles der Neuzeit» ansah. Das Gedankengebäude Spencers besteht auch tatsächlich in einer gewaltigen Synthese der gesamten wissenschaftlichen Erkenntnisse und in der fortlaufenden Nutzung dieser Synthese zur Schaffung eines Gedankengebäudes, das das ganze Weltall zu erklären vermag.

Zwei Jahre lang beschäftigte sich Bozzano ausschließlich mit dem Studium, der Sammlung und der Klassifizierung des eindrucksvollen Spencerschen philosophischen Systems, bei dem alle Wissenszweige zum wissenschaftlichen Verständnis des erschaffenen Weltalls zusammenwirken.

Die Folge war, daß das brennende «Seinsproblem» für unseren Autor gelöst zu sein schien, in einer Form, die zu den Worten berechtigt: «Der mechanistische Positivismus des Herbert Spencer war die Wahrheit, die Bozzano mit so hartnäckiger Leidenschaftlichkeit suchte.»

Von diesem Augenblicke an war er ein Apostel seines Idols und polemisierte gegen jeden, der die mechanistischen Postulate dieses Geistesriesen anzuzweifeln wagte, so daß er sich den Titel des «Spencerianers von Italien» eintrug.

So wurde aus Bozzano ein so überzeugter Positivist, daß es ihm höchst unwahrscheinlich erschien, gebildete Menschen von einigem gesunden Verstand könnten an das Fortleben der Seele glauben. Und er beschränkte sich nicht nur darauf, dies zu denken, sondern er schrieb auch zur Stütze seiner Überzeugungen leidenschaftliche und kühne Aufsätze.

Das große Jahr aber, das für sein weiteres Leben richtunggebend sein sollte, näherte sich. Es sollte das Jahr 1891 sein.

In diesem Jahre 1891 erhielt er einen Brief von Prof. Ribot, dem Herausgeber der *Revue Philosophique*, mit der Ankündigung, unter dem Namen *Annales des Sciences Psychiques* sei eine neue Zeitschrift erschienen, deren Förderer Prof. Charles Richet, der große französische Physiologe, und deren Herausgeber Dr. Darieux war.

Prof. Ribot ermahnte ihn, den Inhalt aufmerksam durchzulesen und ihm seine Meinung zu sagen, da es sich um einen neuen Zweig der psychologischen Forschung handelte, der die Möglichkeit der Gedankenübertragung beweisen wollte.

Die Lektüre der ersten Hefte dieser Zeitschrift machten aber auf den unversöhnlichen Positivisten einen verheerenden Eindruck; es erschien ihm nämlich als wissenschaftliche Ungeheuerlichkeit, daß gewisse Vertreter der offiziellen Wissenschaft sich in allem Ernste mit der Übertragung von Gedanken von einem Kontinent auf den anderen, mit dem Auftreten wahrhaftiger telepathischer Erscheinungen und mit Häusern, in denen es wirklich «spukte», befaßten.

Seine nunmehr tiefverwurzelten positivistisch-materialistischen Anschauungen hinderten ihn daran, die neue Wahrheit zu erkennen, so sehr sie sich auch auf unwiderlegliches Tatsachenmaterial stützte.

Und so kam es denn, daß er einen «Feuerbrief» an Prof. Ribot schrieb, in dem er den Inhalt der neuen Zeitschrift als unsinnig erklärte und seinem Erstaunen Ausdruck gab, daß Gelehrte, die auf wissenschaftlichem Gebiet einen Namen hatten, an solche Flausen glauben konnten.

Nur daß, während sein Forschergeist sich mit der Überzeugung, das Problem gelöst zu haben, beruhigte, in der *Revue Philosophique* ein langer Artikel des Petersburger Professors Rosenbach erschien; der Verfasser dieses Artikels wandte sich mit Heftigkeit gegen das Eindringen des neuen Mystizismus in das Heiligtum der offiziellen Psychologie und erklärte die neuen Gegebenheiten als Halluzinationen in Verbindung mit «Zufälligkeiten», exaltierter Phantasie und anderen Hypothesen dieser Art.

Diese Widerlegung des Professors Rosenbach erschien aber Bozzano sogleich so mangelhaft und unhaltbar, daß sie in seinem Geiste eine der beabsichtigten gegenteilige Wirkung auslöste, während in dem folgenden Heft der *Revue Philosophique* gerade zur rechten Zeit ein Aufsatz des Professors Charles Richet erschien, in dem die irrigen Behauptungen und Betrachtungen Rosenbachs Punkt um Punkt widerlegt wurden; dieser Aufsatz bekräftigte seine Überzeugung von der Realität des Tatsachenmateriales und von dem großen Geheimnis, das dessen Äußerung umgab.

Ernesto Bozzano wurde nun klar, daß gerade die anderen recht hatten, wenn die Argumente, die man der «neuen Psychologie» entgegenhalten konnte, diejenigen eines Professors Rosenbach waren, da die ersteren Tatsachen anführen konnten, während Rosenbach den Tatsachen nur Leugnen und sonst gar nichts entgegensetzen konnte.

Damit eröffnete sich vor Bozzano ein gewaltiges Problem; es handelte sich um nichts Geringeres als darum, das Problem der Seele, des Todes, des Fortlebens, von Grundlagen aus anzugehen, die für die Geschichte aller Zeiten vollkommen neu waren. Als Philosoph, der sich darüber klar geworden war, daß man das Problem ernstlich stellen konnte, vermochte er nicht auch nur entfernt daran zu denken, es zu vernachlässigen; das große Rätsel mußte in seiner ganzen Weite gelöst werden, und sei es auch nur in den Grenzen, die die menschliche Beschränktheit auferlegt.

Der Würfel war nun gefallen. Von diesem Augenblicke an – dem Jahre 1891 – beginnt das große fruchtbare Wirken unseres Bozzano, mittels dessen er *in fünfzigjähriger geduldiger Forscherarbeit mit unwiderleglichem Tatsachenmaterial das Fortleben des Menschen nach dem Tode und die Verbindung der Toten mit den Lebenden aufzuzeigen vermochte.*

Im gleichen Jahre erschien unter dem veränderten Titel *Hallucinations télépathiques* Marilliers französische Übersetzung des Buches *Phantasms of the Living* (Geistererscheinungen Lebender); dieses Werk, in dem Gurney, Myers und Podmore in bislang ungekannter Gewissenhaftigkeit eine ungeheure Menge bestätigten und dokumentierten Materiales zusammengetragen hatten, vermochte Bozzano von der wirklichen Existenz telepathischer Erscheinungen zu überzeugen.

Damit war der erste Schritt getan. Sein positivistisch-materialistischer Glauben war jedoch noch nicht genügend erschüttert; die wissenschaftliche Erklärung der telepathischen Erscheinungen, die diese auf Gedankenschwingungen, welche in konzentrischen Wellen ins All ausströmten, zurückführen wollten, befriedigte sein Bekehrtenurteil noch vollständig.

Mit dieser Konzession war Bozzano aber – wie er mir selbst schreibt – unwissentlich einen tüchtigen Schritt auf seinem «Weg nach Damaskus» weitergekommen, denn diese erste Konzession in Sachen der übernatürlichen Phänomenologie hatte ihn zwangsläufig auf einen neuen Forschungszweig abgedrängt, der dem materialistischen Positivismus, welchen er zuvor so begeistert und hartnäckig verfochten hatte, diametral entgegengesetzt war.

Die Periode der «Gewissenskrise» war damit eröffnet, und seine wissenschaftlichen Errungenschaften erhielten den ersten Stoß durch die eindrucksvolle Abhandlung Alexander Aksakoffs, die unter dem Titel *Animismus und Spiritismus* 1890 in Leipzig erschienen und kurz darauf ins Französische übersetzt worden war.

Für Bozzano ergab sich daraus eine überaus beschwerliche Zeit moralischer Verwirrung, denn wenn auch die neue philosophische Richtung einen weitaus befriedigenderen wissenschaftlichen Glauben bot als die bisherige, so machte ihm doch der Zusammenbruch eines ganzen Systems philosophischer Überzeugungen, das er sich langsam und unter langem Nachdenken erworben und dem sich sein Geist in ethischer und psychologischer Hinsicht schon ganz angepaßt hatte, schwer zu schaffen.

In seinem schweren Ringen um die neue Erkenntnis las er die Werke der bekanntesten Autoren, wie Allan Kardec, Delanne, Denis, d'Assier, Nus, Gibier, William Crookes, Wallace, du Prel und Brofferio; er verspürte aber bald, daß das Problem, das sich vor seinen Augen öffnete, so groß war, daß er ihm auf den Grund gehen und zu den geschichtlichen Ursprüngen der großen Bewegung zurückkehren mußte.

Darum schrieb er nach London und New York, um sich die wichtigsten Arbeiten zu verschaffen, die seit dem Beginn der Bewegung, 1870, der Zeit, da auch in Europa die Forschung einsetzte, erschienen waren; und bei der Ankunft dieser Arbeiten begann für ihn die wahrhaft fruchtbare Zeit seiner systematischen Wirksamkeit auf parapsychologischem Gebiete.

Noch heute verbindet ihn eine unauslöschliche Erinnerung mit jener Zeit, da er gerade durch diese leidenschaftlichen und hartnäckigen Forschungen die unerschütterlichen wissenschaftlichen Grundlagen seiner neuen spiritistischen Überzeugungen aufzustellen vermochte.

Von den Werken, die auf unseren Verfasser hauptsächlich einen entscheidenden Einfluß ausübten, seien die folgenden angeführt:

Robert Dale Owen: *Footfalls on the Boundary of another World.* (Schritte an den Grenzen einer anderen Welt.)

Robert Dale Owen: *The Debatable Land between this World and the Next.* (Das umstrittene Gebiet zwischen dieser und der nächsten Welt.)

Epes Sargent: *Planchette, the Despair of Science.* (Die ‚Planchette', die Verzweiflung der Wissenschaft.)

De Morgan: *From Matter to Spirit.* (Von der Materie zum Geist.)

Dr. Wolfe: *Startling Facts in modern Spiritualism.* (Überraschende Tatsachen aus dem modernen Spiritismus.)

Zur Geschichte der spiritistischen Bewegung benutzte er mit viel Genuß das wirklich meisterliche Werk Emma Hardinge Brittens, *Modern American Spiritualism* (Der neuzeitliche amerikanische Spiritismus), und für die Geschichte der Vorläufer auf diesem Gebiete zog er Nutzen aus dem zweibändigen Werke William Howitts, *History of the Supernatural* (Geschichte des Übernatürlichen).

Hinsichtlich der mediumistischen Phänomenologie mit physikalischen Auswirkungen waren es die Berichte von Mrs. Speer über die berühmten Versuche mit William Stainton Moses (Jahrgang 1892 bis 1893 der Zeitschrift *Light*; äußerst wertvolle Berichte, die jedoch auch in England niemals in Zusammenfassung als selbständiges Werk erschienen), die den größten Einfluß auf seine Überzeugungen hinsichtlich der *unzweifelhaften Mitwirkung der Verstorbenen auch bei den Erscheinungen physikalischer Natur des höheren Mediumismus* ausübten.

*

Nachdem sich Bozzano solcherart einen vollständigen Überblick über das spiritistische Problem beschafft hatte, wollte er auch Versuche machen; so kam es dazu, daß er in Verbindung mit Dr. Giuseppe Venzano in Genua den *Circolo Scientifico Minerva* gründete.

Sie hatten sich zusammen zu Luigi Arnaldo Vassallo (bekannt unter dem Pseudonym «Gandolin»), dem Herausgeber des *Secolo XIX*, begeben, um ihm ihr Vorhaben zu unterbreiten und ihn zu bitten, die Präsidentschaft zu übernehmen. Vassallo hatte sich sofort dazu bereit erklärt, unter der einzigen Bedingung, daß die Versuche nach streng wissenschaftlichen Kriterien gemacht würden; das war aber gerade das Ziel Bozzanos und Venzanos, und so verständigte man sich rasch.

Auf Veranlassung Vassallos wurde auch Prof. Enrico Morselli von der Universität Genua Mitglied des Vereins, durch das Versprechen verlockt, daß er mit der Paladino würde Versuche unternehmen können; nach ihm trat auch Professor Francesco Petro, ebenfalls von der Universität Genua, dem Verein bei.

Auf diesen vorzüglichen Grundlagen baute sich der *Circolo Scientifico Minerva* auf, der in den Jahren 1899 bis 1904 vier Jahre glorreichen Wirkens erlebte und die italienische und ausländische Presse von sich reden machte. In diesem Kreise wurden alle physikalischen Erscheinungen des höheren Mediumismus beobachtet, darunter auch die gleichzeitige Materialisation von sechs allen Anwesenden deutlich sichtbaren Gestalten.

Der *Circolo Scientifico Minerva* löste sich wegen Zwistigkeiten unter den Mitgliedern auf, die in großer Anzahl – es gab nunmehr siebzig Mitglieder – an den Versuchen mit Eusapia Paladino und an denjenigen, die in den Gruppen stattfanden, welche ausgezeichnete private Medien entdeckt hatten, teilnehmen wollten; da dies dem normalen Verlauf der betreffenden Versuche vollständig zuwiderlief, konnte es nicht gestattet werden.

Inzwischen hatte die Versuchstätigkeit des *Circolo* zu folgenden Veröffentlichungen geführt:

Die Berichte des Professors Porro, die laufend in der Zeitschrift *Secolo XIX* erschienen;

die Berichte des Dr. Venzano, die in einer Reihe von Heften de *Rivista di Studi Psichici* (Herausgeber Cesare de Vesme) abgedruckt wurden;

die beiden dicken Bände (von zusammen 1040 Seiten) des Prof. Enrico Morselli mit dem Titel *Psicologia e Spiritismo* (Turin 1908);

und schließlich die Arbeit Ernesto Bozzanos *Ipotesi spiritica e teoriche scientifiche* (Genua 1903) in einem Band von 500 Seiten.

Hinsichtlich der Versuche sei noch darauf hingewiesen, daß Bozzano an den Sitzungen mit der «direkten Stimme» aktiv teilnahm, die in den Jahren 1927–1928 in Millesimo mit dem starken Medium Marchese Centurione-Scotto angestellt wurden: bei diesen Sitzungen traten außer der «direkten Stimme» noch die verschiedensten parapsychologischen Erscheinungen auf, wie Telekinese, Materialisationen, Entmaterialisierungen und Apporte. Näheres ist aus den von Bozzano in den Jahrgängen 1927–1928 der Zeitschrift *Luce e Ombra* veröffentlichten Berichten zu ersehen.

*

Inzwischen hatte ein tragisches Ereignis den Seelenfrieden Bozzanos gestört: seine heißverehrte Mutter war am 3. Juli 1892 an einem Karzinom verstorben. Er beschäftigte sich erst seit zwei Jahren mit mediumistisch-spiritistischen Studien, und obgleich er viel gelesen und auch selbst ein wenig experimentiert hatte, war er hinsichtlich der spiritualistischen Auslegung der Erscheinungen doch noch schwankend, unsicher und skeptisch verblieben.

Seine positivistisch-materialistischen Überzeugungen waren in ihm zu tief verwurzelt, als daß die neuen Forschungen sie mit Leichtigkeit hätten zum Verschwinden bringen können. Zehn Jahre beharrlicher und ununterbrochener, tiefgreifender und systematischer philosophischer Studien hatten für Bozzano die spiritualistische Welterklärung vollständig ausgeschaltet: nur die mechanistische Weltanschauung des hervorragenden Philosophen Herbert Spencer beherrschte seinen Geist.

Die Schwankungen und Zweifel dieser Übergangszeit vom Materialismus zum Spiritualismus, die nur von einigen leuchtenden Zwischenzeiten unterbrochen waren, da die neue Erkenntnis ihm ganz klar wurde, spiegeln sich in fünf Gedichten wider, die er in diesem Jahre im Gedenken seiner Mutter niederschrieb, Gedichte, die ihm der untröstliche Schmerz um ihren Verlust eingab.

In einem dieser Gedichte spricht Bozzano von der «Neuen Wissenschaft» und von dem «Neuen Glauben»; damit meinte er die spiritistischen Studien – mit allen ihren Folgerungen für die Theorie –, die er seit zwei Jahren betrieben hatte, als seine Mutter verstarb.

Nach dem Tode seiner Mutter durchlebte er noch ein Jahr mühseligen Schwankens, bis er an einer bescheidenen spiritistischen Sitzung teilnahm, die seine letzten Zweifel beseitigte.

Er beteiligte sich an einer kleinen Versuchsgruppe, die sich allwöchentlich bei dem Gemeindesekretär von Genua, Luini Montaldo, traf. Als Medium wirkte dessen Gemahlin, Frau Attilia, Verfasserin eleganter Märchen für Kinder und kleiner Erzählungen für junge Mädchen unter dem Pseudonym «Fata Nix». Sie war ein ganz hervorragendes Schreibmedium, bei dem sich eine Wesenheit offenbarte, welche nie sagen wollte, wer sie war, oder mit dem Pseudonym «Nero» unterschrieb und ausgezeichnete moralische, soziale und psychologische Ratschläge erteilte. Bozzano veröffentlichte einige Bemerkungen zu diesen Mitteilungen in einer römischen Zeitschrift des Verlegers Enrico Carreras.

An dem betreffenden Abend waren fünf Personen anwesend: das Ehepaar Montaldo, Herr Felice Avellino, Dr. Venzano und Bozzano. Es war der Jahrestag des Todes seiner Mutter.

Plötzlich ruft Frau Montaldo aus: «Oh, was geschieht mit mir? Ich fühle mich wie von einem paradiesischen Einfluß umgeben! Oh, welche Ruhe, welche Heiterkeit, welche Glückseligkeit durchdringt mich! Es muß jemand sehr Hohes, Reines, Himmlisches da sein.» Und damit schreibt sie einige Worte nieder, die sie spontan Bozzano überreicht. Er liest sie und ist verblüfft: es waren die beiden letzten Verse des Nachrufes, den er am Morgen aus Anlaß des Todestages seiner Mutter eingerahmt auf das Grab gestellt hatte. Es waren die Verse:

> Jetzt und ewiglich
> Rufe ich dich an, o Mutter.

Seine Bewegung kannte keine Grenzen mehr: er fühlte, oder vielmehr, er hatte die feste Erkenntnis, daß seine Mutter neben ihm stand.

Mehr noch. – Er hatte in dieser Zeit unter einer seelischen Bedrükkung wegen schwerwiegender privater Unannehmlichkeiten zu leiden, die so sehr privater Natur waren, daß es ihm nicht möglich gewesen wäre, sie in Gegenwart der Gruppe darzulegen. Das einzige Geschöpf, das ihm hätte beistehen können, war seine Mutter. Er machte den Versuch, innerlich eine Frage an sie zu stellen – und da kam auch schon die Antwort, in Worten abgefaßt, deren Sinn nur Bozzano verstehen konnte (wie es in spiritistischen Sitzungen häufig vorkommt, wenn die Wesenheit, mit der man in Verbindung steht, keinem anderen als dem Fragenden etwas Intimes oder Geheimes enthüllen will).

Zutiefst erschüttert richtete er eine schweigende Bitte um Rat an sie; der Rat wurde sofort erteilt, in einer Art, die jedes Mißverständnis ausschloß. Hierauf kam das Diktat: «Ich bin mit dir zufrieden. Gehe weiter auf dem edlen Weg, den du eingeschlagen hast. Es ist deine Sendung auf Erden. Ich küsse dich.»

Dieses kleine persönliche Erlebnis zerstreute auf immer seine philosophischen Zweifel, die, wenn auch stark angegriffen, trotz der parapsychologischen Vorbereitung der beiden vorangehenden Jahre (1891 bis 1893) noch verblieben waren.

Zu dem Satz: «Es ist deine Sendung auf Erden», der von der Wesenheit ausgesprochen wurde, welche seine Mutter zu sein behauptete, möchte ich noch eine merkwürdige biographische Einzelheit anführen.

Auf dem Heimweg von einem Ausflug in die Genueser Berge traf der achtzehnjährige Bozzano eine Zigeunerin, die ihm wahrsagen wollte. Obgleich er nicht geneigt war, ihr Glauben zu schenken, konnte er sich ihr nicht recht entziehen und hörte sich folgende Prophezeiung an:

«Ich sehe dich als sehr alten Mann, über siebzig ... zweiundsiebzig ... vierundsiebzig ... sechsundsiebzig ... dann sehe ich Nebel ... Jetzt bist du verlobt, aber mit einem schönen Fräulein, das nicht zu uns gehört ..., sie ist nicht von unserer *Rasse*! Du wirst sie aber nicht heiraten ... du wirst sie nicht heiraten können ... weil sie einen anderen heiraten wird. – Du wirst dein ganzes Leben lang studieren ... du wirst viele, viele Bücher schreiben ... du wirst sie über etwas schreiben, *was mit dem zusammenhängt, wodurch ich jetzt zu dir spreche:* gerade über das! Du wirst der Apostel eines großen geistigen Ideales werden ... unzählige Bücher schreiben darüber. Da dir die Familie fehlt, wirst du dein ganzes Leben einem hohen Ideal weihen ...»

Das war die prophetische Darlegung der Wahrsagerin; sie traf in eindrucksvoller Weise zu. Tatsächlich war Bozzano mit einem Fräulein verlobt, das nicht von unserer *Rasse* war (ungenauer, aber sprechender Ausdruck), weil sie Französin war; und er konnte sie nicht heiraten, weil sie nach Paris fuhr und dort einen Offizier der *Garde Républicaine* heiratete. Die anderen Voraussagen, die seine besondere Gelehrtenmission und seine Tätigkeit als wahrhaftigen Apostel eines hohen Ideales betrafen, sind in einer ungemein überraschenden Weise eingetroffen.

Der Einwand ist keineswegs stichhaltig, daß er bewußt oder unbewußt der «Sensitiven» das alles suggeriert habe, da er ja im Alter von achtzehn Jahren keineswegs wußte, was sein künftiges Schicksal sein würde, und vor allem, weil er gar nicht daran denken konnte, der Apostel einer Wissenschaft zu werden, von deren bloßer Existenz er noch nicht einmal wußte.

Die Einzelheiten über sein Leben haben sich in höchstem Maße bewahrheitet. Die Wahrsagerin hatte langsam die Zahl der Jahre aufgezählt und behauptet, nach sechsundsiebzig «sehe sie Nebel». Heute ist Bozzano neunundsiebzig Jahre alt.

*

Im Zeitraum zwischen 1891 und 1921 setzte Bozzano, immer in Genua, unermüdlich seine methodische Vorbereitung fort; er hatte aber in der Stadt zu viele Freunde; sie lenkten ihn allzusehr von seinen Forschungen ab, sei es, indem sie Aufklärungen oder Erläuterungen über okkulte Phänomene, sei es, daß sie seine Hilfe bei mediumistischen Studien verlangten.

Darum konnte er in dieser Zeit nicht so viel leisten, wie er gerne gewollt hätte. Prof. Morselli war beispielsweise häufig bei ihm, da er für die Abfassung seiner zwei dicken Bände *Psicologia e Spiritismo* kein analytisches Register und wenig Belegmaterial besaß und das alles in den Aufzeichnungen Bozzanos fand, der Morselli, obschon dieser ein Gegner des Spiritismus war, in großmütiger Weise alles verwendbare Material lieferte.

Im Jahre 1922 erwarb aber sein Bruder eine Villa in Savona, die eine schöne Lage auf einem Hügel angesichts des Meeres hatte; dort ließ sich auch Bozzano nieder; von nun an konnte er sich in einer Stadt, wo er völlig unbekannt und darum vollkommen frei von Freunden und Verpflichtungen war, mit Seele und Geist – im wörtlichsten Sinne des Wortes – jener Wissenschaft widmen, die der große französische Philosoph und Parapsychologe Charles Richet «*Métapsychique*» (Parapsychologie) genannt hatte.

Die Reihe seiner bedeutendsten Monographien über das Thema beginnt denn auch mit seiner Niederlassung in Savona; von da an, seit 1922, war seine Produktion unerschöpflich.

*

Er lebt das Leben eines Kartäusers: mit dem Morgengrauen steht er auf, und nach etwas Gartenarbeit setzt er sich an den Schreibtisch oder an die Schreibmaschine und verbringt dort, in dem großen Turmzimmer der Villa, vierzehn Stunden des Tages mit Auszügen aus neuen parapsychologischen Arbeiten, mit der Klassifizierung der Auszüge oder mit der Auswertung seines umfangreichen Zettelkastens zu neuen eigenen Arbeiten.

Zu diesem Zettelkasten ist eine Erklärung angebracht.

Bereits seit der Zeit, da er sich noch mit Philosophie beschäftigte, verspürte Bozzano stets die Notwendigkeit, den gesamten Inhalt der Bücher, die er las, in einem analytischen Register auszuziehen; diese Notwendigkeit hatte sich bei der Parapsychologie als dringlicher denn je erwiesen, da es sich darum handelte, in kurzer Zeit und in geregelter Ordnung ein gewaltiges Material zur Hand zu haben, das sich von einfachen animistischen bis zu spiritistischen Erscheinungen und solchen des höheren Mediumismus erstreckte. Und da es sich überdies darum handelte, Neuland zu bearbeiten, wurde das Bedürfnis, das parapsychologische Material der ganzen Welt analytisch zu registrieren, zu einer unerläßlichen Notwendigkeit.

Aus diesem Grunde verfaßte er mit Mönchsgeduld ein Register seiner ganzen Bibliothek, sei es nach den Büchern, sei es nach den Zeitschriften, die in der ganzen Welt veröffentlicht wurden; und wenn man bedenkt, daß Bozzano in seinem Zettelkasten den gesamten Inhalt seiner dreitausend Bände umfassenden Bibliothek angeordnet hat, so begreift man, daß dazu das Opfer des gesamten Arbeitstages während fünfzig Lebensjahren notwendig war!

Damit stellte er sich aber in der Parapsychologie in ein ganz besonderes Licht, da alle ernsthaften Gelehrten der Welt – ob sie nun hinsichtlich der Tatsachen seine Meinung teilten oder nicht – in einem stets gleicher Ansicht waren, nämlich daß er *auf dem Gebiete der Parapsychologie der bedeutendste lebende Forscher ist.*

Um nun ein Beispiel des «analytischen Registers» zu geben, das Bozzano seit fünfzig Jahren verwendet, habe ich das «analytische Register» dieses Buches angefertigt; dieses Register ist zwar nach meinen persönlichen Kriterien, die mir eine achtzehnjährige parapsychologische Erfahrung aufgedrängt haben, verfaßt, weicht aber kaum von dem Verfahren Bozzanos ab.

Wie man aus diesem Register klar ersehen kann, wird das parapsychologische Material nach verschiedenen Abschnitten unterteilt, in denen sich neben der Zahlenkolonne in Stichworten der wissenschaftlich verwendbare Inhalt der betreffenden Seiten findet. Auf diese Weise hat man bei der schnellen Durchsicht eines einzelnen Abschnittes, beispielsweise des Abschnittes «Telepathie», «Hellsehen» oder «Apporte», in synoptischem Überblick alles Lehrreiche, was zu diesem bestimmten Thema in dem uns gerade beschäftigenden Buch gesagt worden ist, vor Augen.

Es wird ohne weiteres verständlich, daß es ohne diese methodische und geduldige Vorbereitungsarbeit unmöglich ist, etwas Vernünftiges über ein Gebiet zu schreiben, das so schwierig und so heikel ist wie die Parapsychologie.

Diese Betrachtungen erklären zur Genüge, warum Bozzano gute neun Jahre der Vorbereitung brauchte, bevor er zur Feder griff. Tatsächlich erschien sein erster Aufsatz, *Spiritismus und wissenschaftliche Kritik*, in dem er auf Grund des Tatsachenmaterials die Hypothesen der Gegner gegen die spiritistische Auslegung der Erscheinungen Verstorbener widerlegte, erst im Dezember 1899, in der *Rivista di Studi Psichici* von Vesme.

Zu dieser Vorbereitungsarbeit ohnegleichen kommt noch sein natürliches Talent, mit Leichtigkeit und vor allem mit äußerster Klarheit zu schreiben.

Als Polemiker erwarb er sich hohe Berühmtheit; es genügt, auf seine Polemik gegen Prof. Enrico Morselli nach Erscheinen von dessen zweibändigem Werke *Psicologia e Spiritismo* hinzuweisen, ferner auf die Polemik gegen Dr. William Mackenzie anläßlich der Veröffentlichung von dessen *Metapsichica moderna*, gegen Prof. R. Lambert nach den Sitzungen, die wegen der «direkten Stimme» mit dem Medium Marchese Centurione-Scotto in Millesimo abgehalten wurden, und schließlich seine berühmte Polemik gegen René Sudre anläßlich der Veröffentlichung des Buches *Introduction à la Métapsychique humaine.* Als Entgegnung auf dieses letztere Buch verfaßte Bozzano ein eigenes Buch von 238 Seiten, das 1927 unter dem Titel *Per la difesa dello Spiritismo* in Neapel erschien.

Da wir uns hier mit biographischen und nicht mit polemischen Dingen zu befassen haben, begnüge ich mich mit diesem Hinweis, ohne weiter auf den Inhalt der diskutierten Themen einzugehen.

*

Es ist nicht möglich, die literarische Produktion Ernesto Bozzanos vollständig aufzuzählen, da es sich um Aberhunderte von Aufsätzen handelt, die in parapsychologischen Zeitschriften der ganzen Welt verstreut sind. Wenn man aber mit der Feder in der Hand Berechnungen anstellt, so kommt man zu folgenden Zahlen: 5000 Buchseiten in Oktavformat in Büchern und Monographien, und über 5000 Seiten in verschiedenen Aufsätzen und kurzen monographischen Studien. Wenn man seine «Gesamten Werke» veröffentlichte – wie oft bestand Prof. Richet darauf, daß das in Italien geschehe –, käme man in einer Buchreihe von Oktavformat auf etwa 15 000 Seiten! Man muß zugeben, daß das eine eindrucksvolle Zahl ist.

Ich werde mich daher darauf beschränken müssen, nur die wichtigeren umfangreichen Bücher oder Monographien aufzuzählen.

1) *Lo Spiritismo di fronte alla Scienza.* – Genua, 1901 (54 S.).
2) *Ipotesi spiritica e teoriche scientifiche.* – Genua, 1903 (509 S.).
3) *Dei casi d'Identificazione spiritica.* – Genua, 1909 (370 S.).
4) *A proposito di «Psicologia e Spiritismo» del prof. E. Morselli.* – «Luce e Ombra», 1909 (39 S.).
5) *Dei fenomeni premonitori.* – «Luce e Ombra», 1912 (223 S.).
6) *Dei fenomeni di Telestesia.* – «Luce e Ombra», 1920 (55 S.).
7) *Gli enigmi della Psicometria.* – «Luce e Ombra», 1921 (84 S.).
8) *Dei fenomeni di Telecinesia in rapporto con eventi di morte.* – «Luce e Ombra», 1922 (46 S.).

9) *Musica trascendentale.* – «Luce e Ombra», 1922 (59 S.).
10) *Animali e manifestazioni metapsichiche.* – «Luce e Ombra», 1923 (S. 89). – Città della Pieve, 1941 (278 S.).
11) *Delle comunicazioni medianiche fra viventi.* – «Luce e Ombra», 1924 (130 S.).
12) *Dei fenomeni di Ossessione e Possessione.* – «Luce e Ombra», 1926 (41 S.).
13) *Delle manifestazioni supernormali fra i popoli selvaggi.* – «Luce e Ombra», 1926 (105 S.).
14) *Per la difesa dello Spiritismo.* – Neapel, 1927 (238 S.).
15) *Pensiero e Volontà forze plasticizzanti e organizzanti.* – «Luce e Ombra», 1927 (68 S.).
16) *Premonizioni, precognizioni, profezie.* – «Luce e Ombra, 1927 (165 S.).
17) *Le prime manifestazioni della «Voce diretta» in Italia.* – «Luce e Ombra», 1929 (142 S.).
18) *La Crisi della Morte nelle descrizioni dei defunti comunicanti.* – Neapel 1930 (216 S.).
19) *Di alcune varietà teoricamente interessanti di casi d'identificazione spiritica.* – «Luce e Ombra», 1930 (87 S.).
20) *Delle apparizioni di defunti al letto di morte.* – «Luce e Ombra», 1906, 1920. – Città della Pieve, 1930 (122 S.).
21) *Letteratura d'Oltretomba.* – Città della Pieve, 1930 (63 S.).
22) *Della «Visione panoramica» o «Memoria sintetica» nell'imminenza della morte.* – Città della Pieve, 1931 (47 S.).
23) *Gemme, amuleti, talismani.* – Città della Pieve, 1931 (22 S.).
24) *Dei fenomeni di Apporto.* – «Luce e Ombra», 1931 (124 S.).
25) *Bambini veggenti e apparizioni di defunti.* – Città della Pieve, 1931 (26 S.).
26) *Marche ed impronte di mani infocate.* – Città della Pieve, 1931 (41 S.).
27) *William Stainton Moses e la critica scientifica.* – Città della Pieve, 1931 (58 S.).
28) *A proposito di «Rivelazioni medianiche».* – Città della Pieve, 1931 (37 S.).
29) *A proposito di fantasmi materializzati e di rivelazioni trascendentali.* – Città della Pieve, 1931 (S. 32).
30) *Materializzazioni di fantasmi in proporzioni minuscole.* – Città della Pieve, 1932 (24 S.).
31) *Criptestesia e Sopravvivenza.* – Città della Pieve, 1932 (37 S.).
32) *Telepatia e Psicometria in rapporto alla medianità di Mrs. Piper.* – «Luce e Ombra», 1911. – Città della Pieve, 1933 (59 S.).

33) *Simbolismo e fenomeni metapsichici.* – «Luce e Ombra», 1907. – Città della Pieve, 1933 (85 S.).
34) *Medianità poliglotta (Xenoglossia).* – «La Ricerca Psichica», 1933 (176 S.).
35) *Breve storia dei «Picchi medianici».* – «La Ricerca Psichica», 1933 (40 S.).
36) *In difesa dei fenomeni medianici ad effetti fisici.* – Città della Pieve, 1933 (24 S.).
37) *Dei fenomeni di Bilocazione.* – «Luce e Ombra», 1911. – Città della Pieve, 1934 (132 S.).
38) *Dei fenomeni di Trasfigurazione.* – «La Ricerca Psichica», 1934 (49 S.).
39) *Esperienze medianiche ed eventi di morte nei loro rapporti coi fenomeni d'infestazione.* – «La Ricerca Psichica», 1935 (51 S.).
40) *Dei fenomeni d'Infestazione.* – «Luce e Ombra», 1917. – Città della Pieve, 1936 (247 S.).
41) *Delle manifestazioni olfattive d'ordine patologico, telepatico, super-normale.* – «La Ricerca Psichica», 1936 (58 S.).
42) *Telepatia, Telemnesia e la legge del «rapporto psichico».* – Città della Pieve, 1938 (33 S.).
43) *Personalità medianiche che si dichiarano Personalità subcoscienti.* – Città della Pieve, 1940 (33 S.).
44) *Romanzieri di Genio ed Eroi da Romanzo considerati in rapporto alle indagini psichiche.* – Città della Pieve, 1940 (35 S.).
45) *Le facoltà supernormali.* – Milano, Bocca, 1940 (138 S.).
46) *Indagini sulle manifestazioni supernormali.* – Città della Pieve, 1931. Bd. I (197 S.).
47) *Idem, idem,* 1931 – Bd. II (214 S.).
48) *Idem, idem,* 1932 – Bd. III (261 S.).
49) *Idem, idem,* 1933 – Bd. IV (201 S.).
50) *Idem, idem,* 1938 – Bd. V (207 S.).
51) *Idem, idem,* 1940 – Bd. VI (200 S.).

Sein Weltruf wuchs im gleichen Maße, wie die Zahl seiner Monographien zunahm, die er in der italienischen Zeitschrift *Luce e Ombra* (Herausgeber Prof. Angelo Marzorati; sie tauschte ihren Namen gegen den Namen *La Ricerca Psichica* ein, als Prof. Antonio Bruers die Leitung übernahm) veröffentlichte und die sofort in fast alle Sprachen übersetzt wurden und in der ganzen Welt Verbreitung fanden. Der Leser wird vielleicht erstaunt sein zu vernehmen, daß Bozzano einer der meistübersetzten und im Ausland bestbekannten italienischen Autoren geworden ist. Hier ein kurzer Überblick.

An der Spitze steht Brasilien; es verfügt in portugiesischer Übersetzung über alle seine Monographien und alle in den italienischen, englischen und französischen parapsychologischen Zeitschriften veröffentlichten Aufsätze.

An zweiter Stelle kommt Spanien, das ebenfalls alle seine Bücher in spanischer Sprache besitzt; dazu kommt noch das Kuriosum, daß mehrere seiner Bücher auch ins Katalanische übersetzt sind, die Sprache des separatistischen Katalonien.

An dritter Stelle steht Frankreich mit der Veröffentlichung seiner größeren Werke durch die bedeutendsten Verleger, wozu noch die Originalaufsätze in den Zeitschriften *Revue Spirite*, *Revue Métapsychique* und *Psychica* kommen.

Als vierte Nation kommt England mit verschiedenen größeren Arbeiten neben einer außerordentlich großen Anzahl von Aufsätzen (auch Originalaufsätzen) in den Zeitschriften *Light*, *Psychic News* und *The Two Worlds*.

Fünftens kommt Deutschland mit verschiedenen Übersetzungen, von denen eine, das Buch über die Spukphänomene, einen wahren Bucherfolg erzielte.

Hierauf kommen Holland, Rumänien und Griechenland sowie Jugoslawien mit serbischen Übersetzungen.

Um eine Vorstellung von dem Ruf zu geben, dessen Bozzano sich in der Welt erfreut, will ich nur anführen, daß in Brasilien die parapsychologischen Zeitschriften ihn den «Paulus der neuen Wissenschaft von der Seele» nennen und daß in Deutschland Dr. Emil Mattiesen – der große, leider verstorbene parapsychologische Autor – der «Bozzano Deutschlands» genannt wurde und auf diese Benennung sehr stolz war!

Mit der wachsenden Berühmtheit Bozzanos in den internationalen parapsychologischen Kreisen wuchs aber auch die Zahl der Briefe, die ihn aus allen Teilen der Welt erreichten. Wie er mir wiederholt sagte, bereitete ihm das erhebliche Schwierigkeiten, denn auf mehr als 200 Briefe im Monat antworten ist stets eine mühselige und zeitraubende Tätigkeit, um so mehr, als viele dieser Briefe von Philosophen oder Literaten oder Wissenschaftlern stammen oder überhaupt von namhaften Persönlichkeiten von jedem Fach des menschlichen Wissens; und es handelt sich um Antworten von mehreren maschinengeschriebenen Seiten, jede, wie man wohl sagen kann, eine Monographie für sich. Die gleichen Parapsychologen wenden sich an ihn, um Auskünfte über Bücher und besondere Themen zu erhalten, und sie können sicher sein, daß eine genaue Antwort des großen Gelehrten dieser Wissenschaft sie erreichen wird.

Andere Briefe kommen dagegen von einfachen und unbekannten Menschen; es sind erschütternde Briefe, weil sie von einem Vater oder einer Mutter oder einer Gattin stammen, die um den Verlust einer geliebten Person trauern. Alle diese Briefe flehen um den Nachweis, daß unsere Lieben uns nicht auf der Lebensbahn zurücklassen, sondern fortleben, und daß wir sie eines Tages wiedersehen werden.

Er ist der wahrhafte Tröster tausender leidender Seelen geworden, die sich von wissenschaftlicher Seite vom Weiterleben der Menschen nach dem Tode vergewissern wollen.

*

Seine Hauptwirksamkeit als Schriftsteller war der prächtigen italienischen Zeitschrift *Luce e Ombra* («Licht und Schatten») geweiht. Es ist angezeigt, einen kurzen geschichtlichen Überblick zu geben.

Der Mailänder Fabrikant Achille Brioschi traf sich im Jahre 1899, kurz nachdem er einen schweren Schlag, den Tod seiner Gattin, erlitten hatte, in Mailand mit Angelo Marzorati. Da beide von der gleichen Ansicht von der Geistigkeit der Seele durchdrungen waren und sie auf positiven Grundlagen wissenschaftlich erforschen wollten, gründeten sie die Zeitschrift, deren erstes Heft zu Weihnachten 1899 erschien. Marzorati hatte die Herausgeberschaft übernommen, Brioschi die Präsidentschaft sowie die Ehre des materiellen Unterhalts der Gründung.

Dieses Mäzenatentum für ein Ideal, das während vierzig Jahren niemals versiegte, gestattete die Einrichtung und Erhaltung eines «Institutes für spiritistische Forschungen» (das heute noch besteht), dessen Tätigkeit in Italien wie im Ausland bestens bekannt ist und dem Namen unseres Landes jenseits seiner Grenzen auf diesem Forschungsgebiet viel Ehre eingetragen hat.

Marzorati war Herausgeber der Zeitschrift von 1900 bis 1931, seinem Todesjahr. Mitarbeiter und Chefredakteur war Prof. Antonio Bruers, heute Sekretär der *Accademia d'Italia*, ein Gelehrter von großer philosophischer Bildung, dessen Schriften (die jetzt unter dem Titel *La Ricerca Psichica* von dem Verlag Zanichelli in Buchform herausgebracht worden sind) von dem Studium der besonderen Folgerungen, die die neue Wissenschaft dem Bereich der Philosophie aufzwang, getragen waren.

Nach dem Tode Marzoratis übernahm Bruers die Herausgabe. Bruers änderte den alten glorreichen Namen *Luce e Ombra* in den technisch modernen *La Ricerca Psichica* («Die spiritistische Forschung») um. Im Jahre 1934 aber trat Bruers, von anderen Verpflichtungen überlastet, von der Herausgeberschaft zurück. Brioschi ließ die Zeitschrift unter der Leitung der Chefredaktorin Dr. Fede Paronelli weiterhin regelmäßig erscheinen. Die unermüdliche Wirksamkeit von Dr. Paronelli ermöglichte es Brioschi, einen Kurs spiritistischer Vorträge, teils im Institut selbst, teils im *Circolo Filologico di Milano*, durchzuführen, während die Zahl der Abonnenten von 300 auf 1000 stieg.

Die Mitarbeit Bozzanos an der Zeitschrift *Luce e Ombra – La Ricerca Psichica* begann im Februar 1906 mit der ersten Lieferung der Monographie *Delle apparizioni di defunti al letto di morte* («Über die Erscheinungen Verstorbener am Totenbett») und erstreckte sich in ununterbrochener Folge bis in den September 1939, da die Erfordernisse des Krieges die Einstellung der Veröffentlichungen notwendig machte.

Die Zahl der Seiten, die er in den 34 Jahrgängen der Zeitschrift schrieb, zeugen von der Bedeutung seiner Mitarbeit. Es sind – vom Februar 1906 bis zum September 1939 – 3702 Seiten.

*

Der Ausbruch des Zweiten Weltkrieges brachte die Einengung des kulturellen Austausches, vermochte aber seine schriftstellerische Tätigkeit keineswegs einzuschränken; da er nun keine Bücher und Zeitschriften mehr erhielt, entschloß er sich, seine Zeit für eine wirklich großartige und mühselige Arbeit zu verwenden: für die Neubearbeitung und Vervollständigung seiner alten Monographien, die größtenteils in Zeitschriften (in Italien besonders in *Luce e Ombra – La Ri-*

cerca Psichica) erschienen waren, um sie mit den Erfordernissen der gegenwärtigen Zeit in Übereinstimmung zu bringen.

Und er machte sich trotz seines nunmehr hohen Alters mit solchem Eifer an diese schwere Aufgabe, daß er mir vom September 1939 bis heute – September 1941 – ganze acht Monographien überreichen konnte, von denen eine jede bei der Veröffentlichung in der *Collana di Studi Metapsichici* einen Band von 200 bis 400 Seiten ausmachen wird.

Wenn Bozzano die Überarbeitung seiner Monographien – in der Zahl von etwa 45 – beendet haben wird, werden die Parapsychologen, welche Stellung hinsichtlich der Ausdeutung des Materiales sie auch immer einnehmen mögen, ein unvergängliches Werk zu bewundern haben.

Gerade dieses Ziel stelle ich mir mit der *Collana di Studi Metapsichici*, wenn mir auch die gegenwärtigen und künftigen Erfordernisse des Krieges Beschränkungen auferlegen.

*

Es ist angezeigt festzustellen, daß die Überzeugungen, zu denen Bozzano gelangt ist, unter keinen Umständen einer Art angeborenem Mystizismus, der jedes gesunde Urteil trübt, zuzuschreiben sind. Keineswegs! Bozzano war niemals Mystiker; er konnte es gar nicht sein, da er ja jahrelang in den Reihen der Materialisten kämpfte, deren Ansichten er sich angeschlossen hatte, weil die systematische und tiefschürfende Untersuchung *des ihm damals zur Verfügung stehenden Tatsachenmaterials* ihn zu gar keinen anderen Schlüssen kommen lassen konnte als zu denen, die auch Büchner, Moleschott, Le Dantec und Ardigò gezogen hatten; und wenn er hierauf die diametral entgegengesetzte Richtung einschlug, so nicht infolge eines aprioristischen angeborenen Mystizismus, sondern infolge analytischer, geduldig systematischer Forschungen, die er an Tausenden und aber Tausenden wohlbestätigter und dokumentierter Fälle anstellte, die durchaus geeignet waren, ihn vom Materialismus abzubringen und dem Spiritualismus zuzuwenden; es handelte sich um ein derart eindrucksvolles Material, daß er imstande war, ein wirklich überzeugendes parapsychologisches Gebäude zu errichten, das mindestens ein Jahrhundert lang den unvermeidlichen Herausforderungen des menschlichen Fortschrittes trotzen wird.

Ich weiß sehr wohl, daß es Leute gibt, die mit der natürlichen Intuition der von Natur aus spiritualistisch Gerichteten an die Geistigkeit und das Fortleben der Seele glauben; heute aber verlangt im allgemeinen die moderne Mentalität den logisch-experimentellen Beweis jedes Wissenschaftszweiges, und dieses Erfordernis stellte sich auch hinsichtlich des Beweises des menschlichen Fortlebens, um so mehr, als es der Philosophie durchaus nicht gelungen war, der denkenden Menschheit eine sichere Gewißheit über unser künftiges Geschick zu geben; eine großartige Aufgabe, die der neuen «Wissenschaft von der Seele» – der Parapsychologie – gestellt sein sollte; der Parapsychologie ist es erstmals in der Geschichte des menschlichen Fortschrittes und Denkens gelungen, dem Menschen auf Grund von Tatsachenmaterial und logisch-analytischer Schlußfolgerung den sicheren Beweis der Fortdauer seines Lebens in geistiger Form zu erbringen.

Es empfiehlt sich, darauf hinzuweisen, daß das Gesamtwerk Bozzanos als großartige Durchdringung und systematische analytisch-synthetische Erforschung der mediumistischen Phänomenologie gilt, in deren Bereich er nichts unerforscht ließ, sondern systematisch das gesamte ausgedehnte Gebiet der so außerordentlich verschiedenartigen Erscheinungen untersuchte.

Jede seiner Monographien ist ein Kapitel dieser systematischen Durchforschung des parapsychologischen Bereiches, und seine Monographien bilden in ihrer Gesamtheit das Wertvollste, was je über dieses heikle Thema geschrieben worden ist, und zugleich die bestbelegte Sammlung analysierter, verglichener und wissenschaftlich kommentierter übernatürlicher Erscheinungen, die es in der Welt gibt.

Bis heute gibt es nur eine einzige parapsychologische Kategorie, die er noch nicht zum Gegenstand einer besonderen Monographie gemacht hat, nämlich die Kategorie der Erscheinungen, welche die «Lebensbedingungen der geistigen Gestalt» betreffen (soweit man nicht in dem Buche *La Crisi della Morte nelle descrizioni dei defunti comunicanti* – «der Tod nach den Beschreibungen der mit uns in Verkehr stehenden Verstorbenen» Hinweise darauf findet); er hatte zwar bereits das Material zur Behandlung dieses Themas zusammengestellt, aber er hatte es eines Tages wegen der Gegnerschaft, die Vesme auf diesem Gebiete bezeugte, den Flammen übergeben, da er die Zeit für noch nicht reif erachtete. Schade, sehr schade!

Da aber diese Kategorie – so sehr viele Parapsychologen sie auch vernachlässigen und meiden mögen – in naher Zukunft eine der theoretisch wichtigsten der parapsychologischen Forschung sein wird, möchte ich wünschen, daß Bozzano als Krönung seines gewaltigen Werkes noch vor Abschluß seiner irdischen Lebensbahn in einem Buche dieses wichtige Kapitel bearbeitet.

*

Fünfzig Jahre eindringlichen und ununterbrochenen Forschens auf dem Gebiete der Parapsychologie haben es Bozzano ermöglicht, den Stoff zu durchdringen, wie das noch keinem anderen Gelehrten gelungen ist.

Seine Schlußfolgerung ist klar und eindeutig: nur die spiritistische Theorie wird den Tatsachen in ihrer Gesamtheit gerecht.

Zu dieser Schlußfolgerung waren bereits viele ernsthafte und maßgebende Forscher gelangt; es genügt, die Namen Myers, Crookes, Wallace, Lombroso, Brofferio, Lodge, Flammarion, Delanne anzuführen.

Im übrigen handelt es sich bei diesem Problem, wenn man es logisch betrachtet, gar nicht um die Diskussion, welche der beiden Theorien, der spiritistischen und der animistischen, die Tatsachen zu erklären vermöge, es lautet nämlich: «*Gibt es die übernormalen Gegebenheiten, die den Gegenstand der Parapsychologie bilden, oder gibt es sie nicht?*»

Sobald diese Frage einmal im bejahenden Sinne entschieden ist – und noch niemand hat das Gegenteil beweisen können –, verbleiben nicht mehr zwei Alternativen, wie es zunächst den Anschein hatte, sondern nur eine einzige, nämlich: *die spiritistische Theorie ist die einzige, zu der man letzten Endes gelangt.* Selbst wenn man zugäbe, die gesamte mediumistisch-spiritistische Phänomenologie ließe sich mit den animistischen Theorien erklären, nach welchen alle Geschehnisse die Auswirkung angeborener transzendentaler Fähigkeiten im Unterbewußtsein des Menschen seien, welche gelegentlich hochkommen, selbst dann gelangt man schließlich auf die spiritistische Theorie, wenn auch nicht auf direktem Wege, sondern auf Umwegen: da ja die der menschlichen Seele angeborenen Fähigkeiten so wunderbar sind, daß sie die Gegenwart, die Vergangenheit und die Zukunft wissen und daher notwendigerweise allwissend, allsehend und allmächtig sind, so heißt das, daß man der Seele die gleichen Attribute zuschreibt, die auch die spiritualistische Auslegung ihr zubilligt; und wenn sie allgegenwärtig, allsehend und allmächtig ist, dann wird sie auch geistig sein, unabhängig vom körperlichen Organismus, unstofflich, unsterblich.

Und damit wäre man ebenfalls an dem Punkte angekommen, den man gerade vermeiden wollte, indem man mittelbar bezeugte, daß, wenn eine Seele mit diesen Eigenschaften existiert – wie in der animistischen Hypothese zugegeben wird –. nichts die Annahme verhindert, daß sie fortlebt und daß es gerade diese fortlebende Seele ist, die erscheint!

All das, ohne daß man den gewaltigen logischen Widerspruch, der in der animistischen Theorie liegt, in Rechnung setzt; es ist ein Widerspruch, der geeignet ist, das ganze Gebäude dieser Theorie zum Einsturz zu bringen. Er läßt sich folgendermaßen ausdrücken:

Wenn die Seele nach der Theorie an den göttlichen Attributen der Allgegenwart, der Allsicht und der Allmacht teilhat – Attribute, die man ihr nur zuschreibt, wenn man nicht zugibt, daß es die Verstorbenen sind, die sich manifestieren –, wie kann sie dann *alles wissen, nur das eine nicht, nämlich, daß gerade sie selbst die Ursache der Erscheinungen ist, die sie betrügerisch den Verstorbenen zuschreibt?* Wie kann man eine Allwissenheit annehmen, die vollkommen unbegrenzt ist, während zugleich die Seele das elementarste Ereignis ihrer Wirksamkeit nicht kennen sollte, nämlich, daß sie es selbst ist, die die Erscheinungen erzeugt und zugleich vor sich selbst verbirgt?

Diese Erwägungen lassen deutlich erkennen, daß einer, der den Spiritismus verwirft, indem er den Animismus vorschiebt, schließlich der Seele göttliche Attribute zubilligt – was er ja gerade vermeiden wollte – und dann ebenfalls zum Spiritismus gelangt, nur über den Umweg des Animismus.

Somit drängt sich der Schluß auf, daß animistische Erscheinungen vorkommen, wie es spiritistische gibt, daß Animismus und Spiritismus sich gegenseitig ergänzen, so daß das eine ohne das andere der Grundlage entbehrte, da ja die spiritistischen Manifestationen der Ausdruck der Seele im entkörperten Zustand, die animistischen Manifestationen der Ausdruck der Seele im körperhaften Zustand sind, das heißt, daß die spiritistischen Manifestationen schließlich der Ausdruck der Geistigkeit und der Unstofflichkeit der Seele sind.

Diesen schwerwiegenden und schlüssigen Einwänden gegen die animistische Theorie, soweit sie die Gesamtheit der parapsychologischen Erscheinungen erklären will, läßt sich noch ein weiterer mehr oder weniger schlüssiger beifügen, nämlich: «Warum treten denn alle Manifestationen auf, als ob es Geister von Verstorbenen wären, die sich mitteilen?»

Es erübrigt sich darauf hinzuweisen, daß die «Animisten bis zum Äußersten» in ihrer Theorie dieser Tatsache noch niemals gerecht werden konnten, sondern sich damit ein unlösbares Rätsel schufen.

*

Um in wenigen Worten zusammenfassend die Schlußfolgerung von Bozzanos Denken wiederzugeben, will ich mich seiner eigenen Worte bedienen, die ich einem Aufsatz in der *International Psychic Gazette* vom Mai 1930 entnehme:

«*Wer auch immer sich nicht in müßigen Diskussionen verlieren will, sondern die parapsychologischen Erscheinungen systematisch erforscht, viele Jahre dabei verharrt, ein gewaltiges Tatsachenmaterial ansammelt und dieses dann nach wissenschaftlichen Methoden verwendet, wird unweigerlich zu der Überzeugung gelangen, daß die übernormalen Erscheinungen eine wunderbare Vereinigung animistischen und spiritistischen Belegmaterials darstellen, die zum streng wissenschaftlichen Nachweis der Existenz und des Fortlebens des menschlichen Geistes zusammenwirken.*»

Das sind die Schlüsse einer Forschung, die sich auf vollkommen neue Grundlagen stützt und dem geistigen Klima des laufenden Jahrtausends angepaßt ist; das heißt also einer Forschung, die sich auf logisch-experimentelle Grundlagen stützt.

Heute indessen gestattet die analytische Durchdringung der übernormalen Erscheinungen den *positiven Nachweis* des menschlichen Fortlebens mit allen daraus ableitbaren theoretischen Folgerungen.

In diesem Sinne ist das Werk zu verstehen, das der Pionier und Apostel – Ernesto Bozzano – Italien und der gebildeten Welt in fünfzig Jahren leidenschaftlicher und unermüdlicher Tätigkeit geschenkt hat, ein Werk, das jederzeit den künftigen Forschern der Parapsychologie dienlich sein wird, jener Wissenschaft, die Prof. Charles Richet sich nicht scheute, die «Königin der Wissenschaften» und «die große Hoffnung» zu nennen.

Sie ist bestimmt, *die* «Wissenschaft von der Seele» zu werden.

Verona, September 1941. Gastone de Boni

Nachtrag des Übersetzers[1]

Am 24. Juni 1943 schloß Ernesto Bozzano nach einem einundachtzigjährigen, überaus tätigen Leben die Augen. Buchstäblich bis zum letzten Atemzug hatte er seine ganze Arbeitskraft für sein Lebensziel eingesetzt – für die wissenschaftliche Durchdringung der parapsychologischen Phänomene und für den streng wissenschaftlichen Nachweis (von dem er überzeugt war) der Richtigkeit der spiritistischen Theorie, die er nicht gegen, sondern neben die animistische Theorie stellte.

Von den sechsundzwanzig Monographien, die Bozzano seit Kriegsbeginn auf den neuesten Stand seiner Erkenntnisse zu bringen unternommen hatte, lagen siebzehn bei seinem Tode ausgearbeitet vor; einige sind bereits im Druck erschienen. Sechs weitere Arbeiten mußte der Meister seinem Schüler und Freund de Boni zur Fertigstellung hinterlassen.

Die Schaffensfreudigkeit Ernesto Bozzanos kannte keine Grenzen. Im letzten Monate seines Lebens, als zunehmende Kreislaufstörungen ihn immer mehr schwächten, zwang er, sobald er sich nur ein wenig besser fühlte, seinen ermüdeten Körper an den Schreibtisch; aber mehr als anderthalb Stunden im Tag vermochte er, der sonst zehn Stunden täglich gearbeitet hatte, nicht mehr zu schaffen, obgleich seine geistige Klarheit durch die Krankheit nicht gelitten hatte.

---

[1] Zusammengefaßt auf Grund der Vorworte, die Gastone de Boni zu Bozzanos *Da mente a mente* und *Letteratura d'Oltretomba* schrieb.

Die letzten Tage seines Lebens ließen eine rasche Besserung erhoffen, und Bozzano plante schon die Wiederaufnahme seiner normalen Tätigkeit, da brachte ein Schlaganfall ihm jäh den Tod.

Dreiundfünfzig Jahre hatte er sich der Parapsychologie gewidmet und sich mit seiner unermüdlichen Forscherarbeit den Ruf des größten Kenners der parapsychologischen Erscheinungen, der ihm auch von den bedeutendsten Parapsychologen einmütig zugebilligt wurde, erworben. Beide Zweige der *Society for Psychical Research* und das *Institut Métapsychique International* hatten ihn zum Ehrenmitglied ernannt. Seine Bücher waren in vielen Sprachen erschienen und seine Mitarbeiterschaft war von vielen Zeitschriften hoch geschätzt worden. Persönliche Ehrungen bedeuteten ihm aber wenig. Über alles ging ihm seine Wissenschaft.

In seinem Nachlaß fand sich ein kleiner Zettel, auf den er mit der Schreibmaschine geschrieben hatte: «Prof. Ismael Gomes Braga sagt von mir: ‚Bozzano steht über seiner Zeit; das Heute dient ihm zur Arbeit; den Ruhm wird das Morgen bringen' (*Revue Spirite*, 1934, S. 311). – Der Ruhm bedeutet mir nichts, ich habe nie nach ihm gestrebt, aber die Bemerkung Bragas hat mich doch berührt, weil ich schon immer der Überzeugung war, ich arbeite nicht für meine Generation, sondern für die Nachwelt, die in meinen Arbeiten einen unerschöpflichen Schatz an Tatsachen finden wird, und dazu noch die Überlegungen und Intuitionen, die unerläßlich sind, wenn man den Tempel der neuen ‚Wissenschaft von der Seele' auf unerschütterliche Grundlagen stellen will.»

Basel, Dezember 1947. Ernst Schneider

ANALYTISCHES REGISTER

von Gastone De Boni

Gastone De Boni.

NAMENREGISTER

INHALT